Als die Zeitschrift »Die Dame« 1928 deutsche Schriftsteller nach dem Buch befragte, das ihnen in ihrem Leben den stärksten Eindruck gemacht habe, antwortete Thomas Mann: »Andersens Märchen«. Diese bündige Auskunft hätte Leser und Interpreten eigentlich auf eine Spur setzen müssen, zumal dem Leser in der Vorrede des *Zauberbergs* angekündigt wird, die folgende Geschichte habe das eine oder andere mit dem Märchen zu tun. Aber erst Michael Maar hat diese Spur aufgenommen und entschlossen verfolgt. Es sind die unscheinbaren Kleinigkeiten, die dem Autor dabei die Anhaltspunkte geben, um die an der Oberfläche von Manns Texten gut verborgenen Motive aus Hans Christian Andersens Märchenwelt aufzuspüren und den poetisch-ironischen Kalkül zu entschlüsseln, dem sie gehorchen: das Schneegestöber, in das Hannos Freund Kai verschwindet, eine Leiter, die in Settembrinis Zimmer führt, das Jägerkleid, das Rudi Schwerdtfeger trägt, die metallischen Einsprengsel in Adrian Leverkühns Augen. In Maars Interpretation werden all diese stummen Details plötzlich beredt: Wer hätte geahnt, daß Tonio Kröger den Unterleib einer Seejungfer hat, oder daß die lang umrätselte Kindesschlachtung im *Schnee*-Kapitel des *Zauberbergs* sich einem Märchen Andersens verdankt, das den Schnee schon im Titel trägt? Daß Adrian Leverkühn zum Mörder werden muß, weil er wie Andersens »Eisjungfrau« einen Rudi geküßt hat? Daß schließlich auch die unheimliche Szene im *Zauberberg*, in der Hans Castorps verstorbener Vetter von einer Spiritistenrunde aus dem Totenreich gerufen wird, sich erst vor dem Hintergrund der Märchenwelt Andersens recht verstehen läßt? Maars Studie, die den *Zauberberg* als Meta-Roman über die Schöpfung entschlüsselt, hat die Fachwelt hell erstaunt. Den Freunden und Liebhabern der Werke Thomas Manns zeichnet sich das dunkel grundierte Lebensbild eines Schriftstellers ab, dem keine andere Wahl blieb, seiner Leiden Herr zu werden, als deren Verwandlung in das Medium der Kunst.

Michael Maar, geboren 1960, lebt als freier Kritiker in Bamberg. 1995 wurde er mit dem Johann-Heinrich-Merck-Preis der Deutschen Akademie für Sprache und Dichtung ausgezeichnet.

Michael Maar

GEISTER UND KUNST

Neuigkeiten aus dem Zauberberg

Fischer Taschenbuch Verlag

Ungekürzte, leicht revidierte Ausgabe
Veröffentlicht im Fischer Taschenbuch Verlag GmbH,
Frankfurt am Main, Mai 1997

Lizenzausgabe mit freundlicher Genehmigung des
Carl Hanser Verlags München Wien

Satz: Fotosatz Reinhard Amann, Aichstetten
Druck und Bindung: Clausen & Bosse, Leck
Printed in Germany
ISBN 3-596-13374-2

Gedruckt auf chlor- und säurefreiem Papier

Für Anne und Antonia

INHALT

I. BEDENKEN

Schichtentechnik 13
Der Schneefink im Reich der Zwecke 16

II. DREI ERSCHEINUNGEN

Skandalon 18
Hermine Kleefelds Alphabet 20
Der Regenschirm im *Kleiderschrank. Ole Luköie* 22
Tante Zahnweh 25
Der tote Zahn im *Doktor Faustus* 26
Die entsetzlichen Gäste 28
Muse Satania 31
Befund 33
Kokken. Ein Fall von Unsterblichkeit 34
Geheimratsecken 37

III. DER STÄRKSTE EINDRUCK

Die losen Blätter 40
Man kann sich sehr täuschen 41
Märchen in *Buddenbrooks* 45
Eine Geschichte aus den Dünen 50
Die Nachtmütze des Hagestolzen 53

IV. TOTENTANZ

Die roten Schuhe 55
Karen Karstedt 57
Karen-Lula 60

Geschwistertod. Peeperkorns Ende 62
Weiteres vom Pfeffergesellen. Andersens Tannhäuser 65
Blumen und Kinder. Märchentheologie 71
Vögel. Das Beste, was die Galoschen brachten 75
Das größte Leiden sieht die Welt oft nicht 78
Verblümt und doch klar 80

V. DIE KLEINE SEEJUNGFRAU

Tonio Kröger als Kontrafaktur. Die Reise nach Dänemark 83
Der große Tag. Aschenbach, hochgestiegen 86
Sturm, Schiffbruch, Rettung und Ausklang 89
Hirschfelds Jahrbuch für sexuelle Zwischenstufen 92
Tonio und Hansen 98
Jungfrau in Männertracht. Das Schweigegebot 99
Verwandtschaften. Die Lebensspur 101
Den Prinzen und die unsterbliche Seele 103
Der kleine Herr Friedemann. Seejungfrau Mut 105
»Mein Gott ... Mein Gott ...« 107
Leverkühns Tiefseefahrt. Seelenchiasmus 108
Die Seejungfrau als Insekt 111
Die Dryade 112
Heilige Schmerzen 114
Der Messertanz der Kunst 115
Seejungfrau Andromache 116
So muß es sein 118
Litteratur 120
Erlitten und tätig zugefügt 122

VI. WALPURGISNACHT. ANDERSENS ZAUBERBERG

Das fünfte Glas 126
Gefährliche Werbung 127
Reisekameraden 132

VII. VERFÜHRUNG ZUM TODE: DIE EISJUNGFRAU

Der kleine Rudi. Castorps Kindheit 135
Die Augen der Chauchat. Todesküsse 136

Friedemanns Ende 139
Der große Rudi. Kalte Flammen 140

VIII. SCHNEE

Polarfahrt zur Königin. Schneereich, außer der Welt. 145
Flockenuntersuchung 147
Warte nur, balde 149
Der böse und der gute Trank 153
Von der Schönheit. Tempel-Quellen 155
Sozusagen in der Luftlinie. »Veni – ! –« 159
Auferstehungssymphonie 161
Der große Verwandlungstag. Roman der Seele 163
Erstes Fazit 165
Der überwachte Bock 168
Kindsverzehr. Andersens kannibalische Hexe 170
Messerspiele 172
Nachleben des Räubermädchens 174
Unter dem Weidenbaum. Kurz vor fünf 177
Der Splitter des Teufelsspiegels. Im Eispalast 179

IX. DER GEDANKENTRAUM

»Der Mensch soll«. Ein grundsätzliches Wort 184
Sakralisierung der Liebe. Gegen Schopenhauer 185
Gegen Kristiansen. Die zwei Russentische 188
Ferne Nähe: Gott im *Joseph* 192
Doppelt zweideutig 194

X. STRANDSPAZIERGANG MIT MAHLER

Der Welt abhanden gekommen 196
Der große Mann als Unglück. Kindertotenlieder 200

XI. FRAGWÜRDIGSTES I

Guazzabuglio. Inzestuöser Greuel 208
»Lazarus, komm heraus!« 212

Krokowskis Schlüssel. Die kleine Kraft 219
Große Gereiztheit und Donnerschlag 222
Die Trommeln zum Krieg. Märchenschlacht 223

XII. FRAGWÜRDIGSTES II

Fünfundzwanzig Spielfiguren 228
Beinprobleme. Buddenbrooks Ende 230
Monopedisch standhaft 233
Tous les deux 237
»Mich drängt's, den Grundtext aufzuschlagen« 242
Ziemßen am Schreibtisch. Holger Danske, Künstler und Geist 244
Ziemlich eitel 246
Hans C., Odense 248
Theo-Poeto-Erotologie, ideoplastische Schöpfung und Schluß 249

ANHANG

Anmerkungen 263
Literatur 341
Siglenverzeichnis 341
Quellen und Werke 343
Sekundärliteratur 344

Register 354
Werke Thomas Manns 354
Werke Hans Christian Andersens 355
Personen und Werke 356

MICHAEL MAAR

GEISTER UND KUNST

I. BEDENKEN

Schichtentechnik

Auch Künstler sind nur Menschen und sprechen am liebsten von sich. Sie legen diese Eigenschaft nicht ab, sobald sie sich an die Arbeit machen. Im Gegenteil stellen sie ihre Werke mit Spiegelchen voll, die wie in den Gemälden der niederländischen Meister das Porträt ihres Schöpfers zeigen. Durch diese Spiegel wird aber nicht nur ihrem kleinen Ich, sondern auch der Kunst, die in den Werken verschlossen ist, zur Selbstreflexivität verholfen. Was im Leben als Eitelkeit und Egozentrismus bloß lästig ist, kann sich im Medium der Kunst verwandeln. Dann sind es nicht mehr die Kröten des Egozentrismus, die dem Dichter aus dem Mund springen, sondern die Perlen und Goldstücke der Poetologie.

Wo Proust ein von Françoise zubereitetes bœuf à la gelée beschreibt, meint er nicht nur ein Gericht damit, sondern die Komposition der *Recherche*.[1] Wo Nabokov eine Fata Morgana beschreibt, die so klare Visionen von Wasser in die Wüste setzt, daß sich die umliegenden wirklichen Felsen in ihm widerspiegeln, meint er nicht nur ein Naturphänomen, sondern die eigene scheinmimetische Ästhetik. Wo Kafka einen Tunnelbau beschreibt, meint er nicht nur seine Berliner Wohnung, sondern sein in vielen Stollen stockendes, nächtlich vorangetriebenes, vor der Welt verborgenes Werk. Wo Thomas Mann die Maltechnik von Hofrat Behrens beschreibt, meint er keine andere als die eigene:

> [...] Es ist eben gut und kann gar nicht schaden, wenn man auch unter der Epidermis ein bißchen Bescheid weiß und mitmalen kann, was nicht zu sehen ist, – mit anderen Worten: wenn man zur Natur noch in einem andern Verhältnis steht als bloß dem lyrischen, wollen wir mal sagen; wenn man zum Beispiel im Nebenamt Arzt ist, Physiolog, Anatom und von den Dessous auch noch so seine stillen Kenntnisse hat, – das kann von Vorteil sein, sagen Sie, was Sie wollen, es gibt entschieden ein Prä. Die Körperpelle da hat Wissenschaft, die

> können Sie mit dem Mikroskop auf ihre organische Richtigkeit untersuchen. Da sehen Sie nicht bloß die Schleim- und Hornschichten der Oberhaut, sondern darunter ist das Lederhautgewebe gedacht mit seinen Salbendrüsen und Schweißdrüsen und Blutgefäßen und Wärzchen, – und darunter wieder die Fetthaut, die Polsterung, wissen Sie, die Unterlage, die mit ihren vielen Fettzellen die holdseligen weiblichen Formen zustande bringt. Was aber mitgewußt und mitgedacht ist, das spricht auch mit. Es fließt Ihnen in die Hand und tut seine Wirkung, ist nicht da und irgendwie doch da, und das gibt Anschaulichkeit. (361)[2]

Für den Leser ergibt sich aus dieser mise en abyme[3] die Anweisung oder freundliche Erlaubnis, die Epidermis des Textes mikroskopisch zu untersuchen, um sich in ein anderes als nur lyrisches Verhältnis zu ihr zu setzen. Die genaue Betrachtung der Oberfläche ist das erste. Darunter liegt das Mitbedachte, das sich in Spuren an der Oberfläche zeigen muß. Was mitgedacht und mitgewußt wird, spricht dann beim Lesen mit, man liest anders, wenn man es bedenkt und von den verborgenen Schichten seine stillen Kenntnisse hat. Das Lyrische ist das eine, aber es schadet nicht, auch subkutan Bescheid zu wissen. Der Interpret wird die Textur der Oberfläche erst richtig zu würdigen wissen, wenn er auch die Dessous erkennt.

Wenn er solche Schichten freilegen will, muß er allerdings die Oberhaut durchtrennen und das organische Gewebe zerschneiden. Er zerstört den Zusammenhang und vernachlässigt die oberen Schichten, wenn er eine untere präpariert.[4] Das sind zwei grundsätzliche Ärgernisse der Interpretation und des Interpretierens.

Die Deutung eines alexandrinisch geschichteten oder hypertextuellen[5] Werks muß mit einigen solchen Ärgernissen und Aporien rechnen. Sie vernachlässigt nicht nur die Oberfläche zugunsten tieferer Textschichten, wobei es bloße Übereinkunft ist, daß die Tiefe im Verschwiegenen liegt; sie vernachlässigt das Detail zugunsten der Quintessenz. Sie vernachlässigt, wenn sie nach Quellen oder Vortexten sucht, den Status des hier und jetzt in seiner Fiktion Gültigen. Zwangsläufig vernachlässigt sie alles das, was sich ihrer Synthesebemühung durch Funktionslosigkeit entzieht.

Das implizite Ideal der Quellenforschung ist es, das Original möglichst vollständig aus einem Vorgegebenen abzuleiten. Der Philologe ist befriedigt, wenn er zwei Spalten hat, links die aufgefundene Quelle, rechts den abhängigen Abschnitt des *Zauberbergs*, und um so befriedigter, je eindeutiger linear die Abhängigkeit. Zu Ende gedacht wäre das Ideal des Quellenforschers der Fund eines mit dem *Zauberberg* wortidentischen Manuskripts. Zu Ende gedacht ist das Ideal der Quellenphilologie die Stillegung des Originals.

Das Ideal der Interpretation wäre ein Text ohne widerständige Details. Das Detail ist nur hinderlich, im Grunde ärgerlich; mag hier eines passen, wird dort ein anderes wieder stören. Gesamtinterpretation strebt nach Resultaten, möglichst nach Sätzen und Begriffen; sie will den *Zauberberg* einen Bildungs- oder einen Entbildungsroman nennen dürfen, sie will demonstrieren, daß der oder der Philosoph etwas geschrieben hat, was der *Zauberberg* ihm auf diese oder jene Weise nachschreibt. Indem sie das Poetische der philosophischen Disziplin zuführt, kommt sie zu Sätzen, zu denen man auch ohne den Umweg der Kunst hätte kommen können. Das Ziel ist die Subsumtion unter den Begriff und die Stillegung des in der Fiktion Schwebenden. Im erstrebten Ernstfall steht ein Begriff – »Initiationsroman«, »Décadenceroman« – gegen tausend Seiten.

Unmöglich, von jenem zu diesen zurückzufinden. Décadenceromane gibt es viele, der Begriff bezeichnet viele Partikularitäten mit, das ist seine Aufgabe. In der Sphäre der Kunst, in der das Einzelne und nicht das Allgemeine zählt, hat er nichts verloren. Die Interpretation, die schlecht auf ihn verzichten kann, bleibe sich des Ersten und Anfänglichsten bewußt: Kunst ist nicht Umweg zu einem begrifflichen Erkenntnisziel, das man notfalls auch früher über Abkürzungen und Schleichwege hätte erreichen können.

Genug damit aber des Strengnehmens und der künstlichen Aporien. Sie sind durch ihre Benennung ja auch weder gebannt noch aus der Welt geräumt. Markiert, ist ihnen immerhin leichter aus dem Weg zu gehen. Ein letztes Gewissenswort also zu dem letzten Mißbehagensgrund, bevor wir die Bedenken beiseite schieben und interpretierend ins Meer der sechsundzwanzig Lettern steigen.

Der Schneefink im Reich der Zwecke

Schön ist Beziehungsreichtum. Noch schöner ist das selbstgenügsame Detail, das diesen Reichtum nicht nötig hat. Seine Würde ist die der Autonomie, sein Stolz der Hamletsche des auf sich gestellten Tatenlosen.

Sein Nachteil ist, daß man nicht viel mehr über es sagen kann, als daß es offenbar für sich und funktionslos schön ist. Selbst das kann man nur deshalb sagen, weil es in einer Komposition steht, die Anfang und Ziel hat und ökonomisch mit ihren Mitteln haushält. Wäre das autonome Detail nicht in einen zweckhaften Kosmos gebettet, könnte sich sein An-sich-Genüge-Finden erst gar nicht hervorheben. In der Nachbarkunst der Musik versteht sich dieses Verhältnis von selbst, die schöne Stelle wäre nichts ohne die Einbettung ins Horizontale; nur aus schönen Stellen könnte Musik nicht bestehen.

Die Interpretation, die das Kunstwerk als wohlgeordnetes Gefüge von Zwecken betrachtet, leistet also einen notwendigen Dienst. Je genauer und ingeniöser der von ihr offenzulegende Zweck-Kosmos konstruiert ist, desto reiner strahlt das autonome Detail heraus.

Die Suche nach funktionslos schönen Details im *Zauberberg* gleicht, um bei der Musik zu bleiben, der Suche nach unaufgelösten Dissonanzen im *Parsifal*, um die Thomas Mann in der *Faustus*-Zeit Schönberg und Eisler gebeten hatte. Man muß sie nur genau genug inspizieren, dann verraten sich fast alle seine Details als Agenten des Zwecks. Nur selten macht sich im Funktionalen auch einmal das Andere bemerkbar. Kurz vor Schluß des Romans platzt eine Polentruppe ins Sanatorium und überzieht die unwilligen Kranken mit Schriftsätzen, deren Länge und Ausgefeiltheit durch die Funktion der Gereiztheitsanzeige nur noch am Rande gedeckt wird. Leser mit Kunstverstand haben gerade diese dem strengen Sinn-Dirigat etwas aus der Kontrolle geratenen Seiten immer geschätzt.

Wie die *Zauberberg*-Habitués wissen, wird in Davos selbst das Wetter streng funktional behandelt. Einmal hüpft aber auch hier das schöne Andere durchs Reich der Zwecke:

> das war kein Schneefall mehr, es war ein Chaos von weißer Finsternis, ein Unwesen, die phänomenale Ausschreitung einer über das Gemäßigte hinausgehenden Region

– der bekannten Todesregion, deren Sog sich Castorp nicht mehr lange entziehen wird –,

> worin nur der Schneefink, der plötzlich in Scharen zum Vorschein kam, sich heimatlich auskennen mochte. (652)

Das weißdunkle Unwesen ist notwendig, der heimatverbundene Schneefink nicht.

Im folgenden werden etliche Details ihrer Unschuld und vermeintlichen Funktionslosigkeit entkleidet, der Lauf der Untersuchung bringt es mit sich. Am Ende wird man wissen oder sich eine Meinung darüber gebildet haben, warum die Augen der Frau von Rinnlingen flackern und die Leverkühns metallisch gesprenkelt sind; warum Settembrini bei einem Gewürzkrämer unterkommen und über eine Leiter in seine Kammer steigen muß; warum Hans Hansen und Tadzio Matrosenanzüge tragen, Rudi Schwerdtfeger aber ein Jägerkleid. Man wird erfahren, warum Haus Berghof Portwein in Fläschchen abfüllt, Mut-em-enet sich auf die Zunge beißt und Mynheer Peeperkorn sich von Hans Castorp ein Taschentuch reichen läßt; warum Andromache Schwanenflügel an ihr Kostüm näht, spirit Holger so schöne braune Locken hat und der Leipziger Dienstmann eine rote Mütze trägt; warum Castorp in der Walpurgisnacht mehr als vier Gläser zu sich nimmt, warum er als achtjähriger Waise zum Onkel verbracht wurde und warum er nach einer unverständlichen Injurie des Hofrats kupferrot anläuft. Man wird sich mit dem Gedanken vertraut machen, daß die Wolken über Davos vom Nordpol herziehen, daß das Sanatorium mit Schreibtischen und einem Kachelkamin höchst funktional möbliert ist und daß kein Irrtum vorliegen muß, wenn Thomas Mann sich einmal verzählt.

Auch aber wenn jetzt alle Energie aufgewendet werden soll, um Stellen zu klären, Funktionsproben zu machen und neue Quellen zuzuleiten, dem Schneefink bewahre man allerseits die Treue im Herzen.

II. DREI ERSCHEINUNGEN

Skandalon

Ein einfacher junger Mann reist nach Davos, um seinen dort genesenden Vetter zu besuchen. Joachim Ziemßen liegt krank im Sanatorium Berghof und setzt mit dieser Krankheit die Romanhandlung in Gang. Während Hans Castorp sich fünf Kapitel lang immer tiefer in den Berg hineinziehen läßt, strebt Ziemßen immer energischer von ihm fort, begeht halbwilde Flucht ins Flachland, kehrt schwerer erkrankt zurück und stirbt zum Ende des sechsten Kapitels.[1] Das siebte und letzte Kapitel lang ist sein obengebliebener Freund allein. Joachim Ziemßen bleibt gleichwohl präsent, zunächst geistig, Castorp denkt oft an ihn und fühlt sich von ihm beschützt. Die schwebende Präsenz verdichtet sich dann in »Fragwürdigstes« zur körperlichen. Joachim wird von einer Spiritistenrunde aus dem Totenreich zurückgerufen und zur Wiedererscheinung gebracht.

Mit dem Abschnitt »Fragwürdigstes« begibt sich der *Zauberberg* sehenden Auges der Möglichkeit, als der mimetische Zeitroman gelesen zu werden, als den man ihn ohne »Fragwürdigstes« zur Not noch hätte lesen können. Nicht daß man ihn als realistischen Roman gut gelesen hätte. Aber ohne Joachims Totenauftritt wäre die sieben Jahre lang, die Castorp im Berg bleibt, zumindest nichts passiert, was nicht unter Umständen wirklich hätte passieren können. Warum Thomas Mann sich dennoch entschloß, die Wiederkehr des Castorpschen Freundes in Szene zu setzen, was überhaupt der Sinn der Schauersitzung sei, bleibt auch dann rätselhaft, wenn man unterstellt – man muß es wohl unterstellen –, er habe solche Totenmanifestation eben doch nicht für unmöglich gehalten. Tatsächlich hat er sich gegen einen Tadler des Spuks einmal in diesem Sinn vernehmen lassen. Das erklärt aber noch nicht, warum er die Geschlossenheit seiner Komposition aufs Spiel setzen sollte, nur um ihr irgendein für möglich Gehaltenes dysfunktional einzufügen. Mochte schrullig sein, was er glaubte, in Dingen der Kunst waren ihm überflüssige Reste, Schrullen und vagabundierende Motive verhaßt.

Es war auch gerade die ideelle Komposition, mit der er die Beschwörungsszene vor ihrem Kritiker rechtfertigte. In den Gründen, die sie anführt, ist diese Rechtfertigung alles andere als zwingend, einer der mehr vertuschenden als offenbarenden Selbstkommentare.[2] Ernst nehmen muß man aber ihren wiederholten Hinweis auf die Komposition, von der her die Szene allein zu verstehen sei.

Wer ihn nie sonderlich ernst nahm, war die *Zauberberg*-Forschung. Ob und warum der frappierendste Abschnitt des Romans sich gut in die Komposition füge, hat sie nie auch nur annähernd so interessiert wie etwa die Frage, ob »Schnee« aus ihr herausfalle. Nichts gegen diese Frage, aber im Spukabschnitt passieren Dinge, die die Fragemasse viel magnetischer hätten anziehen müssen. Im Schneesturm wird geträumt; bei Krokowski wird ein Toter geboren. Die Ungewöhnlichkeit des Vorgangs steht in keinem Verhältnis zu der Aufmerksamkeit, die ihm gewidmet wurde.[3]

Der Geisterabschnitt vereint mithin zwei Eigenschaften, die sich wechselseitig ausschließen müßten. Er ist nicht nur der rätselhafteste, sondern auch der am oberflächlichsten untersuchte Passus des Romans. Unterschätzt wie er wird sonst nur noch der in ihm hervorgerufene Soldat.

Seinem ehemaligen Freund Josef Ponten erwiderte Thomas Mann einmal brieflich, auch er, Schreiber, sei kein restlos durchrationalisierter Schriftsteller, auch bei ihm sei Geheimnis: »Plastik, Leben – ist Geheimnis. Joachim, zum Beispiel, ist ein Geheimnis.« (Br Ponten, 50)

Ziemßen also, der ehrenwerte, proper die Absätze zusammenziehende Soldat, ein Geheimnis. Auch dieses Wort hätte die Forschung neugierig machen können, die es aber eher mit Ponten hielt, der Ziemßen »schon hoffnungslos langweilig« fand. (Vgl. Br Ponten, 52) Der kursorische Leser des *Zauberbergs* wird Ponten nicht einmal Unrecht geben. Wie es sich aber reime, daß ausgerechnet dem Erzlangweiler das offenbar Geheimnisvollste des Buchs zustoßen soll, die geister- oder märchenhafte Wiederkehr an Krokowskis Schreibtisch, das hätte auch dieser Leser sich einmal am Rand als Frage vorlegen können.

Genauso wie man über die Seitendeute und das Hauptärgernis hinweglas, halb ratlos, halb flüchtig, überlas man eine zweite erklärungsbedürftige Stelle. Innerhalb der großen Sonderbarkeit, daß ein Toter erscheint, gibt es in »Fragwürdigstes« noch eine andere, im Gehäuse des großen Geheimnisses ein winziges zweites. Es ist fast nichts, nur ein Stäubchen, aber ein irritierendes.

Hermine Kleefelds Alphabet

Vor der Wiedererweckung Joachim Ziemßens betreibt die Spiritistenrunde um Ellen Brand das vergleichsweise harmlose Spiel des Gläserrückens. Auf einem ungedeckten Tisch steht in der Mitte ein Weinglas, den Fuß nach oben, am Rand der Tischplatte liegen rundum kleine, von Hermine Kleefeld mit den Buchstaben des Alphabets beschriftete Beinplättchen, die spirit Holger kraft seines von den Umsitzenden berührten Glases anzulaufen hat, wenn er sich sprachlich mitteilen will. So die Anordnung und das procedere.

Noch etwas genauer beschreibt es der Erzähler. Auf die von der Kleefeld ausgelegten kleinen Beinplättchen, Spielmarken nach ihrer gewöhnlichen Bestimmung, sind nach seiner Angabe »mit Tinte und Feder die fünfundzwanzig Buchstaben des Alphabets gezeichnet [...].« (917)

Wenn davon einem Castorp verbundenen Literaten zu Ohren gekommen wäre! Da hat man den Geist der Runde, hört man ihn rufen, da hat man das Dunkelmännertum. Nicht einmal die Pfeiler von A zu O, das Fundament der menschlichen Gesittung, kann es abwandern, ohne dabei zu stolpern!

Damit hätte Settembrini allerdings etwas aufgestöbert. Er hat ja recht, es sind sechs-, nicht fünfundzwanzig Buchstaben. Es fehlt einer, und vermutlich nicht deshalb, weil Thomas Mann sich in Eile geirrt, vertan, verhauen hätte. So gut wird ein Künstler den Bestand seines Arbeitsmaterials kennen, und dieser zahlenverzauberte jedenfalls kannte ihn. Was also soll es, welchen Zweck kann es haben, die Fünfundzwanzig als Zahl des kompletten Satzes auszugeben? Das ist das kleine Rätsel, versteckt in einem Skandalon.

Wenn man es mit merkwürdigen Phänomenen zu tun hat, versichert man sich zuerst des Nächstliegenden: gab es schon einmal Ähnliches, kennt man Vergleichbares? Wäre das Phänomen nicht isoliert, stünde es in einem Zusammenhang mit besser bekannten Erscheinungen, ließen sich Rückschlüsse auch auf seine diesmalige Natur ziehen. Das Ähnliche könnte aus ähnlichen Gründen erscheinen, das Ähnliche könnte einen gemeinsamen Kern haben, und dieser Kern könnte sich auch unter den Akzidenzien des noch rätselhaften Phänomens verbergen. Wenn ein Rätsel sich löst, ist es nicht mehr als das, die Lösung der Hüllen vom verdeckten Kern.

Hält man nun nach anderen erschreckenden, durch Kühle angekündigten (942), unwirklichen oder jenseitigen Erscheinungen und abrupt von der Hauptfigur abgebrochenen Séancen Ausschau, wird man nicht lange suchen müssen. Unverkennbar hat das Phänomen ein Nachbild im prominentesten Kapitel des *Doktor Faustus.* Immer noch deutlich genug, hat es sein Vorbild in einer frühen Erzählung, die sich schon im Untertitel als Geschichte voller Rätsel verrät. Dem Helden des *Kleiderschranks* erscheint jeden Abend eine Figur, die so wenig sein darf wie die in »Fragwürdigstes« und im fünfundzwanzigsten Kapitel des *Faustus* erscheinenden.[4] Albrecht van der Qualen öffnet einen Kleiderschrank und findet ein nacktes Mädchen vor; Hans Castorp blickt auf und sieht den verstorbenen Vetter in Uniform; Adrian Leverkühn schaut von seinem Buch auf und erkennt, daß der Teufel vor ihm sitzt. Sie sind nicht erstaunt, dabei erscheinen Tote und Teufel in realistischen Zeitromanen so wenig wie nackte Mädchen in Schränken. Es ist wunderbar oder märchenhaft, wenn sie erscheinen.

Daß der *Doktor Faustus* »ins Märchenhafte« zu rücken gewesen sei (XI, 156), hat Thomas Mann en passant bemerkt. Vom *Zauberberg* kündigt der Erzähler im Vorsatz an, er habe das eine und andere mit dem Märchen zu schaffen. (10) Um den *Kleiderschrank* als Märchenerzählung zu verstehen, ist ein zusätzlicher Bescheid nicht erst nötig.[5]

Wir lassen jene beiden, das große Geheimnis und das winzige Rätsel, eine Weile zusammen auf sich beruhen und machen uns an die erste *Geschichte voller Rätsel.* Oft halten ja Frühwerke mit ihren Geheimnissen weniger hermetisch dicht als solche der besten Mannesjahre, zumindest bei diesem ist es so, und wenn die Geschichte schon Rätsel in Fülle ankündigt, wird sich der näheren Inspektion wohl eines entdecken, das dann der ferneren Orientierung dienen mag.

Der Regenschirm im Kleiderschrank. Ole Luköie

So leicht man im Leben einen Regenschirm stehen läßt, so leicht übersieht man ihn, wenn er in einem Buch steht, in das er doch nicht aus Zerstreutheit geraten sein kann. Der Held des *Kleiderschranks*, Besitzer eines Regenschirms, steigt in einer namenlosen norddeutschen Stadt aus dem Schnellzug nach Rom, läßt sich treiben – der Schirm bleibt am Bahnhof verwahrt –, kommt in einer Pension unter und macht dort, nachdem die »Plaidrolle mit dem Regenschirm« eingetroffen ist (VIII, 158), die Bekanntschaft einer nackten Schrankbewohnerin, die ihn jeden Abend mit traurigen Märchen oder ihrem kindlichen Körper beglückt.

Was immer es bedeuten soll, die sinnlose kleine Wanderung des Regenschirms ist fast so rätselhaft wie der Rest. Was würde der Geschichte fehlen, wenn ihr Held ohne Regenschirm nach Italien verreist wäre? Was wäre anders, wenn er Schirm und Plaidrolle, weltverloren wie er ist, für immer am Bahnhof deponiert gelassen hätte? Wenn er bei seinem Gang über den Totenfluß »weder Stock noch Schirm« trägt (VIII, 154), könnte damit noch auf seine beginnende Weltflucht und Unbürgerlichkeit hingewiesen sein wollen, im Sinn des zauberbergschen Nichttragens des Huts. Warum dann aber die Mitteilung, daß er, bevor er ins Schlafzimmer geht, sich auszieht und den bewohnten Schrank öffnet, die Rolle samt Schirminhalt auf dem »großen Schreibtisch« (VIII, 158) seiner Pension wieder vorfindet?

Das scheinbar Überflüssige, die negative Größe, muß mit einer zweiten zusammengebracht werden, damit sie sich miteinander ins Positive multiplizieren. Albrecht van der Qualen trägt nicht nur zeitweise keinen Schirm, er trägt auch »keine Galoschen«. (VIII, 155) Diese zweite Angabe ist im Gegensatz zur Schirmintrige zu auffällig überflüssig, als daß man sie lange überlesen hätte. Die Galoschen waren offenkundig Hans Christian Andersens *Galoschen des Glücks*. Die Glücksgaloschen dieses Märchens entheben ihren Träger dem Raum und der Zeit, der Welt der kategoriengebundenen Vorstellung, schopenhauerisch gesprochen, der auch der zeitlos traumentrückte und todesnahe Held des *Kleiderschranks* entkommen will; wenn er auch nicht über die wunscherfüllenden Galoschen verfügt. Via negationis hatte Thomas Mann mit der Angabe zu van der Qualens Schuhwerk ein erstes Märchenvorbild des Traumtableaus benannt und den Verschluß seiner hermetischen Geschichte ein erstes Mal gelockert. Wie Andersens historisch gestimmter Justizrat, den die Galoschen, in Manns Referat, »auf seinen leichtsinnigen Wunsch in die Zeit des Königs Hans zurückversetzten, wo er sich dann so wenig behagte« (X, 296), gerät van der Qualen in die Vorstadt, wo ihn wie in Andersens Märchen eine antiquiert redende Wirtin empfängt. Die Galoschen, die er nicht trägt, sind das erste auffällige Märchenutensil.

Da er sie aber gerade nicht trägt, hätte man weiter fragen können, was ihm denn dann zu seiner Entrückung verhilft. Der Gedanke wäre nicht abwegig gewesen, sich um Auskunft noch einmal an den zitierten Dichter zu wenden.

Um der Zeit und dem Raum entrückt zu werden, muß man nicht unbedingt die wunscherfüllenden Märchengaloschen tragen. Nacht für Nacht wird man es auch ohne Wunder, wenn nur der Genius des Traums sich nicht entzieht. Hans Christian Andersen hat ihn in seinem Märchen *Ole Luköie* personifiziert. Ole Luköie ist der Gott der Nacht, der Genius des Traums und der Bruder des Todes. Unter seinen Armen trägt er zwei Regenschirme, einen bebilderten und einen farblosen. Abend für Abend spannt er über den artigen Kindern seinen bunten Regenschirm aus, dann träumen sie die ganze Nacht die herrlichsten Geschichten. (Vgl. A I, 197)[6]

Der Regenschirm also sorgt dafür, daß van der Qualen Abend für Abend Geschichten erzählt bekommt. Ohne Schirm gibt es sie nicht, Andersen macht es seinem Leser auch durch Negation klar: »Und da ging Ole Luköie und nahm seinen Regenschirm mit. [...] Und da erwachte Hjalmar.« (A I, 208)[7] Deshalb also muß der Regenschirm eintreffen, bevor die Schrankbewohnerin beginnt, nächtlich träumerisch zu erzählen. Die letzte Schirmerwähnung und die erste Öffnung des Schranks trennen deshalb nur zehn Zeilen. Und deshalb sind auch Schirm und Plaidrolle des Mannschen Schlafsüchtigen genau in die Farben des Märchens getaucht, von nah betrachtet; »rot und weiß angestrichen« ist das Boot des Märchenträumers, »die Segel glänzten wie Silber« (A I, 200), »rot und weiß gewürfelt« ist die Decke, in der van der Qualens »Regenschirm mit silberner Krücke« steckt. (Vgl. VIII, 154)[8]

Der Ort, an dem die Geschichten dank Regenschirm empfangen werden, ist in Märchen wie Erzählung das Bett im Schlafzimmer. Bevor van der Qualen zum ersten Mal den Schrank belebt vorfindet, löscht er das

Licht und entkleidet sich, wie Kinder es tun müssen, wollen sie Geschichten von Ole Luköie hören. Entkleidung und Bett als Ort der Entrückung und Initiation legen es nahe, die Vorlage zu erotisieren, das heißt noch mehr zu erotisieren, denn frei von kindhafter Erotik ist schon sie nicht. Durch die »Kinderschultern« (VIII, 159), die er der nackten Gestalt gibt, deutet Thomas Mann aber noch einmal auf den Ursprung hin.

Bei Andersen verweigert Ole Luköie sich den unartigen Kindern und den bösen Alten. (A I, 198, 205) Es ist nicht auszuschließen, daß Reste dieser Märchenmoral auch noch in den Knochen des Reisenden stecken, der so entschieden das Hotel »zum braven Manne« ausschlägt. (VIII, 154) Wenn sein Blut aufwallt und er sich vergißt, erscheint die Schrankbesucherin mehrere Abende lang überhaupt nicht und bleibt später noch einige Zeit stumm.

Ganz offenkundig ist das Geschichten erzählende Mädchen als Allegorie der Muse angelegt. Im Zimmer des von ihr Beglückten steht nicht nur ein großer Schreibtisch, dieser Schreibtisch ist auch das Ziel des inspirierenden Regenschirms, auf ihm endet seine kleine Fahrt. Vielleicht verbringt van der Qualen seine Tage damit, das nächtlich Aufgenommene auf ihm zu befestigen.

Ebenso offensichtlich steht das Erscheinen der nackten Muse im Zusammenhang mit dem Unterdrücken oder Nichtunterdrücken sexueller Impulse. Die Muse erzählt nur dann kunstvoll traurige Geschichten,[9] wenn es etwas zu sublimieren gibt, nicht aber dann, wenn der Zustand herrscht, den das Notizbuch 7 festhält: »Nach geschlechtlicher Entleerung: Ruhige, brauchbare Gedanken, der Kunstfriede der *Interesselosigkeit.* (Kant hat doch recht.)« (Nb 7–14, 110) Um stark daran zu zweifeln, daß die Interesselosigkeit geeignet sei, neben einigen brauchbaren Gedanken auch die großen Kunstwerke hervorzuzwingen, hatte Thomas Mann auf Dauer nichts anderes nötig als Selbstbeobachtung. »Die Entsagung ist unser Pakt mit der Muse«, heißt es in der *Königlichen Hoheit*. (II, 178) Der Schriftsteller Martini, der dessen Bedingung preisgibt, ist wie der Detlev Spinell des *Tristan* ein verzerrtes anderes Ich, nicht ohne Ähnlichkeit, aber gerade nicht identisch mit dem Autor, der weiß, was er seiner Verführbarkeit zu danken hat und wie steril die durchgehaltene Entsagung bliebe. Zwar leidet der junge Italienreisende an der Geschlechtlichkeit und sehnt sich nach der Ruhe vor den Hunden im Souterrain, als ewigem Reisesser würde ihm gewiß aber bald auch die Kunst verdörren.[10] Ginge es dem jungen Thomas Mann nur um Entsagung und Askese, dürfte die weibliche Ole Luköie sich nach van der Qualens erster Zudringlichkeit nie wieder blicken lassen, sie kommt aber wieder.[11]

Vermutlich entnahm Thomas Mann dem Märchen mit dem Schirmutensil überhaupt den Stoff, die Idee des nächtlich träumerischen Erzähltbekommens. Die Inspiration durch den Traum in *Ole Luköie* zur Inspiration durch die erotische Muse im *Kleiderschrank* zu machen, war um so weniger schwierig, als die Traummuse auch schon bei Andersen geschwisterlich an den Tod gebunden ist. Der Tod wird dabei so verführerisch geschildert, daß Hjalmar von ihm sagen kann, er sei »ja der schönste Ole Luköie!« (A I, 210) Wenn Thomas Mann die *Galoschen* zitiert und Oles Regenschirm an den Ort der Entrückung legt, genügt er den einfachsten Formen und bedankt sich für eine Anregung, ohne die seinem Totentraummärchen, wenn es überhaupt entstanden wäre, noch mehr gefehlt haben würde als ohne die der Philosophen.[12]

Ein, zwei für alles Spätere wichtige Merkzettel sind dem *Kleiderschrank* zu entnehmen. Thomas Mann scheint auch da, wo der Künstler nicht zur Figur und seine Betätigung nicht zum Thema wird, seinen Texten eine metaliterarische oder poeto-erotologische Schicht zu implantieren. Der Assistent ist in diesem Fall Hans Christian Andersen.

Tante Zahnweh

Andersen selbst hat in einem späten Märchen von den Bedingungen der Kunstschöpfung gehandelt, hat selbst ein metaliterarisches Märchen geschrieben, wenn man so will. Die Muse oder Gegen-Muse, die er darin auftreten läßt, muß Thomas Mann aus einem sehr persönlichen, wenn auch verbreiteten Grund nahegegangen sein. Andersens böse Muse war das kennerhafteste und grausamste Porträt einer Lebensperfidie, die ihn nicht weniger als den Märchendichter von früh auf gepeinigt hatte. Bei der Beschreibung ihres Äußeren – lang und dünn, in feinem Gewand – blieb Andersen so zurückhaltend wie später Mann bei der Adrian Leverkühns. Nur bei ihrem Greif- und Quälorgan ging er ins Detail. Ihre »schattengraue, eiskalte Hand« hat lange, nadeldünne Finger:

> jeder von ihnen war ein Marterwerkzeug: Daumen und Zeigefinger hatten Kneifzange und Schraube, der Mittelfinger endete in einer spitzen Nadel, der Ringfinger war ein Bohrer und der kleine Finger eine Spritze mit Mückengift. (A II, 532)

Hans Christian Andersen litt zeit seines Lebens an schlechten Zähnen. Ein kalter Luftzug verdarb ihm noch den Tag des größten Triumphs, als er sich, weltberühmt geworden, in dem zu seinen Ehren illuminierten Heimatort der herbeigeströmten Volksmenge am Fenster zeigte. Im hohen Alter schuf er diesem Lebensübel mit dem Märchen *Tante Zahnweh* eine negative Apotheose, vor der jeder, der wußte, was Zahnweh war, nur schaudern konnte.

Thomas Mann wußte nicht nur, was es war, auch er hat den schlechten Zahn literarisch verewigt. Im *Doktor Faustus* wird ihm sogar eine nicht unbedenklich hohe Krone verpaßt, eine symbolische Überhöhung, von der man nicht ganz genau weiß, wie der Zahn allein sie tragen soll.

Vielleicht fließen ihm externe Subsidien zu. Nach dem, was über den *Kleiderschrank* und *Ole Luköie* zu erfahren war, muß sich ein kleiner Anfangsverdacht einstellen.

Der tote Zahn im Doktor Faustus

Der abgestorbene Zahn wird im *Doktor Faustus* nach einem Romandrittel von Zeitblom zum »Symbolwort« erklärt. (VI, 201) Leverkühn benützt es, um damit gewisse Späterzeugnisse orchestralen Paletten-Raffinements zu bezeichnen, Erzeugnisse einer alexandrinischen, lebensentleerten Kunst, deren Mittel er beherrscht, ohne noch an sie glauben zu können. (VI, 201) In den Schwabinger Sitzungen bei Kridwiß werden die musikinternen Beziehungen aufs Ganze ausgeweitet. (VI, 491) Die Wurzelbehandlung, die den faulen Zahn retten will, entspricht einerseits der kokkenbedrohten Musik vor dem Durchbruch, Adrians *Meerleuchten* (VI, 202), andererseits dem vorfaschistischen Zeitalter, mit dem es zu Ende geht. Im Schwung der Rebarbarisierung wird der Zahn herausgerissen, die Raffinements der Zahnerhaltung, an die man so lange so viel Kunst gewendet hat, haben ausgedient, man ist den Kreis herumgegangen und endet, wo man früher anfing. Sowohl brutal als unbestimmt erleichternd wird das Komplizierte, Langwierige, die Wurzelbehandlung, zugunsten der wiedergeborenen, zweiten Primitivität abgetan. Die Hemmungen der Verstandeskontrolle werden wie die der humanen Verweichlichung durchbrochen. (VI, 491 f.) Zum Durchbruch verhilft der Teufel, der mit Deutschland und Leverkühn paktiert. Er zieht gewissermaßen den Zahn.

Einmal in den Roman eingepflanzt, stimmt alles mit ihm, wie erwünscht strahlt er in die vorgesehenen Partien. Wenn man sich einen Moment der geringen Gedankenanstrengung unterzieht, das Gegebene nicht mit dem Notwendigen gleichzusetzen, wird man sich trotzdem fragen können, was ein zerstörter Zahn als Symbol für Probleme der Kunstschöpfung taugt. Zeitblom ist diese Frage nicht fremd, wie seine Bezeichnung des Leverkühnschen Vergleichs als »sonderbar hergeholt« durchblicken läßt. (Vgl. VI, 201) Eigentlich ist es reichlich hergeholt, nur weil man es so kennt und sich daran gewöhnt hat, findet man nichts mehr dabei.

Wer im Bilde bleiben will, wird nach der fälligen Untersuchung des symbolischen Zahns feststellen, daß es drei Wurzeln sind, die ihn halten. Zwei liegen verdeckt, eine offen.

Zahnsorgen hatte Thomas Mann bis in die Zeit der dritten hinein, sein Geck, wie er es nannte, war ein Lebensproblem, das er mit Eintritt in die Literatur auf seine autobiographisch gelenkten Helden übertrug. Thomas Buddenbrook stirbt an einem Zahn, Hannos Erkenntnis, das Leben nicht bestehen zu können, nährt sich aus dem Zustand seiner Zähne. Das Zahnen gerät ihm zur ersten Lebenskrise, an einem schadhaften Zahn scheuert er, als Thomas das Testament aufsetzt.[13] Seine Erschöpfung nach den Sitzungen bei Herrn Brecht bereitet die letzte Krankheit vor, der er sich im Gefühl der Lebensuntüchtigkeit ergibt. Er stirbt mindestens ebenso an seinen Zähnen wie an Typhus oder an Wagner, und auch bei ihm ist wie bei Thomas das äußerlich weiße, aber innerlich verweichlichte Gebiß sowohl Indiz wie Symbol der Décadence, die den Geist freisetzt, indem sie den Lebenskern zernagt. In dieser doppelten Wirkung ist die spätere Syphilis nur ein gesteigerter maroder Zahn.

Im *Zauberberg* sind die zerstörten Zähne Herrn Wehsals, des Mannheimers Teil (766), im *Tod in Venedig* ist es Tadzio, dessen Zähne »nicht recht erfreulich« aussehen. (VIII, 479) Ohne daß allen Vor- und Nachgängern in den Mund geleuchtet werden müßte, der degenerierte Zahn ist ein Lebensmotiv, das der Altersroman, der die Lebens- und Werkmotive möglichst vollständig einbalsamieren will, gut und gern auch einmal in größerem Stil behandeln kann. Im Werkzusammenhang gesehen ist der symbolisch wehe Zahn nur mittelweit hergeholt.

Hergeholt bleibt er. Woher, soll uns das Märchen enthüllen, dessen Heldin gerade schon eine giftige Schattenhand sehen ließ.

Die entsetzlichen Gäste

Den Teufel, der im fünfundzwanzigsten Kapitel Leverkühn besucht, kennt man als Epigonen Dostojewskis. Thomas Mann hat freigebig auf das Vorbild der Karamasowschen Vision hingewiesen, so freigebig, daß es fast schon wieder Zweifel an ihrer exklusiven Zuständigkeit hätte wecken können. Ihre Nennung in der *Entstehung des Doktor Faustus* (XI, 195) spricht eher gegen ihre Zugehörigkeit zum intimsten Quellenkreis, den der Rechenschaftsbericht, wie man heute weiß, hübsch unberührt läßt. Auch an *Tante Zahnweh* rührt er nicht, wer von ihr erfahren will, muß sich an das Werk selber halten.

Auf dem Höhepunkt des Spätwerks wird noch einmal mit der alten Herausgeberfiktion operiert. Es liegen Papiere eines heimgegangenen Künstlers vor, vom Ich-Erzähler und fiktiven Herausgeber der Öffentlichkeit mitgeteilt; auf diesen Blättern gibt das Binnen-Ich, der eigentliche Held, ein Protokoll des Besuchs, den er vergangene Nacht bekommen hat. Er schildert, wie da im dämmrigen Zimmer plötzlich eine Eiseskälte strahlende Gestalt vor ihm sitzt, von der er weder weiß, wie sie hereinkam, noch, ob sie überhaupt wirklich existiert; die Gestalt, wirklich oder nicht, zieht ihn in ein längeres Gespräch über die Kunst und malt ihm die Schmerzen aus, durch die sie ihn hinauftreiben wird, wenn er nur will und die Kunst es ihm wert ist.

In Andersens Märchen *Tante Zahnweh* ist der verstorbene Künstler ein Dichter. Seine Geschichte wird vom Erzähler, der sie aus dem Papierfaß des »Gemüsekrämerlehrlings« gezogen hat, nach dem Überlieferungsbericht der Öffentlichkeit übergeben: »Ich lieh es mir, ich las es, und nun teile ich es mit.« (A II, 524) Manns heimgegangener Künstler ist Komponist und schreibt auf Notenpapier, weil der »Kramladen« Palestrinas kein genehmeres bietet (VI, 295); das Dokument wird dem Leser vom Ich-Erzähler und Herausgeber Zeitblom nach einigen editorischen Bemerkungen über Datierung, Zustand und Überlieferung des Manuskripts vorgelegt: »[...] – hier ist es, ich teile es mit.« (VI, 295)

Andersens Poet schildert in der mitgeteilten Binnenerzählung, wie ihn in der vergangenen Nacht »ein entsetzlicher Gast« (A II, 532) aufgesucht habe. Leverkühns Binnendokument, verfaßt unmittelbar im Anschluß an die Erscheinung, »am nächsten Tage vermutlich« (VI, 296), schildert den Besuch, den der Komponist eines Nachts von einem »entsetzlichen Helfer« bekam. (VI, 242)

Der Poet sitzt allein in seinem Zimmer, es ist zur Winterszeit, Schnee fällt, das Feuer brennt in seinem Ofen, es wird gemütlich in seiner Stube. (A II, 529f.) Aber das Wetter ist unruhig, der Sturm schüttelt an den Fenstern und schlägt mit den baumelnden Eisenhaken, es zieht vom Fenster her. (A II, 531)

Der Komponist sitzt

> allein hier im Saal, nahendt bei den Fenstern, die mit den Läden vermacht [...]. Da fühl ich mich auf den Plotz von schneidender Kälte getroffen, so als säße einer im winterwarmen Zimmer und auf einmal ginge ein Fenster auf nach außen gegen den Frost. [...] Jemand sitzt im Dämmer [...] (VI, 297)

Beim Poeten zieht es kalt, dann sieht er einen Schimmer:

> Es war eine Unruhe durch Schatten und Licht, aber zuletzt sah der Schatten auf dem Fußboden nach irgend etwas aus; ich betrachtete dieses Bewegliche und spürte einen eiskalten Luftzug. Auf dem Fußboden saß eine Gestalt [...] (A II, 531)

Die sitzende Gestalt, die den »eisigen Zug« (VI, 302) auch auf Bitten des Komponisten nicht abstellen kann, erweist sich hier wie dort als der urböse Jemand. Es ist »Ihre Entsetzlichkeit Satania infernalis« (A II, 532), der »entsetzlich andere« (vgl. VI, 295), der auch im Steinsaal das Wort führt, der Satan als Muse und Engel des Gifts.

Ist er es, oder scheint er es nur zu sein? Wie bei dem Leverkühns weiß man auch vom Besuch des Poeten nicht, ob er wirklich ist oder halluziniertes, nach außen verlegtes Fieberprodukt und Hirngespenst. Auch Andersen sorgt für die Schwebe, obwohl die Form des Märchens ihn nicht dazu verpflichtet hätte, und obwohl es nicht ganz einfach zu machen war.

Tante Zahnweh, Andersens Satania, ist auf unklare, geheimnisvolle Weise zugleich die gute Tante der Hauptfigur, Tante Mille, die den Poeten verehrt und während der Nacht, als ihm Tante Zahnweh erscheint, in verdächtiger Nähe auf einem Sofa in der Stube nebenan schläft. (A II, 530) Die dämonische Tante droht ihm, als Tante Mille wiederzukommen; sobald sie verschwunden ist, fällt er in Schlaf. Am nächsten Tag weiß er nicht mehr, was es mit der Erscheinung auf sich hatte, Traum und Wirklichkeit verschwimmen ihm. Da kommt die gute Tante von nebenan zum Morgengruß:

> Mir kam es vor, als lächelte sie heimtückisch. Ich wußte nicht, ob es die brave Tante Mille war, die mich liebte, oder die Entsetzliche, der ich heute nacht das Versprechen gegeben hatte. (A II, 534)

Das Dämonische greift auf das Harmlose über, andererseits war es vielleicht nie mehr als dessen halluzinierte Verzerrung.

Ganz ebenso verfuhr schon *Der Kleiderschrank*, in dem alles in der Luft zu stehen hatte und es bis zum Schluß in der Schwebe blieb, ob der Held nicht doch im Schnellzug nach Rom eingeschlafen sei. Ganz ebenso verfährt auch das fünfundzwanzigste Kapitel. Der Zuhälterteufel, der kältestrahlend vor Leverkühn sitzt, ist nicht nur ein Wiedergänger des bösartigen Bänkelsängers aus dem *Tod in Venedig*,[14] er ist auch ein Zerrbild des harmlosen Freundes Schildknapp, für den Leverkühn seinen Gast zum Séancenbeginn hält und der nach deren Abschluß wieder auf dem Sofa sitzt, auf dem er möglicherweise schon länger saß. (VI, 297, 333) Rüdiger Schildknapp trägt »derbe gelbe Schuhe« und eine »Jacke [...] mit zu kurzen Ärmeln«, seine Hände sind »vornehm langfingrig«, die »Sportlichkeit seiner Erscheinung« täuscht. (VI, 225) Der Ludewig erscheint in einer »Jacke mit zu kurzen Ärmeln, aus denen die plumpfingrigen Hände kommen«, trägt »gelbe, vertragene Schuhe« und eine »Sportmütze«. (VI, 298) Leverkühn merkt zwar ausdrücklich an, es handle sich bei dem Besucher nicht um Schildknapp, der Ludewig sei kleiner, macht dadurch aber erst auf die Möglichkeit aufmerksam, er könne es doch sein. Auf das Dementi eines hoffentlich Halluzinierenden ist weniger zu geben als auf das Kalkül dieser Motivtechnik. Damit schwebt es, wie erwünscht: der Teufel ist vielleicht doch der verzerrt wahrgenommene Schildknapp, wie Tante Zahnweh vielleicht doch die nebenan schlafende Tante Mille war. [15]

Unter dem Zwang dieser Motivtechnik hat Schildknapp später furchtbar mit seinen »vernachlässigten und verfallenden Zähnen« zu tun, auf deren schmerzende Wurzeln wankende Brücken gesetzt werden. »›Es – bricht – zusammen‹, verkündete er schaurig [...]« (VI, 602), und markiert die schaurigen Zusammen- und Durchbrüche des Romans noch einmal als dentogen.

Was der Zahn genau mit dem Durchbruch und der Kunst zu tun hat, ist damit aber noch nicht ganz geklärt.

Muse Satania

Tante Zahnweh ist ein poetologisches Schlüsselmärchen, Rückblick auf das Künstlerleben, wie der *Doktor Faustus*, Bilanz über die Kosten der Größe.

Andersens Künstler hat gerade so viel Begabung, um zu erkennen, daß sie alleine nicht ausreicht: »Ich habe etwas von einem Poeten in mir, aber nicht genug.« (A II, 525) Tante Mille versucht, ihn aufzupulvern und ihm über die Hemmung hinwegzuhelfen, sie stachelt seinen Ehrgeiz und malt ihm aus, daß er der Größte werden könnte; das Ziel noch jeden Künstlerehrgeizes, der Grund noch jeden Teufelspakts. Nachts aber wandelt sie sich in Tante Zahnweh und nennt die Bedingung.

In welchem Interesse sie sich ungeladen einstellt, verrät gleich ihre erste Frage:

> »Also Dichter bist du?« sagte sie; »ja, ich werde dich in alle Versmaße der Schmerzen hinaufdichten! Du sollst Eisen und Stahl in deinen Körper, Fäden durch all deine Nervenstränge bekommen!« (A I, 532)

Tante Zahnweh verabreicht die inspirierenden Schmerzen, durch die der Künstler hinaufgetrieben wird. Es ist das alte, von Thomas Mann ein Leben lang variierte Thema, das der Teufel in Goethes Fassung der unendlich gegebenen Schmerzen und Freuden wiederholt. (VI, 315) Es ist auch der Schlüssel, der sensus allegoricus der Tantenidentität. Tante Mille meine es gut, sie arbeitet doch mit der bösen Tante Zahnweh zusammen, die beiden sind nicht zu scheiden.

»Sehen sollst du mich, aber in einer volleren, einer dir lieberen Gestalt, als ich es jetzt bin! Du sollst mich als Tante Mille sehen; und ich werde sagen: Dichte, mein süßer Junge! Du bist ein großer Dichter, der größte vielleicht, den wir haben! Aber glaube mir, beginnst du zu dichten, dann setze ich deine Verse in Musik, spiele sie auf deiner Mundharmonika!« (A II, 533)

Wenn er der Größte werden will, wird sie ihm aufspielen, nicht anders als Manns Teufel seinem Adepten; die Ankündigung: »Werden dir schon aufspielen« (VI, 303) ist unmißverständlich. Andersens Satania beschreibt die von ihr zu erwartenden Schmerzen in der Sprache der Disziplin, in die der Poet bei Mann überwechselt:

»Ein ausgezeichnetes Gebiß«, sagte sie, »eine Orgel, um darauf zu spielen, Mundharmonikakonzert, großartig, mit Pauken und Trompeten, Pikkoloflöte und Posaune im Weisheitszahn. Großer Poet, große Musik!« (A II, 532)

Musik heißt Schmerzen, je besser aufgespielt wird, desto größer die Musik; Musik so oder, wie bei Mann, auch wieder anders, eigentlich genommen. Satania wiederholt die Relation und Paktbedingung in ihrem Nachsatz, der zwischen Drohung und Angebot changiert:

»Ich werde dich das Versmaß lehren!« sagte sie. »Ein großer Dichter muß großes Zahnweh haben, ein kleiner Dichter kleines Zahnweh!« (A II, 533)

Da hätte er die Wahl. Anders als Leverkühn verzagt der kleine Poet bei diesen Aussichten:

»Oh, laß mich ein kleiner sein!« bat ich. »Laß mich gar keiner sein! Und ich bin ja kein Poet, ich habe nur Anfälle vom Dichten, Anfälle wie von Zahnweh! Fahre hin! Fahre hin!«

Da er ihr verspricht, niemals mehr Verse aufs Papier zu bringen – er ist lyrischer Dichter, Prosa fällt nicht unters Verdikt –, fährt sie hin, nicht ohne die Schlußdrohung: »ich komme wieder, wenn du dichtest!« (A II, 533)

Die Furcht vor den Schmerzen kann Leverkühn, zerfressener von Hybris, nicht mehr am Bundschluß hindern, der bei Andersen noch abgebogen wird. Seine primäre Infektion steigt von tiefer auf, vom Geschlecht, nicht mehr vom Zahn. Die Schmerzen, die mit dieser Steigerung verbunden sind, werden von Manns Teufel nicht weniger kraß geschildert als von Andersens Satania. Um sie dem Infizierten anschaulich zu machen, bedient er sich eines literarischen Verweises. Wieder gilt er einem Märchen Hans Christian Andersens, der Messerschmerzen leidenden kleinen Seejungfrau. (VI, 308) Bei deren nächster Nennung folgt der Rückverweis auf die »Wurzelbehandlung«. (VI, 324) Es ist die verschwiegene Erinnerung an den faulen Zahn, die Streptokokken und Andersens Urdämonin, Tante Zahnweh.

Befund

Da hätte man einen merkwürdigen Befund in der Hand. Drei Erscheinungen, im *Kleiderschrank,* in »Fragwürdigstes« und im fünfundzwanzigsten Kapitel des *Doktor Faustus*, der Anlaufstelle für alle Werkmotive, dem Wespennest. Zweimal, früh und spät, schwirrt es im Leib der Erscheinung auf irgendeine Art metaliterarisch, poetologisch, poeto-erotologisch. Die Schöne im traurigen Märchen erzählt unter von Aufwallung oder Nichtaufwallung abhängigen Bedingungen traurige Märchen. Der syphilitische Künstler läßt sich vom Satan über die Lage der Kunst und die Möglichkeit des Durchbruchs berichten. Die Muse hat sich im Lauf eines Künstlerlebens verändert, das zarte Mädchen des *Kleiderschranks* hat sich zu einem dreiköpfigen Teufel ausgewachsen. Das zeigt Verschlimmerung an, aber auch Sakralisierung; die Eingießung kommt nicht mehr von Gott, aber vom göttlichen Gegenspieler, entspringt damit immer noch der sakralen Sphäre.

Früh und spät liegt als Muster ein Märchen zugrunde. Nicht irgendein Märchen, sondern ein Kunstmärchen; nicht irgendeines Dichters, sondern Hans Christian Andersens.

Was das zu bedeuten hat, muß dringend untersucht werden. Davor ist nur rasch noch die erwähnte dritte Wurzel des Symbolzahns zu versorgen.

Kokken. Ein Fall von Unsterblichkeit

So wenig unaufgelöste Dissonanzen es im *Parsifal* Richard Wagners zu entdecken gab, so wenig unfunktionale, blinde Motive gibt es in dem Thomas Manns. (Vgl. Br II, 309) Was es dafür in perlender Fülle gibt, sind doppelt oder dreifach belegte Motive. Zu ihnen gehört auch der entzündete Zahn.

Im Märchen von Tante Zahnweh war von der Musik als Chiffre für Schmerzenskunst zu lesen, von eigentlichen musikinternen Problemen natürlich nichts. Auch im *Doktor Faustus* ist die Musik Chiffre und Platzhalterin, sie ist es aber nicht nur. Der *Faustus* ist auch ein eigentlicher Musikroman, seine Hauptfigur ein Komponist, dessen Werke so genau beschrieben werden, daß ungeduldige Leser anfragen konnten, warum sich ihre Uraufführung so verzögere.

Daß Faust zum Tonsetzer werden würde, stand nicht von vornherein fest. In der ersten Notiz, dem Dreizeilenplan – ein Neunzeilenplan, genaugenommen – war von Dr. Faust als syphilitischem Künstler die Rede, noch nicht von Faust als Musiker. (Nb 7–14, 121 f.) In den dreißiger Jahren verdichtete sich der Plan über Wagner-Gebiet. (Vgl. Tb, 1. 9. 1933) 1936 las Thomas Mann das Buch seines Freundes Bruno Walter, der wie Serenus Zeitblom viele Jahre in der vertrauten Nähe eines genialen Musikers verbracht und nach dessen Tod eine Beschreibung seines Lebens in liebend huldigendem und exemplarisch undämonischem Geist verfaßt hatte. In seinem Dankesbrief kommt Thomas Mann auf den alten Plan zu sprechen: »wenn ich je eine Musikergeschichte schreibe, so muß ich unbedingt zu diesen Ihren Musiker-Analysen und -Schilderungen zurückkehren.« (Reg II, 131) Bis das schon damals fest avisierte[16] »je« Wirklichkeit wurde, dauerte es noch einmal zehn Jahre, dann entstand die Musikergeschichte mit ihrer Hauptfigur, die man in der bei Bruno Walter geschilderten unschwer wieder-, also vorhererkennen wird:

Walters als »Genie und Dämon« erscheinender Komponist ist ein »faustischer Mensch«, der niemals »heimisch in der sogenannten Gesellschaft« wird und ein »einschüchterndes Element« in ihr bildet, ein Künstler, der »oft an einer Migräne leidet, deren Heftigkeit ganz der Vehemenz seiner Natur« entspricht und die »alle seine Kräfte paralysiert«, ein »Freund von witzigen Aperçus im Gespräch«, der sich nach unbefangenem Lachen plötzlich »verdüstern und in ein Schweigen versinken« kann, das »niemand zu stören wagt«; von »Frost, Hitze und Stürmen« in seinem Innern beherrscht, von »aufsteigenden Kältewellen« ergriffen, ist er »kalt und abweisend« und gelegentlich von »einzigartiger Rücksichtslosigkeit«.[17] Sein Werk dringt langsam aus den eingeweihten Kreisen ins Weite, der Weltruhm kommt lange nach dem Tod.

Der spätere Schilderer Adrian Leverkühns kannte den von Bruno Walter beschriebenen Komponisten schon seit der Jahrhundertwende. Wahrscheinlich galt sein Interesse zuerst weniger dem Komponisten als dem Kapellmeister, der es als Jude in Wien zum Direktor der Hofoper gebracht hatte und insbesondere die Werke Wagners zu geben wußte, daß es, wie man hörte, einer Offenbarung gleichkam. Den Komponisten konnte er kennenlernen, als in München 1904 und 1906 die Dritte und die Sechste Symphonie aufgeführt wurden. Näheres über ihn war über Pringsheims zu erfahren; Manns Schwiegervater lud ihn regelmäßig zu Gast, der Schwager war sein Schüler und späterer Assistent. 1910 kam es wohl nach der Generalprobe der Achten Symphonie auch zur persönlichen Bekanntschaft. Die gefeierte Uraufführung bewog Thomas Mann zu Dankeszeilen, in denen sich der Musiker als »der ernsteste und heiligste künstlerische Wille unserer Zeit« apostrophiert fand. (Br I, 88) Es ist das erste Mal, wie seine Frau fast 65 Jahre später erzählt, daß der mit dem Gnom aus Sachsen gerade wieder besonders tief Hadernde das Gefühl hat, einem großen Mann begegnet zu sein.[18]

Im Frühjar 1911 verfolgt er, bevor er in Venedig den Stoff für seine nachmals berühmteste Erzählung erlebt, deren aus böhmischer Kapellmeisterfamilie stammender Held neben dem Vornamen die äußeren und einige innere Züge des großen Mannes trägt, in den täglichen Bulletins dessen fürstliches Sterben. (XIII, 149) In dem *Vorwort zu einer Bildermappe*, das auf den »heimlich-persönlichen Zusammenhang« der venezianischen Novelle mit dem Porträtierten erstmals öffentlich hinweist, spricht er von dem »stärksten Eindruck«, den die verzehrend intensive Persönlichkeit auf ihn gemacht habe. (XI, 583 f.)

In seinem Beileidstelegramm an die Witwe hatte er zu Worten gegriffen, die er selten benutzte und die noch hießen, was sie sagten:

> Auch für uns bedeutet die Nachricht vom Tode ihres lieben Mannes das schreckliche und endgültige Ende einer langen, täglichen Unge-

> wißheit zwischen Angst und Hoffnung. Auch unser Herz blutet für diesen großen und teuren Menschen ... Stärker als all unser Schmerz aber muß der Gedanke sein, daß der Tod eines solchen Mannes für die zivilisierte Welt einen Fall von Unsterblichkeit darstellt.[19]

Selbst wenn man die Erfordernisse der Kondolenzform abzieht und die momentane Erschütterung in Rechnung stellt – mit »Unsterblichkeit« hat Thomas Mann nicht herumgeworfen.

Gustav Mahler starb an Streptokokkeninfektion. Auch wenn die Mahler-Literatur es nicht überliefert hätte, wüßten wir es aus den Briefen seines Verehrers. Der schreibt 1935 dem erkrankten René Schickele:

> es ist mir schrecklich zu hören, daß Sie so sehr zu leiden gehabt haben, – so eine Blutvergiftung muß unter dem Widerwärtigen mit das Widerwärtigste sein. Ich muß immer an Mahler denken, der Streptokokken hatte und Walter auf seine Frage, ob er denn große Schmerzen habe, ächzend antwortete: »Nein, Schmerzen nicht, aber so *unangenehm* ist es!« Das Unangenehme, hochgesteigert, denke ich mir als das Allerschlimmste. (Br I, 396; wieder in: Br Schickele, 84)

Bruno Walter hatte ihm dieses Detail aus Mahlers Agonie sicher nicht erst vor kurzem erzählt. Die Erinnerung daran, an die er »immer« denken muß, ist ihm noch nach zwei Jahrzehnten sofort präsent, sie drängt sich vor, paßt nicht einmal besonders gut auf Schickeles Fall, wie der Nachsatz erkennen läßt (»Aber ich lese: Sie haben auch Schmerzen [...]«). Mahler und Streptokokkentod, das scheint ein Komplex zu sein, so viel ahnte man schon, wüßte man sonst von Mann und Mahler noch gar nichts.

Als Hofrat Behrens Hans Castorp seine neue Hypothese von einer Streptokokkenvergiftung vorlegt, beeilt er sich, ihn zu beruhigen. »›Wenn ich also sage: Streptos‹, fing Behrens wieder an, ›so dürfen Sie natürlich nicht an das bekannte schwere Krankheitsbild denken [...]‹«. (870) Man überliest es leicht, vom *Faustus* her gesehen erweist sich das bekannte schwere Bild aber als von Mahler abgezogen. Denn jener faule Zahn, was droht er?

Leverkühn gibt die Antwort: Kokken. Vor dem Durchbruch wird in seinen Kompositionen mit musikalischen Mitteln exzelliert, die schon auf dem Punkte der Verbrauchtheit schweben. Sein *Meerleuchten* – frühe Anspielung auf Andersens Seejungfrau[20] –, ein Tongemälde in der Debussy-Nachfolge, wie es Fitelbergs Übersetzung »Phosphorescence de la mer« noch deutlicher macht (VI, 533), zeigt zwar schon das Parodische als »stolze Auskunft vor der Sterilität, mit welcher Skepsis und geistige Schamhaftigkeit« seine Begabung bedrohen. (VI, 202 f.) Vom toten Zahn geht aber nach wie vor Gefahr aus:

> »Es ist gelernte Wurzelbehandlung«, sagte er zu mir. »Für Streptokokken-Überschwemmung komm' ich nicht auf.« (VI, 202)

So wird, obwohl es um Debussy-Nachfolge zu gehen schien, die eigentliche Nachfolge, die Leverkühn antritt, schon enigmatisch angekündigt.[21] Das Vorbild hatte eben das geschafft, was er selbst noch einmal schaffen muß, das Ziehen des Zahns, den Durchbruch, von dem wörtlich schon in Bauer-Lechners *Erinnerungen an Gustav Mahler* die Rede war. (GM, 41)[22] Thomas Mann hatte in diesem Fall den Rat Adornos nicht nötig, der seinerseits den Durchbruchsbegriff an Gustav Mahler exemplifiziert, wo nicht von ihm herleitet.[23] Den Durchbruch muß Leverkühn als Epigone noch einmal schaffen: das ist die Drohung, der Schatten des Vorbilds. Mahlers Tod setzt der Musik ein Ende, über das nicht hinwegzukommen ist. Als Mahlers Nachfolger, der »fremd und streng auf sich selbst« bestehen will, gerade weil »hier und dort der Einfluß Gustav Mahlers spürbar« (VI, 215) wird, hat Leverkühn es so schwer, daß nur noch einer helfen kann.

Geheimratsecken

Man kann es sich vorstellen, daß dieser Eine in der Gestalt des Vorbilds erscheint, der Gestalt des einzigen, der helfen könnte, wenn er eben wiederkäme.

Daß man sich die äußere Gestalt genau ansieht, wenn man von einer Erscheinung zum Kern vordringen will, wie wir es wollen, scheint eine bloße und platte Selbstverständlichkeit. Sie wurde von der Thomas-Mann-Forschung bislang mißachtet. Ihr kleiner Rechtfertigungsgrund, den sie seit 1950 an seinen zwei Bügeln festhält, ist eine Brille mit Hornrahmen.[24]

Gustav Mahler, Thomas-Mann-Archiv Zürich

Thomas Mann hatte diese Brille seinem Berater Adorno entwendet und dem mittleren Teufel aufgesetzt. Nachdem der musiktheoretisch geschulte und in negativer Dialektik bewanderte Teufel auch wie Adorno dachte und sprach, reichte das eine Detail aus, um die Leser über das Vorbild zu versichern.

Es hätte dabei genügt, sich an Adornos nicht eben durch wollige Schwärze brillierendes Haupthaar zu erinnern, um zu erkennen, daß »die geschilderte Gestalt nicht ganz passen« wollte (Interviews, 352), wie Adorno-Schüler schon 1953 wenn auch folgenlos bemerkt hatten. Welche andere dagegen bis ins letzte Grübchen paßt, überprüfe der Leser mit eigenen Augen. Sie werden ihm zeigen, daß Geheimratsecken nicht immer von geheimen Räten sein müssen.

> saß da nicht länger als Ludewig und Mannsluder, sondern, bitte doch sehr, als was Besseres, hatt einen weißen Kragen um und einen Schleifenschlips, auf der gebogenen Nase eine Brille mit Hornrahmen, hinter dem feucht-dunkle, etwas gerötete Augen schimmern, – eine Mischung von Schärfe und Weichheit das Gesicht: die Nase scharf, die Lippen scharf, aber weich das Kinn, mit einem Grübchen darin, ein Grübchen in der Wange noch obendrein, – bleich und gewölbt die Stirn, aus der das Haar wohl erhöhend zurückgeschwunden, aber von ders zu den Seiten dicht, schwarz und wollig dahinstand [...]

Wenn Leverkühn kurz darauf noch den »breiten, an den Winkeln verkniffenen Mund« nennt (VI, 317), ist auch das letzte Charakteristikum erschöpfend beschrieben.[25]

Mahlers an Beethoven erinnernder breiter Mund und seine schmalen Lippen waren schon der Freundin Bauer-Lechner aufgefallen (GM, 69); seine »lippenscharfe« (X, 877) Intelligenz erwähnt Thomas Mann früher selbst. Das Porträt, das er 1911 von Gustav Aschenbach gegeben hatte, stimmt nicht im Ton, aber sachlich mit dem ins Dämonische transponierten des *Faustus* genau überein.[26]

Was es mit dieser Dämonie des näheren auf sich hat und warum der Komponist der *Kindertotenlieder* sich wie kein zweiter eignete, zur Besiegelung eines Künstlerteufelspakts heraufbeschworen zu werden, wird sich bei einem späteren Spaziergang herausstellen. Wir wenden uns vorerst vom einen stärksten Eindruck dem auf seine Untersuchung wartenden andern zu.

III. DER STÄRKSTE EINDRUCK

Die losen Blätter

Im September 1928 veranstaltete die Berliner Zeitschrift *Die Dame* eine Rundfrage für ihre Gratis-Beilage *Die losen Blätter:* »Welches Buch hat Ihnen in Ihrem Leben den stärksten Eindruck gemacht?« Zu einer gewissen Popularität brachte es die Antwort Bertolt Brechts, sein »Sie werden lachen: die Bibel«. Die Thomas Manns, mit der die Antworten eine Seite vorher eröffnet werden, blieb unbeachtet. Sie ist nicht in den *Gesammelten Werken* abgedruckt, steht zwar in der *Regesten und Register*-Briefausgabe (Reg I, 526), hat dort aber weder Neugier geweckt noch zur Wiederlektüre ermuntert. Die Umfrage im Wortlaut:

> Die Redaktion hat einige Schriftsteller und Künstler gebeten, Antwort auf die Frage zu geben: »Welches Buch hat Ihnen in Ihrem Leben den stärksten Eindruck gemacht?« Es handelte sich, wohlgemerkt, nicht darum, auszusagen, welches Buch für das beste, das wertvollste gehalten wird, sondern nur die Intensität des Eindrucks (der manchmal bis in die Kindheit zurückgeht) war entscheidend.

Thomas Mann schreibt:

> Man kann sich sehr täuschen bei der Beantwortung Ihrer Frage, manches behauptet sein Recht genannt zu werden, ich könnte »Die Welt als Wille und Vorstellung« sagen oder Nietzsche oder Tolstoi. Aber ich glaube, ich muß weiter zurückgehen, ich glaube, einer der frühesten literarischen Eindrücke, deren ich teilhaft wurde, war auch der tiefste und nachhaltigste: Andersens Märchen.[1]

Mit Schopenhauer und Nietzsche interpretiert man den *Zauberberg* seit nunmehr siebzig Jahren. Es ist an der Zeit, Thomas Mann ernst zu nehmen und es auch einmal mit dem Schriftsteller zu versuchen, den er ihnen ausdrücklich vorordnet.

Man kann sich sehr täuschen

Über den Einfluß des Autors, der Thomas Mann am tiefsten und nachhaltigsten, also dauerhaftesten beeindruckt hat, gibt es ein Aufsätzchen Henri Plards und einen Aufsatz Maren Dunsbys, einige Fußnoten, etliche Bemerkungen in der *Faustus*-Literatur und der über die *Königliche Hoheit*, ein paar gedrängte Seiten bei Wysling, aber nicht eine einzige Studie, keine einzige Monographie.[2] Hätte man über den Einfluß Nietzsches oder Schopenhauers zu berichten, käme man mit der Sichtung der Sekundärmassen kaum zu Rande. Bei Andersen muß man sich mit der schmalen Schnittmenge begnügen, zu der sich der Kreis ›Mann und das Märchen‹ mit dem Kreis ›Mann und Skandinavien‹ zusammenlegt.

Das Gründlichste, was über Thomas Mann und das Märchen zu schreiben war, hat Hans Wysling in seinem Buch über *Felix Krull* geschrieben. Wysling begründet Manns Märchenaffinität mit acht Argumenten, Hans Christian Andersen wird mit sieben Märchen genannt, seine Autobiographie wird erwähnt, die Bedeutung vor allem des *Standhaften Zinnsoldaten* und der *Seejungfrau* gewürdigt.[3] Über Andersen im *Zauberberg* findet sich nichts.

Das Gründlichste, was über Thomas Mann und die skandinavische Literatur geschrieben wurde, ist der für das Thomas-Mann-Handbuch verfaßte Forschungsbericht von Leonie Marx.[4] Die Befunde gleichen sich. Es ist der Forschung nicht unentdeckt geblieben, daß Thomas Mann Klaus Heinrich mit dem Gewicht »auf einem Beine ruhen« läßt (II, 58) und von Thomas Buddenbrook sagt, er sei einer der »Leidenden, der tapfer standgehalten«. (XII, 72) Es ist ihr auch nicht entgangen, daß die Galoschen des Glücks im *Kleiderschrank* auftauchen und die Schneekönigin in der *Königlichen Hoheit*. Im *Doktor Faustus*, in dem der Held mit der kleinen Seejungfrau liiert wird, schien es erst gar nicht viel zu verbergen zu geben. Offensichtlich also schiebt sich die Linie von den frühesten Erzählungen bis zur *Königlichen Hoheit* vor, ebenso offensichtlich setzt sie sich im *Faustus* wieder fort.

Daß sie dazwischen aber abbrach und versackte, wie die Forschung annimmt, ist aus vier Gründen so unwahrscheinlich, daß es auch ihr hätte zweifelhaft vorkommen müssen, hätte sie sich das implizit und passiv Angenommene nur einmal als positive Annahme vor Augen geführt. Sehr schnell wäre sie dann darauf geraten, daß das versehentlich von ihr Behauptete ein Ding der Unmöglichkeit ist, das man besser einmal zur Nachkontrolle zurückzieht.

Der erste und allgemeinste Grund ist der, daß es Abgebrochenes in diesem Werk so gut wie nirgends gibt. So wenig Thomas Mann eigentlich Neues hervorbringt – was man für neu halten könnte, ist fast immer Anreicherung, Potenzierung, Anlagerung um einen frühen Kern –, so treu bleibt er umgekehrt dem einmal Erworbenen, einmal auf die Bahn Gebrachten. Auf diese Treue ist so sicher Verlaß, daß man sich dreimal prüfe, bevor man ihn eine Linie abbrechen läßt. Gesetzt, es gäbe diesen Abbruch eben doch einmal, wird er sich zweitens nicht gerade dort ereignen, wo stärkste und tiefste Eindrücke im Spiel sind. Eine Nebenlinie, etwa die Pfitzners, möge versacken und erst im Spätwerk wieder auftauchen, kaum wohl eine Lebenslinie. Sie wird dies drittens schon deshalb nicht getan haben, weil der Hinweis auf sie zu einem Zeitpunkt fiel, als Thomas Mann nicht etwa lange vor dem *Zauberberg* stand, sondern ihn unlängst beendet hatte. Selbst aber unterstellt, der tiefste Eindruck sei ihm da erst wieder in den Sinn gekommen und die Jahrzehnte zuvor in irgendeiner Amnesie verschüttet gewesen (während der Arbeit am sechsten *Zauberberg*-Kapitel hätte sich diese Amnesie dann für einen Moment lang gelüftet, 1922 berichtet Mann ungefragt von der »reinen und ungetrübten Beglückung«, die ihm aus Andersens Märchen zugeströmt sei; Interviews, 57), selbst dies also spaßeshalber einmal unterstellt: warum sollte er dann viertens gerade dem *Zauberberg* einen Vorsatz mit auf den Weg geben, in dem der Leser mit der Nase auf kein anderes Vorbild als eben das des Märchens gestoßen wird? Und welche Märchen werden es sehr vermutlich sein, mit denen diese Geschichte »auch sonst, ihrer inneren Natur nach, das eine und andre zu schaffen« haben will (10), flüchtig und oberflächlich eingeprägte, oder die des tiefsten und stärksten Eindrucks?

Ginge es nach der Forschung, wäre Hans Christian Andersen, den sie als Souffleur der Mannschen Frühwerke kennt, pünktlich vor dem Märchenroman für drei Jahrzehnte außer Dienst gestellt worden, um dann im *Doktor Faustus* ein exaltiert üppiges Gnadenbrot zugeteilt zu bekommen. Die Vorstellung überzeugt so wenig wie ihre frühere Annahme, Thomas Mann habe in Mahler den heiligsten Kunstwillen der

Zeit erkannt, ihn in der Figur Gustav von Aschenbachs verewigt und anschließend in der Versenkung verschwinden lassen.

Es gibt nun in beiden Fällen Begleitumstände, die das offensichtlich Unplausible mildern und zumindest begreiflich machen, wie man es so lange für wahr halten konnte. Was den Komponisten und seine vermeintliche Kaltstellung betrifft, hätte man eine Tagebuchnotiz anführen können, die erst vor kurzem veröffentlicht wurde, im Original aber schon früher einzusehen gewesen wäre. Ein Verteidiger der Forschung hätte sich auf sie und eine ihr verwandte berufen können:

> *P.P. Dienstag den 25. VI. 46* [...] Hörten Tristan-Platten, III. Akt. Nicht mehr recht zu ertragen. Wann wird die noch immer dafür begeisterte Welt es satt haben? Wahrscheinlich doch wird es zusammen mit der bürgerlich-kapitalistischen Welt untergehen.

> *P.P. Sonntag den 15. XII. 46* [...] War sehr müde und ertrug schlecht das nachf. »Lied von der Erde« in dem Gefühl, Mahler im Grunde nicht leiden zu können. »Ein Vöglein singt im Walde«, mit Sologeige, was soll mir das bei dem krampfigen Gewaltmenschen.

Er ist gereizt gegen sie, er erträgt sie nicht mehr recht. Es gibt zwar auch viele andere, freundlichere Stellen, aber dem voreiligen Leser könnte sich mit den vereinzelten unfreundlichen alles logisch zusammenfügen. Im *Doktor Faustus* ist von Wagner und Mahler offen nur ganz selten die Rede. Daß sie insgeheim doch hineinspielten, bestreitet Thomas Mann überall. Dieses Bestreiten könnte noch Leugnen sein. Da er sich aber auch im Tagebuch abfällig über sie äußert, wo er nichts zu verstecken hat, scheint alles übereinzustimmen und aufzugehen. Es geht aber nur so auf, wie es in den Denkaufgaben aufzugehen scheint, wenn Wirtshauszechen so lange bezahlt, verschoben und teilrückerstattet werden, bis die abschließende Bilanz zu dem Ergebnis gelangt, in der Hosentasche des Laufjungen sei eine unerklärliche Mark übrig geblieben; ein rätselhaftes Surplus, das doch so wenig aus dem Nichts erwirtschaftet worden sein kann wie dies den hundert Talern möglich war, die Kant zur Widerlegung des ontologischen Gottesbeweises probehalber seinem Vermögen hinzudachte. Die Schlüssigkeit ist trügerisch, es steckt ein Fehler in der Rechnung, und den heißt es herausfinden.

Im Fall des *Doktor Faustus* entspräche der mysteriös überzähligen

Mark das Porträt des in der Romanmitte sitzenden Teufels. Warum sollte der wie Mahler aussehen, wenn Mahler sonst ganz unwichtig wäre? Der Fehler steckt darin, den Eigenwillen des Werks zu gering zu veranschlagen. Ihm wird sich der Autor immer beugen, wenn auch mitunter murrend. Er mag privat fast darüber hinaus sein und sich gelegentlich dabei ertappen, Mahler eigentlich nicht leiden und den *Tristan* nicht mehr hören zu können – Anwandlungen, die auch schnell wieder vergehen –, der Konzeption des Werks muß er doch folgen. Das Werk aber lebt nur oberflächlich in der Schönberg-Welt, seine eigentliche ist die Wagners und Mahlers, wie die Philologie erweisen kann und dann ja auch erwiesen hat.[5]

Im Fall Andersens und des *Zauberbergs* wäre zweierlei mildernd zu berücksichtigen. Das erste ist ein Problem der Wahrnehmung. Das Märchen liegt wie die Kindheit so nah wie fern, jeder kennt es, kennt es bestens, ohne deshalb oft daran zu denken. Das längst Vertraute ist dem Bewußtsein viel weniger präsent als das neu Aufgenommene. Bei einem Roman wie dem *Zauberberg*, der sich so enzyklopädisch gibt und so viel Mythologie resümiert, kommt man um so weniger darauf, daß ihm etwas Einfaches, seit Kindheitstagen Bekanntes zugrunde liegen könnte. Zu leicht läßt man sich überhaupt vom Märchen durch den Mythos, vom jüngeren Geschwister durch den auffälligeren großen Bruder ablenken. Allein hinter der Eros-Thanatos-Gottheit des Romans stehen – Hans Wysling hat die Köpfe gezählt – Aphrodite, Lilith, Venus und Kirke, von Isolde, Lucinde, Beatrice, Aida und Mimi zu schweigen. (TMH, 405 f.) Das genügt, denkt man und vertrödelt nicht die Zeit damit, auch noch nach einer Märchenfigur zu suchen, die sich unter die Menge gemischt haben könnte. Vor dem Schnee-Tempel, in dem ein Kind geschlachtet wird, wacht eine Doppelstatue, eine alte Frau und eine junge, die Mutter und ihre Tochter: Demeter und Persephone, der Mythos. Damit hat man es, meint man, übersieht dadurch aber, daß hinter dem Mythos eine bestimmte Märchenhexe ihr Unwesen treibt. Hans Castorp, das ist der Held der archetypischen Quest! Aber lange vor dem allgemeinen quester ist er ein Märchenheld, dem es nicht in allgemeinen Zügen, sondern sehr speziell so ergeht wie den Helden in den ihn leitenden Märchen. Daß man es übersah, ist aus besagten Gründen in Grenzen verständlich.

Der zweite Milderungsgrund ist der, daß auf der Oberfläche des Romans reichlich Märchen, vorwiegend Grimmsche, zu einer Art humoristischem Kompendium ausgestreut sind, so daß man glauben mochte, mit ihnen und der Siebenhäufung sei dem Vorsatz Genüge getan und die Sache perfekt und erledigt, mit Mynheer zu reden (der selbst aus einem Märchen stammt). Der wiederum verständliche Glaube verkennt die Eigenart der Kunstmethode, die Thomas Mann schon in *Buddenbrooks* verwendet und um so geschickter im *Zauberberg.* Er wirft Brocken aus, jedem halbwegs bemühten Späher ersichtlich, streut gleichzeitig aber Bröckchen. Diese zweite Spur kann anders als die in Grimms Märchen durch Überfliegen gerade nicht bemerkt werden; und Mißachtung droht ihrem Spurencharakter nicht wie dort von hungrigen Vögeln, sondern allein vom zu schnell mit jenen Brocken abgespeisten Leser.

Märchen in Buddenbrooks

»Märchen- und Mythenrequisiten bilden – wie im *Zauberberg* – gemeinsam die Oberflächenstruktur.«[6] Nach übereinstimmender Meinung der Forschung ist das Märchen für die Oberfläche zuständig, darunter webt es philosophisch, schopenhauerisch oder nietzscheanisch. Das Märchen ist eine allgemeine Angelegenheit, anonym und gemeinsam, es bietet einige Requisiten, und wenn es etwas strukturiert, dann höchstens die Oberfläche. So sieht man es und mußte man es sehen, weil man nicht genügend zwischen den Märchen und einer bestimmten Klasse von Kunstmärchen unterschied. Diese Märchen aber strukturieren Tiefe, nicht Oberfläche. Mit ihnen hat der *Zauberberg,* wie von ihm angekündigt, der inneren, nicht bloß der äußeren Natur nach zu schaffen.

Wie unterschiedlich die beiden Klassen behandelt werden, demonstriert Thomas Mann in seinem ersten Roman. Drei Seiten, nachdem Hannos Freund Kai auftritt, liest Hannos Kindermädchen den beiden Märchen vor: »vom Katerlieschen, von Dem, der auszog, das Fürchten zu lernen, von Rumpelstilzchen, Rapunzel und Froschkönig [...].« (I, 519) Das sind die Märchen, die nicht nur Ida Jungmann gut kennt und von denen offen und oberflächlich erzählt wird. Eine andere Art von Märchen ist es, zu denen sich Hannos Freund Kai anregen läßt. Sie sind »kühner und komplizierter« und gewinnen dadurch an Interesse, daß sie »von der Wirklichkeit ausgingen und diese in ein seltsames und geheimnisvolles Licht rückten …« (I, 520)

Die Pointe dieser durch drei Pünktchen der besonderen Aufmerksamkeit anheimgestellten Unterscheidung ist ihre Selbstbezüglichkeit. Kai selbst nämlich, der fiktiv wirkliche Kai, ist aus einem Märchen, das rückt ihn und den Roman in ein geheimnisvolles Licht.

Das Märchen, das Kai als erstes erfindet und das Hanno besonders gerne hört, handelt von einem bösen Zauberer, der einen Prinzen mit Namen Josephus in der Gestalt eines bunten Vogels bei sich gefangenhalte »und alle Menschen mit seinen tückischen Künsten quäle.« (I, 520) Der Zauberer ist der Zahnarzt Herr Brecht, Hannos Lebensvergäller, Josephus ist der Papagei, der in seinem Vorzimmer sitzt. (I, 512f.) Kais Geschichte benutzt die erste Romanwirklichkeit, um sie in eine zweite, märchenhafte zu verwandeln; die Brockenspur. Daß schon die erste Wirklichkeit märchenhaft war, anders märchenhaft aber als Ida Jungmann es kennt, deuten nur wieder die drei Pünktchen an, die den Satz beschließen, in dem sich Hanno Gedanken über die Herkunft des Brechtschen Papageis macht:

> »Ein Papagei … ein großer, bunter Vogel, welcher Josephus hieß und reden konnte! War er nicht wie entwischt aus einem Zauberwalde, aus einem der Grimm'schen Märchen, die Ida zu Hause vorlas? …« (I, 512f.)

Nein, einem Grimmschen Märchen ist er gerade nicht entwischt, vielmehr einem derjenigen, die Ida zu Hause wohlweislich nicht vorliest. Der »inmitten eines Messingbauers« (I, 512) sitzende Josephus stammt samt Käfig aus Andersens *Galoschen des Glücks*. Deren vorletzter Benutzer gerät als Lerche neben einen »großen, grünen Papagei«, der in einem »prächtigen Messingbauer« (A I, 118) sitzt und seine Zuhörer, wie nach ihm Josephus, durch einige Menschenworte zum Lachen bringt, obwohl es auch hier, wie die Fortsetzung zeigt, so wenig zu lachen gibt wie im Wartezimmer des Zahnarzts. Die *Galoschen des Glücks*, die uns im *Kleiderschrank* auf die Märchenspur brachten, werden in *Buddenbrooks* nicht offen genannt. Sie stehen in der Reihe der von Ida verschwiegenen Märchen; neben ihnen *Der standhafte Zinnsoldat*, *Die Schneekönigin*, *Eine Geschichte aus den Dünen*, *Die Nacht-*

mütze des Hagestolzen, Tante Zahnweh. Diese Märchen sind nicht bloß Requisitenspender, sie stiften Namen, über deren höchste Bedeutung bei Thomas Mann nicht mehr als dieser erinnernde Satz zu verlieren ist, sie gründen Struktur.

Von der Geschichte der satanischen Bohrerin hat man genügend gehört, um rückblickend auch die frühesten Zahnschmerzen mißtrauischer zu beurteilen. Hanno hat Anfälle von Zahnweh, Kai Anfälle von Dichten; die beiden spreizen als Doppelfigur das Schicksal auf, das in *Tante Zahnweh* über den ehrgeizigen Poeten verhängt wird. Zusammen ergeben sie den Künstler vor dem Pakt, zu dessen Beschluß der Satan ein halbes Jahrhundert später ins winterwarme Zimmer Palestrinas schlüpft. Wie der Poet bei Andersen stirbt Hanno jung, von Zahnschmerzen gequält und zerrüttet. (Vgl. A II, 524) Kai lebt weiter, um die Verfallsgeschichte zu dem Roman zu machen, den sein Autor schrieb.[7] Im letzten Gespräch auf dem Schulhof werden die Motive Zahnweh – Dichtkunst zur endgültigen Trennung zusammengeführt. Kais Zukunft, von Hanno prophezeit, liegt in der Literatur, er wird den Leuten Merkwürdiges erzählen und berühmt werden; Hanno selbst muß sterben wie Andersens kleiner Student. (I, 743)

Sein dichtender Freund aber kommt in erster und direkter Linie aus einem früheren Märchen, dessen Titelfigur mit der weniger populären bösen Muse so eng verwandt ist wie Tante mit Mutter. Auch Andersen bleibt seinen wenigen Themen, Figuren und Motivagglomeraten treu, entsprechend selten springen auch aus seinen Werken Neuerungen hervor, denen nicht die Urkeime anzusehen wären, aus denen sie zäh und sprossenreich hervorgetrieben wurden. Tante Zahnweh, »dünn und lang« (A II, 531), lebendig nur auf unklare Art, mächtig, geheimnisvoll drohend, Kälte strahlend, satanisch, teilt alle diese Eigenschaften mit der Schneekönigin, die wie die dämonische Muse »hoch und rank« (A I, 262) vom Fenster her erscheint, um das Leben ihres Adepten, Kay mit Namen, gefährlich inspirierend umzuwerfen.

Kai stammt aus Andersens *Schneekönigin*, wie Gerda,[8] die blasse, schneeblasse Gerda Buddenbrook, die mit Mädchennamen nicht gerade Andersen, aber »Arnoldsen« heißt, den Namen der weiblichen Hauptfigur und die Züge der namenlosen Schneekönigin trägt. Ihr, seiner kalten Mutter, verdankt Hanno die Inspiration zur tödlichen Musik.[9]

Sie selbst verdankt die Tatsache, trotz Namen bis heute unentdeckt geblieben zu sein, der mittlerweile bekannten Ablenkungsstrategie. Clawdia Chauchat voranschreitend, versammelt sie so viel mythologisches Personal um sich herum, »Here und Aphrodite, Brünnhilde und Melusine in einer Person...« (I, 295), wie Makler Gosch in gewohnter Interpunktion resümiert, daß es noch dem Gosch nachresümierenden *Buddenbrooks*-Handbuch auf keiner Zeile in den Sinn schoß, es könne sich vor allem ein Märchenwesen hinter ihr verbergen.

Die erste Identifizierung hätte dabei nicht schwerfallen müssen, vom Namen abgesehen um so weniger schwer, als Thomas Mann – kein großer Frauenschöpfer vor dem *Joseph* – die Gattin Thomas Buddenbrooks knapp genug ausgestattet und ihr neben den bläulich verschatteten Augen nur das Notdürftigste an leitmotivischen Eigenarten mitgegeben hat. Gerda kann »manchmal ein bißchen kalt sein...« (I, 304) Sie ist nicht lebendig, in »sonderbarer Unberührtheit, der die Jahre nichts anhatten« (I, 646), altert sie nicht, »gleichsam konserviert in der nervösen Kälte, in der sie lebte und die sie ausströmte.« (I, 644) Mit ihren Augen, diesen »rätselhaften Augen« (I, 397), ist es auch nicht ganz geheuer. »Man traute diesen Augen nicht« (I, 644), so wenig man ihrer Kühle traut.

Der erste große Auftritt der Schneekönigin:

> Am Abend, als der kleine Kay zu Hause und halb entkleidet war, kletterte er auf den Stuhl am Fenster und guckte durch das kleine Loch; ein paar Schneeflocken fielen draußen, und eine von ihnen, die allergrößte, blieb auf dem Rand des einen Blumenkastens liegen; die Schneeflocke wuchs mehr und mehr und wurde zuletzt ein ganzes Frauenzimmer, in den feinsten weißen Flor gekleidet, der wie aus Millionen sternartiger Flocken zusammengesetzt war. Sie war so schön und fein, aber aus Eis, aus blendendem, blinkendem Eis, doch war sie lebendig; die Augen blitzten wie zwei klare Sterne, aber es war weder Rast noch Ruh darin. (A I, 259)

Vor Gerdas zweitem Romanauftritt sitzen Thomas und Tony zusammen und lassen »den Abend hereinbrechen«:

> Da öffnete sich die Korridortür, und von der Dämmerung umgeben stand vor den beiden, in einem faltig hinabwallenden Hauskleide aus schneeweißem Pikee, eine aufrechte Gestalt. (I, 304)

Der zweite Auftritt ihres Vorbilds:

> und die Gestalt [...] erhob sich; der Pelz und die Mütze waren lauter Schnee; es war eine Dame, so hoch und rank, so glänzend weiß, es war die Schneekönigin. (A I, 262)

Andersens Märchen beginnt mit einem Vorspiel in den oberen Rängen, einem Messen zwischen Teufel und Gott, bei dem es zu einem folgenreichen Zwischenfall kommt. Der allerärgste der Kobolde, der Teufel, hat einen Spiegel gemacht, der die Eigenschaft besaß, »daß alles Gute und Schöne, was sich darin spiegelte, fast zu Nichts zusammenschwand; aber das, was nichts taugte und sich schlecht ausnahm, das trat recht hervor und wurde noch ärger.« (A I, 256) Beim Versuch der Koboldschüler, mit dem Spiegel in die Höhe zu fliegen, um sich über die Engel und den lieben Gott lustig zu machen, entfällt er ihren Händen und zerspringt in Billionen Stücke. Und gerade da richtet er viel größeres Unglück an als zuvor:

> denn einige Stücke waren kaum so groß wie ein Sandkorn, und diese flogen ringsumher in der weiten Welt, und wo sie den Leuten ins Auge kamen, da blieben sie sitzen, und da sahen die Menschen alles verkehrt oder hatten nur Augen für das, was an einer Sache verkehrt war, denn jede kleine Spiegelscherbe hatte dieselben Kräfte behalten, die der ganze Spiegel besessen hatte. Einige Menschen bekamen sogar eine kleine Spiegelscherbe ins Herz, und dann war es ganz entsetzlich, das Herz wurde wie ein Klumpen Eis. (A I, 257)

Solche Splitter bekommt Märchenheld Kay ins Auge und ins Herz, worauf er einen kritisch bohrenden Blick an den Tag legt und Spottlust entwickelt.

Hannos Freund Kai (der mit Gerda auf gutem Fuß steht) ist »ein wenig bissiger« als seine Schulkameraden; von »ironischer Kälte« und »spöttischer Distanz«, schaut er »scharfen Blickes« in die Luft, wenn er ein Opfer seinem Spott zugeführt hat. (Vgl. I, 723 f.) Es ist der Blick des Märchen-Kays, der durch den Splitter im Auge scharfsichtig geworden ist; der Blick des angehenden Schriftstellers, der die Hülle durchschaut und über dem, was er sieht, vereist; der Blick des Komponisten, der sich teuflisch aufhelfen lassen muß, um der Öde zu entkommen, die er vor allem Nachschaffen empfindet.

Als Andersens Kay, vom Schlitten der Schneekönigin gezogen, aus der Stadt verschwindet, ruft er laut:

> aber niemand hörte ihn, und der Schnee stob, und der Schlitten flog von dannen [...] (A I, 262)

Manns Kai verschwindet zum Ende des Romans »im Schneegestöber« (I, 746), es ist das letzte, was der Erzähler von ihm berichtet.

Das Märchenmodell von Thomas Buddenbrook ist wichtig, aber namenlos; er gedulde sich bis zu passender Gelegenheit. Seine Schwester Antonie oder Tony hat zwei bislang unbeachtet gebliebene literarische Vorbilder, zwei Märchen kommentieren aus dem Hintergrund ihre Liebes- und Ehegeschicke, die namensstiftende *Nachtmütze des Hagestolzen* und *Eine Geschichte aus den Dünen*. Beide sind übrigens weniger Märchen als realistische Erzählungen mit einigen Märcheneinsprengseln. Wenn sie wie andere zweifelhafte Kolleginnen als Märchen geführt werden, dann nicht aus terminologischer Indifferenz, sondern deshalb, weil Thomas Mann sich um die gattungsstrenge Scheidung so wenig gekümmert hat wie vor ihm Andersen, der es bei einem summarischen *Märchen und Geschichten* beließ; mit dem »und« nicht von Kraut und Rüben – deren Entflechtung unsere Belange aber auch nicht erfordert hätten –, sondern dem Und, das die Gattungen zu höherer universalpoetischer Einheit bindet.[10]

Eine Geschichte aus den Dünen

Im Märchenton also erzählt die lange, düstere, wie *Buddenbrooks* apotheotisch endende *Geschichte aus den Dünen* eine Art Zurücknahme des bekannteren *häßlichen jungen Entlein*. Hauptfigur Jörgen ist ein Kind reicher Abstammung, das von Geburt an in einer armen Fischerhütte bei Zieheltern aufwächst. Anders als das häßliche Entlein, das sich als Schwan entpuppt und für alles frühe Leid entschädigt wird, schafft Jörgen es nicht, sein Leben in die nach den Jugendqualen steil ansteigende Kurve zu zwingen. Ein Schicksalshieb nach dem andern zermürbt ihn, als am Ende auch seine geliebte Frau ertrinkt, verliert Jörgen den Verstand und findet einen von letzter Seligkeitsvision erleuchteten Tod in der Dünenkirche, über die sich in der Nacht versiegelnder Flugsand senkt, so daß die Kirche selbst sein königlicher Sarkophag wird.

Der mittlere Teil der *Geschichte aus den Dünen* zeigt uns das Bootsmädchen Else zwischen zwei Männern stehend, einem geliebten, aber armen Fischer und dem ungeliebten, aber durch Erbschaft eines Hauses vorübergehend wohlhabend gewordenen Jörgen. Elses Entscheidung fällt nicht auf die Seite des Herzens, sie ist bereit, den Ungeliebten zu nehmen und den armen Geliebten sitzen zu lassen. Es kommt dann anders, Jörgen verschenkt sein Haus an den Nebenbuhler, der das Opfer eines Raubmörders wird, es geht also nicht nach Elses Entscheidung, das ändert aber nichts an deren Eindeutigkeit.

Vor die gleiche Wahl stellt Thomas Mann Tony Buddenbrook. Am Strand in Travemünde hat sie sich in den jungen Schwarzkopf verliebt, der aber arm ist, umworben wird sie von Grünlich, den sie für reich hält.

Mit dem Vornamen ihres armen Geliebten wird so viel Gewese gemacht, daß es etwas damit auf sich haben muß. Sieben Seiten lang dauert es nach der Vorstellung, bis er endlich fällt, während dieser Wartezeit wird in einer Weise spannungssteigernd auf ihm herumgespielt, daß es überdrehter Leerlauf wäre, wenn nicht irgendeine sinnvolle Auflösung folgte. Bei seiner ersten Nennung kann Tony den Namen noch nicht verstehen: »Es war etwas wie ›Moor‹ oder ›Mord‹ … unmöglich, es in der breiten und platten Aussprache des Alten zu erkennen.« (I, 123) Die Namensfrage beschäftigt sie anhaltend, auch auf ihren angeblichen Hörfehler kommt sie zurück: »Mein Gott, wie hieß der junge Mensch! Moor … Mord …? Übrigens hatte er ihr gut gefallen, dieser Moor oder Mord.« (I, 125) Nicht daß es auch nur im geringsten überzeugen könnte; weder liegen die Worte klanglich so nahe, daß man vom einen zum andern kommen muß, noch ist es glaubwürdig, daß selbst die naive Tony sich länger als eine Sekunde mit der Absurdität eines auf »Mord« getauften Mannes abgibt. Wie immer in Thomas Manns schlechteren Passagen drückt der Untersinn Beulen in die realistische Oberfläche. Die Auflösung, der Untersinn: das »Moor« ist das des Dünenmärchens (A II, 116, 126), der Mord steht nur fünf Worte vor dem Namen, um dessentwillen das Gewese gemacht wird:

> Es war nicht mehr und nicht weniger als ein Mord, den er begangen haben sollte. Morten war mit einem Messer im Hals erstochen aufgefunden worden [...] (A II, 133)

Morten nämlich heißt der arme, jedoch geliebte Rivale Jörgens. Tony irrt in höherer Absicht, bis sie endlich selbst um Aufklärung bittet:

> »Jetzt muß ich Sie *eines* fragen«, sagte Tony nach ein paar Schritten und faßte einen Entschluß. »Nämlich, *wie* heißen Sie eigentlich mit Vornamen? Ich habe ihn noch kein einziges Mal verstanden ... das macht mich förmlich nervös! Ich habe geradezu darüber gegrübelt ...« [...]
> »Na, ich heiße Morten«, sagte er und wurde so rot wie noch niemals.
> »Morten? Das ist hübsch!«
> »Nun! hübsch ...«
> »Ja, mein Gott ... es ist doch hübscher, als wenn Sie Hinz oder Kunz hießen. Es ist etwas Besonderes, etwas Ausländisches ...« (I, 130)

Jörgens zweite Geliebte, die früh stirbt, daher seine Umnachtung, heißt wie die zweite, früh versterbende Buddenbrook-Tochter Clara. Und da er selber auch vorkommen muß, wenigstens namentlich, erwähnt Tom auf der Kutschenfahrt zu Morten einen mit dem Studium bummelnden Vetter »Jürgen«. (I, 119) Tatsächlich tut er nichts anderes, als seinen Namen vorzuführen.

Mit der Entschleierung des Vornamens ist aber schon angekündigt, wie das Verhältnis sich zu entwickeln hat. Tony wird ihren Morten lieben, aber den Reicheren nehmen.[11] Anders als später beim *Zauberberg,* dessen Vorstudien nicht erhalten sind, erlaubt die Manuskriptlage der *Buddenbrooks* auch den textgenetischen Nachweis der Übernahme. Clara hieß in den Notizen zum Roman bis 1898 noch Marie, Morten hieß 1897 noch Gerhardt. Gerade in der Zeit, in der Thomas Mann die Ehegeschichte Tonys überarbeitet, werden beide Figuren sprechend umbenannt. (Vgl. Studien, 7f., 326) Hätten die Jürgen, Morten und Clara theoretisch noch durch ein großes Komplott des Zufalls ohne Mitwissen der oberen Instanz zusammenkommen können, die synchrone Umbenennung überstiege selbst dessen Möglichkeiten. Eine Randbemerkung dieser Instanz befreit den Zufall dann auch vom letzten theoretischen Verdacht. Thomas Mann ist sehr pfleglich mit seiner Gesamtausgabe der Märchen Andersens umgegangen, nur einmal setzte er einen Kommentar rechts an die Seite, er galt der *Geschichte aus den Dünen*.[12]

Die Nachtmütze des Hagestolzen

Die Figur, mit der das Buch beginnt und die als einzige der Kernfamilie sein Ende erleben darf, die strukturelle Hauptfigur, der das vorletzte Wort gehört und auf deren erstes das letzte antwortet, hat selber einen (doppelt belegten) vielsagenden Namen.[13] Die Geschichte Andersens, in der das Thema der Jugendliebe am eindrücklichsten behandelt wird, sein Tristan- und Tannhäusermärchen *Die Nachtmütze des Hagestolzen*, hat einen Anton zur Hauptfigur. Anton ist das Wehsal selbst, die Personifizierung des Duldertums und des Liebesunglücks, wie es selbst in Andersens morbidem Märchenrund keine zerschmetterndere gibt. Von der jugendlich Geliebten trotz Treubund verlassen – Morten und Tony tauschen die Positionen –, wird Anton vom Ruin des bald darauf hinscheidenden Vaters ins Ausland nach Kopenhagen getrieben, wohin die reichen Kaufleute in Lübeck ihre Handlungsgehilfen hinzuschicken pflegten. (A I, 557) In seiner Bude hält Anton Gewürze und namentlich Pfeffer feil, daher sein Name »Pfeffergeselle«.[14] Einsam und freudlos fristet der Pfeffergeselle sein Leben, bis er in dem von Andersen aus »Hyskengasse« abgeleiteten und umständlich erklärten deutschen »Häuschen« (A I, 556)[15], von der heiligen Elisabeth träumend, während eines Schneetreibens stirbt. (A I, 567ff.) Bei Andersen stirbt es sich häufig im Schnee träumend, wie hier schon einmal bemerkt werde.

Antonie, in den Notizen nicht als Tony, sondern als »Ant« abgekürzt (Studien, 15), erlebt wie der Anton des Märchens Bankrott in allen Hinsichten und Varianten. Ihre unglückliche Jugendliebe vergißt sie sowenig wie Anton die seine. Nach zwei Ehen endet sie als weiblicher Hagestolz. Im Schlußbild sitzt ihr als Gegenstück der tränengesättigten Nachtmütze das »Trauerhäubchen« auf dem Kopf. (I, 756) Die Vorausdeutungstechnik des Fünfundzwanzigjährigen ist schon so ausgereift, daß kein Leser, der die Geschichte von Andersens Anton präsent hat, behaupten könnte, über Antoniens Ende im unklaren gelassen worden zu sein. Die Visitenkarte Herrn Grünlichs wird Tony von dem Diener überbracht, der außer den Visitenkarten wie Jürgen nur noch seinen Namen herumträgt und entsprechend bald entlassen werden muß. Er heißt Anton – Pendant in der Nebenfigur – und kann als Eheglücksbote nur versagen.

Anton muß entlassen werden, als schlechtes Omen aber bleibt der Pfeffergeselle in Romandiensten und wird als bewährte Kraft auch vor der zweiten Eheschließung eingesetzt. Tony und Permaneder gehen spazieren, Permaneder ist kurz davor, um ihre Hand zu bitten, da machen sie wie ungefähr Halt vor dem »kleinen Häuschen« mit der »lächerlich niedrigen Ladentür« des Märchens. (Vgl. I, 353f. und A I, 556) Es sind Einkäufe zu machen, und was wohl wird das Herrn Permaneder bestimmte Mitbringsel sein? »Tüten voll Pfeffernüssen«. (I, 355) Während dieser Pfefferkauf im Häuschen erledigt wird, erklärt er sich, und die Verlobung wird beschlossen. So scheitert Antoniens zweite Ehe.

IV. TOTENTANZ

Um Antons Geschicke weiter zu verfolgen, müssen wir in den »Totentanz« hineinspringen, den vorletzten Abschnitt der ersten *Zauberberg*-Hälfte. Er wird uns am Ende noch einmal zurück ins Frühwerk werfen, wo es auch einen Tanzball zu untersuchen gibt, Tonio Kröger beobachtet ihn in seinem dänischen Badehotel. Ein weiteres Ballfest, das der Walpurgisnacht, bringt uns dann aber endgültig auf die Bahn und Kapitelabfolge des *Zauberbergs*, den wir nicht eher verlassen wollen, als bis wir auch seinem männlichen Heldenpaar das Geheimnis ihrer Namen entrissen haben, das wie in Märchen üblich nur der obenaufliegende Wurzelteil wesentlicherer Geheimnisse sein wird. Dieser Grund ist ein zusätzlicher für den Sprung in den »Totentanz«. In einem Reigen tritt viel Personal auf, das verspricht Namen, und was die versprechen, ließen Kai, Gerda, Morten und Tony anklingen.

Einige der moribunden Patienten, die von den Vettern im »Totentanz« besucht werden, tragen Namen, die in ihrer farbigen Drastik offenkundig märchennah sind. »Rotbein« und »Gerngroß« erfüllen die alte Pflicht der Nebenfiguren, den prominenten den Spiegel zu halten. Die prominenteste Moribunde, auf die der »Totentanz« zuläuft, heißt Karen Karstedt. Weniger offenkundig, entlehnt sich auch ihr Name einem Märchen.

Karen tritt kurz nach Antoniens direktem Namensnachfolger auf; was kein Grund ist, ihr nicht hier den Vortritt zu lassen. Ausgiebige Visite verlangen sie bei exklusiver Herkunft ohnehin beide. Das Ergebnis wird bei ihnen nicht anders ausfallen als beim Nebenvolk – ein munterer Zitat-Betrieb, soviel sei von ihm schon einmal mit Castorp angedeutet.

Die roten Schuhe

»Was ist heute die Kunst?« fragt Leverkühns Besucher in Palestrina, nachdem er sich in den Musiker mit dem erhöhend zurückgeschwundenen Haar verwandelt hat, und antwortet sich selbst: »Eine Wallfahrt auf Erbsen. Gehört mehr zum Tanz heutzutag als ein rot Paar Schuh, und du bists nicht allein, den der Teufel betrübt.« (VI, 318) Um ihn ganz zu verstehen muß man wissen, daß er nicht nur auf Grimmelshausen und Mahlers »Der Teufel tanzt es mit mir«,[1] sondern vor allem auf Andersens Märchen *Die roten Schuhe* anspielt; damit aber auch schon auf das theologische Thema des Kapitels, die Frage, ob wahre Zerknirschtheit nötig sei zur Gnadenerringung oder ob auch die Angst vor der Hölle genüge. Die Meinung des Teufels dazu ist bekannt. Sie entspricht der des Märchens, das er darum anführt. Hans Christian Andersen erzählt in den *Roten Schuhen*, wie erst die letzte Zerknirschung die Sünde der Hoffart, superbia, Leverkühns Sünde, gnadenreif macht.

Ein Mädchen, das so arm ist, daß es im Sommer mit bloßen Füßen gehen muß, bekommt aus alten roten Tuchstreifen ein Paar plumper Schuhe genäht. In den roten Schuhen wird das dem Sarg seiner Mutter folgende Mädchen Karen von einer alten Dame gesehen und mitleidig aufgenommen. Als die Königin durchs Land reist und Karen die roten Saffianschuhe der Prinzessin zu Gesicht bekommt, beginnt die Hybris sich zu regen. Zu ihrer Einsegnung verschafft sie sich ein Paar rotglänzender Prinzessinnenschuhe und verliert darüber in der Kirche alle Konzentration auf die Worte des Pfarrers. Ein rotbärtiger Soldat vor der Kirchentür entdeckt ihre Hoffart und versieht ihre Schuhe mit magischem Auftrag. Karen muß so lange tanzen, wie sie die verzauberten Schuhe anhat. Noch einmal vernachlässigt sie ihre Pflicht und geht mit ihren roten Schuhen auf einen Ball, statt sich der Pflege der alten Dame zu widmen, da führen die roten Tanzschuhe sie in den dunklen Wald, wo wieder der alte Soldat sie erwartet. Die Schuhe sind jetzt festgewachsen, Karen kann sie nicht mehr abstreifen und tanzt auf den Friedhof, wo ihr ein Engel verkündet, daß sie tanzen müsse, bis sie bleich und kalt werde. »Tanzen sollst du von Tür zu Tür, und wo stolze, eitle Kinder wohnen, sollst du anklopfen, so daß sie dich hören und fürchten! Tanzen sollst du, tanzen!« (A I, 316) In ihrer Not tanzt Karen zum Scharfrichter, beichtet ihm und bittet darum, die Füße abgeschlagen zu bekommen, was geschieht. Aber auch damit hat die Strafe noch kein Ende, auch auf ihren Holzfüßen wird sie noch von den solitär vor der Kirchentür auftanzenden roten Schuhen darüber belehrt, daß es noch lange nicht reicht und ihrer Reue noch immer nicht der alte karensche Hochmut entwichen ist. Genüßlich quälerisch wird es ihr zweimal vorgetanzt, und erst nach der wiederholten Belehrung bereut sie recht von Herzen ihre Sünde, macht Magd im Pfarrhaus, schüttelt, sobald von Putz, Pracht und Schönheit die Rede ist, stumm den Kopf und stirbt in der kleinen Kammer, die sich ihr zur Kirche wandelt. »›Es war Gnade!‹ sagte sie«; die Orgel ertönt, ihr Herz bricht, ihre Seele fliegt auf Sonnenstrahlen zu Gott, »und da war niemand, der nach den roten Schuhen fragte.« (A I, 318)

Andersen hat viele bigott schillernde Märchen geschaffen, eine so ekle ideologische Außenhaut sonst aber keinem angepaßt. Wer es zergliedern und aus seinen Eingeweiden lesen wollte,[2] würde wohl zu einem Spruch kommen, der neben einschlägigem Tänzerinnengroll auch inzestuöse und sadomasochistische Sexualphantasien mitbedenkt.[3]

Was Thomas Mann unter der Außenhaut aus den *Roten Schuhen* las, erschließt sich aus dem Gebrauch, den er von ihnen macht. Daß er sie in einen Zusammenhang mit Kunst stellt, ist auf den ersten Blick überraschend. Zwar paßt das dämonische Getriebenwerden genau zum *Faustus*, das Nichtlassenkönnen vom Geschäft, zu dem Hybris verdammt, das Ringen des Hochmuts mit der Gnade. Was hat Karens Tanz aber sonst mit Kunst zu tun? Nichts, wenn man nur Augen für ihn und *Die roten Schuhe* hat. Als Kenner Andersens sieht Thomas Mann mehr und über die Werkgrenzen hinweg. Karen muß unter Schmerzen tanzen wie diejenige Heldin Andersens, die der Teufel seinem Jünger soeben in Aussicht gestellt hat. Die Rotbeschuhte[4] ist eine böse Schwester der kleinen Seejungfrau, deren nicht minder erbarmenswürdiges Los aber ein Kapitel für sich ist und es darum auch bekommt.

Karen Karstedt

Im *Zauberberg* bedenkt Thomas Mann Andersens Märchen mit der besonderen Aufmerksamkeit, die Hans und Joachim der letzten Moribunden widmen. »Von Karen Karstedt war noch nicht die Rede, und doch nahmen Hans Castorp und Joachim sich ihrer sogar besonders an.« (437) Mit der Figur, deren Familienname zur Wiederholung des dadurch betonten Vornamens ansetzt, der »armen Karen« (vgl. 439), die sie auch im Märchen sein müßte, ginge es nicht mit Dingen des Qualgenusses zu, wird im *Zauberberg* humaner verfahren als bei Andersen. Sie stammt aber unzweifelhaft aus dessen Haus. Die beiden Karen tragen nicht nur den Namen gemeinsam, während der ganzen Schlußpassage des Moribundenabschnitts balanciert Thomas Mann mit den *Roten Schuhen* herum.

Hans und Joachim werden von Karen Karstedt zum Finale des Totentanzes auf den Friedhof geführt. Schon mit diesem Handlungszug, den er von Behrens vorbereiten läßt, folgt Thomas Mann der Märchenvorlage. Der Hofrat und Zigarrenfreund eröffnet das Thema mit seiner Erzählung über das eine Mal, als er nach unüberlegtem Genuß zweier Henry Clays überzeugt war, »abtanzen« zu müssen. Es ist der Toten- oder Todestanz, dadurch aber, daß Behrens ihn auffällig unmaskulin »mit wogendem Busen« (355, vgl. 398) tanzen will, ist nicht nur dem Topos, sondern schon Andersen vorgearbeitet. Abtanzen zu müssen, das war die Strafe, die Karen zu den Toten führte. Karen

> tanzte auf den offenen Kirchhof hinaus, aber die Toten dort tanzten nicht, sie hatten Besseres zu tun als zu tanzen. (A I, 316)

Manns Karen lebt in ›Dorf‹ in einer billigen Pension, die Mittellose ist von »harten Verwandten« abhängig, womit wohl nicht die Eltern gemeint sein werden. (437) Sie ist mit anderen Worten wie Andersens Karen eine arme Waise. Wie diese wird sie Pflegekind mitleidiger Charität (437), gutherzig nimmt man sich ihrer an, führt sie aus und zeigt ihr Sehenswürdigkeiten. Der Glanz, der Andersens Karen zum Verhängnis wird (»›Das ist wohl Glanzleder?‹ fragte die alte Dame. ›Sie glänzen so!‹ ›Ja, sie glänzen!‹ sagte Karen«, A I, 314), steht verhängnisvoll auch in Karen Karstedts Augen, »die zaghaft einen Glanz zu verbergen suchten, der mit der hektischen Erhöhung ihrer Wangen übereinstimmte [...].« (437) »Erhöhung« ist Rötung; das Wort rot wird aber noch zurückgehalten. – »Da reiste die Königin einst durch das Land und hatte ihre kleine Tochter bei sich, die eine Prinzessin war. Die Leute strömten zum Schloß, und unter ihnen war auch Karen, und die kleine Prinzessin [...] ließ sich anstaunen.« (A I, 313) Als Karen Karstedt von ihren Wohltätern ausgeführt wird, zeigt man sich »die reichsten, berühmtesten und anmutigsten unter den Kindern«, darunter auch »den Sohn eines preußischen Prinzen [...]. Die arme Karen jubelte ebenfalls und hustete dabei.« (439) Vor Dankbarkeit hält sie später »die Hände gefaltet«. (443) Es ist die Karen nach der Verfehlung, die duldend Ergebene, die den nahen Tod erwartet. Aber sie hat ihre Vergangenheit, und auf die wird bei jeder Gelegenheit angespielt, sei es bei der Prinzenschau, dem Besuch des Kurhauscafés oder selbst einer Vorführung des Davoser Bioskop-Theaters.

Der Film, der den dreien da gezeigt wird, voll von »Grausamkeit, Begierde, tödlicher Lust und von verweilender Anschaulichkeit, wenn es die Muskulatur von Henkersarmen zu besichtigen galt« (441), ist ein gutes Beispiel für die Vielsehnigkeit der Mannschen Prosa. Die Henkersarme des Lubitsch-Films werden genauso betrachtet wie die erotischen Arme Clawdias, wodurch das Sexuelle sich wie so oft die Mahnung an den Tod gefallen lassen muß. Karen muß sich zusätzlich die Erinnerung an den Scharfrichter gefallen lassen, der ihr die Füße abschlug. Frau Stöhr, ebenfalls anwesend, ist ganz Hingabe, ihr »rotes Gesicht« im Genuß verzerrt. (441) Von den Reizworten rot und tanzen wäre damit das erste plaziert. Das zweite, der überdrehte, rasende Tanz, versteckt sich in der Beschreibung der Filmvorführung, wie Eckhard Heftrich festgestellt hat.[5] Was tanzt da aber, kurzweilig und beeilt, »in aufspringender, zappelnd verweilender und wegzuckender Unruhe« so explizit »kleingehackt« über das »Feld der Visionen« (440f.)? Wären es nicht Filmbilder, müßten es Karens abgehackte Füßchen sein, die ähnlich unruhig »über das Feld« (A I, 317) gesprungen waren, vom Scharfrichter zum entmenschten Tanz befreit.

Nach dem Kinobesuch führen die Vettern Karen in ein unverkapptes Tanzcafé aus. Das Orchester unter der Führung eines zwischen den tanzenden Paaren stehenden Geigers ist »rotbefrackt«. (443) Frau Stöhr erklärt den an ihrem Tisch Sitzenden, bei vorrückendem Abend belebe sich der Tanz noch bedeutend, »schon manche Hochgradige sei hier in die Ewigkeit hinübergetanzt«. (443) Es ist bezeichnend für sie und ihr Feingefühl, es der unter die Nase zu reiben, die von eben diesem Schicksal bedroht war. Nach dessen Gesetz wird die arme hochgradige Karen mit den Vettern auf den Friedhof gehen, wo sie von dem ernsten Engel erwartet wird, der schon im Märchen nichts Gutes verhieß. (447) Ihre Vergangenheit ist damit rekapituliert, ihre Geschichte erzählt, verschämt und bescheiden kann sie sich dem Tod zuwenden und aus dem Roman entfernen. (448)

Ganz löst der nicht, was Andersen verbunden hatte. Thomas Mann folgt Andersen nicht in der Opulenz, mit der die Sünde bestraft wird. Als Symbol der Sündhaftigkeit und der tödlichen Hybris aber läßt er Karens Tanz bis zur letzten Seite gelten. Von seiner Loge aus sieht Castorp den »Tanz des Schneesturms« mit Scham. (659) »Dabei jedoch war gar kein Vergnügen, denn man sah nichts vor Flockentanz« (666), bemerkt der Erzähler, als Castorp dem Schneetod entgegenstapft. Es ist schon das »Tanzvergnügen«, in das er zum Ende zwanghaft wie Karen gerissen wird. (993) Daß es ein arges Tanzvergnügen ist, nicht Jahre, sondern Sündenjährchen dauert, versteht sich auch aus der bei Andersen vorgenommenen und von Mann nicht ganz gelösten Motivverbindung.

Karen-Lula

Karens letzter Gesichtsausdruck, »verschämt und bescheiden«, ist in eine Beschreibung eingeschlossen, die man nicht nur in »Fragwürdigstes« beim Medium Elly (935), sondern auch im *Doktor Faustus* wiederfinden wird, dort aber bei einer Hauptfigur. Der Fall ist deshalb mysteriös, weil man von dieser das Modell kennt. Offensichtlich hat Thomas Mann schon der Nebenfigur Karen Karstedt Züge seiner Schwester Julia gegeben, als deren Vollporträt Ines Institoris angelegt ist. Die zierliche Ines trägt ihren Kopf »bei gedehntem Halse und gespitzt lächelndem Munde schräg vorgeschoben«. (VI, 263) Kopfhaltung und Lippenstellung sind Leitmotive. (Vgl. VI, 442 u. ö.) Karen Karstedt steht vor ihrem Grab, die Vettern blicken mit verstohlener Neugier in ihre Miene. »Sie merkte es dennoch und stand da, [...] den Kopf ein wenig schräg vorgeschoben, und lächelte geziert mit gespitzten Lippen [...].« (448) Es ist Karen, es ist aber auch Julia, »von zimperlich-gezierter Art, mit matten Augen und gespitztem Mündchen«[6], wie ihr Neffe Klaus sie ganz unabhängig vom Vater in wörtlicher Übereinstimmung beschreibt.

Von den zwei Folgerungen, zu denen diese Figurenidentität anhält, ist eine technischer und eine zunächst spekulativer Natur.

Wenn Thomas Mann wie im Falle Karens bei Andersen die Hülle für die Figur entleiht, die er dann autobiographisch verlebendigt, sollte es nicht überraschen, wenn umgekehrt auch die fleischgewordene Julia Mann in einer Märchenhaut steckte. Zitiertes und Erlebtes verwachsen, wo das eine ist, muß nicht das andere nicht sein. Offen wird in dem von Ines Institoris und Rudi Schwerdtfeger berichtenden dreiunddreißigsten Kapitel des *Doktor Faustus* von der kleinen Seejungfrau gehandelt. Daß darum nicht zusätzlich noch verborgen von Andersen die Rede sein könne, wäre ein voreiliger Schluß.

Die andere Folgerung führt zu einem unbeachtet gelassenen, aber nicht unwichtigen autobiographischen Thema des Romans.

Thomas Mann hat dem *Zauberberg* dadurch, daß er die prominenteste Moribunde nach seiner Schwester typisiert, eine traurige Prophezeiung mitgegeben. Julia Mann verübt drei Jahre nach Vollendung des Romans den Selbstmord, dessen Vorgeschichte der *Doktor Faustus* bei abgewandeltem Ende nacherzählen wird. Zur Prophezeiung wird es natürlich erst in der Retrospektive. Wie dem *Doktor Faustus* und Familienzeugnissen zu entnehmen ist, kündigte sich Lulas in irgendeiner Art katastrophales Ende lange vorher an.[7] Vielleicht konnte Thomas Mann also wirklich antizipieren, vielleicht war er auch bloß in Gesichterverlegenheit und griff bedenkenlos auf ein bekanntes zurück. In jedem Fall mußte er sich etwas dämonisch angehaucht fühlen, als dann eintraf, was er in der Kunst schon vorweggenommen hatte. Hans Castorp geleitet Karen-Lula, seine Schwester, an die noch unaufgemachte Bettstatt des Friedhofs, die nicht lang danach von der Wirklichkeit aufgemacht wird. So spielt das Leben; man könnte darüber hinweggehen, hätte man nicht einen bestimmten Generalverdacht, was die Kunst, das Verhältnis dieser Kunst zu ihren Substraten und die eigene unheile Größe betrifft.

Lulas Selbstmord liegt im Jenseits, in der Zukunft des *Zauberbergs* und kann darum schlecht von ihm aufgenommen worden sein. Aber Lula ist die erste nicht; schon Carla war 1910 aus Ehrgefühl in den Tod echappiert.

Der Selbstmord der jüngsten Schwester, »das Bitterste, was mir geschehen konnte« (Br Heinrich, 111), hatte Thomas Mann so stark erschüttert wie später im Leben nie mehr etwas. Carla starb am 30. Juli, am 3. September schreibt er Paul Ehrenberg, allmählich komme er wieder ins Gleichgewicht und könne auch wieder ohne Ekel an die künstlerische Arbeit denken. (Br I, 88) In seinem ganzen Leben wird sich nichts mehr ereignen, was imstande wäre, ihn über fünf Wochen und länger von ihr abzuhalten.

Schon bei einem minder autobiographisch veranlagten Autor würde man nun damit rechnen, daß ein traumatisches Erlebnis sich Einlaß ins Werk verschafft.[8] Es ist sehr viel weniger als unwahrscheinlich, daß ausgerechnet Thomas Mann das seine dagegen versiegelt und dies Bitterste nicht Kanäle gefunden hätte, auch in den *Zauberberg* einzudringen.

Geschwistertod. Peeperkorns Ende

Wäre es nach der ursprünglichen Anordnung gegangen, hätte gleich sein zweiter Satz vom Geschwistertod gesprochen. In dem lange als Introitus geplanten Taufschalenabschnitt erfährt man, daß Castorps Mutter »in Erwartung ihrer Niederkunft« gestorben sei. (32) Offenbar verliert Hans Castorp mit Romanbeginn ein Brüder- oder Schwesterchen. Später verliert er Joachim, seinen braven Bergkameraden. Wie sich zeigen wird, ist er Vetter nur in dem Sinn, in dem Castorp aus Hamburg und nicht aus Lübeck stammt;[9] eigentlich, das heißt uneigentlich, ist das Verhältnis geschwisterlich, Hans Castorp verliert einen Bruder. Bevor man dessen Sarg schließt, berührt er, eingeborene Sittensprödigkeit beiseite setzend, »seines ehemaligen Joachim steinkalte Stirn zum Abschied zart mit den Lippen«. (746) Es ist der erste der sakralisierten Stirnküsse, von denen auch Karens Nachfolgerin Elly Brand einen bekommen wird. (925) Dem Tagebuch läßt sich entnehmen, wem er im Leben galt:

> Mama schickte verschiedene schriftliche Andenken an Carla, auch ein wenig von ihrem Haar als 3jähriges Kind, das mich sehr ergriff. Ich betrachtete es nachmittags im Garten und gedachte dabei meines Abschiedes von der Toten in Polling, als ich sie, allein mit ihr im Zimmer, bevor der Sarg geschlossen wurde, auf die Stirn küßte. (Tb, 13. 4. 1921)

Joachims Tod ist bis in die funebren Details mit dem Carlas unterfüttert. »Joachim Ziemßens wurzeldurchwachsenes Soldatengrab« (747) wird gerade in dem Brief vorbereitet, der Carlas Tod beklagt und das Trostbild der »von Baumwurzeln durchwachsenen Erdgrube« beschwört. (Br I, 88) Im *Faustus* wird beschrieben, wie der französische Verlobte Clarissa-Carlas bei der Beerdigung zu matt kondoliert: »Er war untröstlich, oder vielmehr ›désolé‹, was, gewiß irrtümlicherweise, nicht ganz so ernst, ein wenig redensartlicher anmutet.« (VI, 510) Im *Zauberberg* sagt Clawdia, als sie von Joachims Tod erfährt: »O weh. Das ist schade. [...]« Hans Castorp kommt nicht umhin zu bemerken, daß sie damit zu leichte Ausdrücke des Mitgefühls gewählt hat. (772)

Man riskiert nicht viel mit der Vermutung, daß Joachims Wiedererscheinen in »Fragwürdigstes« unter anderem der Verarbeitung von Carlas Zustand der Nichtrückrufbarkeit diente. Mit dem Versprechen, spirit Holger habe sich bereit erklärt, »jeden beliebigen Verstorbenen« (930) vorzuführen, wird Castorp zum Aufgeben seiner Séancen-Absenz bewogen. Das »jeder beliebige« wird zweimal wiederholt. (930) Ein drittes Mal wiederholt es Krokowski in der Begrüßungsansprache an Holger, nicht ohne den seiner Sprechweise geschickt angeschmiegten Zusatz:

> Als du das letztemal unter uns weiltest, versprachst du, jeden beliebigen Abgeschiedenen, sei es ein Menschenbruder oder eine Schwester, herbeizurufen [...] (937)

So hat man den aus dem Totenreich Zurückgeholten als ein Geschwister und genauer noch als die Schwester des diese Rückkehr Erbittenden zu denken. Die ausführliche Erzählerreflexion darüber, daß eine wirkliche Rückkehr des oder der Verstorbenen letztlich weniger zu wünschen sei als ein kurzes Wiedersehen (938), erinnert wieder daran, daß der Gedanke, ein solches Wiedersehen könne tatsächlich stattfinden, aus der Zelle »Unmöglich« in die benachbarte Zelle »Fast unmöglich« hinübergewechselt sein muß, falls er sich dort nicht schon immer aufhielt. Die Séancen beim okkultistischen Freiherrn Schrenck-Notzing werden den Spalt, der durch das »fast« gelassen wird, jedenfalls erweitert haben. Nicht daß bei Schrenck Tote geweckt oder vorgeführt worden wären, es blieb bei einfacher Schummelei.[10] Im Dämmer dieser Sitzungen aber mußten sich unvermeidlich auch Gedanken an die Spiritisten einschleichen, bei denen Totenkommunikation gang und gäbe war. Daß Schrenck sich mit dem Pathos des Wissenschaftlers von den noch trüberen Kollegen distanziert hielt, war diesen Abschweifungen sicher nicht Riegel genug. Hätte man Hans Castorps: »Ich möchte meinen verstorbenen Vetter Joachim Ziemßen sehen« (939) autobiographisch rückzuübersetzen, gäbe es jedenfalls nichts zu zögern. Damit aber vorerst genug der Spekulation.

Joachim kann aus Gründen der Standhaftigkeit nicht selbst die Flucht in den Freitod wählen, auch wenn Tod und Ehre bei ihm wie bei Carla wechselweise füreinander eintreten müssen. (744) Selbstmord begeht im *Zauberberg* außer dem unliebenswerten Naphta eine Figur, bei der man nicht leicht darauf verfallen wäre, daß sie neben dem bekannten Vorbild auch noch ein familiäres haben könnte.

Es ist Carlas Selbstmord durch Gift, der Mynheer Peeperkorns Ende bestimmt. Man muß kein Gerichtsmediziner sein, um es beweisen zu können. Es genügt nachzulesen, wie Thomas Mann im *Faustus* das Ende der Clarissa Rodde, seiner verewigten Schwester, beschreibt:

> Dunkelblaue Stockungsflecke an Clarissa's schönen Händen und in ihrem Gesicht deuteten auf einen rapiden Erstickungstod, die jähe Lähmung des Atmungszentrums durch eine Dosis Zyansäure, mit der man wohl eine Kompanie Soldaten hätte töten können. (VI, 509f.)

Der Passus zitiert wörtlich die Beschreibung des Schwestertods aus dem *Lebensabriß*. (Vgl. XI, 120) »Über und über. Im Superlativ«, antwortet Behrens auf Castorps Frage: »Suicidium?« (865) Peeperkorns Hülle zeigt das bekannte Bild:

> Seine Hände waren schwärzlichblau angelaufen, Teile seines Gesichtes ebenfalls. (865)

Peeperkorns »Galanterieware«, die kapriziöse Injektionsspritze, entspricht dem dekorativen Buch mit dem Totenkopf, in dessen Hohlraum Carla-Clarissa das Gift aufbewahrt. (508) Wie bei ihr wirkt das Gift fulminant: »Der Blaulauf deutete auf jähe Stockung [...].« Der Tod erfolgt wörtlich wie bei Carla:

> »Alles spricht dafür, daß es ihm sofort den Atem verschlagen hat, Lähmung des Respirationszentrums, wissen Sie, rapider Erstikkungstod [...].« (867)

Wie Peeperkorn hatte Clarissa das Gift »von langer Hand her in Bereitschaft gehalten« für den Augenblick, »wo ihr Stolz das Leben nicht mehr ertragen würde« (VI, 503) – der »stolze Entschluß [...], sich keine

Erniedrigung gefallen zu lassen, die das Leben ihr etwa zugedacht hatte« (XI, 120), dem sich zuletzt auch Peeperkorn nicht entziehen kann.

Mit dem Ende des vor dem Leben versagenden Stolzen war das Ende der Schwester durch den Geschlechtertausch gut geschützt zu deponieren. Vielleicht wäre Hauptmanns Zorn über das Konterfei geringer gewesen, wenn er geahnt hätte, daß hinter Mynheer in einiger Entfernung eine geliebte Schwester – noch weiter weg auch ein haßgeliebter Bruder –[11] stand, von der Thomas Mann Abschied nahm.

Weiteres vom Pfeffergesellen. Andersens Tannhäuser

Mynheer Peeperkorn ist aber ebensowenig nur dem Erlebten wie nur der Literatur nachzitiert, sondern aus beidem zusammengesetzt. Thomas Mann hat versichert, Gerhart Hauptmann habe der Figur des Holländers allenfalls Leben einhauchen können, kompositionell sei sie schon lange vorgesehen gewesen. Es machte die Versicherung nicht glaubwürdiger, daß er sie oft wiederholte; sie klang nach Ausflucht, er war in der Defensive und mußte versuchen, den Groll zu mildern, den sein Porträt der verwischten Persönlichkeit mit den Kapitänshänden, der abgerissenen Redeweise und den Rotweinflecken auf der Decke erregt hatte. Daß es keine Ausflucht war, sondern sich genau so verhielt, läßt sich durch die Figurenkomponente nachweisen, die sich nicht dem Erlebten, sondern einem schon *Buddenbrooks* unterschobenen Vortext verdankt. Da die Motivik wieder über die Namensgebung markiert ist, kann man mit einiger Sicherheit angeben, daß der Autor sich spätestens nach dem ersten Romanfünftel über den groben Ablauf des Finales im klaren gewesen sein muß.

Am Anfang von »Totentanz« sagt Hans Castorp seinem Vetter, Frau Stöhr, die von Todesfällen nichts hören wolle, könne doch etwas moralischer empfinden, »wenn sie schon ungebildet ist und glaubt, daß ›Leise, leise, fromme Weise‹ im ›Tannhäuser‹ vorkommt«. (411) Der Mißgriff ist von dreifacher Malice und romanzeitlich genau abgepaßt. Indem sie Webers *Freischütz* zitiert, nimmt Frau Stöhr ein wichtiges Motiv des *Doktor Faustus* vorweg.[12] Mit ihrer falschen Zuordnung dient sie dem Meister und dem Ideal, auf die der greise Thomas Mann im Tagebuch noch einmal dankbar zurückblicken wird: »Auf der Höhe meines Lebens hatte ich mein Ideal der magischen Intellektualität, inspiriert von Wagner, erreicht.« (Tb, 17.1.1952) Der Tannhäuser ist aber nicht Monopol Wagners.

Kurz nach Frau Stöhrs Verwechslung wird dem Leser eine Figur vorgestellt, deren Name ihm bekannt vorkommen könnte, der gutmütige Dulder Anton Karlowitsch Ferge. Anton kommt wie Antonie aus der *Nachtmütze des Hagestolzen*, Andersens Tannhäuser-Märchen. Wie früher Tony von ihrem Diener wird auch Ferge von anderen, verkappten Antons begleitet, einer Schar von Pfeffergesellen, die die Anreise des großen Mynheer in den verzauberten Berg vorbereiten, den Thomas Mann lange vor der Bekanntschaft mit Wagner in seinem Märchenbuch hatte entdecken können:

> In der Nähe von Eisenach erstreckt sich eine Reihe steiniger Berge, einer von ihnen ist abgerundet und hat weder Bäume, Büsche noch Gras; er heißt der Venusberg; darin wohnt Frau Venus, eine Göttin aus heidnischer Zeit, Frau Holle nannte man sie [...]; sie hatte den edlen Ritter Tannhäuser, den Minnesänger aus dem Wartburger Sängerkreis, zu sich in den Berg gelockt. (A I, 561)[13]

Andersen gibt dieses Sagenreferat nicht unfunktional. Antons Liebesgeschichte wird vom Erzähler wie vom Helden selbst als Abwandlung des früh Vorgeprägten verstanden. Venus, Elisabeth und Tannhäuser sind die direkten Vorfahren des *Nachtmützen*-Personals. Die Technik ist nicht viel anders als die mythopoetische Thomas Manns.

Frierend liegt der einsame Pfeffergeselle in seinem Kopenhagener Häuschen und kann die Erinnerungen nicht verscheuchen. Er denkt an seine Jugendliebe Molly zurück, mit der er den Thüringer Sagenberg besichtigt hatte. Molly war keck und allerliebst wie die Venus selbst. »Frau Holle im Berg sollte auch schön sein, aber ihre Schönheit, sagte man, sei die verführerische Schönheit des Bösen; die höchste Schönheit dagegen sei die der heiligen Elisabeth [...] – doch Molly glich sie gar nicht.« (A I, 562) Anton nimmt diese Unähnlichkeit noch nicht ernst, abgelenkt durch eine andere Sage, zu deren Gunsten Richard Wagner ein Jahr vor Veröffentlichung des dänischen Märchens den *Ring* beiseite legte. Erst als Molly ihm, zur Frau herangereift, Treue und Herz bricht, weiß Anton wieder, wer sich in ihr verbarg: »ich will alles zugrunde richten, was mich an sie erinnern könnte, Frau Holle, Frau Venus, du heidnisches Weib!« (A I, 564) Sein Abschied von der, die ihm die Treue nicht hielt, obwohl sie ihre Arme um seinen Hals schlang – erotische Arme schlingen sich durch Andersens Werk wie sonst nur durch das Manns, ein »gewisser Extremitätenkult« (VII, 541) liegt bei beiden vor, wie Kuckuck ihn bei Krull feststellt –, der Kuß, mit dem Anton sich von Venus-Isolde trennt, ist schon ganz der *Doktor Faustus*, die Hölle der Zweideutigkeit, Hitze und Kälte, verschmolzen und als tertium comparationis benutzt:

> Die glühende Eisenstange und die eiskalte Eisenstange reißen die Haut von unserer Lippe, und wir haben dasselbe Gefühl, wenn wir sie küssen, und er küßte gleich stark in Liebe wie in Haß. (A I, 564)

Mollys Verrat trifft Anton auch deshalb besonders hart, weil er seiner Liebesgeschichte lang ein anderes Sagenmuster unterlegt hatte:

> Wie oft hatten nicht Anton und Molly zusammen die Geschichte von Tristan und Isolde gehört, und gar oft hatte er dabei an sich und Molly gedacht, obwohl der Name Tristan bedeuten sollte, daß ›er ihnen in Kummer geboren war‹, und das paßte nicht auf Anton, er würde auch niemals wie Tristan denken können: ›Sie hat mich vergessen!‹ Doch Isolde vergaß ja auch nicht den Freund ihres Herzens, und als sie beide gestorben waren und jeder auf einer Seite der Kirche begraben war, wuchsen die Linden von ihren Gräbern über das Kirchendach, und blühend trafen sie sich dort; das erschien Anton so schön und doch so traurig – (A I, 563)

So traurig und schön, daß auch Thomas Mann es nicht vergessen haben wird. »Wie oft mag der Lindenbaum den frühkindlichen Tagesschlummer und die Spiele des kleinen Adrian beschattet haben, der, als im Jahre 1885 Blütezeit war, im Oberstock des Buchelhauses [...] geboren wurde.« (VI, 19) Trüge der musikalischste aller Bäume ein Ahnentäfelchen, müßte noch links von Mahler, Wagner und Schubert Hans Christian Andersen eingraviert sein.[14] Manns Roman vom Liebesverbot teilt mit dem ersten Lindenbaummärchen auch genügend Grund. Anton darf sich wie alle Pfeffergesellen im Ausland nicht verheiraten, darum ist Pfeffergeselle synonym für Hagestolz. Wie Leverkühn sind ihm Wärme und Liebe verwehrt. Vermutlich war es diese Klausel, die Andersen zu seiner Stoffwahl veranlaßte. Sehr vermutlich ist es diese Klausel, die Adrians zweiter Heimat den zweiten Namen einträgt. Pfeiffering wird auch »Pfeffering« genannt (»die Schreibweise stand nicht ganz fest«). (VI, 39)[15] In Andersens Pfefferhäuschen träumt sich der Hagestolz mit Elisabeth in den Tod. Manns Hagestolz kehrt von Pfeffering zurück zu Elsbeth; nimmer genesend von seiner Venus-Isolde auch er.

Im *Zauberberg* hat Andersens *Nachtmütze* auf eine ähnlich große Gruppe abgefärbt wie die, zu der sich die spiellustigen Engländer zusammenfinden, um sich reihum nach der »night-cap« des Teufels zu erkundigen. (878) Anton Ferge wird im »Totentanz« eingeführt. Sein Kompagnon ist Ferdinand Wehsal. Ausdrücklich christlich der Mannheimer, ein gutmütiger Dulder der Russe, treten Ferge und Wehsal fast immer gemeinsam auf und dürfen als Doppelnebenfigur angesprochen werden. Anton Ferge, der wie Andersens Anton Geschäftsreisen macht (A I, 565), unter seiner Decke im Frost liegt (433; vgl. A I, 567) und seine Haupteigenschaft des gutmütigen Duldertums mit der des andern Anton teilt, hat von diesem nicht den Liebeskummer. Der ist im Übermaß auf den Mannheimer übergegangen, dem die andere Haupteigenschaft des Hagestolzes den Nachnamen eingetragen hat. Wehsal, Gegenbild Castorps und Vorfigur des Holländers, kostet wie Andersens Anton alle Qualen des der Venus Verfallenen und Zurückgewiesenen. Wie dem Pfeffergesellen entpressen sie ihm die Tränen, bitterlich, aus irgendwelchen Elendstiefen weint er vor sich hin und erweckt durch sein »runzelig bebendes Kinn« (792) das Interesse des Herrn Peeperkorn. »Runzelig um Mund und Augen« war schon Andersens Pfeffergeselle (A I, 558), ein elender Mensch und unschön anzusehen, wie Wehsal, um den Clawdia die schönen Arme nun einmal nicht schlingen will. Der zweite Anton hat in seiner Wehsal nicht einmal den Trost, den der erste aus der heiligen Venus-Antipodin zog. Es geht ihm darin wie Castorps Bergführer, der vielleicht doch auf den Fortschrittskongreß nach Barcelona gereist wäre, wie sein renitenter Schüler stichelt, wenn er nur »eine heilige Elisabeth zu Seite gehabt hätte...« (630) Settembrini ist die richtige Adresse dafür, wenn er auch auf den ersten Blick außer der Tatsache, selbst einer zu sein, mit dem Hagestolz des Märchens nichts gemein hat. Genauer betrachtet lebt aber schon sein Vater, frauenlos offenbar auch er, in einem kalten und tränentreibenden »Häuschen«. (136) Der Märchenanton ist spindeldürr und hat »graue, buschige Augenbrauen; über das linke Auge hing ein ganzes Büschel herab«. (A I, 558) Settembrinis zierlicher Vater, »mit dicken Büscheln aus grauem Haar an den Schläfen« (136), vererbt seinem Sohn nicht dieses Aussehen, dafür aber neben der Ehelosigkeit das Domizil. Als Settembrini erfährt, daß er nicht mehr genesen wird, zieht er vom teuren Sanatorium um in ein Häuschen, nimmt Quartier »im Hause eines ›Gewürzkrämers‹, wie Settembrini sich ausdrückte«. (497) Hans Castorp greift den Ausdruck auf, als er seinem von Venusqualen jammernden Kutschengenossen befiehlt, den Mund zu halten, »bis wir zum Gewürzkrämer kommen und jemand sich zu uns setzt.« (857) Separiert und traulich, wohnt dort der arme Lodovico unterm Dach in der alten Wohnung des Gewürz- und Pfefferkrämers, zu der er über eine »fast leiterartige Stiege« gelangt (562), »die Leiter – denn Treppe war das nicht zu nennen –« (A I, 559), über die schon der frühe Anton in seine einsame Kammer steigen mußte. Unter ihm der giftige Nebenbuhler, muß Settembrini dann mit der Ankunft des Holländers erkennen, daß seine und Naphtas Zeit vorerst vorbei ist. Hans Castorp wendet sich von den kleinen Krämern ab, als der von ihnen vorbereitete große kommt.

Die enigmatischste Figur des *Zauberbergs* trägt einen von der Forschung bislang unentschlüsselten Namen. Man wußte zwar, »›Peeperkorn‹ bzw. ›Pfefferkorn‹ ist Berufsbezeichnung als Übername für den Pfefferkrämer.«[16] Welcher Pfefferkrämer aber damit gemeint sein konnte, blieb die Frage, das heißt, erlangte erst gar nicht den Status einer Frage. Sowie man sie stellt, ergibt sich die Antwort auch schon und hebt ihre Hände hoch. Der Pfefferkrämer kann kaum ein anderer sein als der Pfefferkrämer, auf den mit der Einführung des namensoriginalen Anton die Komposition zielstrebig zulief. Castorps letzter Mentor steht mit einem Bein wieder im Märchenland. Mynheer, mythische Synthese aus Bacchus und Christus, ist ein höherer, im Ausland durch Handel reich, nicht arm gewordener, der Venus, nicht der Elisabeth ein Preislied singender Pfeffergeselle. Er lebt der Venus, nicht der Heiligen, aber er tut es als Peeperkorn. Damit ist über den Erfolg alles vorweggenommen. »Ruin und Bankerott« (784) werden ihm blühen, wie einst Antonien, wie Anton Karlowitsch, der beim Gelage »Bankerott« erklären muß (791), wie Andersens Anton, dessen night-cap kein Späterer aufsetzen konnte, ohne von baldigem »Bankrott« zu träumen. (A I, 569) Peeperkorns Name zeigt die Zweideutigkeit und Zerrissenheit der Figur an, noch bevor sie auftritt. Der Vitalismus eines Pfefferkrämers kann nicht echt sein und wird zu keinem guten Ende führen. Den Anforderungen der Venus war ein Peeperkorn jedenfalls noch nie gewachsen.

Man könnte einen etwas bösen, sublimen Witz darin sehen, daß gerade Mynheer, der torkelnde Phallus, nach dem einsamen Hagestolz heißt. Als Denunzierung einer Figur durch Namensgebung, wie Thomas Mann sie beim Nebenpersonal ganz gerne betreibt, wäre sein Fall aber mißverstanden. Gegen eine denunziatorische Absicht steht schon der Tod der Schwester, ohne dessen Hauch das literarisch Vorgeformte sich nicht zu neuem Leben gerekelt hätte. Auch die Porträtierung Hauptmanns war nicht nur bösartig; ein komisches, aber erzenes Denkmal, Mord, aber auch Verewigung.[17]

In die Komposition, die ihm den Platz freigehalten hatte, paßte er aus einem Grund, der tiefer liegt und von sublimer Bosheit höchstens überweht werden konnte. Name und literarische Abkunft binden Peeperkorn an seine oberste Romanfunktion zurück: Castorp zum Mitleid reif zu machen, von dem die beiden Zwergmentoren so wenig wissen wollen wie der durch Peeperkorn korrigierte späte Nietzsche. Für diese Funktion war nun märchenweit kein Besserer zu finden. Wenn es ein Schicksal gibt, vor dem selbst ein Eisherz schmelzen müßte, dann das des Pfeffergesellen aus Andersens traurigster Geschichte. Wer sie einmal gelesen und in dem Suchbild ihren Zipfel entdeckt hat, wird den Holländer nie mehr ohne Nachtmütze sehen können.

Der Held, den das Mitleid gelehrt und um dessentwillen der Anton-Reigen veranstaltet wird, bleibt von ihm selbst nicht unaffiziert. Andersens Anton stirbt während eines Schneetreibens, nachdem ihm im tröstenden Traum Elisabeth erschien. Ein erster Anton huscht als Namensfigur schon früh durch den *Zauberberg*, der nachmalige Häuschenbewohner Settembrini berichtet von ihm. Wie nicht der Zufall, sondern vorausschauende Motivtechnik es will, handelt es sich um Herrn »Anton Schneermann«. (213) Das ›r‹ zuviel hindert nicht die Assoziation vom einen zum andern Träumer, dem es zu bestimmter Stunde scheinen wird, »als solle er hier zum Schneemann erstarren«. (666) Da droht Hans Castorp, wie Anton im Schnee vom Liebestraum in den Tod gezogen zu werden.

Blumen und Kinder. Märchentheologie

Die Sterberate bei Andersen ist hoch,[18] es ist ein Totentanz für Märchenverhältnisse; nur natürlich, daß Thomas Mann auch für seinen Moribundenabschnitt aus ihnen schöpft. Er bedient sich dabei nicht nur der *Roten Schuhe* und der *Nachtmütze.*

Die Szenenfolge des Totenaufzugs beginnt damit, daß Hans Castorp beschließt, den Schwerkranken und Sterbenden Blumen zu schenken; ein naheliegender Gedanke auch von seiten des Autors, wie man meint, eine freundliche Geste, die man nicht verdächtigt haben würde, aus zweiter Literatenhand zu stammen. Sie stammt aber aus Andersens *Der Engel.* Wenn man den *Engel, Die Geschichte einer Mutter* und die alten *Galoschen des Glücks* zusammennimmt, hat man Passepartout und letztes Feld des Zitathintergrunds, vor dem sich der Totentanz bewegt.

Die Geschichte einer Mutter, eines der düstersten und schwer je zu vergessenden Märchen Andersens, erzählt symbolisch, wie eine Mutter das Sterben ihres Kindes bewältigt. Der Tod tritt als armer alter Mann in ihr Haus und nimmt ihr krankes Kind mit, als sie eine Minute einnickt. Mit dem Mut der Verzweiflung macht sie sich an seine Verfolgung und fragt sich nach ihm durch. Jede Auskunft muß sie mit einem Dienst vergüten: der Nacht muß sie alle Lieder vorsingen, die sie ihrem Kind vorgesungen hat, den Dornbusch muß sie am Herzen erwärmen, so daß ihr Blut in großen Tropfen fließt; um den See zu überqueren, der sie vom Ziel trennt, muß sie ihre Augen in ihn ausweinen. Blind gelangt sie ans andere Ufer, wo sie ihr langes schwarzes Haar gegen das schneeweiße der Totengräberfrau tauscht. »Und dann gingen sie in das große Treibhaus des Todes, wo Blumen und Bäume wunderbar durcheinander wuchsen.« (A I, 387) Im Treibhaus des Todes ist jede Pflanze ein Menschenleben. Der Tod ist der Gärtner Gottes und pflanzt sie auf dessen Geheiß in den Paradiesgarten um. Als die Mutter ihn weinend anfleht, ihr das Kind wiederzugeben, und damit droht, zwei schöne Blumen ganz in ihrer Nähe auszureißen, setzt der Tod ihr die Augen wieder ein und zeigt ihr die Zukunft beider Blumen. Da eine Zukunft Glückseligkeit, die andere aber Entsetzen und Elend bringen wird und der Tod ihr zwar verrät, daß eine der Blumen ihr Kind ist, nicht aber, welche der beiden, fleht die Mutter

Gott (antinomisch) an, sie nicht zu erhören, und der Tod zieht mit ihrem Kind ins unbekannte Land.

Um der ersten Moribunden einen Blumenstock zu kaufen, tritt Castorp mit seinem Vetter in einen Laden, dessen Atmosphäre er mit bewegter Brust einatmet, »angenehm benommen vom Pflanzenbrodem, der lauen Wärme des Ortes, die nach der Außenkälte seine Augen tränen ließ«, erregt von einem Gefühl der »Abenteuerlichkeit, Kühnheit, Förderlichkeit seines unscheinbaren Unternehmens, dem er insgeheim eine symbolische Tragweite beimaß.« (419) Die Moribunde ist klein und wird später als Kind bezeichnet. (420) Die Passage vereint also ein sterbendes Kind, einen treibhausartigen Blumenladen, Tränen, Kühnheit, symbolische Tragweite.

Daß Castorp Gefühle der Kühnheit empfindet, wenn er die Begegnung mit dem Tod sucht, bedarf keiner Erklärung. »Blumen, fand er, gehörten dazu« (422) – auch das wäre romanintern insofern vorbereitet, als er im Taufschalenabschnitt vor der Leiche des Großvaters das Ungenügen der Tuberosen registriert, eine gewisse zähe Ausdünstung zu überdecken. (44f.)[19] Das Treibhaus könnte man mit Wagner und Décadence-Topoi begründen, wie geschehen.[20] Daß aber die Blumen nicht mit sterbenden Erwachsenen zusammengebracht werden, sondern mit Kindern, kann wie die überzufällige Kombination der Motive fast nur mit Hans Christian Andersen erklärt werden.

Die leicht bizarre Floraltheologie findet sich auch in seinem Märchen *Der Engel*. Auch hier werden wie in der *Geschichte einer Mutter* verstorbene Kinder auf eigenwillige Art mit Blumen verflochten.

Der Engel des Titels wohnte zu Lebzeiten als armes krankes Kind in einem niedrigen Keller, von klein auf bettlägerig. An einigen Tagen im Sommer fielen die Sonnenstrahlen bis in den Flur des Kellers, das war sein einziger Trost. Eines Tages bringt ihm der Sohn des Nachbars Blumen, »darunter war zufällig eine mit Wurzeln, darum wurde sie in einen Blumentopf gepflanzt« und neben ihm aufgestellt. (A I, 223f.) Der Blumentopf ist sein zweiter großer Trostspender.

Auf der Etage der Vettern, »nicht weit von ihren Zimmern« (418), also nachbarlich, liegt Leila Gerngroß, ein ganz junges Mädchen. Sie ist die erste, für die Hans Castorp seinen »Plan mit dem Blumentopf« (419), also die Idee, einem Moribundus »einen Blumentopf aufs Zimmer« zu schicken (412), in die Tat umsetzt. Er bringt Leila damit, wie Mutter Gerngroß bestätigt, »ein wenig Sonnenschein [...], mein Gott, wohl den letzten.« (421 f.) Leila, die keine Privatpflege genießt und in einer Kammer untergebracht ist (419f.), freut sich kindisch über das Geschenk des Blumentopfs:

> Die Kleine, in der aussichtslosen Beschränktheit ihres Zustandes, hatte sich kindisch gefreut über den fremden Gruß. Die Pflanze stand an ihrem Bett, sie liebkoste sie mit Blicken und Händen, sorgte, daß man sie begoß, und hing selbst noch bei den schlimmsten Hustenanfällen, die sie heimsuchten, mit ihren gequälten Augen an ihr. (419)

Auch in der aussichtslosen Kellerkammer des kleinen Knaben stand die Pflanze »dicht am Bett« (A I, 224); er »begoß« und pflegte sie und »sorgte dafür, daß sie jeden Sonnenstrahl bekam«; für ihn blüht sie, ihr wendet er sich zu, als der Herr ihn ruft. (A I, 224)[21]

Zwei Eindrücke behält Hans Castorp von seinem ersten Blumenstockgeschenk zurück, die »erdigen Düfte des Blumenladens und die Nässe von Leila's Händchen«. (422) An Leilas nasse Hände wird in »Fragwürdigstes« wiedererinnert, sie gehören dem alten Dämon des Namen Todeseros, dem Mutter Gerngroß durch zweideutige Selbstanklagen und ihre Interpretation des Blumengeschenks als eines Flirts und Ballerfolgs nach Kräften schmeichelt (422); unterstützt von Behrens, der Castorp dafür lobt, Leila »ganz regulär den Hof gemacht« zu haben. (425) Castorps ersten Haupteindruck, den erdigen Blumenduft, müßte man ohne den Märchenhintergrund ausschließlich naturmystisch verstehen. Das ist er vor ihm nicht nur. In der *Geschichte einer Mutter* handelt der Tod als Gärtner auf Anweisung Gottes und verpflanzt die Blumen in den großen Paradiesgarten. Wie es dort zugeht, darf er der Mutter nicht sagen. Andersen verbietet sich und dem Leser alle trostreichen Ausmalungen des Jenseitslandes. Im *Engel* ist seine Theologie aufgehellter und süßlicher:

> Und Gott drückte das tote Kind an sein Herz, und da bekam es Flügel wie der andere Engel und flog Hand in Hand mit ihm. Und Gott drückte alle Blumen an sein Herz, aber die arme, verwelkte Feldblume küßte er, und sie bekam eine Stimme und sang mit allen En-

> geln, die Gott umschwebten, einige ganz nahe, andere in großen Kreisen, und immer weiter fort bis ins Unendliche, aber alle gleich glücklich. (A I, 224)

Das geht schon als Märchen für Kinder nicht mehr und ist weit jenseits der Grenze, die Thomas Mann nie überschreiten würde und in deren Nähe er nur selten gerät. Als solches aber, als Märchen, an das man erwachsen nicht mehr glaubt, ist es durch seine Form allein dem poetisch-symbolischen Wahrheitsgehalt überantwortet. Als Märchen sagt es von sich, daß sein Inhalt nicht eigentlich zu nehmen ist und die Instanz, der man es zu unterstellen hat, jedenfalls nicht die eines skeptizistischen Erkenntnisinteresses sein kann. Wenn Thomas Mann das Sanatorium zu einem Kinderhort und Gewächshaus macht, den lieben Gott dabei wie so oft redensartlich mitbedenkt (406, 418, 432), rettet er aus den Märchenschlüssen, was guten Gewissens zu retten war. In »Fragwürdigstes«, dem theologisch reichsten Abschnitt des Romans, wird er dann selbst das Johannes-Evangelium überall mit dem Märchen verquicken. Möglicherweise war Märchentheologie dem nicht völlig gefestigten Agnostizisten die letzte Form des ironischen Credo.

Wie er aber die sterbenden Kinder mit dem Blumen-Motiv assoziiert, beweist wieder einmal seine eigentliche Kunst, die dem Schneekristall insofern gleicht, als sich in ihr überall die Erfindungslust in der Abwandlung eines und immer desselben Grundschemas an den Tag legt. Leila Gerngroß ist ein ganz junges Mädchen, die Augen des »Kindes« sind »genau vergißmeinnichtblau«. (420f.) Auf ihren Wangen steht ein »rosiger Schein« (420), der zum Besuchsende mit den wiederholten »Vergißmeinnichtaugen« als »Rosenrot« zu sich kommt. (421) Der nächste Moribundus, Fritz Rotbein, ist Sohn eines Puppenfabrikanten, Herstellers von Kinderspielzeug. (423) Da alle Sterbenden »wie Geburtstagskinder« zu behandeln sind, erhält auch Rotbein ein Rosen-, Nelken- und Levkoiengebinde. Weinend empfängt er das Bukett, kommt dann aber sofort mit flüsternder Stimme »auf den europäischen Blumenhandel« zu sprechen. (423) Frau Zimmermann, die nächste Sterbende, hat einen »mädchenhaften« Hals, ihre Brust scheint »zart und jung. Hans Castorp beschloß, auch ihr schöne Blumen zu schicken«. (Vgl. 427) Letztlich werden alle ›Kinder des Todes‹ (vgl. 429) mit Blumen beschenkt, Frau Mallinckrodt, die einen poetischen Halbknaben liebt (436), Ferge, Lauro und auch Teddy, den Thomas Mann vierzehnjährig aus dem Fridericianum heraufkommen läßt.

Vögel. Das Beste, was die Galoschen brachten

Am Eingang zum Frederikshospital beginnt die vierte Episode der *Galoschen des Glücks.* Der Volontär ist in die wunscherfüllenden Galoschen gestiegen, die der Wächter, dessen Seele mit Galoschenhilfe zum Mond reisen konnte, im Hospital zurückgelassen hat. Nach einem Zwischenfall am Hospitalgitter wünscht er sich bei einer Theatervorstellung die Brille der Tante, mit der man den Leuten ins Herz sehen kann. (A I, 111) Es ist die Brille, mit der schon Krulls Pate Schimmelpreester die Damen in Schrecken versetzte: »Jetzt sieht er alles und bis ins Herz hinein.« (VII, 283)[22] Da er die Galoschen trägt, schrumpft der Volontär zusammen, und alle Herzen stehen ihm offen. Ein weibliches ist darunter, das ihm wie eine große heilige Kirche erscheint, über deren Hochaltar die weiße Taube der Unschuld flattert. »Wie gern wäre er auf die Knie gesunken, aber er mußte fort, in das nächste Herz, er hörte noch die Orgeltöne, und er selbst kam sich vor, als wäre er ein neuer und besserer Mensch geworden. Er fühlte sich nicht unwürdig, das nächste Heiligtum zu betreten, das ihm eine ärmliche Dachkammer mit einer kranken Mutter zeigte.« (A I, 112) Auf Zehenspitzen, als gehe es in die Kirche, treten Castorp und Ziemßen in Leilas »Leidenskammer« ein. (420; vgl. 36)[23] Castorp spricht gedämpft und mit zärtlicher Ehrerbietung. »Es fehlte nicht viel – der innere Antrieb dazu war jedenfalls vorhanden –, daß er sich vor dem Bett auf ein Knie niedergelassen hätte [...].« (420) Aber auch er muß bald fort zum Gespräch mit der kranken Mutter, die sich Vorwürfe macht und Hans Castorp als Kavalier bezeichnet, was ihm gar nicht paßt, da er seinen Besuch »in medizinisch-geistlicher Meinung« gemacht haben will. (422)

Der Volontär, ein Philister in medizinisch-geistlicher Hinsicht, wünscht sich ins Dampfbad, wo er in voller Bekleidung landet und sich geistesgegenwärtig (als käme er vom »Totentanz« und der wettsüchtigen Witwe Hessenfeld) mit der Angabe: »Es gilt eine Wette!« aus der Affäre zieht. (A I, 113) Die Galoschen landen auf dem Polizeiamt und werden von dem Kopisten angezogen, der sich wünscht, Poet zu werden und erstmals den schönen Frühling um sich herum erfaßt. »›Der herrliche Duft!‹ sagte er. ›Wie erinnert er mich an die Veilchen bei Tante Lone!‹« (A I, 115) Mit »erdig duftenden Nizzaveilchen« (vgl. 430) wird im »Totentanz« Lauro, der dramatisch hochtrabende Redner beschenkt. Der Kopist, Verfasser von Originaltragödien in fünf Akten, wie er erstaunt feststellt, wünscht sich bald darauf die Verwandlung in eine Lerche, wird gefangen, an zwei Schulknaben verkauft und in einen Käfig gesetzt. Zwei andere Vögel dienen ihm zur Gesellschaft, ein Kanarienvogel und Josephus' Vorgänger, der Papagei, der Geburtstag hat und den einzigen Satz der Menschensprache, den er kann, beständig wiederholt. Daß er ihn tous-les-deux-haft wiederholt, darf man schon deshalb sagen, weil von Tous-les-deux eben im »Totentanz« berichtet wird, dann und wann nähere sie sich den an Lauros Bett Sitzenden, um ihren »tragischen Papageienspruch« zu wiederholen. (431)

Ihr Papageienspruch ist aber nur die letzte Schmuckfeder auf einem Motivgürtel, der sich schmal und poliert durch die Kapitel zieht, ohne daß man so recht den Sinn darin erkennen könnte, es wäre denn der einer späten Erinnerung an die Oper, mit deren Vogelfänger Hofrat Behrens von Settembrini verglichen wird (88), ein Vergleich, der Hans Castorp noch bis ins Traumleben beeindruckt. (129f.) Um zu erklären, was Thomas Mann im »Totentanz« Befremdliches anstellt, ist es nicht verkehrt, auch an *Die Zauberflöte* zu denken, alleine aber reicht es nicht aus.

Als »Paradiesvögel« kündigt Behrens die kranken Damen der Wintersaison an. (151) Frau Stöhr nennt Castorp einen »Grünschnabel«, als er sittenwidrig vom Tod des Herrenreiters spricht. (407) Behrens, bekannt als ein »famoses Huhn« (19), lobt ihn dafür, daß er sich der »Lungenpfeiferchen in ihren Käfigen« annehme; er habe da noch »allerlei Zeisige sitzen«. (425) Die überfüllte Frau Zimmermann, die Castorp als nächstes besucht, ist von fliegender Heiterkeit, lacht silberne Läufe, »unter Tirili und Trillern« (427), obwohl sie in Lebensgefahr schwebt, was Castorp zu dem Eindruck veranlaßt, sie perle und trillere nur aus dem »Unverstand ihres Vogelhirns«. (428) Behrens sagt der Verschiedenen dann nach, sie sei eine »Gans in Folio« gewesen. (428) Frau von Mallinckrodt trinkt zweimal aus der »Schnabeltasse« (436), Lauro hat eine »Adlernase« (430), Tous-les-Deux selbst hat jettschwarze Augen und wandert in schwarzem Tuch und schwarzem Schleier mit krummen Knien durchs Zimmer wie ein trauriger Rabe. (431)

Die Sterbenden und ihre Angehörigen werden offenbar nicht nur zu Blumen und Kindern, sondern auch zu Vögeln. Sie mögen einmal dem Vogelfänger auf den Leim gegangen sein, aber das ist kein hinreichend guter Grund für ihre vorletzte Metamorphose. Man muß sich der Geschicke der Galoschen und ihrer wechselnden Träger erinnern, um einen besseren zu finden. Wer zum Vogel wird, steht auf der vorletzten Station, im Märchen wie im »Totentanz«. Thomas Manns Frühwerk zeigt, wie präsent ihm dieser Stationengang ist. Nicht nur Herr Brecht, der Gehilfe des Todes in *Buddenbrooks*, hat einen Papageienschnabel und sieht »ganz ähnlich aus wie Josephus« (I, 513), schon *Der Kleiderschrank*, der die *Galoschen* noch namentlich zitiert, übernimmt die Kombination Galoschen – Vögel – Todesnähe. Der moribunde van der Qualen findet dort bei einer Vermieterin mit »Vogelgesicht« Quartier. (VIII, 156) Wer von Vögeln umgeben oder selbst einer ist, dem steht der letzte Verwandlungstag kurz bevor.

Nachdem sie einem Streit zwischen Papagei und Kanarienvogel gelauscht hat, entschlüpft die Lerche aus dem Fenster und fliegt in ihr früheres Zimmer. Dort läßt sie sich gedankenlos mit dem Papageienspruch: »Laßt uns nun Menschen sein!« nieder und wird wieder zum Kopisten. (A I, 120) Am nächsten Morgen leiht sich der benachbarte Theologiestudent die Galoschen und wünscht sich, die Schweiz zu sehen und Italien zu bereisen.

Diese Reise ist die letzte Station des *desengaño* (AS V, 263) und mündet, bei unerwartetem und auch wieder erwartbarem Tonwechsel, in eine Apotheose des Todes. Sie erst erklärt, was die *Galoschen* neben den *Roten Schuhen* und den Sterbemärchen im »Totentanz« zu suchen haben und warum sie davor im *Kleiderschrank* und in *Buddenbrooks* standen. Das letzte Kapitel, dessen Schopenhauer-Nähe evident ist, bringt die Erfüllung des letzten Wunsches:

> »hätte man nur keinen Körper! Könnte dieser ruhen und der Geist dagegen fliegen! Wohin ich auch komme, gibt es Entbehrungen, die das Herz bedrücken; etwas Besseres als das Augenblickliche will ich haben; ja, etwas Besseres, das Beste, aber wo und was ist es? Im Grunde weiß ich wohl, was ich will, ich will zu einem glücklichen Ziel, dem glücklichsten von allen!«
>
> Und sowie das Wort ausgesprochen war, befand er sich zu Hause.

> Die langen weißen Gardinen hingen vor den Fenstern herab, und mitten auf dem Fußboden stand der schwarze Sarg. Darin lag er in seinem stillen Todesschlaf, sein Wunsch war erfüllt, der Körper ruhte, der Geist reiste. Preise niemanden glücklich, bevor er in seinem Grab ist, waren die Worte Solons, hier wurden sie aufs neue bekräftigt. (A I, 124)

Das größte Leiden sieht die Welt oft nicht

Thomas Manns Totentanz endet wie der Karens auf dem Friedhof, dem Ort, dessen Genius der Engel des Schweigens ist. (446f.) Andersens *Galoschen*-Reigen endet dort nur deshalb nicht, weil die Fee der Sorge dem toten Theologiestudenten die Wunschgaloschen von den Füßen zieht und ihn dadurch noch einmal zum Leben erweckt. Davor teilt Andersen unvermittelt ein Gedicht mit, das der Student zwei Tage vor seinem letzten Wunsch zu Papier gebracht hat:

> Du starker Tod, dein Schweigen wecket Graun;
> Du hinterläßt als Spur nur Kirchhofsgräber.
> Soll nicht der Geist die Jakobsleiter schaun?
> Nur auferstehn als Todesgartengräser?
>
> Das größte Leiden sieht die Welt oft nicht!
> Du, der du einsam warst bis an dein Ende,
> Weit schwerer drückt das Herz so manche Pflicht,
> Als hier die Erde an des Sarges Wände! (A I, 124)

Es ist charakteristisch für Andersen, daß er diese Verse, die nachgetragene und eigentliche Begründung dafür, warum der Tod ersehnt wird, der dafür gar nicht vorbereiteten Figur des Studenten in die Feder diktiert. Jeder ist recht, um von dem Thema zu sprechen, von dem nun einmal gesprochen sein muß. Indem er den »Totentanz« unauffällig auf Andersens *Galoschen* abstimmt, spricht höchst mittelbar auch Thomas Mann von ihm, wenn nicht auch das schon zu viel gesagt ist. Er stellt es anheim, dem Märchen, aus dem er zitiert, bis zu dem dunkel herausbrechenden Schlußthema zu folgen. Es ist ein empfindliches und gefährliches Thema, das die direkte Berührung übelnimmt; ein Tintenfisch, dem man mit List begegnen muß, wenn man seine Seiten vor der

Sepia des Pathos schützen will. Von Nabokov wird diese List der Annäherung weit hinaus ins Geniale getrieben, wenn er in einem Kapitel des *Pnin* einen Arbeitstag seiner Hauptfigur schildert, dessen Geheimnis es ist, daß es sich um den Tag im Jahr handelt, der den Einsamen noch einsamer macht, um Pnins Geburtstag nämlich, der verstreicht, ohne daß er selbst es merkt und eine fremde Seele seiner gedenkt. So saugt die Handlung alles Sentimentale auf, und der einzige Seufzer, der auf der Oberfläche stehen bleibt, ist der des Erzählers über die Nachlässigkeit des Lesers.[24] Thomas Mann, der fintenärmer konstruiert, kommt solcher Dezenz im *Zauberberg* so nahe wie früher nie und später mit Ausnahme des *Joseph* nie wieder.

Im Gedicht *Weihnacht* tritt er dem Lebensthema, das in *Buddenbrooks* von Hanno und Thomas figural ausgefaltet wird, noch ohne ironischen Schutz entgegen: »O festlich Sternenzelt! / Du breitest dich ob meiner Einsamkeit« (VIII, 1107); etwas geschützter schon im *Bajazzo,* der »hin und wieder ein wenig müde vor Einsamkeit« ist (VIII, 123); schon literaturgeschützt im *Tonio Kröger* (»Was geht dich der König an, der weint, weil er einsam ist?«, VIII, 332); noch sentimental genug in der *Königlichen Hoheit*, die es »immer recht streng und einsam« hatte (II, 285); mit aller Schärfe dann wieder im *Faustus,* dessen innere Verwandtschaft mit dem Hochstaplerstoff beider Schöpfer im »*Einsamkeitsmotiv*, hier tragisch-mystisch, dort humoristisch-kriminell«, wiedererkennen konnte. (XI, 159f.)

Im *Zauberberg* sagt dem Leser keiner ins Gesicht, daß der Held an Einsamkeit leide. Man erfährt, daß Castorp sich innerlich ohne Erfolg nach einem Vater oder Vertrauten umtut. Man hört davon, daß vereinzelte Gäste am Abend des Weihnachtstags – wie der Geburtstag ein Einsamkeitspotenzierer – »weit voneinander entfernt, verschiedentlich aufgestützt, in getrenntem Schweigen« sitzen. (404) Aber Castorp zählt nicht zu ihnen, und der Leser könnte glauben, wenigstens in dieser Hinsicht stünde alles zum besten mit dem ewigen Sorgenkind. Es wird nur erwähnt, daß Castorp Tränen in die Augen bekommt, als er sich das Leb' wohl der Wandernden wiederholt, die ihm auf dem Weg ins Gebirge begegnen. (174) Wer nicht weiß, daß es aus Mahlers Einsamkeitslied stammt, wird sich nicht viel dabei denken können (wie auch Castorp selbst sich, in Unkenntnis des *Lied von der Erde*, dessen letzte Sätze 1907 noch nicht geschrieben waren, nur vage angerührt fühlen kann).[25] Wem die hundert Anspielungen auf Andersens einsame

Helden entgehen, die schwerer unter dieser Last zu tragen haben als selbst die Erde auf ihrem Sarg wöge, der wird leicht darüber hinweglesen, daß Hans Castorp dem Tod auch deshalb so viel Gleichmut entgegenbringt, weil er im schlimmsten Fall nur eine große Einsamkeit mit einer andern vertauscht. Des Todes Lockung und Verheißung ist, er möchte jene mit dem Ich vernichten.

Verblümt und doch klar

So eng das Inselchen, umflossen von Nebeln, auf dem sie zur Zeitgenossenschaft zusammenkamen, so eng rücken der Romancier und der Märchendichter einer näheren Betrachtung zusammen, unter der sich auch die Welt auflöst, die zwischen dem Märchen- und dem Romanwerk zu liegen scheint. Innerlich sind sich Thomas Mann und Andersen so ähnlich, daß dem Zufall der wenigen Wochen gemeinsamer Lebenszeit mit dem Prädikat höher nicht übertrieben geschmeichelt wäre; ein Zufall, der Thomas Manns Sinn für das, was er beschönigend »mathematische Klarheit« (XI, 144) nannte, noch viel stärker angesprochen haben muß als es unserem trockeneren eingehen kann.[26] Manns wie Andersens Werk ist Ausdruck eines fast kindlich rigorosen Zwangs zur Autobiographie; beider Werk ist metaphysikfreundlich, musikalisch, eng, aber geschlossen (dem »eng« hätte auch Thomas Mann nicht widersprochen, zumindest nicht im Tagebuch[27]); bei beiden werden todeserotische Grundmotive sowohl offenbart wie artifiziell verschleiert; beider Stil ist ironisch und suggestiv; die Wirkung groß, der Ruhm weltweit.

Mit dem Zwang oder der Neigung zur Autobiographie rechnet man beim Romanautor selbstverständlicher als bei einem Verfasser von Märchen. Dem Dichter der *Galoschen,* der auch etliche autobiographisch grundierte Romane geschrieben hat, war das Märchen aber das eigentliche Mittel der Konfession. Wieder in einem Märchen hat er sich zu seiner Camouflagetechnik[28] bekannt:

> Was der Mensch in Leid und Lust nicht sagen darf, singt der Vogel des Volksliedes, verblümt und doch klar [...] (A II, 371)

Das Volkslied ist sein Märchenwerk; in ihm kann er das verboten Erlebte, über das er eigentlich Schweigen zu bewahren hätte, musikalisch so umsetzen, daß es beiden Herren diente, dem Bedürfnis nach Offenbarung und dem nach Tarnung, Deckung und Begleitschutz.

Autobiographisch bekennend ist der Lebensüberdruß nach der Italienreise in den *Galoschen des Glücks*. Transponierte Autobiographie ist auch sein berühmtestes und der Thomas-Mann-Forschung geläufigstes Märchen.

Die Forschung kennt es, weil sie wie bei den *Galoschen* namentlich darauf gestoßen wurde. Adrian Leverkühn liebt es außerordentlich, vergleicht sich der Heldin und gibt in seiner Abschiedsrede an, einen Knaben mit ihr gezeugt zu haben.

Mit der kleinen Seejungfrau wird im *Doktor Faustus* aber nichts Neues und Werkfremdes an die Textoberfläche gespült. Alterskonfessionen wie der *Doktor Faustus* haben einen durch das Bewußtsein von der nahenden Totenstille so aufgepeitschten Ausdruckswillen und dabei so viel Lebensgut mitzuschleppen, daß viel von dem an diese Oberfläche dringt, was früher noch in der Tiefe versenkt gehalten wurde. Die tiefste Nacht verschluckt alles Distinkte; sich ihrem Sog zu widersetzen, wird bezeichnet, beim Namen genannt, am Schopfe gefaßt, was sich davor noch unbenannt zwischen den Zeilen tummeln konnte. Es ist typisch für Werke des Alters, wie frühere erotische Motive nackt als sexuelle hervortreten; typisch, wie ihnen nackt und knochig zur Allegorie gerät, was sich zuvor als Symbol umhüllt hielt. In vielen Alterswerken und so auch im *Faustus* werden Lebensmotive in einer Schärfe und Unverhülltheit sichtbar, wie sie sich davor höchstens noch in der Jugend präsentieren. Es ist der Fall auch der kleinen Seejungfrau.

V. DIE KLEINE SEEJUNGFRAU

Andersens Seejungfer hat wie alle Nixen einen Fischschwanz und einen Menschenoberleib. Als jüngste und schönste, stillste aber auch und nachdenklichste von sechs Schwestern, lebt sie tief unten im Reich des Meerkönigs.[1] Daß sie dort nicht bleiben will, unterscheidet sie von ihren Mitsirenen und führt dazu, daß es ihr besonders ergeht.

Ihre Sehnsucht nach den Menschen und der Oberwelt entdeckt die kleine Seejungfrau schon in der Kindheit. Früh hat es ihr die auf den Meeresgrund gesunkene Statue eines schönen Knaben angetan, und ungeduldiger noch als ihre Schwestern wartet sie auf den fünfzehnten Geburtstag, an dem sie zum erstenmal aus dem Meer auftauchen darf. Als der große Tag kommt, beobachtet sie einen Tanzball auf einem hellerleuchteten Schiff, das in aufziehendem Sturm vor ihren Augen zerbirst. Es gelingt ihr, den schönen Prinzen, der ihrer Marmorstatue gleicht, vorm Ertrinken zu bewahren. Der an den Strand Gerettete glaubt, sein Leben dem Mädchen zu verdanken, das er bei wiedererlangtem Bewußtsein als erstes sieht. Die kleine Seejungfrau kehrt in ihr Reich zurück, ist aber noch stiller als früher. Immer mehr sehnt sie sich nach dem Prinzen und den Menschen, von deren unsterblicher Seele sie erfährt, endlich beschließt sie, bei der Meerhexe ihren Fischschwanz loszuwerden und gegen Menschenbeine einzutauschen, obwohl jeder Schritt auf ihnen wie ein Messerstich schmerzt und die Hexe ihr zusätzlich die schöne Stimme abverlangt. Der Prinz nimmt die stumme Schöne auf, hängt aber der Liebe zu dem Mädchen nach, das er für seine Lebensretterin hält. Die kleine Seejungfrau kann ihn nicht berichtigen, weil die Meerhexe ihr die Zunge abgeschnitten hat. Nach einer Schiffsreise, die der Prinz zur unverbindlichen Besichtigung der Nachbarsprinzessin unternimmt, stellt diese sich als das irrig geliebte Mädchen heraus, es kommt zur Hochzeit, und die Seejungfrau wird vor die Wahl gestellt, den Prinzen umzubringen oder selbst zu sterben, wie der Hexenkontrakt es im Fall der Fehlvermählung vorsieht. Sie wählt das Selbstopfer, wird zu Schaum im Meer, bekommt aber nachträglich in Aussicht gestellt, sich nach dreihundert Jahren guter Dienste als Luftgeist eine ewige Seele zu verschaffen.

Tonio Kröger als Kontrafaktur. Die Reise nach Dänemark

Hans Rudolf Vaget deutet die frühen Erzählungen Thomas Manns als Kontrafakturen, aus denen sich das eher der Parodie zugeneigte mittlere und spätere Werk entwickle. *Tonio Kröger* ist eine Kontrafaktur, der er, nach Naphtas Terminologie, das Beiwort klassisch nicht verweigern dürfte.

In der *Seejungfrau* gibt es zwei korrespondierende Ballszenen, die erste am Anfang der Prinzen-Handlung, die zweite zum Finale. An der zweiten hat die Seejungfrau teil, leidend und ohne Hoffnung verliebt, die erste beobachtet sie sehnsüchtig. Die Symmetrie der Szenen fällt auch der Figur auf: »Die kleine Seejungfrau mußte daran denken, wie sie das erstemal aus dem Meer auftauchte und die gleiche Pracht und Freude sah; und sie wirbelte mit im Tanz [...].« (A I, 87)

Im *Tonio Kröger* gibt es zwei aufeinander bezogene Ballszenen, die erste im zweiten Kapitel, die zweite zum Finale. An der ersten nimmt Kröger teil, leidend und ohne Hoffnung verliebt, die zweite beobachtet er sehnsüchtig. Die Symmetrie der Szenen bleibt auch ihm nicht verborgen: »Eine schreckliche Erinnerung machte Tonio Kröger erröten. Man tanzte Quadrille.« (VIII, 334)

Seine Reise in den Norden, die im Aalsgarder Badehotel endet, kündigt Tonio Kröger in der Peripetie des fünften Kapitels an. Der Intellektuelle will heim zu den Quellen, zurück zu den stärksten und nachhaltigsten Eindrücken der Jugend. Die autobiographische Reise geht über die Heimatstadt hinaus weiter ins Nördliche, ins Land des Märchendichters. Die retrograde Bewegung hat so auch ihren literarischen Untersinn.

Kröger reist mit dem Schiff nach Dänemark:

Die Nacht fiel ein, und mit einem schwimmenden Silberglanz stieg schon der Mond empor, als Tonio Krögers Schiff die offene See ge-

> wann. Er stand am Bugspriet, in seinen Mantel gehüllt vor dem Winde, der mehr und mehr erstarkte, und blickte hinab in das dunkle Wandern und Treiben der starken, glatten Wellenleiber dort unten, die umeinander schwankten, sich klatschend begegneten, in unerwarteten Richtungen auseinanderschossen und plötzlich schaumig aufleuchteten ... (VIII, 318)

Eine Schiffsreise macht auch die Seejungfrau (insgesamt macht sie zwei, wie Tonio Kröger):

> In der mondhellen Nacht, als alle schliefen bis auf den Steuermann, der am Ruder stand, saß sie an der Reling des Schiffes und sah durch das klare Wasser hinunter. [...] Da kamen ihre Schwestern über das Wasser, schauten sie traurig an und rangen ihre weißen Hände. Sie winkte ihnen, lächelte und wollte erzählen, daß sie herrlich und in Freuden lebe; aber der Schiffsjunge näherte sich ihr, und die Schwestern tauchten unter, so daß er glaubte, das Weiße, was er gesehen, sei Schaum auf dem Meer gewesen. (A I, 86)

Wie die Seejungfrau ist Tonio Kröger in der Mondnacht auf dem Deck und schaut in die Tiefe. Die Wellen, die er sieht, werden anthropomorphisiert, wenn der Begriff auf Seejungfrauen angewendet werden darf. Es sind glatte Leiber, die sich begegnen, auseinanderschießen und als Schaum verschwinden. Vom Fischschwanz der kleinen Seejungfrau wird später Leverkühn sagen, daß er zum wohlgesteuerten »Dahinschießen« geschaffen sei. (VI, 458) Der Schaum, mit dem beide Passagen enden, ist ein Leitmotiv der *Seejungfrau*; mit Schaum tarnt sie sich, zu Schaum auf dem Wasser muß sie wie alle Meerbewohner werden. (A I, 75, 77) Daß es kein gewöhnlicher, sondern ein vielsagender Schaum in einer vielsagenden Naturbeschreibung ist, signalisiert Thomas Mann wieder durch die drei Pünktchen. In seiner Ausgabe der Märchen sind die »Schaum«-Passagen unterstrichen. (GA, 268f., 278)

Die nächste Meerbeschreibung zwei Seiten später schildert den Sturm, der in der *Seejungfrau* den Prinzen über Bord wirft und im *Tonio Kröger*-Finale uneigentlich als Tanzauflösung wiederholt wird, worauf gleich ihr erster Satz vorbereitet. Der Folgesatz läßt sowohl die Blitze aus dem Originalsturm (A I, 74) als auch schwach, das heißt zum Arm verstärkt, die ringenden Hände der Seeprinzessinnen anklingen:

> Das Meer tanzte. Nicht runde und gleichmäßige Wellen kamen in Ordnung daher, sondern weithin, in bleichem und flackerndem Licht, war die See zerrissen, [...] warf neben schaumerfüllten Klüften zackige und unwahrscheinliche Gebilde auf und schien mit der Kraft ungeheurer Arme in tollem Spiel den Gischt in alle Lüfte zu schleudern. (VIII, 321)

In Kopenhagen angekommen, hätte sich Tonio Kröger in Nyhavn die Andersen-Gedenktafel ansehen können. Statt dessen bleibt er lange vor »Thorwaldsens edlen und lieblichen Bildwerken« stehen. (VIII, 322) Der Bezug zu Andersen ist damit sowohl diskreter als auch spezifischer hergestellt. Der Bildhauer ist nicht nur ein in *Kinderschnack* und etlichen anderen Märchen verewigtes Vorbild des Dichters, er trägt auch die Verantwortung für das Schicksal der kleinen Seejungfrau. »Das war ein schöner Knabe, aus weißem, klarem Stein gehauen« (A I, 68 f.) – mit der auf den Meeresgrund gesunkenen Marmorstatue dieses Knaben, der »offenbar von Thorwaldsen ist, und an dem sie unerlaubt viel Geschmack findet« (VI, 457), fängt ihre Misere an; und nicht nur ihre. *Das Marmorbild* heißt die erste Oper, die Leverkühn orchestrieren darf.[2] An »Bildwerke aus edelster Zeit« erinnert auch Tadzio, der »vollkommen schöne« Knabe (vgl. VIII, 469) mit dem Haupt vom Schmelze »parischen Marmors« (VIII, 474), »herkommend aus den Tiefen von Himmel und Meer« (VIII, 478), an dem Gustav von Aschenbach so unerlaubt viel Geschmack findet.[3]

Tonio Kröger reist weiter nach Aalsgaard, wo er einige Strandtage verlebt. Er liebt das Meer, was er darf, ohne daß man ihn amphibischer Natur verdächtigen muß. Die Sirenen aber denkt man sich besser dazu, wenn er von ihm sagt: »es rief, lockte und grüßte«, es wäre denn eine ziemlich verrutschte Metapher. (VIII, 325) Man soll sich ja nicht vorstellen, das Meer zöge seinen Hut; das Meer ist belebt, es ist die Heimat der kleinen Seejungfrau, und in die wollen die grüßenden und rufenden Schwestern die Abtrünnige immer wieder zurücklocken. (A I, 84, 86, 88)

Der große Tag. Aschenbach, hochgestiegen

Die Tage vergehen, Kröger kann und will wie der Held des *Kleiderschranks* und später Castorp nicht mehr sagen, wie viele. »Dann aber kam einer, an welchem etwas geschah; es geschah, während die Sonne am Himmel stand und Menschen zugegen waren, und Tonio Kröger war nicht einmal so außerordentlich erstaunt darüber.« (VIII, 325) Nicht erstaunt worüber: daß es geschah, oder daß es geschah, während die Sonne am Himmel stand und Menschen zugegen waren? Wer aber sonst hätte am Himmel stehen sollen, und warum sollten die Menschen nicht zugegen sein? Den Quellentext zur linken, kann man der gewundenen Angabe zu etwas besserem Sinn verhelfen, wenn schon nicht zu mehr Eleganz:

> Die Sonne war gerade untergegangen, als sie den Kopf über das Wasser erhob; aber alle Wolken glänzten noch wie Rosen und Gold, und inmitten der blaßroten Luft strahlte der Abendstern so hell und schön; die Luft war mild und frisch und das Meer ganz ruhig. (A I, 72f.)

Das ist der fünfzehnte Geburtstag der kleinen Seejungfrau. An ihm geschieht es, während der Mond am Himmel steht und kein Mensch zugegen ist, daß sie zum ersten Mal aus dem Meer auftaucht und unter den Ballteilnehmern den im andern Bilde früh Geliebten erblickt.

»Gleich dieses Tages Anfang gestaltete sich festlich und entzückend.« (VIII, 326) Wie man es an Geburtstagen schätzt, beginnt der Tag von Krögers großem Ballfinale. Sein Zimmer liegt in einer »unirdischen Verklärung«, getaucht in einen »Rosenschein«, der Wände und Möbel »vergoldete«. Von Wolken »rot und golden« durchleuchtet ist der Himmel über dem Meer. (VIII, 326) Tonio Kröger geht schwimmen und erfährt, daß Festlichkeiten zu erwarten sind. Da sieht er – dem Meer zugewandt – Hans Hansen und Inge, das von Jugend auf geliebte Paar – teils »zu Boot« gekommene Ballgäste –, in neuer Inkarnation durch den Saal gehen. (VIII, 327)

Die Seejungfrau ist zur Oberfläche aufgetaucht und erkennt ein großes Schiff:

> Da war Musik und Gesang, und als der Abend dunkelte, wurden Hunderte von bunten Lichtern angezündet [...]. Die kleine Seejungfrau schwamm gerade zum Kajütenfenster, und jedesmal, wenn das Wasser sie emporhob, konnte sie durch die spiegelblanken Fensterscheiben hineinsehen, wo so viele geputzte Menschen standen. (A I, 73)

Der Abend ist dunkel, aber auf dem Schiff ist es so hell, »daß jedes kleine Tau zu erkennen war und erst recht die Menschen«. (A I, 73)

Ihre Lage ist also durch vier Oppositionen zu bestimmen. Sie beobachtet und bleibt selber unbemerkt; sie ist im Dunkeln, die andern sind im hell Erleuchteten. Sie ist außen, die andern, durch Glas von ihr getrennt, sind innen, sie ist unten, die andern sind oben. Der Anblick, der sich ihr in dieser Lage bietet: »Die Matrosen tanzten auf dem Deck«. (A I, 73)

Sowie das »glänzende Ballfest« eröffnet wird, tastet sich Tonio Kröger behutsam durch das Dunkel allein zur Glasveranda vor, die »leer und unerleuchtet« ist. Hier bleibt er und genießt es, »im Dunkeln stehen und ungesehen die belauschen zu dürfen, die im Lichte tanzten«, im »hell erstrahlten« Saal. (Vgl. VIII, 329f.) Die andern sind oben, er ist der »Zuschauer unter der Glastür«, »an dunkler Stelle«. (VIII, 332, 335) Man muß kein Magier sein und keinen Reisekameraden als Einflüsterer haben, um zu erraten, was er im Innern erblicken wird. Im Tanzball hinterm Glas steht Hans Hansen »in seinem Matrosenanzug«. (VIII, 331)

Es ist der große Tag der Liebeserkenntnis, eine Urszene offenbar; früh und ein für alle Mal eingeprägt. Nicht weniger märchenhaft als *Tonio Kröger* feiert ihn unter der mythologisierenden Oberfläche die Novelle, die halb im Wasser spielt. Aschenbachs erstes Interesse galt dem Knaben als Bildwerk. In der Peripetie des vierten Kapitels erkennt er, worauf es mit diesem Interesse hinaus wollte. Das Kapitel endet mit dem Liebesbekenntnis, mit dem auch Krögers Schlußbrief endet. (VIII, 338, 498) Ihm geht voraus, was in der *Seejungfrau* und im *Tonio Kröger* vorausging, in schöner Vollständigkeit sind die Motive wieder versammelt und bereit zur Abzählung: der hervorgehobene Tag – »so feurigfestlich« und »seltsam gehoben« (VIII, 496) –, das glänzende Rosen-Gold der Wolken, die Beobachtung des abendlichen Balls (der sich diesmal hübsch als Teekesselchen verkleidet hat), der aufkommende Sturm, die Matrosenkluft, die dunklen Augen des Geliebten, die Erinnerung an die Statue des Knaben. Alle haben sie sich wieder eingefunden:

»Ein Rosenstreuen begann da am Rande der Welt«, »kindliche Wolken, verklärt, durchleuchtet, schwebten [...] im rosigen, bläulichen Duft«, da »goldene Speere« den Himmel hinauf zucken (VIII, 495) – »Mehrmals, wenn hinter Venedig die Sonne sank, saß er auf einer Bank im Park, um Tadzio zuzuschauen, der sich [...] mit Ballspiel vergnügte« (VIII, 496) – »Stärkerer Wind erhob sich« (ebda.) – »Tadzio trug eine dunkelblaue Seemannsüberjacke mit goldenen Knöpfen und auf dem Kopf eine zugehörige Mütze« (VIII, 497f.) – »seine Augen dunkelten tief« – »seine Haut war marmorhaft gelblich geblieben wie zu Beginn« (ebda.).

Auch der Fortgang des verbleibenden fünften Kapitels ist im Fabelkern der alte. Die und »der Hochgestiegene« (VIII, 521) können den Angebeteten, den er und sie heimlich beobachtet haben und bis vor dessen Zimmertür sie gelangen, aber nicht weiter (VIII, 501 ff.), trotz Selbsterniedrigung nicht gewinnen und sterben im oder am Wasser. Kurz vor dem Tod scheint es Aschenbach, als ob der »im Meere, im Winde« wandelnde Tadzio »voranschwebe« (VIII, 525), auch das läßt sich als leiser Anklang verstehen und erlaubt die Hoffnung, auch Aschenbach werde zu den schwebenden Luftgeistern befördert.[4] Ins Wasser wird am Ende auch Adrian Leverkühn hineingehen wollen und es damit nicht nur Schumann und Hugo Wolf, sondern ein letztes Mal der kleinen Seejungfrau nachmachen. Zeitblom erklärt, hinter Adrians Selbstmordversuch stehe die mystische Rettungsidee, durch Dreingabe des Leibes die Seele doch noch freizuhauen. Nach diesem Gedanken habe Adrian, fügt er im nächsten Satz hinzu, »unter anderem« gehandelt. (VI, 673) Adrians verschwiegener Nebengedanke ist die Hoffnung, auf diese Art zu den Töchtern der Luft aufzusteigen (als »höhere Tochter« sieht er sich schon im siebten Kapitel, vgl. VI, 67). Nach der unerwünschten Rettung klagt er über die Kälte des Weihers. Es sei sehr schwer, sich in einem Wasser zu ertränken, in dem man oft gebadet und geschwommen habe. (VI, 673) Wem sagt er das, könnte die Vorgängerin ihm da seufzend beipflichten. Ihr fiel es nicht weniger schwer, und wenn sie auch dem todeskalten Wasser (A I, 89) durch Gnadenverwandlung wieder entrissen wird, so konnte sie doch anders als Leverkühn im Moment des Selbstmords nicht darauf zählen. Vielleicht aber zählt ja der Wille für die Tat, und der Sprung ins Wasser genügt, die Gnadenkräfte zu aktivieren.

Sturm, Schiffbruch, Rettung und Ausklang

Die kleine Seejungfrau beachtet vor allem den Prinzen »mit den großen, schwarzen Augen«. (A I, 73) Tonio Kröger entdeckt neben den wiedererstandenen Frühgeliebten auch die Nachkommin der ungeschickten Tanzpartnerin Magdalena Vermehren, sie sieht ihn »mit schwarzen, schwimmenden Augen an«. (VIII, 333) Die dänische Magdalena hat eine andere Funktion als der schwarzäugige Prinz, sie wird zur Figur, an der die Mitleidsethik sich bewähren kann, darin besteht die Variante Thomas Manns. Als Variante ist sie nur zu bemerken, wenn man sich die verblüffende Treue vergegenwärtigt, mit der er selbst da seiner Vorlage folgt, wo man nicht recht ahnt, wie es funktionieren soll.

Die Seejungfrau beobachtet noch die im Lichte Tanzenden, da zieht plötzlich ein Wetter auf, das Schiff kommt in »fliegende Fahrt«, es schaukelt und schlingert, der Mast bricht, Wasser dringt ein, endlich erkennt die kleine Seejungfrau, »daß sie in Gefahr waren«. Der Prinz versinkt ins tiefe Meer. (Vgl. A I, 73f.)

Thomas Mann überträgt diesen Schiffbruch auf seinen Touristenball. Tonio Kröger schaut immer noch dem Tanz zu:

> Auf einmal geriet das Ganze in eine tolle und ausgelassene Bewegung. Die Karrees hatten sich aufgelöst, und springend und gleitend stob alles umher; man beschloß die Quadrille mit einem Galopp. Die Paare flogen zum rasenden Eiltakt der Musik an Tonio Kröger vorüber, chassierend, hastend, einander überholend, mit kurzem atemlosem Gelächter. Eines kam daher, mitgerissen von der allgemeinen Jagd, kreisend und vorwärts sausend. Das Mädchen hatte ein blasses, feines Gesicht und magere, zu hohe Schultern

– das Mädchen mit den schwarzen Augen, das Prinzen-Pendant.

> Und plötzlich, dicht vor ihm, entstand ein Stolpern, Rutschen und Stürzen... Das blasse Mädchen fiel hin. Sie fiel so hart und heftig, daß es fast gefährlich aussah, und mit ihr der Kavalier. Dieser mußte sich so gröblich weh getan haben, daß er seiner Tänzerin ganz vergaß [...]; und das Mädchen, scheinbar ganz betäubt vom Falle, lag noch immer am Boden. (VIII, 335)

Auch in der gefährlichen Situation des *Seejungfrau*-Schiffbruchs vergißt einer den andern (A I, 74), der Prinz aber ist noch immer da unten und droht zu ertrinken. Die Seejungfrau zögert nicht länger: »Sie tauchte tief unter das Wasser und stieg wieder zwischen den Wogen empor«. So rettet sie den Gestürzten, der »kaum noch länger [...] schwimmen konnte«. (A I, 74)

Nicht-maritim bei Mann:

> Da trat Tonio Kröger vor, faßte sie sacht an den Armen und hob sie auf. Abgehetzt, verwirrt und unglücklich sah sie zu ihm empor, und plötzlich färbte ihr zartes Gesicht sich mit einer matten Röte. »Tak! O, mange Tak!« sagte sie und sah ihn von unten herauf mit dunklen, schwimmenden Augen an. (VIII, 335)

Die kleine Seejungfrau rettet den Prinzen, weil er ihr schon zuvor mit seinen großen, schwarzen Augen als der Schönste aufgefallen war und weil er es ihr als verlebendigte Knabenstatue angetan hat. Weniger schopenhauersches Mitleid und allgemeines Erbarmen bewegt sie als spezielle Verliebtheit. Anders Tonio Kröger. Die Schwarzäugige, der er hochhilft, ist nicht die Schönste, sondern unbeholfen und dem Reich der Blauäugigen, dem seine Sehnsucht gilt, so fern wie er selbst. Er hilft ihr, weil er die gleich ihm Ausgeschlossene erkennt und wird mit vielem Dank belohnt.

Die Seejungfrau rettet den Prinzen, ohne daß es auch nur bemerkt würde. Unbedankt stürzt sie sich am Ende ins Meer und kommt nur aufgrund nachgetragener theologischer Paragraphen, von denen in der Unterwelt nichts bekannt war, in den Genuß möglicher späterer Seligkeit. Es ergeht ihr schlimmer als Tonio Kröger, der sich im letzten Kapitel ganz wohlgemut gibt und die besseren Werke ankündigt, mit deren Niederschrift sein Autor nicht allzulang auf sich warten ließ. *Tonio Kröger* ist eine Neuauslegung, keine Paraphrase. Wäre sein Charakter als Kontrafaktur seit langem bekannt und studiert, wäre die philologisch reizvollere Frage die, wie Thomas Mann die Vorlage umdeutet, nicht die, was er von ihr hat. Da dieser Charakter in den neunzig Jahren seit der Veröffentlichung unentdeckt blieb, wird die Frage nach den Unterschieden ihren natürlichen Platz hinter der nach den Gemeinsamkeiten einzunehmen haben.

Tonio Kröger ist motivisch straff durchorganisiert, wie man zugestehen muß, auch wenn man ihn weit weniger hoch schätzt als Thomas Mann es bis ins Alter tat. Wiederholung und Variation sind die Formprinzipien, von denen sich die Novelle schon allzu streng bestimmen läßt. Auf den Ballabend läuft es spätestens vom zweiten Kapitel an zu, das Vorbild der *Seejungfrau* muß also zumindest in der letzten Umarbeitung von Anfang an bereitgelegen haben.

Die schwarzen Augen der Geretteten »schwimmen« erst, als es darauf ankommt. Die »großen, dunklen, blanken Augen« (VIII, 284) hat die Stürzende aber schon als Magdalena des zweiten Kapitels. Schon bei Knaak, der in Aalsgard wiederkehrt, stürzt die Schwarzäugige beim Tanz. Tonio Krögers Starren auf das noch von einer Jalousie verhängte Fenster in der Tanzpause nimmt seine spätere Position des ausgeschlossenen Voyeurs vorweg. Hans Hansen trägt schon im ersten Kapitel Marineanzug und Matrosenmütze (VIII, 272); in »Seehundsränzeln« klappern schon auf der ersten Seite märchenhafte »Siebensachen«. (VIII, 271) Selbst der bekannte, die Sonne weh-froh hinter Wolken versteckende erste Satz der Novelle kann ein entfernter Reflex des Naturtableaus sein, mit dem die Passionsgeschichte der kleinen Seejungfrau beginnt. (»Die Sonne war gerade untergegangen [...], aber alle Wolken glänzten noch wie Rosen und Gold«, A I, 72).

Der Schluß des Ballkapitels greift dann wieder wörtlich auf die Vorlage zurück. Tonio Kröger

> entkleidete sich, legte sich zur Ruhe, löschte das Licht. [...] Um ihn war es still und dunkel. Aber von unten tönte gedämpft und wiegend des Lebens süßer, trivialer Dreitakt zu ihm herauf. (VIII, 336)

Das ist bis in die syntaktische Abfolge nach dem Vorbild Andersens gearbeitet:

> Es wurde spät [...]. Die bunten Lichter wurden gelöscht, Raketen stiegen nicht mehr in die Höhe, es ertönten auch keine Kanonenschüsse mehr; aber tief unten im Meer summte und brummte es. (A I, 73)

Thomas Mann muß starke Gründe gehabt haben, sich so eng an die *Seejungfrau* zu schließen.

Hirschfelds Jahrbuch für sexuelle Zwischenstufen

1901 erschien an heute nicht mehr sehr verbreitet bekanntem Publikationsort, dem *Jahrbuch für sexuelle Zwischenstufen*, eine biographische Studie »H.C. Andersen. Beweis seiner Homosexualität«.[5] Die Reihe der *Jahrbücher für sexuelle Zwischenstufen / unter besonderer Berücksichtigung der Homosexualität*, ab 1899 von Dr. med. Magnus Hirschfeld im Namen eines wissenschaftlich-humanitären Komitees herausgegeben, hatte ein politisches Ziel, den Sturz des § 175, und ein einziges Thema, das vom Untertitel besonders berücksichtigte.[6] Jeder, den es dringender interessierte, war auf Havelock Ellis, Krafft-Ebing oder die sowohl reicheren als auch weniger doktrinären Aufklärungsschriften Hirschfelds angewiesen. Oscar Wilde war noch nicht lange verurteilt, der Paragraph, gegen den das Komitee anfocht, hatte bislang wissenschaftliche wie humanitäre Beschäftigung mit der Homosexualität erschwert oder unterdrückt.

Das thematische Interesse Thomas Manns an der Hirschfeld-Reihe läßt sich voraussetzen. Niemandem ist damit Neues mitgeteilt, oft genug wurde das biographische Faktum besprochen, und fast fürchtet man bei seiner Wiedernennung die Trivialität oder den Ruf des Tagebuchschreibers: »Olle Kamellen« (Tb, 31.10.1946) mehr als den Vorwurf des Biographismus. Was allem zum Grunde liegt, wird, einmal gehoben, schnell trivial, es kommt in dieser neuen Trivialität dem Bewußtsein dann aber auch wieder zu schnell abhanden. Wie man vom Fundament aus noch neue Zugänge ins Werk gewinnen kann, hat unlängst Karl Werner Böhm erwiesen.[7] Wenn man darauf verzichtet, die lebensentscheidende Tatsache einer exklusiv homoerotischen Anlage, wie Mann sie bei Platen benannte (IX, 274), als heuristisches Instrument zu nutzen, treibt man die Furcht vor beidem, dem Biographismus und der Trivialität, ins Überängstliche. Man brächte sich auch ganz unnötig um die Einsicht in spezifische ästhetische Kniffe; die Mittel der Penelope, die über Nacht wieder auftrennt, was sie tagsüber gewebt – Kunstmittel des enthüllenden Tarnens und beredten Verschweigens, in denen Thomas Mann nicht deshalb exzellierte, weil er wollte, daß man auf immer an ihnen vorbeisehe.

Sein potentielles Interesse an Hirschfelds Jahrbüchern vorausgesetzt, bleibt zu erwägen, ob er sie überhaupt kennen konnte oder ob sie einer ihm schwer zugänglichen Rand- oder Subliteratur zuzuordnen sind. Ihren späteren Beiträger, den Berliner Arzt und Sexualpathologen Albert Moll, bei dem sein Freund Grautoff in Behandlung war, kannte er schon 1896; ganz fremd kann ihm die Sphäre also nicht gewesen sein.[8] In seinem Werk tauchen die *Jahrbücher* nirgends auf, aber das hätte man auch nicht erwartet. Der Gegenstand bringt es mit sich, daß er nur indirekt erschlossen werden kann, den Flüchtigkeiten der physikalische Natur vergleichbar, die sich der Beobachtung entziehen, auch wenn man alle Indizien dafür hat, daß sie von ihr begangen worden sein müssen.

1920 schreibt Thomas Mann im Brief an Carl Maria Weber von »Dr. Hirschfelds gräßlichem ›Komitee‹«. (Br I, 180) Genauer kannte er ihn da seit dem Eulenburg-Prozeß im Jahr 1908, bei dem Hirschfeld, »der selbst homosexuell ist«, wie er seinem Bruder berichtet, in verquerer Dialektik als Gutachter auf der Seite Hardens stand. (Br Heinrich, 88) Eine auf 1904 zu datierende Skizze des 7. Notizbuchs schildert einen »Morgentraum von Katja«: »Als ich mich wieder nach ihr umsah, war statt ihrer G.[eorg] Hirschfeld an meiner Seite [...].« (Nb 7–14, 102 f.) Von jeder Traumdeutung abgesehen (sie will ins Auge springen, aber wir lassen sie nicht) – wenn Thomas Mann nur einen Hirschfeld kennt, nur Georg und nicht auch den gräßlichen Magnus, wird er dann zur Unterscheidung den abgekürzten Vornamen hinzufügen? Schwer zu sagen.

Etwas anderes ist sicher. Als *Simplicissimus*-Redakteur mußte er die Presse einigermaßen überblickt haben. Hirschfelds *Jahrbücher* wurden nun in eben dem Jahr seiner Redaktionszeit vielbeachtet eröffnet. Der dritte Band wurde am 5. Juli 1901 in der Beilage der *Münchener Allgemeinen Zeitung* rezensiert, im Dezember folgte eine Rezension in der *Gegenwart.* Den zweiten Band hatte Conrad persönlich im Januarheft der Münchner *Gesellschaft* lobend besprochen, die Thomas Mann schon deshalb regelmäßig las, weil er regelmäßig in ihr veröffentlichte.[9] Selbst aber wenn er in diesen Jahren aus einem mysteriösen Grund weder Zeitung noch Zeitschrift aufgeschlagen hätte, gab es einen mündlichen Informanten ganz in seiner Nähe. Kurt Martens, der damals noch gesiezte, aber schon leidlich eingeweihte Freund und Mitwisser, wird sich kaum ausgeschwiegen haben über die neue Reihe, deren Petition behufs Abänderung des § 175 er persönlich unterzeichnet hatte und in deren angehängter »Bibliographie der Homosexualität« sich sein *Roman aus der Décadence* der Leserschaft als »Vorzügliche Schilderung, namentlich der Knabenliebschaften« angezeigt fand.[10]

Das bedenke man, berücksichtige auch, daß es hohe Ehrenberg-Periode ist, und finde dann noch wahrscheinlich, daß Thomas Mann von den publizistischen Anstrengungen Hirschfelds rein gar nichts mitbekommen habe. Im viel wahrscheinlicheren andern Fall aber liegt der Gedanke nahe, es könnte ihm nicht abwegig erschienen sein, einmal in dem Buch zu blättern, dessen einziges Thema mit dem seines Lebens zusammenfiel.

Falls er darin blätterte, konnte er im Jahrbuch 1901 also eine ausführliche biographische Abhandlung über den Dichter finden, der mit ihm zwei Monate lang das Zeitliche geteilt und durch seine Märchen den tiefsten und nachhaltigsten Eindruck auf ihn gemacht hatte. Hätte er aber auch von H. C. Andersen noch nie ein Wort gehört oder gelesen, müßte er auf dieses Dokument so reagiert haben wie später Bauschan auf den Flintenknall: durch Stutzen, um nicht mehr zu sagen und die Kurrentmünze so zu meiden wie der Verfasser von *Herr und Hund*. Das ging ihn nicht nur an, da war auffällig viel von ihm die Rede.

Mit dem unbestimmten, durch vorerst nichts als ein sicheres Gefühl legitimierten Drang, weltberühmt zu werden, verläßt er ohne festen Plan die Heimat und zieht in die große Stadt, wo er viel durchzustehen hat, bis der Ruhm dann wirklich über die Welt wächst. (Jb III, 205) Noch zu unvermögenden Zeiten legt er großen Wert darauf, elegant und sorgsam gekleidet zu sein. (Ebda., 207) Seine Eitelkeit ist sprichwörtlich. (Ebda., 204. »Du weißt ja, wie kindisch eitel ich bin!«, schreibt Mann an Grautoff, Br Grautoff, 26). Was sie und das pedantisch geputzte Äußere verbergen, ist eine Sensitivität, die »wie eine blutige Wunde« klafft (ebda., 209) und damit zu tun hat, daß er nicht liebt wie die Männer sonst.

Die »erotische Neigung Andersens zum andern Geschlechte war gleich Null«. (Ebda., 209) »Aber – wird der skeptische Leser einwenden – Andersen hat ja, Biographien, Briefen und Ueberlieferungen zufolge, drei oder vier Mal leidenschaftliche Liebe für ein weibliches Wesen gehegt. Freilich scheint dies beim ersten Blick der Fall zu sein. Es steht nicht zu bezweifeln, dass des Dichters Herz wiederholt von einer tiefen Leidenschaft entflammt war, dass aber die geliebte Person weiblichen Geschlechtes war, kann dagegen nicht behauptet werden, denn niemand kennt den wahren Gegenstand der Liebesglut. [...] Zwar wurde alle Welt durch Verse und Prosa von der Existenz seiner Liebe hinlänglich in Kenntnis gesetzt. Aber selbst die leisesten Andeutungen der äusseren Umstände fehlen gänzlich. Ja, die angebetete Person wird überhaupt nur ausnahmsweise als ein weibliches Wesen bezeichnet. Gewöhnlich liebt der Dichter ›einen Menschen‹ – ›ein Wesen‹ – ›einen Betreffenden‹ – ›zwei braune Augen‹ und dergleichen. Durch unbestimmte Anspielungen und unpersönliche Aeusserungen lässt er den Leser erraten, wie er eine kurze Weile geliebt und vielleicht Gegenliebe gefunden. Und wie sonderbar, die Beziehungen entstehen stets, wenn der Dichter auf Reisen ausserhalb des Gesichtskreises der besorgten Freunde weilt. [...] Auch in den erotischen Gedichten Andersens begegnet uns diese schwebende, zweideutige Ausdrucksweise. [...] Während man zum Beispiel bei Heinrich Heine, dem von Andersen so sehr bewunderten und so wenig geschickt nachgeahmten Dichter, keinen Augenblick rücksichtlich des Geschlechtes der besungenen Person im Zweifel ist, können Andersens Liebesgedichte ebensowohl an einen Mann wie an ein Weib gerichtet erscheinen.« Kurz, »Andersen hat wie so viele andere Homosexuelle, um dem gehässigen Gerede der Welt vorzubeugen, einige kleine Liebesangelegenheiten erfinden müssen« – »mundus vult decipi, ergo decipiatur«. (Ebda., 213 ff.)

»Betrachten wir nunmehr den Freundschaftskultus Andersens, so finden wir diesen ebenso unverhüllt, wie seine angeblichen erotischen Beziehungen zur Frauenwelt zugeknöpft waren. Vor allem fällt es auf, dass Andersen – von rein litterarischen Verbindungen abgesehen – sich stets freundschaftlich an Jünglinge anschliesst. Doch die Freundschaftsgefühle Andersens haben einen ganz eigentümlichen Charakter. ›Ich habe‹ – sagt er irgendwo – ›meinen Freunden gegenüber eine Art Empfindsamkeit, welche mir oft viele Schmerzen verursacht.‹ – Er ist überschwänglich, grenzenlos sensitiv und ›im Ganzen genommen von weiblich zartem Gefühl‹«. (Ebda., 216f.) »Die schöne Männlichkeit wird überhaupt vom Dichter im Gegensatze zu seiner obengeschilderten konventionellen Beurteilung der femininen Schönheit mit gar tiefem Verständnis gefeiert. Das Ursprüngliche und Unmittelbare der diesbezüglichen Auslassungen deuten auf tiefere Motive. Sogar die Schönheit ganz gleichgiltiger junger Mannspersonen, von Droschkenkutschern, Fährleuten, Dienstmännern u. a., mit denen das Reiseleben ihn zufällig in Berührung bringt, bespricht er mit Wohlgefallen.« (Ebda., 218)

Der Leser der Mannschen Tagebücher kennt es gut, auch die Vorliebe für die »meerblauen Augen«[11] (ebda., 218): »Ja, an einer Stelle gesteht er, zwar halb scherzend, aber mit sichtlicher Aufrichtigkeit, dass die Schönheit eines Jünglings bei ihm Liebe hervorgerufen habe: ›Ich habe das Unglück gehabt, von einem grausamen Pfeile mitten ins Herz getroffen zu werden, und der jüngste der Portugiesen ist schuld daran. Ich bin sterblich verliebt in seine Augen und seine ganze Person!‹«

Ähnlich Platen, mit dem er in einer Fußnote verglichen wird, ließen sich bei Andersen schon früh »die unverstandenen Regungen eines unbefriedigten Sexuallebens nachweisen«. (Ebda., 227) Ein dänischer Schriftsteller M. K., wegen Sittlichkeitsverbrechen verhaftet, habe nicht wiederzugebende Angaben über sein Verhältnis zu Andersen gemacht, die er dann zu dementieren gezwungen worden sei. (Ebda., 225 f.) »Jede sinnliche Liebe drängt ja in letzter Instanz nach sinnlicher Befriedigung, und Andersen wird schwerlich auf jede Bethätigung seiner sexuellen Neigung verzichtet haben. Von noch lebenden älteren Homosexuellen sind mir Mitteilungen gemacht worden, welche das Gegenteil glaubwürdig erscheinen lassen«. (Ebda., 226f.)[12]

Es bleibe die Frage, ob A. »sein Leben hindurch vergebens nach dem wahren Liebesglück geschmachtet und nie bei einem heissersehnten Freund die Gegenliebe gefunden habe, die sein Herz so leidenschaftlich verlangte. Ich glaube, dass A. etliche Male eine kurze Weile einen Freund glücklich geliebt hat, und dass der wahre Zusammenhang seiner so überaus mysteriösen Liebesgeschichten hier zu finden sein dürfte.« (Ebda., 229) Andererseits klagt A. »noch in seinem 52. Lebensjahre [...] einer älteren Freundin: ›Oh Himmel, mein Blut ist so heiss, mein Gefühl so unbändig, Sie fassen es nicht, wie ich leide. Und doch wollte ich nicht entbehren, dies zu sein, so schmerzlich es auch sein mag!‹ Solche Bemerkungen lassen erraten, wie sehr A. gegen seine anormale Veranlagung gekämpft hat. Andere Aufzeichnungen bekunden seine Verzweiflung, keine gleichgestimmte Seele gefunden zu haben, keinen Naturgenossen, dem er sich recht anvertrauen konnte.« (Ebda., 228)

Andersens große erste Liebe war Eduard Collin.[13] »›Ich hatte noch nie einen Jugendfreund gehabt, und mit meiner ganzen Seele war ich ihm zugethan. – Das geradezu Mädchenhafte meiner Natur war ihm aber zuwider. Er war der Besonnene und Praktische, der Leitende und Bestimmende.‹ – Mit diesen Worten sucht Andersen als alter Mann das Verhältnis zu schildern. Eduard aber [...] gesteht, dass er seiner Natur nach nicht im Stande war, dem Andersen ein solcher Freund zu sein, wie dieser einen begehrte. Darin ist gerade die ganze verborgene Tragik dieser ungleichen Freundschaft enthalten. Das Verhältnis wurde, was es logischerweise werden muss, wenn ein Urning[14] und ein Normalmensch sich in Freundschaft aneinander schliessen. Ersterer in seinen Gefühlen viel zu überschwänglich, in seinen Forderungen viel zu anspruchsvoll, letzterer wohlwollend, aber überlegen, und weit weniger leidenschaftlich. [...] Das Gefühl Andersens für Eduard ist eine regelrechte erotische Neigung, eine überwältigende erste Liebe mit allen unverkennbaren Merkmalen der *grande passion*.« (Ebda., 220) Das alles denke man sich gelesen von dem zwischen Selbstabschaffungsplänen und Liebesglück auf der Höhe der Ehrenberg-Passion Schwankenden.

Wie Thomas Mann an Ehrenberg schreibt Andersen an Collin Verse, »die dieser jedoch nie zu Gesicht bekommt.« (Vgl. Nb 7–14, 44) Wie der Liebhaber Ehrenbergs leidet er unter allen Qualen der Eifersucht. »Eines Tages kam indes der unvermeidliche Konflikt, Eduard verlobte sich mit einem schönen jungen Mädchen. Andersen floh schleunigst nach Deutschland.« Zur Hochzeitsfeier schreibt er dem Freund »einen wahrhaft ergreifenden Brief, anstatt aller üblichen Glückwünsche lauter bittere Worte der Entsagung: ›Wie Moses stehe ich am Berge und blicke ins gelobte Land, wohin ich nie gelangen werde. [...] Mein Leben lang soll ich einsam bleiben [...]. Ich soll und muss ja allein bleiben!‹« (Ebda., 220) So zeichnet sich ihm die Zukunft ab, und es bleibt nur ein Medium, darüber zu klagen. »Als Dichter muss er das Gefühl in die Kostüme der legalisierten Liebe maskieren, als Mensch soll er schweigen.« (Ebda., 228)

Was er als Dichter schafft, nachdem sich der Geliebte verheiratet, wird sein berühmtestes Werk. Nach der Flucht vor Collins Hochzeit schreibt Andersen *Die kleine Seejungfrau*.

Thomas Mann hat sich, wie *Der kleine Herr Friedemann* zeigen wird, schon vor 1901 mehr als angelegentlich für Andersen interessiert. Dieses Interesse und die Art, wie es produktiv wurde, spricht fast dafür, daß er bei Hirschfeld nur bestätigt finden konnte, was er schon vermutet oder geahnt hatte. Auch ohne daß eine freimaurerisch besondere Beschaffenheit des Händedrucks (702) oder ein Jahrbuch für sexuelle Zwischenstufen nötig wäre, wird der eine Geheimnisträger den andern ja notfalls über die Zeiten hinweg herauskennen und ausspüren können.[15] Was bei Hirschfeld zu entdecken war, angenommen, es wurde entdeckt, übertraf die Ahnungen allerdings in einem Maß, daß der stupend Bestätigte mit Bauschan nicht nur das höhere Stutzen, sondern auch die Art des satzweise nach sich selber Umschauens geteilt haben muß; bei ihm wie bei Bauschan Ausdruck der Frage: »Was bin ich? Wer bin ich? Bin ich's?« (VIII, 614) Spätestens jetzt waren die diskreten Masken und Formen zu durchschauen, die Andersen gefunden hatte, um vor die Öffentlichkeit zu treten. Spätestens 1901 konnte es einem *Jahrbuch*-Leser aufgehen, daß in Andersens Märchen die Erfahrung des von der normalen Menschenwelt Ausgeschlossenen aufgesogen war, die er im Begriff stand, in eine »Novelle bitter-wehmütigen Charakters« (Br Heinrich, 13) einfließen zu lassen.

Tonio und Hansen

In seinem *Kommentar zu sämtlichen Erzählungen* schreibt Hans Rudolf Vaget, die kaum noch zu überblickende *Tonio Kröger*-Literatur befasse sich vorwiegend mit Bürger-Künstler-Fragen – »ausgetretene Schuhe«, wie Thomas Mann später selbst bemerkt (Br II, 202) –, die Feinstruktur dagegen sei noch nicht sehr eindringlich untersucht worden.[16] So wenig eindringlich nämlich, daß Vagets Kommentar und Forschungsreferat Hans Christian Andersen kein einziges Mal erwähnen kann.

Schon der Leoncavallos *Bajazzo* zugeordnete[17] Titelname läßt sich dabei ohne Schwierigkeit auch von Andersen herleiten. Dessen erster autobiographischer Roman *Der Improvisator* schildert seine Entwicklung zum Künstler in Italien. Der Held heißt leicht verschlüsselt Antonio. Der italienreisende Held in Thomas Manns erster Künstlerentwicklungsnovelle ist nach einem Bruder seiner Mutter getauft, der »Antonio« heißt. (VIII, 279)[18]

Tonios Geliebter[19] sollte noch 1899 »Tage« heißen. Zwischen 1901 und 1903 wird die Novelle in mehreren Schüben geschrieben, im Februar 1903 erscheint sie in der *Neuen Deutschen Rundschau*. Zur Jahresmitte 1902 überträgt Thomas Mann auf lose Blätter, was sich in den Notizbüchern 3 (1899) und 7 (1901/02) zu ihr fand. Tonios Geliebter heißt immer noch Tage. Am Schluß der Übertragungen taucht der Name der Endfassung zum ersten Mal auf. Tage heißt jetzt wie der Dichter der *kleinen Seejungfrau* Hans. Anders als sein Vorgänger Tage trägt er zu seinem Vornamen auch einen erstmals erscheinenden Nachnamen. »T. K. erzählt von einer öffentlichen Vorlesung. Wie er sich in Frack und Bart auf dem Podium im Spiegel erblickt u. fühlte, daß er im Grunde doch noch immer der kleine Tonio sei, der Hans Hansen liebte [...].« (Studien, 55) Der nachnamenlose Tage wird durch Hans Hansen ersetzt. Hans und Hansen treten von Anfang an als Paar auf, sowie der Vorhang sich öffnet, sieht man sie im Gleichklang umschlungen. Ob vor dem Auftritt der eine den andern am Arm zupfen mußte, um ihn zu sich herzubewegen, und wenn ja, wer wen, bleibt dem Betrachter verborgen.

Eines liegt offen vor, das Dokument: »H. C. Andersen. Beweis seiner Homosexualität«. Wer immer es 1901/02 durchblätterte, konnte unter dem Titel lesen:

von
Albert Hansen, Kopenhagen.[20]

Jungfrau in Männertracht. Das Schweigegebot

Andersens kleine Seejungfrau will zur Oberfläche steigen, um unter die Menschen zu kommen, nach denen sie sich aus ihrer Tiefe heraus schmerzlich sehnt. Man muß nur Tiefe und Oberfläche übertragen nehmen, dann hat man den Kern des *Tonio Kröger*. Übertragen war es aber schon im Märchen gemeint, und die allgemeine Schmerzlichkeit der Sehnsucht stand schon in ihm für die spezifisch begründete.

Die kleine Seejungfrau ist wie der einbeinig standhafte Zinnsoldat mit einem symbolischen Defekt ausgestattet. Der Defekt, der unnormale Unterleib, verbietet ihr die normale Menschenliebe. Sie kann aus dem Verborgenen Blicke auf den Geliebten werfen, sie kann selbst nächsten Umgang mit ihm pflegen, wenn sie ihre wahre Natur verbirgt, im besten Fall wird sie doch nur wieder geliebt, »wie man ein gutes, liebes Kind liebt«. (A I, 84) Als Schlafplatz bekommt sie nicht das Zimmer des Geliebten angewiesen, sondern nur den Platz vor seiner Tür, wenn auch auf einem Samtkissen. (A I, 84) Von außen ist ihr, mit einer Ausnahme, nichts anzumerken. Stumm, denn sprechen kann sie nicht darüber, leidet sie täglich unendliche Qualen. (A I, 87)

Die Ausnahme ist so unauffällig, daß man leicht darüber hinwegliest. Einen Satz nach der enttäuschenden Schlafplatzanweisung läßt der Prinz der Seejungfrau »eine Männertracht machen, damit sie ihn zu Pferde begleiten könne«. (A I, 84) Der gemeinsame Ausritt bleibt ein blindes Motiv, er hat keinerlei Folgen oder Funktionen. Doppelt überflüssig müßte also die Angabe über die Männerkleidung sein; als könnten Frauen nicht ebensogut in Röcken ausreiten. Genau um sie aber geht es, die Männerkleidung, unter der sich eine Frau oder ein Zwitter verbirgt.[21]

Mehr Winke sind nicht nötig, um dem Verständigen zu bedeuten, daß die Jungfer eine männliche Jungfer ist, wie Frau von Tolna im *Faustus* eine hat (VI, 520),[22] – qualvoll verliebt in den Freund, der echte Frauen vorzieht, in dieser Qual zu ewigem Schweigen verdammt. »Der Prinz fragte, wer sie sei und wie sie hierher gekommen wäre; und sie sah ihn mild und doch gar betrübt mit ihren dunkelblauen Augen an; sprechen konnte sie ja nicht.«

Thomas Manns Exemplar der Andersen-Märchen weist an dieser Stelle eine Markierung auf, eine Lektürespur, die aus aller bei ihm gewohnten Ordnung fällt. Mitten auf dem Blatt ist das »sprechen konnte sie ja nicht« mit dickem rotem Buntstift angekreuzt.[23] Das ungestüme rote Kreuzchen, ein Unikat, sicher viel früher angebracht als die grazilen Bleistiftunterstreichungen der *Faustus*-Zeit, gilt dem Schweigegebot. Der eine Stigmatisierte wird es beim andern ohne Mühe wiedererkennen; das Gebot, das sich noch dem »Weistu was so schweig« (VI, 296, 304) des Volksbuchs abhören ließ, mit dem die von Zeitblom mitgeteilten Papiere so vielsagend und verschweigen beginnen. Der Teufel als Zuhälter und eisiger Rupfer[24] weiß, schweigt aber nicht, er bricht das Gebot, daher ein Teil seiner Dämonie. Er bricht es gerade da, wo es um die »anstößige, diskrete, geheime Krankheit« geht, für die Thomas Mann die Syphilis setzt (VI, 310), wie er zuvor die Cholera dafür setzte, »dieses schlimme Geheimnis der Stadt, das mit seinem eigensten Geheimnis verschmolz« (VIII, 500f.), das Geheimnis, dessen

Preisgabe Aschenbach – »›Man soll schweigen!‹ flüsterte er heftig« (VIII, 515, 500) – unter allen Umständen verhindern will und dessen Bewahrung ihn das Leben kostet.[25]

Sein Nachfolger Leverkühn herrscht den das Gebot schmähenden Ludewig dreimal an, zu schweigen, das dritte Mal am schärfsten. Der Teufel ist auf das rot bekreuzte Märchen geraten:

> *Er:* »[...] Du kennst doch die kleine Seejungfrau von Andersen? Das wäre ein Schätzchen für dich! Es kostet dich ein Wort, und ich führe sie dir zu Bette.«
> *Ich:* »Wenn du schweigen könntest, läppisches Wesen!«
> *Er:* »[...] Immer willst du nur Schweigen haben. Ich bin doch nicht von der Familie Schweigestill. [...]« (VI, 308)[26]

»Sprechen konnte sie ja nicht«[27] – Andersens Übersetzung einer psychischen in eine physische Unfähigkeit wurde von Thomas Mann ganz richtig verstanden. Das analoge Verfahren der Geschlechtsaufdeckung konnte ihm ebenso wenig unbemerkt bleiben; schon deshalb nicht, weil er es selber anwendet.

In Frauenkleider kann er Kröger schlecht stecken, er erfindet oder erinnert eine Tanzstunde, um die Inversion zu benennen.[28] Ein Mißtritt bei der Quadrille genügt, um Herrn Knaak die Gelegenheit zur Sottise zu verschaffen, die er sich nicht entschlüpfen läßt: »En arrière, Fräulein Kröger, zurück, fi donc!« (VIII, 285) Fräulein Kröger und die Jungfrau in Männertracht – so leicht es sich überliest, so sauer ist das Los, das sie teilen und das ihre Erfinder dazu zwingt, das Eigentliche mit so großem Camouflage-Aufwand preiszugeben.

Verwandtschaften. Die Lebensspur

Es versteht sich von selbst, oder sollte es tun, daß man Andersens Märchen durch solche Entschlüsselung so wenig gerecht wird wie Entschlüsselung dem Kunstgebilde prinzipiell. Das hindert nicht, daß Andersen es gerade so meinte und Thomas Mann es, wie andere vor und nach ihm,[29] gerade so verstand und herauslas. Wer sich eine Figur zum Lebenssymbol wählt, die Abweichung und Überkompensation vereint, wird sich mit oder ohne Hansens Lesehilfe nicht im unklaren darüber gewesen sein, daß ihr Schöpfer sich schon in ihr und nicht nur im zum Schwan aufgestiegenen häßlichen Entlein symbolisch der Welt präsentierte. Wer die Symbolik der Stigmatisierung erkannte, sah auch die innere Verwandtschaft von Zinnsoldat und Seejungfrau, den beiden heroisch in den Tod stürzenden Liebenden (den beiden zum Normalsein ein oder zwei Beine fehlen). Diese Ähnlichkeit der Figuren macht überhaupt erst die Mehrfachbesetzungen möglich. Kay entkam Tante Zahnweh und folgte der Schneekönigin. Aschenbach ist »Soldat und Kriegsmann« und führt als solcher ein namentlich »standhaftes« Leben (VIII, 504), muß aber erkennen, daß dies nur die eine Hälfte seines Selbst ausfüllt: »[...] mögen wir auch Helden auf unsere Art und züchtige Kriegsleute sein, so sind wir wie Weiber, denn Leidenschaft ist unsere Erhebung, und unsere Sehnsucht muß Liebe bleiben [...].« (VIII, 522) Wie dieser zwittrige Held ist auch die Königliche Hoheit seejungfräulicher Zinnsoldat, dazu noch Schweinehirt und Kay, ohne daß es sich etwas nähme oder gar bisse.[30]

Die Ähnlichkeit kann andererseits auch zu Konkurrenz und Verdrängung führen. Im *Zauberberg* besetzt der Zinnsoldat den Platz der Seejungfrau, die nur einmal kurz zu einem Zusammentreffen mit dem Opfer ihrer *Faustus*-Rivalin einbestellt wird. Der *Faustus* schließt umgekehrt wieder an *Tonio Kröger* und das Seelensehnsuchtsmotiv der kleinen Seejungfrau an, die den agnostisch biereifrigen Zinnsoldaten verdrängt. Das trennt oder überlagert sich in jedem Fall und je nach Werkcharakter neu, aber vor konstantem Grund. Thomas Mann sah die Einheit unter den wechselnden Formen; Faltenwürfe eines Stoffs, Schattenbilder einer Hand.

Im Magus der Kindheit den Leidensgenossen zu entdecken, muß aufwühlend beglückend gewesen sein für ihn, und jedenfalls war es folgenreich. Die Spuren der Andersen-Lektüre überziehen sein Lebenswerk bis zum *Erwählten* und zum späten *Krull* so dicht, als wären die frenetischen roten Schuhe darübergetanzt.[31] Nach draußen aber ganz selten ein Wort, und dann nur allgemeinste. Werkexterne Kargheit und werkinterne Dichte passen deshalb zusammen, weil das Schweigegebot wirkt. Wirkte es nicht, erschöpfte sich bald auch sein durch das Verbot erst mächtig gewordener Antagonist, der Bekenntniszwang der Literatur. Dieser Zwang ist ein Teil des Zaubers, der Andersens Märchen an die Thomas Manns heftet wie er jene Schuhe an die Sünderfüße der armen Karen heftete. Als Zwang dient er doch der Erlösung: mit dem

Dichter der *Seejungfrau* war endlich über das zu reden, worüber man schweigen mußte, und das zu offenbaren, was es verhüllt zu halten galt.

Verhüllt werden mußte dieses Eigentliche aber nicht nur aus dem Grund, aus dem Klaus Heinrich seine Hand bedeckt hält, nicht nur aus der Scheu des Stigmatisierten. Verhüllt wird auch Altargerät; verhüllt wird auch aus religiöser Schamhaftigkeit. Wie zu Beginn der *Seejungfrau* die Kirche als Maß der Meerestiefe dient – »Viele Kirchtürme müßten aufeinandergestellt werden, um vom Grund bis über das Wasser zu reichen« (A I, 67) –, war für Thomas Mann die Fähigkeit zur Sakralisierung das Maß der Tiefe und Würde des Leids. Hirschfelds Aktivismus wollte dem Leiden durch Fällung eines Paragraphen beikommen und ihm die metaphysische Tiefe nehmen, das konnte der junge Mann nur gräßlich finden. Bei Andersen fand er sein Eigentliches besser behandelt.

Den Prinzen und die unsterbliche Seele

Der Stoff der Seejungfrau geht auf Paracelsus zurück. Dessen vier Elementargeister gleichen in allem Menschen, haben aber keine Seele, um deren willen sie die Verbindung mit Sterblichen anstreben. Ursprünglich ist diese Verbindung nicht erotisch, sondern religiös motiviert. In Fouqués *Undine* kommt schwach die Liebe dazu.[32] Stoffgeschichtlich gesehen besteht Andersens Geniegriff darin, aus dem schwachen Motiv das Hauptmotiv der unerwiderten Liebe zu machen, die immer noch sakralisiert wird durch die alte unsterbliche Seele.

Als es die kleine Seejungfrau nicht mehr aushält, schwimmt sie zur Hexe, die über ihren Wunsch schon Bescheid weiß:

> »[...] Du willst gern deinen Fischschwanz los sein und statt dessen zwei Stümpfe wie die Menschen zum Gehen haben, damit sich der junge Prinz in dich verlieben kann und du ihn und eine unsterbliche Seele bekommst!« (A I, 80)

Will sie mehr den Prinzen oder mehr die Seele? Es ist nicht so unähnlich der Gefühlslage des Holländers, wie Thomas Mann sie in *Leiden und Größe Richard Wagners* auseinandersetzt:

> Der Verdammte liebt dieses Mädchen auf den ersten Blick, aber er sagt sich, daß seine Liebe eigentlich nicht ihr gilt, sondern dem Heil, der Erlösung. Sie nun aber wieder steht ihm als die Verkörperung der Heilsmöglichkeit gegenüber, so daß er zwischen der Sehnsucht nach geistlicher Rettung und der Sehnsucht nach ihr nicht zu unterscheiden vermag und nicht unterscheiden will. Denn seine Hoffnung hat ihre Gestalt angenommen, und er kann nicht mehr wollen, daß sie eine andere habe, das heißt, er liebt in der Erlösung dies Mädchen. (IX, 369)

Von der Möglichkeit, eine unsterbliche Seele zu bekommen, erfährt die kleine Seejungfrau überhaupt erst durch ihre Frage, ob die Menschen denn nicht stürben. (A I, 77) Ihr Interesse an den menschlichen Angelegenheiten aber, früh geweckt durch die Marmorstatue des Knaben, ist erst durch den Prinzen dringlich geworden. Erst nachdem sie den Bewußtlosen geküßt hat, beginnt sie, die Menschen zu lieben. Sobald sie dann von der unsterblichen Seele weiß, die nur durch Trauung und Liebesgewinn zu erringen sei, erhält ihr Interesse am Prinzen eine neue Färbung. Jetzt liebt sie in ihm die Möglichkeit, der unsterblichen Seele teilhaftig zu werden, ihre Hoffnung hat seine Gestalt angenommen. Er ist ihr aber nicht nur Instrument und Mittel zum Heil, sonst würde sie ihn nach seiner Hochzeitsnacht mit der fremden Braut töten, wie die Schwestern es von ihr verlangen. Auf die unsterbliche Seele müßte sie da keine Rücksicht mehr nehmen, der ist sie durch seine Fehlheirat soeben verlustig gegangen. Aber obwohl sie unbelohnt alles für den Prinzen gegeben hat, obwohl sie hört, daß er noch im Traum den Namen der anderen murmelt, und obwohl der Mord ihre einzige Rettung davor wäre, in den nächsten Minuten für immer zu Schaum zu vergehen, wirft sie das Messer in die Wellen und stürzt sich ins Meer hinab – es muß Liebe sein. Andersen lohnt ihr diese selbstlose Liebe, indem er sie den Töchtern der Luft zuführt, die sich die unsterbliche Seele doch noch erwerben können. Die kleine Seejungfrau kann nicht wie später Leverkühn auf diese Notlösung spekuliert haben, sie weiß nichts von Gnade und nichts von den Töchtern der Luft. Bei ihrer letzten Tat kann man ganz sicher sein, daß sie nicht heilsinstrumentellen Charakter hat.[33] Es ist so, wie die Hexe sagt, die kleine Seejungfrau will den Prinzen und eine unsterbliche Seele, beides ist Hauptsache und fällt zusammen in einen Wunsch, für den sie die Messerschmerzen in Kauf nimmt.

Was bedeutet das? Es bedeutet nichts anderes als die Sakralisierung der Liebe, die Apotheose der Liebe als heiliges Opfer. Wie leicht zu erkennen, ist es das Lebensthema Thomas Manns.

Der kleine Herr Friedemann. Seejungfrau Mut

Es wird also nicht überraschen, daß er sich auch auf dem Gipfel seiner Kunst an die keusche, fatal erweckte Jungfrau erinnert. Schon in der Geschichte, mit der alle Passionsgeschichten begannen, erinnert er sich ja an sie, der frühen Erzählung, auf die Thomas Mann im *Joseph* diskret versonnen zurückblickt, als er Anfang, Mitte und vermeintliches Ende eines Lebenswerks in seiner thematischen Geschlossenheit rekapituliert. (V, 1085 f.) Am Anfang war der kleine Herr Friedemann, mit Friedemann war die Idee der Heimsuchung zum ersten Mal in präsentabler Verkleidung ausgegangen. Herr Friedemann, jüngeres, stilles Geschwister von älteren Schwestern, mußte wegen seiner Deformation auf die Liebe verzichten, liebte statt dessen die Sehnsucht (VIII, 81), fiel der ihn Verschmähenden anheim, sowie er sie erblickte, wurde in ihrer Nähe mit besagtem »schönen Sammetkissen« (VIII, 100) abgespeist und endete erniedrigt im Wasserfreitod.

Der kleine Mann und die kleine Frau, *Der kleine Herr Friedemann* und *Die kleine Seejungfrau* zeigen einige Familienähnlichkeit, wenn man sie so nebeneinanderstellt.[34] *Tonio Kröger*, wie man bei dieser Gelegenheit bemerken wird, ist selbst schon Spätling und wiederholt nur gründlicher, was schon der Erzählung des ersten Durchbruchs als Teilvorlage diente. Kröger folgte Herrn Friedemann, ihm folgt Aschenbach. Dem folgt die Frau, die Thomas Mann auf die Höhe seiner Kunst führte.

Mut-em-enet, Potiphars jungfräuliches, schlimm erwecktes Weib mit den »kindlich-rührenden« (vgl. V, 1159) Schultern der Andersenschen Schrankbewohnerin, leidet wie die kleine Seejungfrau alle Qualen um den unerreichbaren Geliebten. Wie sie muß Mut »Schmerzensschnitte« dulden, wie im Märchen opfert sie ihre Zunge – »schneidend wehe« tut ihr das Sprechen danach (V, 1164) –, die Zunge, die der Seejungfrau (und später Dûdu) abgeschnitten wird, als sie sich wie nach ihr Mut nicht anders als durch Hexenbeistand helfen zu können glaubt. Muts Tabubu und die Meerhexe, das sind die gleichen routinierten Vetteln,[35] und es sind die gleichen schmutzigen Dienstleistungen, die sich die Verzweifelten von ihnen erhoffen. Die Jungfrauen wollen die Liebe des Spröden mit magischer Hilfe doch noch gewinnen, darum ringen sie die inneren Widerstände nieder und gehen zur Hexe.

Es ist beidesmal keine wahre Hilfe, bei Andersen nicht, weil der Prinz die echten Frauen vorzieht, bei Thomas Mann nicht, weil Joseph sieben Gründe hat, die ihn daran hindern, als »zarte Jungfrau« dem »bärtigen Mann« und »Liebesherrn« (vgl. V, 1168, 1202) zu Willen zu sein (der als phallische Androgyne »Muth« alias »Pechet-Muth-Isis-Neith« schon in Hirschfelds Jahrbuch abgebildet und zu entdecken war).[36] Aus Josephs Sicht ist er die männliche Jungfer und Mut der werbende Mann, von Mut aus gesehen ist sie die sehnsüchtig leidende Seejungfrau und er der begehrte, verwehrte Prinz. Würde er ihrem süßen Billet Folge leisten, wäre es ein homosexueller Akt. Der darf zwar aus Heils- und Vatergründen nicht sein, reizt ihn aber im letzten Moment nicht wenig, deshalb verläßt er das Dämmergemach als vom Fleische düpierter Esel, dessen Stärke Mut in den Paroxysmus treibt. (V, 1259)[37] Die arme Mut aber – selbst wenn sie mit Hexenhilfe alle sieben Gründe gebrochen hätte, das Kostbarste wäre ihr gleichwohl versagt geblieben. Ihr Handel gilt nur dem Beieinanderliegen, nicht der Seele, das ist ihr tiefster Jammer und ihr grausamster Tort, zugunsten des warmen Leichnams hat sie »auf des Geliebten Seele verzichtet«. (V, 1227) Ob Josephs Seele das Beiwort unsterblich rite verdient oder nicht, profan erlösend und heiligend war sie zu allen Zeiten und wäre es auch für Mut gewesen, die sie darum so sehr begehrt; nicht anders als die Seejungfrau, die aber genau auf sie nicht verzichtet hatte, ihr Sehnsuchtsziel – »Er gäbe dir Seele und behielte doch seine eigene« (GA, 265, unterstrichen) – zwar nicht erreicht, jedoch von keiner dämonischen Macht so weit zu erniedrigen war, von ihm als leiblich-sakralem Ideal notkompromißlerisch abzuweichen. Muts Tragik, die gesteigerte Passion der Seejungfrau ist es, um der Liebe willen selbst dies Schlimmste, selbst die Desakralisierung der Liebe hinzunehmen. Gerade in ihrer aussichtslosen Seelensehnsucht gewinnt diese Liebe allerdings eine paradoxe negative Sakralität und Würde, die noch im *Doktor Faustus* der Freund des Helden dessen Geliebter nicht absprechen kann und um die Leverkühn selbst sich mit größerer Strenge, wenn auch fraglicherem Erfolg bemüht.

»Mein Gott ... Mein Gott ...«

Ob kraft der Negation oder positiv, sakralisiert und tragisch wie auf dem Gipfel geht es schon am Anfang aus und endet es ganz am Schluß. Der kleine Friedemann erlebt die Liebesleidenschaft wie Thomas Manns letzte Figur Rosalie von Tümmler (maritim bis in den Namen) als tödliche Überwältigung. Beidesmal ist es die Liebe nicht nur als Selbstverlust, sondern als heiliges Opfer. »Mein Gott ... Mein Gott ...« sind Friedemanns letzte Worte an Gerda von Rinnlingen. (VIII, 104) Durch »Gott weiß welchen Reizvorgang« metastasieren ein halbes Jahrhundert später die Eierstockzellen der mit ihrem Schicksal versöhnt sterbenden Betrogenen. (VIII, 949)

Das gibt sich ganz umsonst den Anschein des redensartlich Dahingesagten. Nicht Redensartlichkeit lenkt den Erzähler in *Mario und der Zauberer*, seine Spekulationen über Cipolla mit einem »mochte der Teufel wissen« –, die über den Erlösungsbringer Mario aber mit einem »Gott weiß [...]« zu beschließen. (VIII, 690, 704) Gerade so kann Thomas Mann, der im Brief an den Bonner Dekan ausgedrückt hat, wie schwer er den obersten Namen über die Lippen oder gar aus der Feder bringe, das Sakrale dezent markieren. (XII, 792) Es ist ein Zeichen dieser dezenten Regie und kein Zufall, daß Felix Krull seine große Rede über die Liebe, durch die allein das Vereinzelungsprinzip überwunden werde, in einem Kreuzgang hält. (VII, 636f.) Genauso wenig zufällig vergleicht Proust in *Combray* das Schluchzen, das der Erzähler vorm Vater noch unterdrückt und das erst ausbricht, als er die unverhofft über Nacht bei ihm bleibende Mutter für sich alleine hat, mit von fern her läutenden, am Tag übertönten und erst in der Stille des Abends, seines Lebensabends, wieder ans Gehör dringenden *cloches de couvents*, Klosterglocken.[38]

Die Sakralisierung der Liebe als Opfer ist das Lebensthema Thomas Manns, das Integral seines Werks, dessen kürzestmögliche Überschrift. Wie ungenau sie übrigens mit der Lehre Schopenhauers übereinstimmt, auf die man es seit langem und mit Erfolg einzuschwören sucht, kann bei Gelegenheit einmal in einem grundsätzlichen Wort gesagt werden.

Etwas fehlt dem Lebensthema allerdings mit dieser Überschrift, und der bestimmte Artikel sollte nicht Exklusivität bedeuten. Es fehlt der Liebe die Lust der Verführung und des Verführtwerdens; es fehlt der

Kunst die Beschäftigung mit sich selbst, wie sie nach dem *Tonio Kröger* und der Venedig-Novelle *Lotte in Weimar* und vor allem *Doktor Faustus* auch wieder ganz offen betreiben.

Ole Luköie und *Tante Zahnweh* haben gezeigt, daß es möglich ist, auch dies letzte Thema zu berühren, ohne aus dem Märchenkreis zu treten. Bei Karens Tanz der roten Schuhe blieb es noch die Frage, worin genau der Zusammenhang mit der Kunst bestehen könne. Ganz offensichtlich aber sind Adrian Leverkühn und Andersens kleine Seejungfrau ein Fleisch, sonst wäre sie ihm nicht in verbotener Intimität »Schwester und süße Braut«. (VI, 663) Mit Kunst muß auch diese Vermählung zu tun haben, sonst wäre sie verfehlt.

Leverkühns Tiefseefahrt. Seelenchiasmus

Im fünfundzwanzigsten Kapitel schließt oder besiegelt Leverkühn den Pakt, der seiner Kunst zum Durchbruch und seiner Seele zur Verdammnis gereichen soll. Zwei Kapitel später unternimmt er eine Tiefseetauchfahrt, die in der Forschung fast ausschließlich auf die Höllenfahrtstradition des Volksbuchs bezogen wurde.[39]

Was es den Tauchern zufolge dort unten alles für seltsame Fische gäbe, muß sich die insgeheim darüber lächelnde Seejungfrau auf ihrer Schiffsreise vom Prinzen erzählen lassen. (A I, 86) Die Plastizität, mit der Andersen das Leben im Meer beschreibt, hat den Vorwortverfasser der Märchen-Ausgabe bei Insel zu der These geführt, Andersen selbst sei so ein Taucher gewesen:

> Andre Dichter haben eine mächtige Phantasie gehabt, die ihnen große Bilder aufgetan hat, aber keiner hat innerhalb der Welt des Märchens eine so farbig malende Phantasie gehabt wie er, es ist, als müsse er selbst alles gesehen haben, was er schildert [...]; er muß die kleine Meerjungfrau durch den Garten der Meerhexe begleitet haben, wo die Bäume und die Büsche Polypen sind, halb Tier, halb Pflanze, mit langen schleimigen Armen wie Zweige und mit Fingern wie geschmeidige Würmer – er muß dort gewesen sein, wie sollte er es sonst wohl gesehen haben? (Insel I, VII)

Wie sollte er? Das ist die Frage, auf der auch Adrian herumspielt, wenn er dem konsternierten Freund so plastisch von seiner Tiefseefahrt berichtet. Er tut dies

> nämlich im Stil eigener Anschauung und persönlichen Dabeigewesenseins. Selbstverständlich hatte er von diesen Dingen nur gelesen, hatte sich Bücher darüber verschafft und seine Phantasie damit gespeist; aber sei es nun, weil er so sehr bei der Sache gewesen war, sich dieser Bilder so klar bemächtigt hatte, oder aus was für einer Laune immer: er fingierte, daß er selber hinabgefahren sei [...] (VI, 354)

Die Laune mag die des alten Faustbuchs sein, der er folgt und derentwegen er seinen Capercailzie mitnimmt;[40] das Ziel seiner Fahrt aber ist das Reich der Meerhexe und der Seejungfrau, Adrian weiß es so gut wie der angeblich selbst herabgefahrene Andersen. Was er da unten in der »jungfräulichen« Nacht (vgl. VI, 356) sieht – ein schwer zu beschreibendes Blauschwarz, »am ehesten vergleichbar der Düsternis am Horizont eines klaren Föhnhimmels« (VI, 356) –, hatte Andersen ganz ähnlich gesehen: »Über dem Ganzen da unten lag ein wunderlich blauer Schimmer; man hätte eher glauben sollen, daß man hoch oben in der Luft stünde und nur den Himmel über und unter sich habe, als daß man auf dem Grund des Meeres sei.« (Insel I, 133) Adrian macht in der Tiefe die Bekanntschaft teils grausiger, teils lächerlicher Exzentritäten, darunter auch Polypen und andere »fangarmige Ungeheuer aus Schleim«. (Vgl. 357) Offenkundig befindet er sich im grusligen Wald der Meerhexe (an den noch der kranke danteske Wald im Wasserfallabschnitt des *Zauberbergs* erinnert).[41]

> »Sollten die Polypen nach dir greifen, wenn du durch meinen Wald gehst«, sagte die Hexe, »so besprenge sie nur mit einem einzigen Tropfen von diesem Trank, dann zerspringen ihre Arme und Finger in tausend Stücke!« (Insel I, 149)

Andersens Schilderung dieses »scheußlichen Bereichs der Meerhexe hinter den reißenden Strudeln, im Polypenwald, wohin das sehnsüchtige Kind sich getraut«, wird Adrian später Zeitblom gegenüber ausdrücklich loben. (VI, 457) Aber kein Wort darüber, daß er selber dort war und alles persönlich gesehen hat, die schleimigen Polypen sowie einen »Nix«, der nach seiner Auskunft »bei nur leisem Zusammenstoß mit der Gondel in tausend Stücke zersprungen sei...« (VI, 358) Wieder wären die drei Punkte nicht nötig gewesen, die männliche Seejungfer allein hätte es verraten, daß die Unterwelt eine märchenhafte Landschaft ist und Leverkühns Abstieg zur Meerhexe märchen- und nicht volksbuchhaft konterkariert, was zwei Kapitel zuvor in Palestrina beschlossen wurde.

Denn Adrians Tiefseefahrt bestätigt nicht den Teufelspakt, sie unterläuft ihn. Faustus gibt um seiner Kunst willen die Seele daran. Die Seejungfrau hat gar keine Seele, begehrt aber eine, deshalb ihr Pakt mit der Hexe. Der eine Pakt läuft dem andern zuwider, Ausgang und Ziel stehen genau über Kreuz. Faust als Künstler, das ist die Linie von schon trivialer Symbolik. Der Künstler als Seejungfrau ist die andere, nicht weniger symbolstarke. Der Ästhetizismus ist seelenlos, der Künstler an sich amoralisch. Mit diesem Zustand kann sich der Ethiker im Künstler genausowenig abfinden wie die Seejungfrau mit ihrem. Wie ihr das höhere beseelte Reich schwebt ihm als opponierendes Ideal das Gute vor, das seinerseits schwebt zwischen moralischer und ästhetischer Sphäre (X, 392), das »Du mit der Menschheit« (VI, 430), nach dem es auf ihre persönliche Weise auch die arme Seejungfrau verlangt. Ihr Weg zur überraschend doch noch in Aussicht gerückten Erlösung und Unsterblichkeit sind die »guten Werke«, die sie dreihundert Jahre lang als Tochter der Luft zu vollbringen hat. (Vgl. A I, 89) Es genügt, die guten Werke – und die Unsterblichkeit – literarisch zu nehmen, dann ist man wieder bei Thomas Mann. »Ich werde Besseres machen«, kündigt Tonio Kröger in seinem Schlußbrief an, während das Meer zu ihm heraufrauscht (»herauf«, als sei er in seinem »Schweben über Raum und Zeit« schon Sohn der Luft, VIII, 325, 338).[42] Die besseren und vielleicht guten Werke, durch die er ein Gestaltengewimmel »erlösen« will (vgl. VIII, 338), müssen eines späten Tags dazu herhalten, die eigene, schon verspielte Erlösung vielleicht doch noch zu gewinnen. Dem Nachfolger Krögers, der sich durch Spekulation schon alles verdorben hat, bleibt in der Scheiderede nichts als die Hoffnung, die in Schlechtigkeit geschaffenen Werke möchten »gut sein aus Gnade«. (VI, 666) Die Anrechnung von guten Sünderwerken durch Gnade ist eine theologische Neukonstruktion – eine Künstlerherzenssache, wie es scheint –, in deren Genuß die kleine Seejungfrau lange vor Leverkühn kam. Die metakonfessionelle Synthese[43] in dessen Schlußrede ist dabei nur die oberste Planke eines von Grund auf antinomisch verspannten Gerüsts. Als Faust muß Leverkühn die Seele verschleudern, für deren Gewinn er sich als Seejungfrau opfert.[44] In diesem Chiasmus findet oder sucht Thomas Manns Spätwerk seinen ersten labilen Halt.

Die Seejungfrau als Insekt

Die Enge seiner Rückbindung an Faust ist bekannt, wie eng Leverkühn aber mit der Seejungfrau verbunden ist und diese wiederum mit einer weniger prominenten Märchenfigur, kann vor der Klärung der Künstlerfrage noch eben als Neuigkeit erzählt werden.

Adrian bekommt die Seejungfrau zum Lustgespiel, in seiner Wahnvorstellung ist sie die Mutter des Knaben, den er durch Blicke vergiftet zu haben glaubt. (VI, 663 f.) Zu Beginn der Hirnhautentzündung klagt Echo: »O Hauptwehe! Hauptwehe!« (VI, 629), wodurch er beweist, daß sein Vater im Wahn nicht irrt und er nicht nur durch ihn, sondern auch die Seejungfrau hereditär vorbelastet war. Leverkühns vom Vater vererbtes »Hauptwee« öffnete dem Teufel zufolge den »Ansatzpunkt für die Messerschmerzen der kleinen Seejungfrau«. (VI, 313, 332) Als spätere Tochter der Luft wird sie die Mutter des Knaben, der sich mit der Befriedigung, mit der man das Eigene wiedererkennt, von seinem Onkelvater Adrian die Geschichte des alterslosen zarten Geistes erzählen läßt, der immer dasselbe »zierliche Kind der Lüfte« bleibe. (VI, 624)

Umarmt hat Adrian aber außerhalb seines Wahns als einzige Frau die Hure Hetaera esmeralda, der er nach Ungarn folgt, um sich infizieren zu lassen. Die beiden Frauen müssen also auf irgendeine näher zu bestimmende Art identisch sein, Seejungfrau Hyphialta und Hetaera, der Glasflügler.

Frauen sind es dabei streng genommen beide nicht, die Seejungfrau ist ein Meerwesen, Hetaera esmeralda ein Schmetterling, also Insekt. Das verschärft die Schwierigkeit, sie zusammenzuführen; insektischer oder submariner Natur, das ist ja kein kleiner Unterschied.

> ihr die ihr flügel habet, braucht sie auch,
> seejüngferchen und herren schmetterlinge![45]

Wer den von Thomas Mann geschätzten Grimm aufschlägt, findet sie so immerhin auf einer Zeile zusammengerückt, sinnigerweise der eines Rückert-Gedichts. »Seejüngferchen« ist auch eine Libelle, also Insekt. Sprachlich steht der Vereinigung damit schon einmal nichts entgegen. Der Name der Seejungfrau vollzieht dann nur nach, was im Begriff schon angelegt ist: »Hyphialta« klingt an *Ephialtes* an; nimmt man etwa noch *Hyphaesia* – Genus *Pseudohetaera* – dazu, hat man zwei Schmetterlingsnamen, aus denen der des Seejüngferchens mühelos zu synthetisieren war.[46] Der Name Hyphialta fällt erst kurz vor Schluß (VI, 663), die Doppelung bereitet Thomas Mann aber schon in der Exposition vor. Das Buch von Leverkühns Vater, in dem abends geblättert wird, enthält nicht allein exotische Falter, sondern »exotische Falter und Meergetier«. (VI, 22) Mikromotivisch werden die Falter und das Meergetier über die »Schuppen« (VI, 23; vgl. VI, 458, 663) und das »Blaulicht« (VI, 23; vgl. VI, 457) miteinander in Kontakt gebracht.

So ging es also, die Frage bleibt, warum es überhaupt gehen sollte. Der sachliche oder symbolische Zusammenhang zwischen Hetaera und Hyphialta, der Grund ihrer so unnatürlichen Kopulation, ist mit deren Nachweis ja noch nicht geklärt.

Die Dryade

Unter Andersens Märchen gibt es eines, das *Die kleine Seejungfrau* von einer Gabelungsstelle an neu forterzählt. Bevor die Seejungfrau zur Meerhexe schwimmt, ist sie so weit, ihr Leben für einen Tag des wahren Menschseins zu tauschen: »Ich wollte all meine Hunderte von Jahren, die ich zu leben habe, dafür geben, um nur einen Tag ein Mensch zu sein und später Anteil an der himmlischen Welt zu haben«. (A I, 77) In dem dreißig Jahre später entstehenden Märchen *Die Dryade* wird dieser Variante gefolgt. Die Dryade ist wie die Seejungfrau seelenlos, eine Nymphe, die sich so sehr nach Menschenleben und Menschenglück sehnt, daß sie den von der Seejungfrau erwogenen Tausch eingeht. Für einen Tag, genauer für dessen dionysischere Hälfte, gibt sie den Rest ihres Lebens, »im wilden Fieber der Empfindungen« (A II, 401) opfert sie ihn für eine Nacht, in der sie ihre Lebenssehnsucht, die eine erotische ist, wie sich erweist, endlich einmal rauschhaft stillen dürfen will.

Daß ihr Wunsch in Erfüllung geht, ist der Grund für die Vermischung von Amphibie und Insekt im *Doktor Faustus*. Die Dryade erhält wie ihre Vorgängerin Frauengestalt, tauscht ihr Leben aber mit dem der »Eintagsfliege«. (A II, 401, 405) Die falsche Frau ist bei Mann wie im Märchen entweder Nixe oder Insekt.

Die Dryade beendet ihre eine Menschennacht mit einem »wilden, bacchantischen Tanz« – der Tanz der Seejungfrau, entsublimiert –, von verzehrender Lebenslust durchbebt, ist sie wie in einem Opiumrausch, wird aber in dem Moment, in dem ihr Tänzer sie umschlingen will, vom Winde weggeführt, wenige Minuten danach endet ihr Leben. (A II, 411)

> Die Dryade wurde von der Luftströmung davongetragen wie ein Rosenblatt vom Wind [...]; die Arbeiter dachten, es sei ein Schmetterling, der sich zu frühzeitig eingefunden hatte und nun sterbend niedersank. (A II, 412)

In Adrians Abschiedsrede wird das früh exponierte Motiv wiederaufgenommen:

> Denn es war nur ein Schmetterling und eine bunte Butterfliege, Hetaera Esmeralda, [...] die im Flug einem windgeführten Blütenblatt gleicht. (VI, 660)[47]

Der tiefere Grund für die Identität von Seejungfrau und Butterfliege liegt darin, daß es wieder die von benachbarten Gegensätzen ist. Indem er die Hetäre als blütenblättrige Fliege und Hyphialta als Seejüngferchen vereinigt, kreuzt Thomas Mann die dionysische Version der *Dryade* mit der asketischen der *Seejungfrau.* Die »keusche Seligkeit« (VIII, 338), in der die Seejungfrau und nach ihr Tonio Kröger enden, kreuzt sich mit dem bacchantischen se perdre et se laisser dépérir in tödlicher Wonnenacht – Leverkühn als Mönch,[48] Leverkühn als Kunde der Höllenrose Hetaera.

Dieser motivinterne Chiasmus steckt als ein kleines x im Leib eines größern. Leverkühn ist nicht nur Mann und Bruder der Dryade und der Seejungfrau, nicht nur durch Sehnsucht nach der Menschenwelt Verführter, sondern auch Verführer, auch Mörder, auch *Eisjungfrau.* Im Gegensatz zur Seejungfrau ist es dieser letzten gelungen, bis heute unentdeckt zu bleiben.

Heilige Schmerzen

Leverkühn hat zwei Kinder, eines mit einem Mann – das Violinkonzert mit Rudi Schwerdtfeger (vgl. VI, 467) –, eines mit Hyphialta-Hetaera, der Jungfer in Männerkleidung. Auf die sexuellen Implikationen ihres Zwittertums spielt Leverkühn deutlich genug an. (VI, 663) Natürlich gibt ihm Thomas Mann die Andersen-Jungfrau auch deshalb zum Schlafweib, weil damit beider Heilsbestreben mit beider Geschlechtspräferenz zusammengeführt wird. Er gibt ihm aber nicht nur die Jungfer, er gibt ihm auch die Messerschmerzen. Leverkühn leidet sie »gleichwie die kleine Seejungfrau sie litt in ihren Beinen« (VI, 663), gleichwie der Entsetzliche es ihm angekündigt hatte:

> »Das sind Schmerzen, die man für das enorm Genossene mit Vergnügen und Stolz in Kauf nimmt, Schmerzen, die man aus dem Märchen kennt, die Schmerzen, die die kleine Seejungfrau, wie von schneidenden Messern, in ihren schönen Menschenbeinen hatte, als sie sie statt des Schwanzes erworben. [...]« (VI, 308)

Schon vor seiner Abschiedsrede macht Leverkühn dem Jugendfreund gegenüber ungoethesch finstere Scherze (VI, 458) über die wie vereinbart eingetroffenen Qualen:

> Er spielte mit dem Vergleich zwischen den messerscharfen Schmerzen, die die stumme Schöne bei jedem Schritt auf ihren weißen Gehwerkzeugen zu erdulden sich bereit gefunden, und dem, was er selbst unaufhörlich auszustehen hatte, nannte sie seine Schwester in der Trübsal und übte übrigens eine Art von familiärer und humoristisch realer Kritik an ihrem Benehmen, ihrem Eigensinn, ihrer sentimentalen Versehntheit nach der zweibeinigen Menschenwelt. (VI, 457)

Die Seejungfrau hätte sich nach seiner Meinung erst gar nicht mit der oberen Welt einlassen sollen:

> »[...] Eine unsterbliche Seele, warum denn? Ein ganz törichter Wunsch! Es ist viel beruhigender, zu wissen, daß man nach dem Tode zu Schaum auf dem Meere wird, wie es der Kleinen von Natur wegen zukommt. [...]« (VI, 457f.)

Finster gescherzt ist es unter anderem deshalb, weil Adrian den Verzicht auf das Streben nach Seele nicht ganz ehrlich anpreisen kann und weil Scherze von einem selber Leidenden immer etwas Finsteres haben. Was er selber ausstehen muß, die Messerschmerzen der Schwester, wären als Migräneanfälle nur oberflächlich erfaßt. Es ist die Kunst, die sie ihm verursacht und schon immer verursacht hat, seit er in der Pubeszenz aus dem Stande kindlicher Unschuld heraustrat und »auf eigene Hand begann, mit der Musik pianistisch zu experimentieren. Übrigens war dies auch die Zeit, in der die ererbte Migräne anfing, ihm böse Tage zu machen.« (VI, 47; »übrigens«, versteht sich.) Sexualität, Kunst und Krankheit brechen simultan aus. Der Zeitpunkt ist wieder der des Märchens: als Zeitblom Adrians heimliche Entdeckung der Windrose bemerkt, ist dieser »im Fünfzehnten«. (VI, 65) Damit beginnt die Initiation, an deren Ende steht der Pakt, und auch er gilt der Kunst. Wer sie und den Durchbruch will, bekommt die schneidenden Schmerzen mit; Tante Zahnweh hielt es nicht anders.

Ursprünglich aber sind die Messerschmerzen sakrale Schmerzen, der Liebe und der unsterblichen Seele wegen werden sie erlitten. Also wird durch sie die Kunst sakralisiert. Aber war sie nicht des Teufels? Ihretwegen, um Werkes willen, verschrieb man sich ihm ja. Ihretwegen aber ist man am Ende nicht ganz ohne Hoffnung auf Gnade.

Der Messertanz der Kunst

Um diesen Komplex ins Schwingen zu bringen, hatte Thomas Mann nichts anderes nötig, als Leverkühns Kunst mit den sie sakralisierenden Messerschmerzen zusammenzuschließen. Hätte er nichts anderes nötig gehabt, muß man sagen, denn er war gar nicht mehr frei, es selbst zu erfinden. Schon Andersens Märchen gab die Kopplung vor.

Bis zu ihrem Besuch bei der Meerhexe hat die kleine Seejungfrau die schönste Stimme von allen auf der Erde und im Meer. (A I, 78) Für den Prinzen und die unsterbliche Seele opfert sie Zunge und Gesangskunst. Jene einzigartige Fähigkeit aber wird aufs Neuerworbene übertragen.[49] »Du behältst deinen schwebenden Gang; keine Tänzerin kann sich so leicht bewegen wie du; aber jeder Schritt, den du machst, ist, als ob du auf scharfe Messer trätest, als ob dein Blut fließen müßte.« (GA, 271, unterstrichen) Anstelle des Gesangs bleibt ihr der Tanz auf Messern.

Vor dem Prinzen kommt es zu einer ersten Vorstellung. Zuerst tanzen Sklavinnen, dann die kleine Seejungfrau, und wie früher mit ihrem Gesang ist sie besser als alle andern und tanzt, wie noch keine getanzt hat: »bei jeder Bewegung wurde ihre Schönheit noch sichtbarer, und ihre Augen sprachen tiefer zum Herzen als der Gesang der Sklavinnen. Alle waren entzückt davon, besonders der Prinz«. Also tanzt sie mehr und mehr, »obwohl es jedesmal, wenn ihr Fuß die Erde berührte, war, als ob sie auf scharfe Messer träte«. Mit ihrem Tanz, der leicht und schwebend wirken muß, aber nur unter geheimzuhaltenden Qualen zuwege kommt, will sie den Geliebten gewinnen.

Auch wenn das Märchen nicht deutlicher wurde, konnte Mann verstehen, daß der Tanz nichts anderes war als die um Welt und Liebe werbende, sakralisierte Kunst. Weil er es so verstand, ließ er auch den mittleren Teufel zur Frage, was die Kunst sei, die roten Schuhe anführen. So wenig die unselige Karen von einer Künstlerin hat, ihr Schmerzenstanz wiederholt verzerrt die Messerkunst der kleinen Seejungfrau, die der Ludewig ein paar Sätze zuvor ins Gespräch gebracht hatte. Die Anspielung ist enigmatisch, aber von dem Andersen-Bewunderer, dem sie gilt, im Fluge aufzufassen.

Seejungfrau Andromache

Von der *Faustus*-Hauptfigur weiß man inzwischen, daß sie in die Tiefe des Seejungfernreichs getaucht werden muß, wenn man ihr spezifisches Gewicht ermitteln will. Leverkühn ist zwar die einzig bekannte, aber weder die erste noch die letzte dieser Künstlerfiguren. Die letzte kommt erst im späten *Felix Krull* an die Oberfläche; keine Tänzerin, mit gefährlicher Kunst befaßt aber auch sie.

Die Frage, die Andersens kleiner Seejungfrau galt – »ob sie, in Gottes Namen, denn vielleicht heimlich ein Jüngling sei« –, wäre schon deshalb aufzuwerfen gewesen, weil Thomas Mann sie in seinem letzten Roman selbst aufwirft. (VII, 459) Die Zirkuskünstlerin Andromache animiert zu ihr, die Frau am Trapez, die der Romanheld vergöttert und deren ohne Sicherheitsnetz vollzogenen Salto mortale Thomas Mann als (schon damals etwas zu griffbereites) Symbol der eigenen Artistenexistenz anlegt.

Andromaches klassischer Name täuscht wie gewohnt darüber hinweg, daß sich vor allem ein kleines Märchenwesen in ihr verbirgt. Märchenwesen sind nicht menschlich, eine Eigenart, auf die Krull umgehend zu sprechen kommt: »Was für Menschen, diese Artisten! Sind es denn welche?« (VII, 457f.) Andromache ist kein Mensch, dazu von schwankendem Geschlecht, ein heimlicher Jüngling vielleicht, der mit »weder männlichen noch weiblichen Händen« (VII, 459) die Trapezstange packt. »Sie war kein Weib; aber ein Mann war sie auch nicht und also kein Mensch.« (VII, 460) Was soll sie aber sein, wenn sie nicht menschlich ist und ohne zu bestimmendes Geschlecht? Krull meint, sie stünde zwischen Tier und Engel, und zwar »viel weiter hin zu den Engeln«. (VII, 461) Keusch, obgleich »Leib ganz und gar« (VII, 461), unsterblicher Seele also offenbar ledig, sakralisiert und engelnah, dabei halb Tier, hat sie eine nicht schwer zu erschließende Vergangenheit.

Vor ihrer Verwandlung versteckt sich die kleine Seejungfrau im Schilf, um den Prinzen zu belauschen:

> wenn der Wind ihren langen silberweißen Schleier ergriff und jemand ihn sah, so glaubte er, es sei ein Schwan, der die Flügel ausbreitete. (A I, 76)

Raffiniert polysem erscheint die Zirkusjungfrau in einem

> mit Schwan besetzten Silberpanzer, dem an den Schultern [...] ein paar kleine Flügel aus weißem Gefieder angesetzt waren. (VII, 458)

Mehr brauchte man nicht, um zu erkennen, wen man vor sich hat, und wenn man doch noch auf den Programmzettel schaut, dann nur zur letzten Bestätigung. Andromache findet sich dort als »fille de l'air« angekündigt, was in der Beschreibung ihrer kryptoamphibischen Garderobe kurz darauf als »Tochter der Lüfte« übersetzt wird. »Immer am Trapez, immer Tochter der Luft«, bekam schon Effi Briest zu hören, auch sie mit dem Andersenschen Unterton.[50] Andromache ist die letzte der »Töchter der Luft« (vgl. A I, 89), zu denen Andersen hundertzwanzig Jahre zuvor die Seejungfer hatte aufsteigen lassen, ein keusches, zwittriges, nichtmenschliches, von der Liebe ausgeschlossenes Artistenwesen auch sie.[51]

Damit der ganze ihr verbundene Bedeutungshof versammelt sei, müssen sich nur noch die Messerschmerzen einstellen, unter denen nach ihr unter anderem Leverkühn litt. Sie leidet jetzt Andromaches emphatischer Bewunderer. Krull stellt sich die Angebetete als Geliebte des Dompteurs vor, und bei dem bloßen Gedanken geht ihm »Eifersucht [...] wie ein Messerstich in das Herz«. (VII, 463) Die Metapher des Messerstichs im Herzen ist banal, gewinnt in diesem Zusammenhang aber ganz neue Beredtheit. Wüßte man es noch nicht, würde man durch sie erfahren, daß schon bei Andersen die Messerstiche vor der Überhöhung ins Kunstsakrale für die Stiche der Eifersucht standen. Die Eifersucht gilt der Rivalin, die der liebt, dem man von der eigenen aussichtslosen Liebe schweigen muß. So hatte Andersen es gemeint, so hat Thomas Mann es verstanden.

So muß es sein

Daran, wie er zitiert, läßt sich nicht nur erkennen, wie er las, sondern auch, wie er ein altes Konzept überformt. Die Zirkusszene entstand erst im Alter, man merkt es an der veränderten *Seejungfrau*-Adaption. Im Märchen und nach ihm im *Tonio Kröger* liebt der vom Menschlichen Ausgeschlossene sehnsuchtsvoll hoffnungslos; er liebt noch. Anders im Spätwerk. »Dies war ihre Art, mit dem Manne zu verkehren«, heißt es von Andromaches Luftsaltos, »eine andere war bei ihr nicht erdenklich, denn zu wohl erkannte man, daß dieser strenge Körper das, was andere der Liebe geben, an seine abenteuerliche Kunstleistung verausgabte.« (VII, 460) Wie ebenfalls nur zu wohl zu erkennen, enthält dieser Schlüsselsatz der Zirkusepisode das Resümee der Mannschen Selbsteinschätzung und seiner privaten Sublimierungstheorie. Man setze für »ihre« »seine« und »ihm« für »ihr«, die Berechtigung dazu hat uns Krull selbst erteilt: es ist das Altersfazit des invertierten Künstlers.

Der Unterschied zum *Tonio Kröger* liegt darin, daß der Künstler sich mit dem Nicht-lieben-können abgefunden zu haben scheint; jedenfalls hat Krull keinen Gedanken übrig für die Möglichkeit, daß Andromache etwas fehlen und ihre Kunstleistung wie noch bei der Seejungfrau und Tonio Kröger eine sehr unglückliche Kompensation sein könnte. Thomas Mann weicht von der Vorlage ab, lenkt im Zitieren um, was zum Teil daran liegt, daß dem Werkcharakter nachzugeben war und Felix nicht der Typ ist, bei einem Zirkusbesuch düstere Hypothesen zu bilden, zum anderen Teil vermutlich aber auch daran, daß der mittlerweile Fünfundsiebzigjährige, der glauben konnte, den Kelch jetzt bis zur Neige geleert zu haben, sein vorrangiges Interesse darin sah, der Welt noch einmal von der wahren Waghalsigkeit und Größe seines Artistendaseins zu erzählen. Die Tochter der Luft, die alles das, was der Liebe zu entbieten wäre, der Kunst gibt, folgt darin dem kältestarrenden Adrian Leverkühn eher als Andersens kleiner Seejungfrau, der die Kunst noch das ungeliebte Mittel war, den Prinzen vielleicht doch noch zu gewinnen. Schon der junge Thomas Mann kann darauf kaum noch hoffen, der resignierte Alte gleich gar nicht mehr: »[...] – die Rückkehr zur Arbeit als Ersatz für das Glück, so muß es sein. Es ist die Bestimmung (und der Ursprung?) alles Genies. – – –« (Tb, 14.7.1950) Wenn jemand zu gewinnen wäre, dann nicht der unerlaubt Geliebte, sondern die Leserschaft der Mit- und Nachwelt. Was das Leben nicht brachte, die Liebeserfüllung, müssen der Ruhm und die Liebe des Publikums bringen, wie bei dem Dichter der *Seejungfrau,* dem als Eitelkeit vorgeworfen wurde, was seine zwanghaft jeden Verriß und jedes Lob wie Wundmale oder Segenserscheinungen anzeigende Autobiographie als den nie endenden und nie gelingenden Versuch erweist, das eine Defizit des Lebens durch Reputation auszugleichen. Einem Leser wie Thomas Mann konnte nicht verborgen bleiben, daß Andersens Selbststilisierung zum Glückskind in *Meines Lebens Märchen* eine matte, wahrheitsscheue Beschönigung war; diese Wahrheitsscheu, die Not, das alles beherrschende Eigentliche zu verschweigen, die im poetischen Werk so produktiv wird, ist auch der Grund dafür, daß der nichtfiktionale Lebensbericht so steil abfällt gegen das Gedichtete; eine Sammlung von Unwichtigkeiten, als Blickschutz um die Mitte, den Krater aufgebaut, von dem nicht gesprochen werden kann.

Der Abgrund des Andersenschen Glückskindtums war Thomas Mann von innen her vertraut. Das Muster vom »Träumerhans, der die Prinzessin und das ganze Reich gewinnt, vom ›häßlichen jungen Entlein‹, das sich als Schwan entpuppt«, ordnete ihm nicht nur das eigene Leben, sondern auch das nahverwandt verhaßte von *Bruder Hitler.* (XII, 847)[52]

Litteratur

Adrian Leverkühn war nicht die letzte Figur, deren Kunst durch Seejungferschmerzen geheiligt wurde; er war aber auch die erste nicht. Es ist einer der versteckten Anachronismen der *Lotte in Weimar*, daß dem morgendlich Grübelnden das eigne Ich als »Messertanz von Schwierigkeit« (II, 654) erscheinen und Goethe also auf das Märchen anspielen kann, das erst fünf Jahre nach seinem Tod geschrieben werden wird. Lange vor seiner literarischen Wiederauferstehung aber hat ihn und seine Selbsteinschätzung ein unreifer Novellenheld mit sprechendem Namen vorweggenommen.

Bevor Tonio Kröger das Mädchen mit den schwimmenden Augen rettet, zitiert er sich aus Storms *Hyazinthen:* »Ich möchte schlafen, aber du mußt tanzen«. (VIII, 334) Der erste Bezug hat die Interpreten bislang von der Fortsetzung abgelenkt. In ihr spricht nicht mehr der Stormsche Träge, der zusehen muß, wie fremde Arme sich um die leichte, zärtliche Gestalt der Tanzenden schmiegen. Das Ich des Anschlußsatzes hat sich unvermerkt in ein anderes verwandelt.

> Schlafen ... Sich danach sehnen, einfach und völlig dem Gefühle leben zu dürfen, das ohne die Verpflichtung, zur Tat und zum Tanz zu werden, süß und träge in sich selber ruht, – und dennoch tanzen, behend und geistesgegenwärtig den schweren, schweren und gefährlichen Messertanz der Kunst vollführen zu müssen, ohne je ganz des demütigenden Widersinnes zu vergessen, der darin lag, tanzen zu müssen, indes man liebte ... (VIII, 335)[53]

Denn eigentlich hat man teuer genug bezahlt für seine Liebe, um derentwillen man aus der Tiefe hochgestiegen ist, und sollte nicht gezwungen sein, auf Messern tanzen zu müssen, um dann doch nur den Schlafplatz vor der Tür zugewiesen zu bekommen ... ein kümmerlich mitleiderregender und deklassierter Zustand, wie auch Leverkühn findet, der sich bei Zeitblom darüber beklagt, daß es der kleinen Seejungfer, nachdem sie sich Beine erkauft, »niemand [...] danke«. (VI, 458) Der Messertanz der Kunst ist nur mit Andersens *Seejungfrau*, mit Storm, bei dem das Ich ja gerade nicht tanzt, geschweige denn auf Messern, überhaupt nicht zu begreifen.

Kompositorisch gesehen werden in der Messertanz-Stelle zwei separat vorbereitete Motivstränge in einem Halbsatz verknotet. Der erste ist Kunst als heiliges Opfer, der zweite Liebe als heiliges Opfer. Der erste wird in den Kunstgesprächen mit Lisaweta entwickelt, heilig ist die russische Literatur, ihr Jünger opfert sich in prä-leverkühnschen kalten Ekstasen, kein Mann, sondern Kastrat, der wie die Seejungfrau das Menschliche darstellen muß, »ohne am Menschlichen teilzuhaben«. (VIII, 296, 336) Der zweite, Liebe als heiliges Opfer, wird mit Hilfe des »auf Erden«-Motivs (VIII, 287f.) und der Altar-Metaphorik (blaß und preziös genug) präpariert. Ginge es nur um Sakralisierung der Liebe, würde der Altar allein genügen, Kröger umkreist aber ausdrücklich den »Opferaltar«, auf dem die »lautere und keusche Flamme seiner Liebe loderte«. (VIII, 288) Das alles findet zusammen im Messertanz und fand sich schon bei Hans Christian Andersen.

Eine Novelle mit dem Titel *Litteratur* wird auch nach ihrer Umbenennung in *Tonio Kröger* von literarischen Angelegenheiten handeln, das war zu erwarten. Überraschender ist der Umstand, daß ein Märchen zur Vermittlungsinstanz taugt – wäre er gewesen, wüßte man nicht schon von *Tante Zahnweh*, wie wohl bestimmte Märchen dazu taugen. Thomas Manns im *Tonio Kröger* versteckte private Poetologie, wenn man die in poetische Form gefaßte Reflexion über die eigene Kunst und ihre Bedingungen wieder so nennen darf, vereint die Sehnsucht nach dem nicht zu erreichenden, aber als Sehnsuchtsziel und Korrelativ notwendigen schlichten Gefühl, den höchste Geistesgegenwart erfordernden Messertanz der Kunst und die unmögliche Liebe. Indem er nun beide, Kunst und Liebe, unter dem Zeichen des Messertanzes und damit des Selbstopfers und damit des Bestrebens nach der unsterblichen Seele vereint, schafft er eine kryptische Poeto-Theologie oder – und auch mit diesem Ungetüm habe man Nachsicht – Theo-Poeto-Erotologie. Thomas Mann fand sie bei Andersen vorgebildet und legt sie, wie wir fanden, dem *Doktor Faustus* und noch dem *Felix Krull* in mehreren Schichten zugrunde. Wie er sie auch dem *Zauberberg* unterlegt, und auch dort mit Hilfe des Märchenmannes, muß sich mit spirits Hilfe am Séancentisch erweisen.

Kryptisch hat er übrigens auch seine Quelle angegeben. In den *Betrachtungen eines Unpolitischen* schreibt er, Tonio Kröger sei doch der Bruder der deutschen Romantik gewesen, ob man das nicht gesehen habe, »der gute Bruder Schlemihls, Undinens, Heilings, des Holländers«. (XII, 92) Wer den Leser so nah heran führt, kann von ihm erwarten, daß er den letzten kleinen Schritt selber tut, er tritt ja nicht auf Messer wie die gute Schwester Undinens. Das nächste große Werk in der Reihe der *Undine*-Bearbeitungen, die nach-Fouquésche Fassung, die war's.

Erlitten und tätig zugefügt

Leverkühn bedauert zwar die kleine Seejungfrau, der es niemand danke, was sie leidet, er kann ihr aber auch einen Tadel nicht ersparen:

> »[...] Eine ordentliche Nixe hätte diesen Hohlkopf von Prinzen, der sie gar nicht zu schätzen weiß und vor ihren Augen eine andere heiratet, an den Marmorstufen seines Schlosses verführt, ihn ins Wasser gezogen und ihn zärtlich ertränkt, statt ihr Schicksal von seiner Dummheit abhängig zu machen, wie sie es tut. [...]« (VI, 457f.)

Sie hätte energischer und skrupelloser verführen sollen, den Liebestod selber verhängen, statt ihm am Ende allein zum Opfer zu fallen. Leverkühn spricht pro domo, er selbst hält es so, wie die Seejungfrau es seiner Meinung nach hätte halten sollen. Nebenbei gibt er zu erkennen, unter welcher Kategorie er ihre Geschichte gefaßt haben will. Es ist das im größten Notfall auf ein Wort zu verkürzende Lebensthema, das Klaus Mann dem Werk seines Vaters versiert durch die Verhüllung hindurch ablas:

> *4. IV.* Heute Nacht beim »Wagner«-Lesen notiert, dass das Thema der »Verführung« für Zauberer so charakteristisch – im Gegensatz zu mir. Verführungsmotiv: Romantik – Musik – Wagner – Venedig – Tod – »Sympathie mit dem Abgrund« – Päderastie. Verdrängung der Päderastie als Ursache dieses Motivs (Überwindung der »Verführung« bei Nietzsche; siehe Wagner.) (Tb KM, 4.4.1933)

Fünf Jahre später bestätigt Thomas Mann aus dem Mund des obersten Vorbilds und »Vaters im Himmel« (vgl. Br Meyer, 387), daß der Sohn es bis aufs Wort genau richtig resümiert hatte. Von Winckelmanns Geheimnis kommt Goethe im Siebenten Kapitel der *Lotte in Weimar* wie von selbst auf das eine Thema:

> Gibts irgend was in der sittlichen, der sinnlichen Welt, worein vor allem mein Sinnen sich innigst versenkt hat in Lust und Schrecken dies ganze Leben lang, so ists die Verführung –, die erlittene, die tätig zugefügte –, süße, entsetzliche Berührung, von oben kommend, wenns den Göttern so beliebt: es ist die Sünde, deren wir schuldlos schuldig werden, schuldig als ihr Mittel und als ihr Opfer auch, denn der Verführung widerstehen, heißt nicht aufhören, verführt zu sein, – es ist die Prüfung, die niemand besteht, denn sie ist süß, und als Prüfung schon selbst bleibt sie unbestanden. (II, 682f.)

Wenn es sie nicht gäbe, die der Geist nicht beherrschen, nicht erschöpfen kann – denn wenn er sich noch so lang in sie versenkt, zieht er doch nichts als Oxymora heraus, Lust im Schrecken, Süße im Entsetzen, Unschuld in der Sünde –, wenn es die Verführung nicht gäbe, wäre nichts mehr, wie es im Buche steht, und alles müßte umgeschrieben werden. Friedemann wäre nicht zu Gerdas Abendmahl erschienen und Hanno nicht am Klavier verdorben; Aschenbach wäre in München geblieben und Krull gleich im Mutterleib; Castorp hätte *Ocean Steamships* beendet und bei Tunder & Wilms volontiert, Leverkühn wäre Landwirt geworden, Hanegiff, der störende Hund des *Erwählten*, würde noch leben, die Formenwelt des *Joseph* aber, durch Verführung der Seele entstanden, erst gar nicht existieren. Nimmt man die Verführung weg, gäbe es diese Welt nicht, und das Werk Thomas Manns fiele auf ein paar Blatt zusammen.

Verführung ist aber beides, erlitten und tätig zugefügt. Die mit Aschenbach endende Reihe der frühen Helden erleidet Verführung, fügt sie nicht zu. Felix Krull durchbricht die Reihe, eine neue beginnt im großen Stil Joseph, im kleineren schon Hans Castorp.

Auch Andersens Seejungfrau kennt nur das eine, das Erleiden. Ihr Tanz mag wohl den stillen Sinn der Verführung haben, ist aber viel zu unaufdringlich, als daß Leverkühn sie mit seiner Kritik verschonen könnte. Mit diesem Mangel hängt es zusammen, daß sie im *Zauberberg* nur einmal auftaucht, ein Schatten ihrer selbst.

Die Stelle am Anfang von »Schnee« wurde bislang übersehen, obwohl sie in einem derart derangierten Zustand ist, was ihre realistische Einkleidung betrifft, daß sie um verständnisvolle Blicke geradezu fleht. Es ist eine Anbandlungsszene, ein Balzgespräch zwischen zwei erotisierten Sanatoriumsgästen. Gewiß nie seit Bestehen der paarigen Menschheit wurde es wie folgt geführt:

> »mein Gott!« sagte sie, indem sie den Enseigne gierig betrachtete, »wie herrlich braun er ist von Höhensonne! Wie ein Adlerjäger sieht er aus, dieser Teufel!« – »Wart, Nixe!« flüsterte er im Lift an ihrem Ohr, so daß eine Gänsehaut sie überlief, »Sie werden mir büßen müssen für Ihr verderbliches Augenspiel!« Und über die Balkons, an den gläsernen Scheidewänden vorbei, fand der Teufel und Adlerjäger den Weg zur Nixe ... (648)

Der Gewinn muß groß sein, damit dieser Aufwand sich lohnt, und er kann nur im Zusammentreffen der vom Erzähler wiederholten Nixe mit dem von ihm wiederholten Adlerjäger bestehen. Gott und Teufel werden mitberufen, um anzuzeigen, daß es sich um das süße Entsetzen, die Sakralisierung des dämonischen Eros handelt. Welcher Adlerjäger aber trägt dazu bei, und warum findet er zur Nixe? Erst wenn man das wüßte, könnte man nachempfinden, warum und wogegen die Malträtierung der mimetischen Oberfläche in Tausch genommen wurde.

Die Nixe gibt noch am wenigsten Rätsel auf, als enthemmte Seejungfer hat sie sich der Berghof-Atmosphäre anpassen müssen. Es ist kein Ort für sie, die fiebrig erhöhte allgemeine Verführungsaktivität ist sie nicht gewohnt, sie kennt nur das Dulden, nicht das wollüstig tätige Zufügen; nicht einmal ihr Prinz war ja eigentlich Täter, sondern ein Dummkopf, der nichts dafür konnte und keine Idee davon hatte, daß er wie Hans Hansen Unheil schon durchs schlichte Sein anrichtete. Clawdia Chauchat tut schon mehr dazu, und Castorp fordert es auch ganz anders heraus. Die kleine Seejungfrau ist zu keusch und zu wenig verschlagen für die da oben (deren Bester, Ziemßen, dafür sorgt, daß ihr Platz nicht unbesetzt bleibt). Statt ihrer müssen andere her, anders gesottene oder anders gekühlte, dämonische Verführerinnen, über die auch der als idyllisch so verkannte Märchendichter verfügt.

Auch sein Werk würde zusammenfallen, striche man die Verführung heraus, und auch bei ihm überwiegen die Dulder die Zufüger. Seejungfrau und Zinnsoldat lassen sich von stummen Bildern verführen, Johannes im *Reisekamerad* vom Anblick der schönen Prinzessin, Kay von dem der Schneekönigin, Gerda widerstrebend vom bräunlichen

Räubermädchen. Das wären einige Verführte, denen als tätige Verführer ein dämonisches Schwesternpaar gegenübersteht: die Schneekönigin und die Eisjungfrau.[54]

Dies letzte Märchen lockert die Verkleidung am meisten. *Die Eisjungfrau* läßt dem Betrachter keinen Zweifel daran, daß es ihr um sexuelle Verführung geht, durch die der verführte Held Rudi, der es herausfordert, in den Tod gezogen wird. Rudi fordert es genauer erzählt dadurch heraus, daß er tollkühn ins Reich der Gletscherherrin steigt und ihr einen Adler abjagt. (A II, 220–223) Der Verführte besteht seine Probe als Adlerjäger, das wird ihn die Unschuld und später das Leben kosten, erklärt aber den bizarren Balzdialog. Die Nixe findet zum Adlerjäger, *Die kleine Seejungfrau* zur *Eisjungfrau,* das ist der Sinn des Gegurres und schon ein Kernmotiv, Chromosom und großes X des *Doktor Faustus.* Auch treuere Freunde mimetischer Figurensprache hätten bei dieser Versuchung, dieser Gelegenheit zur Motivverschmelzung schwach werden können, das sei nicht geleugnet.

Lang läßt sich der engere Kontakt mit Schnee- und Eiskönigin nicht mehr hinauszögern, wir aber rücken vom zuletzt behandelten »Totentanz« erst noch einen Abschnitt vor zur »Walpurgisnacht«, wo uns eins der frühesten und schönsten Märchen Andersens erwartet.

VI. WALPURGISNACHT. ANDERSENS ZAUBERBERG

In dem mit dem fünften Kapitel auch den ersten Teil des Romans beschließenden Abschnitt bestätigt der Erzähler dem Leser vieles, was er ihm zuvor, wie Krull dem Stabsarzt, mit geflüsterten Worten mehr verhehlt als mitgeteilt hatte. Die *Faust*-Anspielungen erscheinen in Anführungszeichen, offen läßt erstmals der Titel des Romans sich vernehmen. Die mythologisierenden Vorankündigungen werden eingelöst, Kirkes Schweinchen gezeichnet, Liebe und Tod vom Helden offiziell zur Einheit erklärt.[1] »Walpurgisnacht« scheint durchsichtig, der Boden, auf dem sich die Kranken vergnügen, ist gläsern wie der Tanzboden im Ausflugskapitel des *Doktor Faustus*. Wie dort aber wird er von unten beleuchtet, so daß man weniger die im Dunkeln verborgenen Zitatstützen und tragenden Konstruktionen zu sehen bekommt, als zuerst das Licht des Arrangeurs.

Das fünfte Glas

»Beendete die Abschrift des französischen Gesprächs, womit das V. Kapitel geschlossen ist. Neue Aufregung zur Sache. – [...] Las nach dem Abendessen Andersen. Fahre im ›W. Meister‹ fort.« (Tb, 13.10.1921) Er fügt nicht hinzu, was er von ihm las, daß es aber *Der Reisekamerad* oder *Turmwächter Ole* waren, ist unwahrscheinlich, deren Lektüre käme post festum.

Turmwächter Ole ist ein Einsiedler, den der Ich-Erzähler auf dessen Turm besucht, um sich etwas erzählen zu lassen; zwei solche Besuche, zwei Turmwächtervorträge legt das kurze Märchen ohne viel Rücksicht auf stoffliche Nachbarschaft zusammen. In der ersten Hälfte rächt Andersen sich an seinen Kritikern, die ihm zu selten wohl wollten. Turmwächter Ole exekutiert diese Rache in Form einer Blocksbergparodie, die Zeitungsschmierer reiten in der Neujahrsnacht als wildes Heer auf ihren Gänsekielen; in diesem Stil. Beim zweiten Besuch gibt Ole eine Geschichte der Gläser, eine Typologie des Trunks.

Im ersten Glas steckt das Kraut der Gesundheit, aus dem zweiten fliegt ein zwitschernder Vogel, aus dem dritten erhebt sich ein beflügelter Bursche mit Koboldblut, im vierten ist der »Gedankenstrich des Verstandes, und über diesen Strich soll man niemals gehen.« (A II, 76) Wer aber doch über ihn geht – weil er vielleicht zur Walpurgisnacht ziemlich viel von der Weinmischung getrunken hat (456) –, dem blüht es so:

> aus dem Glas springt mit Knall Prinz Karneval, geschwätzig und ausgelassen; er zieht dich mit, du vergißt deine Würde, wenn du welche hast! Du vergißt mehr, als du vergessen sollst und vergessen darfst. Alles ist Tanz, Sang und Klang; die Masken reißen dich mit, die Töchter des Teufels in Samt und Seide kommen mit aufgelöstem Haar und herrlichen Gliedern – reiß dich los, wenn du kannst! (A II, 76)

Und wer sich gar nicht losreißen will? Wer sich inmitten von Musik und Masken, da die Parole auf Tanz lautet, zu Madame begibt, die mit ihrem lockeren Nackenhaar, in ihrem Kleid aus schwarzer Seide (452), jene »herrlichen Glieder« (453) gar zu weiß und verlockend hervorblitzen läßt? Der muß als geschwätziger prince Carnaval (478) enden und hätte besser nach dem vierten Glas aufgehört; wenn er das fünfte nicht gerade trank, um seinen öden Würdenstand endlich abzuschütteln.

Gefährliche Werbung

»Allein bedenkt! Der Berg ist heute zaubertoll« (452), im *Zauberberg* und im *Faust* nicht nur, auch in Turmwächter Oles Rezensentensatire vom Blocksbergritt, die der Lehre vom fünften Glas vorherging. Thomas Mann, der sie so wortgetreu adaptierte, wird gemerkt haben, daß Andersen nicht nur Goethe zitiert, sondern vor allem sich selbst. Der Rachejux greift auf den vierundzwanzig Jahre zuvor entstandenen *Reisekamerad* zurück, in dem die Teufelstochter und der Blocksberg noch thematisch zusammengeführt wurden, nicht nur motivisch zusammengeworfen wie in der späten zweigeteilten Turmwächterversion. Diese frühe Version ist eine wichtige Referenzschrift der Mannschen »Walpurgisnacht« und des *Zauberbergs*.

Ein Ballfest braucht seine Vorbereitung, und daran beteiligt sich durch eine kleine Redewendung selbst die häßliche Mylendonk, die noch nicht einmal persönlich auf ihm in Erscheinung tritt. »›Wir sollten hier nicht von ›Erkältung‹ reden, geehrtes Menschenskind, das ist so ein Schnickschnack von unten.‹ (Das Wort ›Schnickschnack‹ nahm sich ganz abscheulich und abenteuerlich aus in ihrem Munde, wie sie es mit der Unterlippe schaufelnd hervorbrachte.)« (234f.)

Was hat dieses noch zweimal wiederholte und »schauderhaft« genannte Wort (vgl. 235f.), daß es so starke Rügen verdient? Auf den ersten Blick nichts, und es müßte sich ungerecht behandelt fühlen. Es ist beizeiten aber durch gewisse Münder gegangen, die mit abscheulich nicht zu scharf bezeichnet sind. Frau von Mylendonk zitiert die zwei Leichenruheschänder aus dem *Reisekamerad:*

> »Ach, Schnickschnack!« sagten die beiden häßlichen Menschen. »Er hat uns genarrt! Er schuldet uns Geld, das konnte er nicht bezahlen, und nun ist er obendrein tot, nun bekommen wir nicht einen Schilling! Darum wollen wir uns rächen, er soll wie ein Hund draußen vor der Kirchentür liegen!« (A I, 51)

Selten abscheulicher Plan; seltenes Glück, daß der Held den Schändern gerade noch in den Arm fallen kann.

Das Märchen, das mit diesem knapp noch abgewendeten Leichenfrevel beginnt, zählt zu dem guten Dutzend, aus dem Thomas Mann immer wieder vorlas und das er annähernd auswendig präsent gehabt haben muß.[2] Wem es anders geht, dem rufe es sich rasch in Erinnerung zurück:

> Märchenheld Johannes zieht nach dem Tod seines Vaters allein durch die Welt, erweist sich mehrfach als gutherzig und gibt sein Erbe daran, die zwei bösen Männer von ihrem Vorhaben abzuhalten. Bei seinem Zug ins Blaue stößt er auf einen freundlichen Fremden, der sich ihm anschließt. Mit Wundersalbe ausgestattet, erwirbt dieser Reisekamerad einige später benötigte Requisiten, so Säbel wie Rute wie Schwanenflügel. In der Königsresidenz, die sie gemeinsam erwandern, hören sie von der schönen Prinzessin, die ihren Freiern

drei Rätselfragen vorlegt und sie im bislang stets eingetretenen Fall der Fehlantwort zu Tode befördert. Johannes verliebt sich in sie und läßt sich nicht davon abschrecken, daß an jedem Baum ihres Lustgartens die Kadaver von Königssöhnen hängen und ihre Blumen sich an Menschenknochen hochranken. In der Nacht vor der ersten Prüfung macht ihn der Reisekamerad mit Punsch schläfrig, bindet sich die Flügel an die Schultern, fliegt zum Schloß, paßt die aus ihrem Fenster schlüpfende Prinzessin ab und begleitet sie, unsichtbar auf sie einpeitschend, bei ihrem Flug zu einem großen Berg, in dessen Innern sich das Reich eines Zauberers öffnet. Am Ende der dort begangenen Festlichkeiten erlauscht er das vom Zauberer ausgegebene Wort, das Johannes am nächsten Tag zu erraten hat. Er sagt es ihm als im Traum vernommenes weiter – Hansens »Traumwort« läßt es noch anklingen –, und Johannes kommt sicher durch die erste Prüfung. In der zweiten Nacht wird etwas schärfer gepeitscht bei sonst gleichem Verlauf, in der dritten hört der Reisekamerad, daß der mit zurückfliegende Zauberer als unlösbares Ratewort den eigenen Zaubererkopf angibt, schlägt denselben ab und wickelt ihn in ein Taschentuch, das Johannes am dritten Tag als Antwort auf die letzte Frage stumm präsentiert. Die Bedingungen sind erfüllt, und er bekommt die Prinzessin, die aber immer noch Hexe ist und erst noch durch vom Reisekameraden bestimmte Anwendungen vom bösen Zauber erlöst werden muß. Johannes taucht sie dreimal unter Wasser, nach dem ersten Mal zappelt sie als großer schwarzer Schwan unter seinen Händen – Omen und Symbol noch der in ihrer Liebesumwandlung Betrogenen –,[3] beim zweiten Mal ist der Schwan weiß, beim dritten Mal wird er wieder zur schönen und diesmal auch guten Prinzessin. Der Reisekamerad aber gibt sich als der Tote zu erkennen, den Johannes ausgelöst hatte und der sich nach Begleichung der Dankesschuld für immer verabschieden kann.

Andersens *Turandot*[4] ist um ein Herzstück angeordnet, in dem ein Goethes Walpurgisnacht verwandter Zauberer- und Hexenball wogt. Mit der Walpurgisnacht teilt Andersens Märchen auch die Eigenart, antizipierende Anspielungen auf Thomas Manns Romantitel zu machen. Ins selbst von Doktor Blumenkohl erkannte *Faust*-Zitat gehüllt, erscheint er im offen nach der Fundstelle benannten Faschingsfest auf Settembrinis Zettel. (452) Aber auch im *Reisekamerad* kreuzt er auf: »Der Zauberer öffnete nun den Berg« – »Denn das war es ja, was er von dem Zauberer im Berge gehört hatte« (A I, 61) – »und sie könne nie mehr zum Berg kommen, werde nie mehr solche Zauberkünste wie früher machen können [...].« (A I, 63)

Die Nähe des Zaubererbergs zum *Zauberberg* ist dessen Verfasser sicher so wenig entgangen wie die thematische Nähe des Märchens zu seinem Roman. Aufs Skelett abgeschmolzen, erzählt Andersens *Reisekamerad* die Geschichte, wie einer ohne den Tod zu fürchten um die Geliebte wirbt, die sich spröde zeigt und endlich doch beigebogen wird. Nicht anders erzählt es der mit »Walpurgisnacht« auf seinen Höhepunkt kommende erste Teil des *Zauberbergs.* Hans fürchtet den Tod nicht bei seiner Werbung und wird am Ende von Clawdia aufs Zimmer gebeten.

Entsprechend skelettiert, könnte man einwenden, erzählten diese Geschichte jedes dritte Märchen und jeder dritte Roman, weshalb die Ähnlichkeit noch nicht viel besage. Um eine echte *Reisekamerad*-Isomorphie feststellen zu können, muß man zufällige Seitenähnlichkeiten ausschließen. Was sich offensichtlich auf Goethe bezieht, muß nicht künstlich auf Andersen bezogen werden. Allerdings können sich die beiden harmonisch ergänzen, wie sie ja auch im Lektürevermerk des Tagebuchs harmonisch zusammen stehen.

Im Innern des Andersenschen magischen Bergs ist wie auf dem Goetheschen ein muntrer Klub beisammen, zu munter, um mit allen seinen Mitgliedern in den Roman aufgenommen werden zu können. Den Kobolden, Irrlichtern, glühenden Spinnen und schwarzen Mäusen kann Thomas Mann den Eintritt schlecht gestatten. Dadurch, daß er wie Andersen einen phantasmagorisch überbordenden Ball veranstaltet, sind ihm aber Möglichkeiten gegeben, einige realistisch niemals unterzubringende Details der Märchenvorlage einzuschleusen. Wie sollte es der »auf seine Krücke« gestützte »alte Bettler« (vgl. A I, 50), an dem sich Johannes gütig erweist, je zu einem Davosaufenthalt bringen? »Ein Bettelmann erschien knickbeinig, an einer Krücke hängend.« (454) Wie sollten Besenstiele tanzen? (Vgl. A I, 61) Aber es ist Karneval, »und was die Stöhr betraf, so tanzte sie mit ihrem Besen [...].« (468)[5]

Ohne Mühe unterzubringen ist der Punsch, mit dem der Reisekamerad den braven Johannes einschläfert. Thomas Mann macht sich zumindest ein Vergnügen daraus, die Komponenten der »Bowle voll Punsch« (A I, 59) verzögernd zusammenzumischen. Erst gibt es Fastnachtspunsch aus der »Terrine« (459), dann wird der Rundtisch, auf dem die Terrine steht, zum »Rundtisch mit der Bowle« (460), dann erst fällt Castorps Bleistiftstummel in die »Punschbowle«. (462) Der »kostbare Thron« (vgl. A I, 60) im Bergesinnern, auf dem die Prinzessin sitzt, wird als plüschbespannter »sogenannter Triumphstuhl« (465) zum Sitzmöbel Frau Chauchats. Den Theatersäbel, mit dem der Reisekamerad dem Zauberer den Kopf abschlägt, erkennt man im »Stockdegen« wieder, den der Grieche vom Schlechten Russentisch bei seinem Auftritt als »spanischer Grande oder Märchenprinz« trägt (454); Vorbote und Motiv-Lakai des prince Carnaval mit dem einen Glas zuviel.

Den abgeschlagenen Kopf präsentiert Johannes in einem Taschentuch, daraufhin ist die Prinzessin die seine. Castorps Prinzessin gibt ihrem Hans den Bleistift, damit er ihn ihr nachts zurückgebe, vor dem erotischen Bleistift[6] aber zieht sie ein Taschentuch aus ihrem Ledertäschchen. Es ist frei von grausigem Inhalt und das Natürlichste, was eine Dame aus ihrer Handtasche ziehen kann; natürlicher jedenfalls als das Taschentuch, das prompt ein zweites Mal vorgezeigt wird, als die Prinzenstelle an Peeperkorn fällt.

Wer Prinz werden will, muß kühn sein, Verliebtheit alleine genügt nicht. Der Held der Goetheschen Walpurgisnacht liebt sein Gretchen bei aller moribunden Motivik nicht unter akuter Todesgefahr. Hans Castorp dagegen hat Augen »wie bei einer Leiche« und ist zu Beginn seiner cour d'amour »totenbleich« (463), es geht ihm damit wie der denkbar gretchenfernen Chauchat (»Sie war so bleich wie der Tod«, A I, 63).[7] Es ist oft bemerkt worden, daß Hans Castorp schon zum Ende der Walpurgisnacht leitmotivisch in Todesnähe manövriert wird. Von der Evokation jenes nimmermüden Dämons abgesehen, ist es doppelt angebracht, weil der werbende Held im Märchen in Todesgefahr schwebt und der Reisekamerad selbst ein Toter ist. Ohne dessen Hilfe würde auch Johannes im Lustgarten baumeln. Er schafft es nur knapp, wie Castorp, in dem sich Johannes und Reisekamerad vereinen (weshalb er zu seinem verständlichen Mißbehagen von Krokowski als »Kamerad« begrüßt wird, 268); knapp kommen sie beide ans Ziel und können dort die Braut heimführen, hier das Crayon rückerstatten.

Um aber soweit zu gedeihen, mußten beide den Zaubererball besuchen. Nur wer dem Ball beiwohnt, Castorp oder der Reisekamerad, erwirbt das geheime Wissen. Nur wer sich ins Innere des Zauberbergs begibt, wird erfahren, wie Tod sich in Liebe wandle; sei es der Reisekamerad oder Hans Castorp.

Reisekameraden

In Castorp vereinen sich Johannes – »Giovanni« (989) – und Reisekamerad, der Naive, Furchtlose (zum größeren) und der Brave, Tatkräftige (zum kleineren Teil); die beiden sind schon in Andersens Märchen als Doppelfigur angelegt, wie Doppelgänger und Tote seit je zusammengehören. Sofern Giovanni aber selbst Teil einer Doppelfigur ist, wie wir sehen werden, kann man es auch andersherum aufklappen. Alle beide sind sie Reisekameraden, Hans und Joachim.

Das »Kamerad«-Motiv wird wie alle wichtigen früh und unauffällig eingeführt. Die zuständige Nebenfigur ist in diesem Fall der zweite Leiter des Totenreichs, der Seelenzergliederer Edhin Krokowski. Der schwarzbleich Phosphoreszierende, dessen Blässe noch durch die Schwärze seines »ziemlich langen, in zwei Spitzen auslaufenden Vollbartes« (29) gehoben wird, den »langen schwarzen Bart« (A I, 64) also des bösen Zauberers, gelangt zu seiner ersten »Kamerad«-Anrede durch die äußeren Loggien, »so daß sich die Vorstellung aufdrängte, als sei er durch die Lüfte gekommen« (267); was ihm als Zauberer ja auch ein leichtes gewesen wäre. Hans Castorp sträubt sich anfangs gegen ihn, sobald er seinen Widerstand aufgibt, fällt das Wort »Kamerad« fünf Mal. (508ff.) Es ist auf Castorp bezogen, dadurch aber, daß es »das militärische Wort« (508) genannt wird, auch schon auf den tapferen Soldaten Ziemßen. Krokowski hat nur negatives Recht auf das »Kamerad«-Motiv, er usurpiert es, weshalb Castorp seinem Vetter auch sagt, es stehe dem Doktor scheußlich zu Gesichte. (508) Besonders übel muß ihn Krokowskis »Frisch ans Werk denn, Kameraden!« (934) berühren, als es um die Rückkehr des wahren Reisekameraden geht, zu der ihm dessen übler Konterpart nicht mitverhelfen kann, ohne die Situation für sich auszunutzen.

Ab dem sechsten Kapitel muß der brave Joachim den Reisekameraden übernehmen und damit zuerst einmal sterben. Die zugehörige Ausrüstung wird gleich am Anfang des Kapitels von Behrens zur Sprache gebracht. Castorp möge doch auf seinen Vetter, den Kindskopf, einwirken, der unbedingt seinen »Schleppsäbel« haben wolle (488); den als Stockdegen des Märchenprinzen vorbereiteten »großen Säbel« des Kindertheaters, den der Reisekamerad eintauscht. (A I, 55) Im nächsten Gespräch, als Ziemßen es erzwingt, fällt die zugehörige Reise noch öfter als vorher der Kamerad: »Wollen Sie Reisender werden«, »Nein, ich muß jetzt abreisen«, »Reisen Sie mit Gott«, »Sie reisen ohne Garantie« und so fort. (578 f.) Wie angekündigt – »ich reise nach Hause, und wenn es mein Tod ist« (481) – reist Joachim und kommt zurück, Hans Castorp bespricht die Neuigkeit gleich mit dem zuständigen »Kameraden«. (691) Als er sich von Behrens dann Joachims bevorstehenden Tod bestätigen läßt, fragt der ihn, ob er an seinem Vetter hänge. Da wendet er zum ersten Mal das bei Krokowski verabscheute Wort auf ihn an: »Was läßt sich da sagen, Herr Hofrat. Ein so naher Verwandter und so guter Freund und mein Kamerad hier oben.« (732) Der Kamerad ist der demnächst tote Reisekamerad, an dessen Leichenbett Castorp, gewarnt, mißtrauisch Wache halten und von dem er sich mit mehr Recht noch als von Goethes Valentin beschützt fühlen wird. Was sollte der Tod ändern? Reisekameraden sterben nicht endgültig, sie können sich als Tote materialisieren und pflegen alles zu tun, auf ihren Freund, Hans oder Johannes, ein wachsames Auge zu haben.

Wie Joachim den Hans wird Andersens *Reisekamerad* den Roman bis zum Ende führen; weiter aufgefaltet, geknickt und motivisch gewendet erscheint er wieder in dem Dreierabschnitt, in dem Hansens Nachfolger als Madames feststehend so betitelter »Reisegefährte« und »Reisebegleiter« – um ja nicht Reisekameraden zu heißen, heißen sie »Reisegenossen« (853) – im Zauberberg letztes Quartier nimmt. »Gut, Kamerad« (783), sagt er seinem entmachteten Vorgänger, von dem er sich die Trophäe in formloser Abdankungszeremonie persönlich überreichen läßt – »Wollen Sie mir – Ganz recht. Das Taschentuch. Ich danke sehr.« (833) Bald darauf verabschiedet auch er sich auf die märchenhafte Art:

> Er reiste ab? – Ja und nein. – Ja und nein? Bitte keine Geheimniskrämerei! Man wird sich zu fassen wissen. Auch Leutnant Ziemßen ist gestorben [...] (795)

Wie Ziemßen also seinen Vetter, der noch vor Peeperkorn geheimnisvoll Abgereiste den vorläufig Obengebliebenen, wird Andersens *Reisekamerad* den Roman bis zu dem »Donnerschlag« begleiten, der den Zauberberg sprengt und den Siebenschläfer unsanft vor die Tore setzt (985); die unsanften Modalitäten, unter denen sich schon der erste Zauberberg – »Es rollte wie Donner, als der Berg sich öffnete« (A I, 60) – im frühen, unvergessenen Märchen aufgetan hatte.

Behrens aber flunkert, wenn er sagt: »hexen können wir auch nicht« (249), als Chef des Zauberbergs und Vorsteher der »Hexenoffizin« (301) teilt er sich mit dem schwarzbärtig durch die Lüfte fliegenden Krokowski Platz und Funktion des Zauberers im Märchen.

VII. VERFÜHRUNG ZUM TODE: DIE EISJUNGFRAU

Der kleine Rudi. Castorps Kindheit

Anders als der Reisekamerad, dem der Zauberberg nur ein Ausflugsziel ist, das man nach festlicher Einweihung schnell wieder verläßt, kommt Hans Castorp nach der Walpurgisnacht nicht mehr aus ihm heraus. Sieben Jahre lang bleibt er stecken, und fuhr doch nur auf drei Wochen. Wie passiert es eigentlich? Es zieht ihn hinein, hinab, aber immer wieder gibt es Momente, in denen ein Ruck genügen würde, damit er loskäme und dem Flachland wiedergewonnen wäre. Er wird es nicht, weil er sich in diesen Augenblicken verführen läßt.[1] Die Verführung ist die des Todeseros, Hippe-Chauchats, dem Castorp um so leichter verfällt, als er schon in der Kindheit mit der Macht des Todes in Berührung kam. Auf diese frühe Berührung beruft er sich ausdrücklich als auf eine Voraussetzung dafür, schon immer der Krankheit zugeneigt zu haben. (279)

Keine Voraussetzung dafür wäre gewesen, daß er gleich Doppelwaise wird und zweimal das Zuhause wechselt. Man kennt es so, gewöhnt sich daran und fragt nicht mehr nach der Funktion, als hätte Thomas Mann die Kindheit seines Helden nicht ohne weiteres zwar todesnah, aber weniger umständlich gestalten können. Die sonst immer anzunehmenden autobiographischen Zwecke können in diesem Fall nichts damit zu tun haben, der junge Thomas Mann verlor nur ein Elternteil und wurde nicht zwischen Großvätern und Onkeln herumgeschoben.

Ein anderer jedoch wurde es, der Märchenheld, den die Eisjungfrau sich holt, der von ihr verführte spätere Adlerjäger Rudi. In Andersens spätem, wie *Tante Zahnweh* wenig bekanntem, in der Schweiz spielenden Pendantmärchen zur *Schneekönigin*, das Thomas Mann in seiner Gesamtausgabe angestrichen hat und in dem vom *Zauberberg* her gelesen lange Motivketten noch unentwickelt im Knäuelzustand beisammen liegen,[2] wird der Hauptfigur genau diese umständliche Kindheit zugemutet.

Rudi ist Vollwaise und wechselt in der Kindheit zweimal Haus und

Umgebung. Erst lebt er beim Großvater, der einen alten Schrank voll von »Schnitzereien« hat, dann kommt er zum Onkel. (A II, 194) »Rudi war nun acht Jahre alt [...].« (A II, 200)

Hans Castorp wird in der kurzen Frist zwischen seinem fünften und siebten Lebensjahr zum Doppelwaisen. (32) Mit sieben zieht er zum Großvater, der ihm den alten Schrank aufschließt, in dessen Innern sich auch ein Barometer »mit figürlicher Holzschnitzerei« befindet. (35) Beim Großvater bleibt er nur kurze Zeit, »es waren nur anderthalb Jahre«. (33) Wie Rudi bei seinem Eintritt ins Onkelhaus ist Hans – sieben plus eineinhalb – acht Jahre alt, wenn er zum »Onkel« (174) kommt, zu dem sein Großonkel sich bald genug verjüngt.

Früh tingiert, macht er in dem als zweiten geplanten Abschnitt des *Zauberbergs* wie Rudi die *Reise in die neue Heimat* des zweiten *Eisjungfrau*-Kapitels. Beide steigen sie den Schweizer Berg hoch, ein »zäher Aufstieg« (11) auch für den, der es sich eigentlich mit seiner Schrift über Dampfschiffe bequem machen könnte. Rudi, der selber steigen muß, »war früher nie so hoch oben gewesen« (A II, 202); »[...] In meinem Leben war ich noch nicht so hoch«, wiederholt Castorp seinem Vetter. (18) Der Gedanke an die unangemessenen Höhen bewirkt, daß er von einem leichten, leitmotivischen Schwindel angewandelt wird. (14) Es ist die erste Attacke der Eisjungfrau:

> Der Schwindel hat viele Brüder, eine ganze Schar; und die Eisjungfrau wählte den stärksten der vielen, die innerhalb und außerhalb der Türen ihr Wesen treiben. [...] Der Schwindel und die Eisjungfrau, beide greifen nach den Menschen [...]; der Schwindel sollte Rudi ergreifen. (A II, 198)

Er schafft es zunächst bei Rudi so wenig wie bei Hans, aber die Eisjungfrau läßt nicht locker.

Die Augen der Chauchat. Todesküsse

Das Mittel, durch das ihr die Verführung doch noch gelingen wird, nachdem die Macht des Schwindels alleine nicht ausreicht, sind die Augen und gewisse Küsse. Ihre Vorgängerin küßt den kleinen Kay auf die Stirn, worauf er erstarrt, sie küßt ihn ein zweites Mal, worauf er seine

Vergangenheit, seine Heimat und seine Lieben vergißt. »›Nun bekommst du keine Küsse mehr!‹, sagte sie; ›denn sonst küsse ich dich tot!‹« (A I, 262) Der altersradikalen Eisjungfrau ist die Reserve der Schneekönigin fremd, ihr Opfer überlebt nur den ersten Kuß. Zum Opfer werden die fast oder ganz zu Tode Geküßten nicht ohne eigenes Zutun; zermürbt und kirre gemacht durch Augenverführung.

Am Abend nach der Ankunft auf dem Schweizer Berg wird Hans Castorp von Settembrini aufgefordert, seine Sachen zu packen und abzureisen, da blickt er zufällig ins Nebenzimmer, sieht dort die schmalen Augen der Chauchat und bleibt. (124) Vor der entscheidenden Untersuchung ist er so gut wie entschlossen, dem Hofrat ausrichten zu lassen, seine Erkältung habe sich schon bedeutend gebessert, da blickt Madame zu ihm herüber, ein Lächeln steht »in ihren schmalgeschnittenen Pribislav-Augen«. (247)[3] Castorp bleibt, indem er sich zur Untersuchung einstellt, von der er weiß, daß sie enden wird, wie sie immer enden. Rückblickend zieht sich ihm die Macht der Verführung und die Person der Verführerin ganz auf ihr Wesentliches zusammen; er habe Clawdia immer geduzt, sagt er Peeperkorn, »seit ihre Augen mir zuerst begegneten und es mir antaten«. (848)

Die Augen waren es auch, durch die ihm bei seiner ersten kleinen »Schnee«-vorbereitenden Expedition[4] die Identität von Hippe und Chauchat überhaupt aufging. (206) Die Zärtlichkeit, in der Eros und Thanatos verschmelzen, ist der Todeskuß. Hans Castorp erträumt ihn sich am Ende seiner Forschungen, vor Grauen und Lust vergehend, von der Hippe-Chauchatschen fleischgetragenen Schönheit. (398 f.)[5] Die Steigerung dieser Forschungen, die gesteigerte Hippe-Exkursion, führt ihn ins Gebirge. Dort stößt er seinen Skistock in den Schnee und sieht zu, wie »blaues Licht aus der Tiefe des Loches dem Stabe nachstürzte, wenn er ihn herauszog«:

> Es war so ein eigentümliches zartes Berg- und Tiefenlicht, grünlichblau, eisklar und doch schattig, geheimnisvoll anziehend. Es erinnerte ihn an das Licht und die Farbe gewisser Augen [...] (661)

Die gewissen Augen sind nicht nur die Chauchats. Im Schneegebirge wird der verwegene Rudi von der dem Schwindel hinterhergeschickten Abgesandten der Eisjungfrau angeblickt, der ersten Verführerin, einem jungen Mädchen:

> Seine Augen hatten eine seltsame Macht, man mußte in sie hineinschauen, sie waren so seltsam glasklar, so tief, bodenlos. (A II, 216)

Grünlich-blau ist Castorps seltsames, eisklares Tiefenlicht, blaugrün ist das Gletscherwasser zum Höhepunkt der *Eisjungfrau*. Als ihr zu Tode geküßtes Opfer hinabblickt, leuchtet das Wasser »in weißblauen Flammen«. (A II, 239) Beide Farbmotive, die »Eiswände wie blaugrünes Glas« und die »weißblauen Flammen«, setzt Andersen auch bei der zweiten Augenverführungsszene ein, bei der Rudi noch knapp mit dem Leben davonkommt. (A II, 233, 201) Es sind Leitmotive, wie im *Zauberberg*, in dem schon der »märchenhafte« Blumenschnee »weißbläulich« (vgl. 503 f.) schimmert, »bläulich« (399) sich schon Chauchats Venenäste in Castorps Forscherträumen abzeichneten; wie schon Frau von Rinnlingens Arm »von ganz blaßblauem Geäder« durchzogen war. (VIII, 89)

Venen sind eben blaßblau, wird man sagen, warum sich darüber aufhalten? Venen sind von Natur aus bläulich, daß aber auch das Wort Liebe von Natur aus etwas Bläuliches habe, wird man ebenso wenig behaupten wie man andererseits bestreiten würde, daß Madame Chauchat und Liebe allegorisch so verbunden sind wie organisch jene zwei Venenäste. Nun aber: in »Analyse« prüft sich Hans Castorp, wie ihm das von Krokowski so oft wiederholte Wort Liebe vorkomme, und merkt, daß er eine Vorstellung von »etwas Weißbläulichem« damit assoziiert. (178)[6] Zwei Seiten später wechselt er den Gedankengegenstand und versinkt in die Betrachtung der kühlen Arme jener erträumten Schönheit, deren Venen zum Ende von »Forschungen« bläulich hervortreten. Die Forschungen münden einen Satz darauf in den mit Lust und Grauen empfangenen Todeskuß. Bläulich weiß sind der märchenhafte Schnee, die Liebe, die süßen, todbringenden Arme; alles wie im markierten Märchen. Dort versinkt der zu Tode Geküßte im klaren blauen Gewässer, seine zurückbleibende Verlobte aber muß den finalen Auftritt der Andersenschen Göttin erleben. Unter den Szenen, die den stärksten Eindruck auf Thomas Mann hinterlassen haben, wird diese nicht die letzte gewesen sein:

> der See erhob sich in diesem Augenblick wie ein leuchtender Gletscher, die Eisjungfrau stand majestätisch da, bläulich blaß, leuchtend, und zu ihren Füßen lag Rudis Leiche (A II, 240f.)

Friedemanns Ende

Daß er das in vielen Abwandlungen durchgespielte Motiv der tödlich bezirzenden Augen,[7] travestiert schon im Augenspiel zwischen Nixe und Adlerjäger, nicht nur am frühesten in Andersens Märchen fand, sondern gleich zu Beginn seiner literarischen Tätigkeit als Andersen-Motiv einsetzt, beweist die Erzählung, mit der alle Verführungsgeschichten begannen. Beim ersten Raffen ihres Inhalts fielen uns die Ähnlichkeiten entgegen, die den kleinen Friedemann mit der kleinen Seejungfrau verbanden. Für dämonische Verführer war dort noch kein Platz, nur für arme Verführte.

Anders als der ahnungslose Prinz in der *Seejungfrau* könnte Frau von Rinnlingen jedoch nicht behaupten, frei von Schuld zu sein am Selbstmord des Zurückgewiesenen. Sie wäre es höchstens insofern, als sie, nach Böhmscher Deutung, gar kein dämonisches Weib ist, sondern eine Allegorie oder Personifizierung der ihr Opfer erniedrigenden Sexualität.[8] Der falsche Epikureer, der glaubte, sie durch Lektüre und Kunstübung ausdörren zu können, verfällt ihr um so tiefer. Der Rhythmus, in dem ihn sein Schicksal ereilt, ist der des Märchens, wie Böhm en passant bemerkt: »dreimal treibt die Kühle den Krüppel an den Rand der Verzweiflung, das vierte Mal ist es dann soweit.«[9]

Märchen ist richtig, aber wieder zu unspezifisch. Schon die Form des *Friedemann* verrät, wem er nachfolgt. Thomas Manns Erzählung ist wie Andersens *Eisjungfrau* in fünfzehn Abschnitte unterteilt. (*Der Zauberberg* in sieben Kapitel, wie *Die Schneekönigin*). *Die Eisjungfrau* beginnt mit dem Kapitel *Der kleine Rudi* und verfährt mit diesem Rudi wie Frau von Rinnlingen mit dem kleinen Friedemann. Das erste Mal wird Rudi von der Eisjungfrau geküßt, kann ihr aber noch entkommen. Den zweiten Anschlag übersteht er souverän. Beim dritten Mal verliert er Bewußtsein und Verlobungsring, beim vierten Mal das Leben. Wie Friedemann sitzt er in warmer Mondnacht auf einer Bank im Grünen, bevor er ins Wasser geht, um einem von der Eisjungfrau als Köder gelösten Boot nachzuschwimmen (auf das hier allenfalls, wie Thomas Mann gesagt hätte, durch die Papierschiffchen angespielt wird, die ein Gast der Rinnlingens im Springbrunnen schwimmen läßt). Im Wasser wird Rudi von der Eisjungfrau mit einem elektrischen Stoß zu Tod geküßt. Friedemanns Körper durchläuft »ein Zucken«, bevor er ins Wasser geht; getötet, mittelbar, von der herrisch verführerischen Gerda, die ihre Gründe hatte, »eiskalt« in die Welt zu sehen. (VIII, 84f.; 105)

Die Eisjungfrau wird auch »Gletscherkönigin« (A II, 198) genannt und hat mit der Schneekönigin fast alles gemeinsam. Frau von Rinnlingen muß, wenn sie einer gleicht, beiden gleichen. Wie bei der Schneekönigin und den Eisjungfraugesandten sind es vor allem ihre Augen, die den kleinen Mann bezirzen. Die Schneekönigin erscheint Kay hinter dem gefrorenen Fenster, sie ist schön, was Kay aber vor allem bannt sind ihre Augen, die wie klare Sterne starren, dabei aber merkwürdig flackern. Frau von Rinnlingens »seltsame Augen« heften sich einerseits immer wieder fest und forschend auf den kleinen Herrn Friedemann, sind dabei aber von einem leitmotivischen »unheimlichen Zittern«. (Vgl. VIII, 95f.) Ihr Haar, vom Licht getroffen, leuchtet einen Augenblick goldig auf; das Krönlein, wie es einer Königin gebührt. (VIII, 94)

Frau von Rinnlingen trägt im übrigen wie Frau Buddenbrook, geborene Arnoldsen, deren Augen noch nie getraut wurde, das Herkunftssiegel schon mit ihrem Namen herum. Wer Gerda heißt, kommt aus der *Schneekönigin.* Wer Rudi heißt, aus der *Eisjungfrau.*

Um Rudis weiteres Fortkommen und Ende mit Thomas Mann zu erzählen, müssen wir also noch auf einen Sprung zum *Doktor Faustus.*

Der große Rudi. Kalte Flammen

Andersens Rudi wird nach seiner schwierigen Kindheit ein hübscher Bursche, eine leicht dämonische Flirtnatur, ein Tänzer, von dem die Mädchen träumen. Von Beruf ist er Jäger. Nachdem er eine Annette beim Tanz geküßt hat, sagt ein Alter: »er hat mit A angefangen und wird schon das ganze Abc durchküssen!« (A II, 208) Wirklich verliebt er sich als nächstes in eine Babette. (Würde die Geschichte sich fortsetzen, müßte er sich also in eine mit C beginnende Frau verlieben.)

Babette ist die schöne Tochter eines Müllers in der französischen Schweiz. Rudi gelingt es, sie für sich zu gewinnen, das Glück des Paares wird aber von der eifersüchtigen Eisjungfrau unterminiert. Als Knabe hat Rudi einen Sturz in ihre Eiskluft überlebt, das kann die Gletscherherrin nicht dulden:

> »Zermalme, halte fest! Mein ist die Macht!« sagt sie. »Einen schönen Knaben stahl man mir, einen Knaben, den ich geküßt, aber nicht totgeküßt habe. [...] Mein ist er, ich hole ihn mir!« (A II, 198)

Rudi verlobt sich mit Babette, nachdem er seine Probe als Adlerjäger bestanden hat, verfällt aber einer Verführungsattacke der Eisjungfrau, die ihn den Verlobungsring kostet. Wieder versöhnt, reisen Babette und Rudi zur Trauung an den Genfer See. Am Tag vor der Hochzeit wird Rudi von der obsiegenden Eisjungfrau heimgeholt und triumphierend zu Tode geküßt. »Armer Rudi! Kurz war der Triumph deiner kindischen Dämonie, denn sie hatte sich in dem Kraftfeld einer tieferen, verhängnisstärkeren verfangen, die sie schleunigst brach, verzehrte, zunichte machte.« Einen treffenderen Nachruf hätte sich auch Andersen nicht ausdenken können. Es ist aber der *Faustus,* der ihn hält. (VI, 553)

Schon das erste Kapitel des ins Märchenhafte gerückten Romans benennt die verhängnisstärkere Dämonie, schon die Exposition weist schaudernd auf Leverkühns Untat voraus. Die Einsamkeit des Helden wird von Zeitblom einem »Abgrund« verglichen, »in welchem Gefühle, die man ihm entgegenbrachte, lautlos und spurlos untergingen«. (VI, 13) Weniger Gefühle als Menschen hinterlassen üblicherweise Laut oder Spur, es sei denn, sie versanken in den Abgrund, die Gletscherkluft der Eisjungfrau. Zeitbloms Vergleich folgt der Satz: »Um ihn war *Kälte*«. Im Teufelsgespräch wird diese Kälte nach Art und Herkunft spezifiziert. »Gletscherhaft« (VI, 333) dringt da der Frost auf Leverkühn ein.

In Thomas Manns frühen Notizen wird Paul Ehrenberg, das Lebensvorbild für Rudolf Schwerdtfeger, als Rudolf Müller geführt.[10] Müller ist nicht nur der Name der größtmöglichen Schlichtheit, zu der es den Geist über alle Klüfte hinwegzieht, es ist auch des Müllerschwiegersohns potentieller Berufsname. Müller-Schwerdtfeger wird im *Doktor Faustus* als Rudolf vorgestellt, im Lauf des Romans aber schnell zum Rudi verkürzt. Der Erzähler macht sich ein nicht rein aleatorisches Spiel aus dem Namenswechsel. Bei einer ganz bestimmten frühen Nennung wird Rudolf als Rudi angesprochen. Es entspannt sich da, erzählt Zeitblom, ein Streit zwischen Institoris und »Rudi Schwerdtfeger, der, sehr nett als Jägerbursche gekleidet, eben einmal bei uns saß«. (VI, 385) Ein paar Sätze nach der Decouvrierung heißt der Jägerbursche dann wieder Rudolf.

Rudi verliebt sich wie sein Vorbild in die schöne »französische Schweizerin« (VI, 555), die eben da geboren ist, wo im Märchen gestorben wird, »am Genfer See«. (VI, 557) Buchgemäß verlobt er sich mit ihr, buchgemäß wird er vor der Hochzeit getötet, Opfer einer Rache, die »kaltblickend und geheimnisvoll« zuschlägt (VI, 553):

> die Eisjungfrau saß auf dem klaren, durchsichtigen Grund, sie hob sich zu Rudi empor, küßte seine Füße, und ein eiskalter Todesschauer ging durch seine Glieder, ein elektrischer Stoß – Eis und Feuer! Man unterscheidet sie nicht bei der kurzen Berührung. (A II, 239)

So stirbt der eine Rudi. Dem Mord an dem andern geht unmittelbar dies voraus:

> Elektrisches Feuer zuckte beständig unter den Rädern des Gefährtes und noch stärker oben an der Kontaktstange, von wo diese kalten Flammen zischend in ganzen Funkenschwärmen zerstoben. (VI, 594)[11]

Rudis Mörderin, Ines Institoris, die Schwester Karens und Verkörperung des lebensängstlichen Pessimismus, hat von der Eisjungfrau gar nichts und ist bis auf den Schluß auch ausnehmend undämonisch. Bis zum dreiundzwanzigsten Kapitel war nicht einmal entschieden, ob sie oder die andere Rodde-Tochter den Mord begehen sollte. (Vgl. Tb, 13.10.1944) Es ist deshalb nicht so wichtig, weil es sich bei ihr nur um ein Instrument handelt, den unnatürlich verlängerten Arm der Rache.[12] Nicht sie ist Eisjungfrau, sondern Leverkühn, der Arrangeur des Racheplans. Dieser Plan, »kälter und grausamer« als Zeitblom es in seiner Gutmütigkeit begreifen kann, so daß er »in eisigem Schauern« (VI, 586) davor erstarren muß, wiederholt den der Andersenschen Gletscherkönigin, die nicht dulden kann, daß ihr einer, den sie geküßt hat, am Leben bleibt. Leverkühn behauptet zwar, daß er den Mann, der so dringend um das Du warb, im Auftrag des Teufels hätte töten müssen. (VI, 664) Vom Faust-Plan her gesehen wäre aber die Ermordung des Liebhabers nicht nötig gewesen,[13] vom Nietzsche-Plan her schon gar nicht, und autobiographisch wird sie auch nicht sein. Der Eisige duldet nicht, daß ihm der Rudi entkommt, den er geküßt: es ist der Andersen-Plan, der die Handlung bestimmt.

Thomas Mann folgt ihm im *Faustus* fast ostentativ. Nichts verpflichtete ihn dazu, seinen Rudi Rudi zu nennen. Wenn er auf den Märchenstoff faute de mieux zurückgegriffen hätte, wäre die Einschwärzung und Umbenennung das nächstliegende Verfahren gewesen. Er behält den Namen bei, weil er wie überall das Bedeutungspotential des Zitierten hinüberleiten möchte ins eigene Werk. Die autobiographische Spannung, unter der dessen Held steht, erhöht sich durch diese Zuleitung gewaltig. Technisch gesprochen entsteht sie durch Kaskadenschaltung, die Hintereinanderschaltung gleichgearteter Elemente, bei der sich ein Gefälle ausbildet. Leverkühn ist Liebhaber der keuschen Seejungfrau und der dionysischen Dryade, die erste Polarität; er ist Seejungfrau und Faust,[14] die zweite; er ist Seejungfrau und Eisjungfrau, die dritte. Diese letzte Polarität ist am schwersten zu überbrücken. Die Seejungfrau wird gerettet, auch Faust kann noch gerettet werden, ein armer Sünder wie andere, kein hoffnungsloser Erzdämon. Urböse, gnadenlos, rachesüchtig, des Sündenbewußtseins bar ist allein die Eisjungfrau, die nur aus Narzißmus besitzen und vernichten will. Man muß über ein hypertrophes verfügen, um sich dieser Eigenschaft so hart anzuklagen, wie der *Faustus* es durch Einbestellung der *Eisjungfrau* tut. Erst durch ein allerletztes Märchenvorbild, das wieder Opfer ist, erfährt diese Härte eine letzte, lösende Milderung.

VIII. SCHNEE

Was das fünfundzwanzigste Kapitel für den *Doktor Faustus*, ist »Schnee« für den *Zauberberg*. Im *Faustus* wird, vielleicht halluzinierend, ein Pakt besiegelt, im *Zauberberg* traumweise der neue Bund geschlossen. In beiden Romanen laufen im je zentralen Kapitel alle Enden zusammen. Von beiden Kapiteln gehen die für die zweite Hälfte entscheidenden Anfänge aus.

»Schnee« soll durch eine der Bewegung des Helden angepaßte Vorgehensweise gewürdigt werden. Hans Castorp irrt herum und glaubt sich auf dem Heimweg, entfernt sich aber nicht aus dem Kreis um die Hütte, in deren Schutz er seinen Traum träumen wird. Der Mittelpunkt des Abschnitts ist räumlich die Hütte, thematisch der hervorgehobene Satz. Der Kursivsatz steht im Gedankentraum, der Gedankentraum beendet die zweigeteilte Vision, die folgt dem Aufstieg und dem Umkommen im Sturm. In enger werdenden Kreisen wird so auch die Nachbetrachtung bei dem grundsätzlichen Wort anlangen, das einem Teil der Interpreten aus anfechtbaren Gründen fast etwas wie ein Ärgernis ist.

Ein Rudel grundsätzlicher Fragen lagert aber schon am Fuß des Schneegebirges und überall auf seinen Höhen. Der Deuterzug, der immer in Eile ist, zu den Ertragssätzen zu gelangen, konnte es bisher unbehelligt durchqueren. Solang er sie unbeachtet läßt, tun sie ihm auch nichts, erst wenn er zeigt, daß er sie bemerkt hat, riskiert er, den sicheren Weg ins Allgemeine abgeschnitten zu bekommen. – Weswegen überhaupt Aufstieg ins Gebirge? Warum die Hütte, warum Traumgesicht und Heimflug (denn Castorp fliegt zurück, wie es scheint)? Warum Vision vom Tempel, warum Kindsverzehr, warum Wiedererwachen früh morgens oder kurz vor fünf? Warum schon überhaupt immerzu *Schnee*? Das wären solche Fragen rechts und links, die der hinaufstrebende Forscherzug dort siebzig Jahre lang vorsichtig auf sich beruhen ließ.

Polarfahrt zur Königin. Schneereich, außer der Welt

Castorps erster großer Spaziergang ins Freie führt ihn zum späteren Regierungssitz. Nichts hätte ihn daran gehindert, seine Humanitätsideen dort auf dem Bänkchen am Fluß zu entwickeln. Daß es dazu schneie, war nicht notwendig, noch weniger, daß er sich im Schnee verliere. Thomas Manns Klagen über das Vorbild Adalbert Stifters, gegen dessen Schneetreiben kaum anzukommen sei (Br Bertram, 72), erklärt noch nicht, was die eigene konkurrierende Schilderung nötig werden ließ.

Lange bevor er Stifter kannte, hatte er Hannos Freund Kai im Schneegestöber verschwinden lassen. Der Schnee hat sich nicht geändert seither, es ist der Schnee, den Andersens siebenteiliges Märchen im Titel führt. Nicht wegen der Lufttemperatur oder der Davoser Höhenlage fällt er so oft über Manns Sanatorium. Er fällt, weil die Herrin von ihrem Polarreich aufgebrochen ist, um im Süden für Schnee zu sorgen. (A I, 285) Thomas Mann sagt es in der ihm gemäßen Art, via negationis, selbst. Er solle sich den ersten Winter nicht allzu grimmig vorstellen, wird Castorp von seinem Vetter instruiert, »nicht gerade arktisch«. (373) Arktisch hätte man es sich in der Schweiz sowieso nicht vorgestellt, man soll es aber gerade. Tatsächlich haucht es Castorp gleich nach der Ankunft arktisch an; am dritten Tag macht er den ersten Kontakt mit dem »Gestöber« (662), in dem er verschwinden wird, wie Kai in ihm verschwand. Ein Wind von fremder Luftbeschaffenheit zieht auf, »kalt und das Gebein erschreckend, als käme er aus unbekannten, eisigen Gegenden [...]«. Diese das Gebein anrührende und also toddrohende, aber auch sakrale fremde Luft – »Gebein« variiert das kryptotheologische Motiv »Mark und Bein«[1] – fegt durch das Tal und eröffnet »ein ganz neues Regiment [...]. ›Schnee‹, sagte Joachims Stimme hinter der Glaswand«. (133)

Neu ist es aber keineswegs, sondern das alte »Regiment Schneeflocken« (A I, 282), das schon Gerda bedrohte, als sie in die unbekannte, eisige Gegend, die tödlich sakrale Zone der Königin eindrang, um sich Zutritt zum Eis- und »Schreckenspalast« zu verschaffen, als den Settembrini Haus Berghof enttarnt. (Vgl. 89) Der Räubermutter entwischt, deren Bekanntschaft wir noch machen werden, eilt Gerda dem Abhandengekommenen zu Hilfe, dick eingemummt läßt sie sich auf dem Rentier »nach dem Nordpol zu« transportieren (A I, 279), nach Spitzbergen, wo das Schloß der Schneekönigin steht. (Im *Faustus* reist man durchs Eis zum Schloß des homosexuellen Königs.)[2] Die Wölfe heulen, und die Nordlichter leuchten die ganze Nacht. (A I, 280)

Der stille Dulder Ferge, unser guter Anton, zieht dies zusammen:

> Von winterlichen Reisen durch das weite Reich erzählte er, von Fahrten die Nächte hindurch bei ungeheuerem Frost, im Liegeschlitten, unter Schaffelldecken, und wie er erwachend die Augen der Wölfe gleich Sternen über dem Schnee habe glühen sehen. (433)[3]

Nicht ganz so unauffällig wie der Polarreisende Anton Karlowitsch behandelt der Erzähler das Motiv der Polarexpedition. Daß es ein Leitmotiv ist, wird dem Leser bald bemerkbar; keines der Klasse ›Hut-Tragen‹ oder ›Duzen / Siezen‹ oder ›Mund-offen-Halten‹, aber eines der ›sibirisches Bagno‹-Klasse allemal. Auch wird dem Leser nicht entgehen, daß die Polarreise motivisch unter anderem mit Maria, der Zigarre, sowie mit Musik verbunden wird (72; 405), dem erotisch-metaphysischen Hauptkomplex. Diese Verbindung müßte ihm etwas gekünstelt vorkommen, wenn er nicht Andersens am Nordpol residierende Schneekönigin und damit das tertium comparationis Entrückung, Entgrenzung, Bedrohung durch Verführung vor Augen hat. Es bleibt zwar auch dann noch etwas gezwungen und strapaziert die realistische Oberfläche, wenn Castorp seine Befriedigung darüber ausdrücken muß, daß »in der ganzen Welt und noch unter den besondersten Umständen Musik gemacht« werde, »wahrscheinlich sogar auf Polarexpeditionen«. (405) Ohne die Andersen-Assoziation aber wäre es gleich ganz verstimmend und unverständlich. Mit ihr, um es freundlicher zu sagen, ist das Polarfahrt-Motiv ein Glöckchen am Schlittenwagen, das sich Castorp und dem Leser auf dem Weg zu den Schneegipfeln gelegentlich zu Gehör bringt.

Davos oder Spitzbergen, es ist ein Reich da oben, extra mundum, am Nordpol so wenig zu finden wie in der Schweiz. Es ist der Sitz der Macht, des Todes und der dämonischen Verführung; ein Magnetberg, ein jenseitiger, verschlossener Zauberbezirk, den man nur schwer wieder lebend verläßt, einmal hereingezogen; man heiße Hans oder Kay (oder K.[4]).

Flockenuntersuchung

Die ohne das Märchen gar nicht verständliche Sinnausweitung, die der Schnee im *Zauberberg* erfährt, wird im Abschnitt »Forschungen« in einer Landschaftsbeschreibung vorbereitet. Unterm Mondlicht verzaubert sich die Welt und wird wunderbar, in ihrer Winterspracht scheint sie in »eisige Reinheit [...] gebannt, ihre natürliche Unsauberkeit zugedeckt und erstarrt im Traum eines phantastischen Todeszaubers.« (378)

Philosophisch ist diese eisige Reinheit Schopenhauers Überform. Das Verzauberte, Wunderbare ist aber märchenhaft, wie der Schnee, in dem sich die Überform kristallisiert. Thomas Mann hat sie lange vor der Lektüre Schopenhauers in einer Anordnung entdecken können, die zu eigen ist, als daß ihr Wiederaufbau im *Zauberberg* und im *Faustus* nicht den sicheren Schluß auf den Erfinder gestatten würde. Wer Schnee unterm Vergrößerungsglas betrachtet und darüber ins Sinnieren gerät, ist ein später kleiner Kay. Lupe, Kristall und Reflexionen über die Grenze von Kunst und Natur, organische Üppigkeit und Überform gehören zum festen Ensemble der *Schneekönigin*.

Sie selbst changiert eigentümlich zwischen anorganischem und organischem Sein, wie nach ihr die alterslose Gerda Buddenbrook. Aus Millionen sternenartiger Flocken zusammengesetzt, ist sie »aus blendendem, blinkendem Eis, doch [...] lebendig«. (A I, 259) Kay bewundert sie und spielt, alsbald von ihr verführt, das kristalline Ebenmaß gegen die Unperfektheit des Vegetabilen aus. Mit einem »großen Brennglas« untersucht er, woraus die Königin besteht:

> »Sieh nur in das Glas, Gerda«, sagte er, und jede Schneeflocke wurde viel größer und sah aus wie eine prächtige Blume oder ein zehneckiger Stern, es war herrlich anzusehen. »Siehst du, wie kunstvoll!« sagte Kay. »Das ist viel interessanter als die wirklichen Blumen! Und es ist kein einziger Fehler daran, sie sind ganz gleichmäßig, wenn sie nur nicht schmelzen würden.« (A I, 261)

Jonathan Leverkühn, von dem Adrian das Spekulieren hat, bewundert »durch sein Vergrößerungsglas« (VI, 29) die Eisblumen am Fenster, die »Sterne von Blüten« vortäuschen und zwischen Leben und Nicht-Leben changieren wie die phallischen Polypen, die auch in der Unterwelt

Andersens wuchsen und tot sind, obwohl sie lebendig scheinen. (VI, 31f.) Wie beim Erstuntersucher konkurriert das tote Vexierwesen mit dem organischen Vorbild, den »wirklichen Blumen« bei Andersen, den »wirklichen Kindern der Flur« beim poetischen Zeitblom. (Vgl. VI, 29)

Schnee als Blume und Stern ist im *Faustus* schon Selbstzitat. »Arabesken, die halb Stern und halb Blume waren« (36), schmücken die Innenseite der Taufschale, des nach seiner Einführung im ersten Kapitel des *Zauberbergs* achtlos beiseitegestellten Todessymbols. »Schneeblumen, Blumenschnee« (504) finden Hans und Joachim auf ihrem Dienstgang im Frühling, jene weißbläuliche und märchenhafte Erscheinung. (503) Als »Zaubersternchen« (663) werden die von Hans Castorp untersuchten Flocken in »Schnee« bezeichnet. Wie vor ihm Kay und nach ihm Leverkühns Vater hat auch er sie bereits »unter seiner guten Linse« (662) gehabt und gefunden, daß zwar keines dem andern glich, daß aber »in sich selbst [...] jedes der kalten Erzeugnisse von unbedingtem Ebenmaß und eisiger Regelmäßigkeit« war. (663) Es ist das Ergebnis Kays, der sie vollkommen und fehlerfrei fand. Wie später Castorp mußte auch seine Vorgängerin erst in den bösen Schneesturm geraten, um sich daran zu erinnern: »Sie lief vorwärts, so schnell sie konnte; da kam eine ganzes Regiment Schneeflocken [...]. Gerda erinnerte sich noch, wie groß und kunstvoll die Schneeflocken damals ausgesehen hatten, als sie sie durch das Brennglas sah [...].« (A I, 282f.)

Der Schnee ist aber nicht das erste, was Castorp unter seiner guten Linse hatte. Wie bei Andersen liegt als erstes zu untersuchendes Präparat die Verführerin selbst bereit. In »Hippe« betrachtet Hans Castorp die Hand der Chauchat nicht nur von nahe, sondern so, »als habe man sie unter dem Vergrößerungsglas«. (181) Um den Motivkreis zu schließen, hätte Thomas Mann den daraufhin beschriebenen Arm »schneeweiß« nennen können. Er beläßt es dabei, ihn »kühl« zu nennen und Castorp die weibliche Verführung als »im Grunde fast märchenhafte Einrichtung« empfinden zu lassen. (182)

Die Übersetzung in Schopenhauersche Begriffe, Begriffe des Romans, ergibt sich ganz ungezwungen. Schnee ist Unform, sofern Schneekönigin und Eisjungfrau mit Blicken und Küssen bläulichweiß zur Vermischung locken. Schnee ist aber auch Überform, Tod in der kristallinen Erstarrung. Zum Ursprung, zum Schnee muß Castorp zurück, um zum Ziel zu kommen, der visionsweisen Überwindung des Dualismus. Nur im Element der Königin kann der Gedankentraum zu der Lösung führen, die beides verwirft, die Verführung zur Allverschmelzung wie die narzißtisch eisige Vollkommenheit.

Wenn Schnee Tod als Unform und Tod als Überform ist, Entgrenzungszauber wie Erstarrungsmittel, muß er aber gleich doppelt tödlich sein. Hans Castorp hat also schon mehr als anerkennenswertes Glück, daß er ihm noch einmal von der Schippe springen kann; falls er es kann.

Die Tödlichkeit des Schnees blieb bisher Behauptung und scheint den Wortlaut gegen sich zu haben. Castorp erwacht nach seinem Abenteuer und kehrt wohlbehalten nach Berghof zurück. Monoton und tausendzüngig aber suggeriert der Roman, daß seine Fahrt dennoch Hadesfahrt sei,[5] in einem gegen Ende lauter werdenden Dauerplätschern, dem man zu leicht nicht lang und nicht genau genug zuhört.

Warte nur, balde

Ein »wattiges Nichts« (651f.), »bar jeder Linie« (650), ein »Unwesen« (652), in »Urschweigen« liegend (657) und »unsichtbar« (650), ein »Chaos von weißer Finsternis« (652) – ein Reich, in dem offenbar die Gegensätze ineinanderfallen –, ein Reich des »Gleichgültig-Tödlichen« (657f.) und »Eisig-Leeren« (661), eisig leer wie der Silbersaal der Königlichen Hoheit (II, 56f.) – das ahnt man, daß dieses Gebirge, wie das Meer, mit dem es in mehreren Wellen verglichen wird, eine nicht nur wenig anheimelnde, sondern metaphysische, Grenzen aufhebende, das Vereinzelungsprinzip sprengende Landschaft ist. Das befreite Individuum, das ahnt man ebenfalls, kommt bei dieser Sprengung um.

Durch überzufällige Wiederholung macht sich Schnee erstmals in dem Abschnitt auffällig, der den Tod in der Überschrift trägt. Castorp folgt Karen auf den Friedhof, sieht den Wald »mit Schnee bedeckt«, die Gipfel »verschneit«, steht im »Schnee«, geht über Pfade zwischen »schneebepolsterten Gräbererhöhungen« – im »weißen Begräbnis« liegen später die Ruhebänke unter ihrer Last (650) –, sieht einen steinernen Engel, »eine Schneemütze etwas schief auf dem Köpfchen«, das alles auf einer halben Seite. (446f.) An die Kopfbedeckung des Friedhofsengels wird er sich bei seinem Monolog im Unwetter wieder erinnern. Eingeführt hat sie die Patronin des Romans – »der Pelz und die Mütze waren lauter Schnee« (A I, 262) –, deshalb fügt Thomas Mann auch das zugehörige Motiv der starren Augen ein: »Settembrini [...]

findet mich hier mit Glasaugen hocken, eine Schneemütze schief auf dem Kopf ...« (669)

Zu Beginn des nach ihm benannten Abschnitts amüsiert sich das Sanatorium unter der von Mal zu Mal bedrohlicher grundierten Bergwelt harmlos im Schnee. Es ist so harmlos aber auch wieder nicht, sondern erinnert an die Leichen, die im Winter per Bobschlitten hinabbefördert werden, wenn die Kranken auf Schlitten die Abhänge hinunterfegen, »die Füße voran« (653), was vor allem wieder Frau Stöhr bedenklich stimmen müßte. (Vgl. 416) Noch dazu benutzen sie nicht einmal Schlitten, sondern »Kinderschlittchen«; albern, aber auch gefährlich, wenn man nur an Kay erinnert, dessen Kinderschlitten sich, zauberisch angekettet, nicht mehr vom großen der Schneekönigin lösen konnte und ihn so ins Verhängnis zog. (A I, 261 f.)

Schnee ist nicht harmlos, obwohl er offenbar aus dem Märchen kommt. Das Bild der Welt ist »märchenhaft« und »wie aus dem Märchenbuch« (651), kaum liegt er hoch. Hans Castorp will ihn näher inspizieren und beschließt, Skierfahren zu lernen. Etwas zu emphatisch rät ihm der Pädagoge zu: »Um Gottes Willen«, sagt Settembrini, ein »guter Engel« habe es Castorp eingeflößt, schnell solle er die »gesegneten Utensilien« erwerben. (655) Was immer im Schnee passieren wird, vorsorglich wurde es so sakralisiert.

Castorp kauft sich Skier, steigt in die Berge und wird vom Unwetter überrascht. Im Märchen fällt der Schnee immer dichter, so daß Kay »keine Hand vor den Augen sehen« kann (A I, 262), Castorp kann im Sturm zwar »allenfalls die Hand vor Augen, aber nicht einmal bis zu den Spitzen seiner Schneeschuhe« sehen. (667) Im Schloß der Schneekönigin wehen »schneidende Winde« (A I, 285); der Wind in »Schnee« schneidet wie mit Messern ins Fleisch (666), so daß dem Eingeschneiten, in Zuspitzung des Märchenmotivs, nicht nur der Pelz der Schneekönigin, sondern sogar »sieben Pelze« (666) nicht genügen würden, um sein (hier wiederholtes) Gebein vor dem Kältetod und besagter Schneemütze zu bewahren.

Was ihm immer ernsthafter droht, war schon nach der Beschreibung der Luftverhältnisse und des durch sie beförderten Schlafes abzusehen. Castorps »Augenblick des Hinüberganges« (652) deutet schon auf den »knappen Übertritt« (vgl. 743) Ziemßens voraus; ein Übertritt zu einem Schlaf, dessen Traumlosigkeit »von keinem unbewußten Gefühl organischer Lebenslast berührt wurde, da das Atmen der leeren, nichtig-dunstlosen Luft dem Organismus nicht schwerer fiel als das Nichtatmen der Toten« (652), was schon nicht sehr beruhigend verglichen war. Hans Castorp will es trotzdem wissen, obwohl er ahnt, was ihm dabei droht. Der Erzähler teilt dem Leser seine übereinstimmende Befürchtung dadurch mit, daß er in beiläufiger Naturbeschreibung Goethes Gedicht der Todesnähe, vor dem »Warte nur...« abbrechend, zu freier Prosa formt:

> Da war kein Windhauch, der die Bäume auch nur aufs leiseste gerührt hätte, kein Rauschen, nicht eine Vogelstimme. (657)

Vor solchem Urschweigen neigt Castorp den Kopf zur Schulter, mit offenem Mund, wie immer vor Liebe, Musik und Tod. Bald ruht auch der, sein Kopf, an der Bohlenwand des Hüttchens; allerdings nicht Kopf, sondern schon »Schädel« benannt. (673)

Bis es dahin kommt, hat sich der Tod, den es nicht länger rumorend unter der Decke hielt, offen auf die Oberfläche geworfen. Im Schnee, der ihm eben noch das bläuliche Licht jener Augen zuspielte, erkennt Castorp endlich sein Geheimnis, »das Geheimnis des Todes selbst«, die Überform, die »genaue Richtigkeit«, vor der dem Leben schaudere. Darauf denkt er an den antiken Tempel, in den er über ein kleines eintreten soll. (Vgl. 663) Von »eisigem Todesschrecken« (666) bedroht, spricht er von seinem »Umkommen«, verbessert sich und fällt gleich wieder zurück. (674) Sein Widerstreben gegen das Ungeheuer-Verheißungsvolle schwindet, er lehnt sich an und bewilligt sich, bevor er versinkt, eine geringfügige, aber letzte Positionsveränderung: »Halte dich still und laß immerhin deinen Kopf hängen, da er nun einmal so schwer ist.« (677) Da haben wir Aschenbach, sterbend. Im gravitätischeren Ton der Novelle:

> Sein Haupt war an der Lehne des Stuhles langsam der Bewegung des draußen Schreitenden gefolgt; nun hob es sich, gleichsam dem Blicke entgegen, und sank auf die Brust, so daß seine Augen von unten sahen, indes sein Antlitz den schlaffen, innig versunkenen Ausdruck tiefen Schlummers zeigte. (VIII, 524f.)

Den gewiß auch Hans Castorp gezeigt haben würde, hätte man ihn in seinem anschließenden Traumschlummer betroffen, oder dem, was man dafür hielte.

Aschenbach stirbt, Castorp überlebt, um dann mit dem Roman zu enden. Er erfriert nicht, weil er zweimal auffährt (wenn er in einer Viertelstunde hätte erfrieren können). Es schien, das Leben hatte es gut gemeint mit seinem Sorgenkind, wie der Erzähler mit leichter Einschränkung erklärt (687); derselben Einschränkung, mit der er vor dem Bluttraum erklärt hatte: »Es schien unbedenklich.« (681) Anscheinend oder scheinbar ist Hans Castorp nichts weiter passiert als ein kurzes, durch den Genuß von Portwein (warum übrigens Portwein?) bewirktes Einnicken. Offiziell entgeht er dem Schneetod, dem ihn der Erzähler erst leise zuredend und dann mit Trommeln und Trompeten entgegentrieb. Der hätte also nur dick und romantisch aufgetragen und seinen Verweisapparat umsonst installiert, schreiend unökonomisch, wie es so seine Art ist?

Der böse und der gute Trank

Die Frage nach dem Sinn des Schnees dürfte halbwegs befriedet sein. Warum aber die Restumstände? Die Handlungen des Helden gehen ja noch etwas über die Vorgaben der *Schneekönigin* hinaus. Anders als dort steigt er, seine Geliebte im Sinn, hoch hinauf in die Schneeberge; »Hitze im Kopf, Kälte in allen Gliedern«, kämpft er gegen die gefährlich wachsende Lust, sich hinzulegen und zu schlafen, sieht endlich aber die »schirmende Hütte«. Dort trinkt er wärmenden, feurigen Wein (kein Kulmbacher), hat eine halb süße, halb dämonische Erscheinung und fällt in jenen zumindest todähnlichen Zustand, aus dem er, knapp davongekommen, noch einmal erwacht.

Das alles macht auch Hans Castorp, weil er dem folgt, dem er schon als zu Opa und Onkel verbrachter Waisenbub folgte. Worte wie Handlung des Referats sind von Andersen entliehen, dem zwölften Kapitel der *Eisjungfrau.* (A II, 231 ff.) Der Märchenheld, dessen Gang ins Gebirge Hans Castorp penibel bis hin zur Wahl des Getränks imitiert, ist der alte Rudi, das spätere Opfer Leverkühns. Wie billig, nachdem er sich schon so weit von ihm hat leiten lassen, wird Castorp von ihm auch zur Peripetie des Romans geschleust.

Auch ihm ist der Schnee die Stätte des lustvoll schaurigen Versinkens, dem er sich erst mit seinem Gedankentraum entgegenstemmt. Umgekehrt ist Rudis Hüttchenrencontre auch im Märchen die Peripetie. Davor bringt der Held genügend Willensstärke auf, der Versuchung zu widerstehen, die er als Adlerjäger sogar noch herausfordert. Nach der Traumerscheinung an der Hütte ist er der Göttin verfallen. Die Schneekönigin gibt ihrem Adepten zwar ebenfalls bestrickende und beinah tödliche Küsse, das Sexuelle in ihrem Verhältnis tritt aber lang nicht so scharf hervor wie im späteren Gletschermärchen. Dort kommt es, britisch gesprochen, zu krimineller Konversation. Der dritte Verführungsversuch gelingt, gerät der Eisjungfrau zum ersten Durchbruch. Rudi sieht die Hütte und ein reizendes Alpenmädchen – beide verschwinden post festum als Truggestalten –, läßt sich einlullen, wird schwach und verliert die Kontrolle über seine Sinne:

> Er schlang seine Arme um sie, schaute in ihre wunderbar klaren Augen hinein, nur eine Sekunde lang, und in dieser – ja, erkläre es uns, gib es in Worten wieder, war es das Leben des Geistes oder des Todes, das ihn erfüllte? – wurde er emporgehoben oder sank hinab in den tiefen, tötenden Eisschlund, tiefer, immer tiefer; er sah die Eiswände wie blaugrünes Glas; unendliche Klüfte gähnten ringsum, und das Wasser tropfte klingend herab wie ein Glockenspiel und so perlenklar, leuchtend in weißblauen Flammen. Die Eisjungfrau gab ihm einen Kuß, der ihn vom Rückenmark bis in die Stirn erstarren ließ, er stieß einen Schmerzensschrei aus, riß sich los, taumelte und fiel, es wurde Nacht vor seinen Augen, aber er öffnete sie wieder. Böse Mächte hatten ihr Spiel getrieben. (A II, 233)

Durch das bekannte Augenspiel zum bekannt bläulichweiß umzüngelten Kuß verführt, bricht Rudi die Verlobung. Mit schonender Offenheit wird in die Metaphorik gelegt, was während des Taumels passiert. Das Alpenmädchen ist »schwellend wie die Alpenrose und leicht wie ein Kitzlein, aber doch aus Adams Rippe geschaffen«. (A II, 233) Rudi tut, wozu sich auch Adam hinreißen ließ, schlingt seine Arme um das Mädchen und versinkt. Als an eine »wilde Jagd« und an »heißen Föhn« denkt er später schlechten Gewissens an die Umarmung zurück. (A II, 234) Er hat die Verlobung gebrochen, sein Ring ist verschwunden.[6]

Fleischlich verführt wie Rudi wird auch Hans Castorp im Gebirge, die Metaphorik läßt auch hier keinen Zweifel aufkommen. Das Schneemeer erinnert ihn an das »Begeisterungsglück leichter Liebesberührungen mit Mächten, deren volle Umarmung vernichtend sein würde«. (658) Keiner ruft ihn zurück, wie einst Settembrini in der Faschingsnacht. (660) Die Lust zum Liegen und Schlafen will ihn »betören«. (676) Der »Versuchung« (671) und »Lockung« (672) noch widerstehend, spricht er wie in jener Nacht ohne Konsonanten vor sich hin (669), bis ihn der alte Angestellte der Eisjungfrau, der Schwindel, wieder packt. (672) »Die schneebedeckte Schrägfläche, die ›eine Anziehung auf seinen Körper‹ ausübt, ist eine ›verschleierte weiche weiße‹ Fläche, (III, 671) verschleiert wie Clawdia Chauchats Stimme, weich wie ihre Bewegungen, weiß wie ihre Arme.«[7] Die Schnee-Verführung wird so motivisch mit der sexuellen identifiziert, beide münden wie in *Eisjungfrau* und *Schneekönigin* in den (symbolischen) Tod, dem wie dort Erlösung, Rettung oder Wiedergeburt folgen.

Anders als im Roman ist die Verführung im Märchen das Spiel böser, wenn auch sakraler Mächte. Ein kurzes Schwanken immerhin läßt Andersen zu, ob es den von der Eisjungfrau Angeblickten empor oder hinab ziehe. Wenn es etwas gab, wofür Thomas Mann Sinn hatte, dann für dieses Schwanken. Wenn es aber ein zweites gab, wofür er mittlerweile Sinn hatte, dann für die Notwendigkeit, den ewigen Grund des Schwankens, den ewigen Dualismus, wenn nicht aufzuheben, so doch zu überwölben. Bei Andersen gab es noch kein Sonnenglück, kein diesseitiges Pardon, Verführung war Sünde und süß, dämonisch und erlösend, das eine nie ohne das andere. Im Gedankentraum setzt Thomas Mann zur Überwindung des Dualismus an, der die Märchen durchweg und ihm nur zu vertraut unterfing.

Ohne das Vorbild der *Eisjungfrau* läßt sich allerdings nur ungenau erkennen, worin seine Neuerung besteht und worauf er mit ihr hinaus will. Andersens Verführerin gießt Rudi »Wein in die Schale, setzte sie an seine Lippen, und er trank. Es strömte Lebensfreude in sein Blut, die ganze Welt gehöre ihm, meinte er, weshalb sich grämen! Alles ist geschaffen, damit wir es genießen, damit es uns glücklich macht! Der Strom des Lebens ist der Strom der Freude, sich von ihm mitreißen, sich von ihm tragen lassen, das ist Glückseligkeit.« (A II, 232f.) Die Glücksvision des Märchens enthüllt sich als böse Täuschung. Rudi erwacht, der nackte Stein gähnt ihn an, »Schnee lag ringsum«, die Hütte ist fort. (A II, 233) Der Freudenstrom zeigt seinen diabolischen Ursprung.

Castorps Erwachen an der »chimärischen« (vgl. 672) Hütte ist die versteckte Antwort darauf, Kontrafaktur im Sinn des eng ans Original gefügten Dagegensetzens. Auch diesem im Schnee Verführten schlägt das Herz »recht von glücklichen Gemütes wegen«, auch ihm »strömt« es »durch die Adern wie Lieb' und Leben« (686), aber es tut dies auch nach dem Erwachen, nicht nur davor. Der Gedankentraum war kein Spuk, Hansens zweiter Trank ist nicht mehr der alte, nicht mehr der süße, starke und dilettantische der dämonischen Verführung, sondern das neue Gebot, das neue Wort der Liebe. Der Schlußsatz des Gedankentraums erinnert noch einmal an die Vorleben, von denen der Träumer sich endlich gelöst hat, das eigene – die Entgrenzung durch Kulmbacher-Intoxikation wie am Abend nach der Ankunft (675) – und das des Märchenrudis, der durch den starken Wein hinabgezogen wurde: »Das ist ein Trank, mein Traumwort, – besser als Portwein und Ale [...].« (686) Auch weil er dieses Wort nicht kennt, stirbt Peeperkorn, nachdem er seinen Becher Portwein bis zum Grunde geleert. (862)

Die Fragen nach dem Schnee und einigen Restumständen des Bergaufstiegs wären damit so ziemlich gebändigt. Hans Castorp trank vom Wein, ruht an der chimärischen Hütte, träumt vom Sonnenland und vom düsteren Tempel.

Von der Schönheit. Tempel-Quellen

Daß die beiden genetisch zusammengehören, blieb der Quellenforschung bislang verborgen, schon deshalb, weil sie zwar sehr nach den Ursprüngen des Sonnenlands fahndete, den Tempelbau aber auf sich und seinen Säulen beruhen ließ. Der Tempel war ein natürlicher Ort für die Berührung mit dem Mysterium, der richtige Ort fürs Empfangen eines Traums aus der Zeit von Apoll und Dionysos, Demeter und Persephone. Dennoch kein zwingender. Eine Höhle, eine Grotte hätten sich genauso angeboten; die Höhle hätte platonisch flackern können, der Gang zu den Müttern wäre besser mitbedacht worden, wenn es auch Castorp in die Tiefe hinab gezogen haben würde.

Es ist nun einmal ein Tempel geworden, was sich unter anderem einer Anregungsschrift verdankt, in der Tempel und Sonnenland in einem dem Leser unsichtbaren Kreis noch beieinanderstehen.

Die Frage nach Schnee und Bergbegehung war deshalb nur einigermaßen und nicht vollständig beantwortet, weil wie im Fall des kokkenstreuenden Zahns das Märchen von Musik begleitet wird und wie dort neben Andersen auch Gustav Mahler seinen kleinen Anteil an der Überdetermination hat. Wenn man weiß, daß Thomas Mann seinen Umschwung zur Republik auch mit Mahlers *Lied von der Erde* begründet, kann man sich denken, daß er in dem Sinn dazu beitragen wird, den Mann im Lauf der *Zauberberg*-Jahre für die Notwendigkeit gewonnen hatte, die alten Dualismen durch etwas Neues zu überwölben. Mahler war gewaltig genug, die Spannungen auszuhalten, unter denen der Roman sich mit den Jahren verschob. Er war opak genug, um als todessehnsüchtiger Romantiker oder als Prophet und Avantgardist betrachtet werden zu können. *Das Lied von der Erde* konnte als das dunkel unterlegte Lebensja gedeutet werden, das Thomas Mann den Bilanzseiten seines »Schnee«-Traums einzutragen im Begriffe stand.

Eben dort, im *Lied von der Erde*, sind die von Castorp erklommenen fernen Höhen (wie in den *Kindertotenliedern*) transzendentes Sehnsuchtsziel; sein Aufstieg ist der des Einsamen im Herbst; das blaue Licht der Augen ist das der fernen Gebirge.[8] »Allüberall und ewig blauen licht die Fernen! / Ewig ... Ewig ...« (Lieder, 91) Schon in der Exposition des *Zauberbergs* läßt Thomas Mann den ›Gänzlich ersterbend‹ ausklingenden Schluß, Mahlers berühmte Finaldopplung, einer Bemerkung Joachims über die jenseits der Baumgrenze im Schnee liegenden Gletscher folgen. Aufgelöst in Dialog und Plauderton:

> »In ewigem Schnee«, sagte Hans Castorp.
> »Ja, ewig, wenn du willst. [...]« (18)

In den ewig lockenden Schnee hinaufgezogen, fällt Castorp in seinen Traumschlummer. »Die große Seele [...] träumt wohl mal durch dich, auf deine Art, von Dingen, die sie heimlich immer träumt, – von ihrer Jugend [...].« (684) *Von der Jugend* – da nennt er schon den Titel des Satzes, den Thomas Mann zusammen mit dem ihm folgenden in kulturenvermischender, antispenglerscher Chinoiserie auch dem ägyptischen Teil seines *Joseph* einarbeiten wird.[9] Der nachfolgende Vierte Satz *Von der Schönheit* ist der Forschung seit 1965 als ein Substrat der Schneevision bekannt. Es ist ein Zufallsfund Michael Manns, der die Quelle philologisch zwingend nachwies, ohne sich über ihre unterirdische Ausbreitung und Tiefe weiter auszulassen. Was er fand, war eindeutig genug und galt in der Forschung schnell als Gemein-, freilich auch Strandgut, mit dem in seiner Isoliertheit nicht viel anzufangen war.

»O sieh, was tummeln sich für schöne Knaben / Dort an dem Uferrand auf mutgen Rossen« – bei Thomas Mann: »Jünglinge tummelten Pferde«. (679) Bei Mahler: »Trabt das jungfrische Volk einher! / Das Roß des einen wiehert fröhlich auf« – bei Thomas Mann: »liefen [...] neben ihrem wiehernden, kopfwerfenden Trabe her«. (679)[10] Die Szene ist eine goldene Sonnenlandschaft am Ufer, am »blanken« Wasser, die Sonnenleute sind in eine Jünglings- und eine Mädchengruppe unterteilt, aus der sich die Schönste absondert. Und auch diesmal – dem Musiker Michael Mann hätte es auffallen können – macht sein Vater sich das Vergnügen, die Quelle anzugeben. »Das war ja wie Musik«, denkt Castorp beim Anblick des Sonnenglücks, »wie lauter Harfenklang, mit Flöten untermischt und Geigen«. (677) Mit dieser Instrumentenmischung setzt *Von der Schönheit* ein.

Aus Mahlerschen Gefilden also wendet sich Hans Castorp nach rückwärts, wo ihn der ernste Tempel aufnimmt. Als Bild sah Thomas Mann Tempel und Gefilde früh im Hause Pringsheim.[11] Als Symbol eröffnet er sich ihm wie gerufen zur Mitte des *Zauberbergs*.

Im November 1922 erschien Thomas Manns erster Brief für *The Dial*, in dem Mahlers *Lied von der Erde* als »Werk der Liebe« (XIII, 267) der Spenglerschen Teufelsfaust entgegengehalten wurde. Fast gleichlautend, als »Liebeswerk«, das altchinesische Lyrik mit der entwickeltsten Tonkunst des Abendlandes zu »organischer menschlicher Einheit verschmilzt« (XI, 842), rief es die Republikrede auf.

Die »Botschaft der Liebe«, die aus Gustav Mahlers elementarer und zugleich meisterlicher, organisch gewachsener Musik klinge, wurde in dem zur Jahreswende 1921/22 publizierten Mahler-Heft der Wiener illustrierten Zeitschrift *Moderne Welt* verbreitet, im Eröffnungsessay Richard Spechts, des *Neue Freie Presse*-Kritikers und *Merker*-Redakteurs, der mit Thomas Mann persönlich so gut bekannt war, daß er ihm seine Schnitzler-Studie widmen konnte.[12]

Spechts Artikel ist eine Quelle, die sich als Randerscheinung der Aufdeckung wohl auch dann noch eine Weile hätte entziehen können, wenn die Philologie nach ihr Ausschau gehalten hätte. Mahler war, Specht zufolge

> einer der Gesegneten und Verfluchten, denen der Schlüssel zum Mysterium der Welt anvertraut worden war. Aber auch er hat die Pforte dieser Geheimnisse erst im Tode aufgeschlossen. Seine zehn Symphonien bedeuten ein Umschreiten ihres Tempels, ein Pochen an seine Pforten, ein Auffangen des Feuerscheins und der rätselvollen Stimmen, die aus ihren Spalten drangen.[13]

Hans Castorp, als Sorgenkind des Lebens gesegnet und verflucht, scheint es wieder mit dem großen Mann zu halten, dem schon sein Vorgänger Gustav Aschenbach nachschlug. Wie dem Komponisten wird auch Hans Castorp das Mysterium erst im Tod aufgeschlossen, erst im Todesschlaf steht ihm die »Tür der Tempelkammer offen«. (683) Er sieht, was Mahler zu Lebzeiten noch nicht zu sehen bekam, das Innere des Tempels, den die zehn Symphonien (in zweifelhafter Metaphorik) umschreiten und an dessen Pforte sie pochen. Im Tempelinnern hantieren die Produzentinnen der Phänomene, die von außen aufzufangen sind. Der Feuerschein und die rätselvollen Stimmen, die aus den Spalten des Tempels dringen, finden hier zu ihrer ersten, unvollständigen Erklärung. Der Feuerschein könnte der sein, den die »flackernden Feuerpfannen« werfen, die Stimmen können die der zwei grauen Weiber sein, deren Flüsterkeifen Hans Castorp noch nach dem Wiedererwachen im Ohr hat. (683) Die Folgerung, die Castorp aus der Doppelvision zieht, wird bei Specht eine Seite später genannt, jene »Botschaft der Liebe«.

Anders als das Märchen, dem sich die Greuel im Tempel des näheren verdanken, ist Spechts Artikel Quelle im engeren Sinn, eine sekundäre Anregung, die auch woanders hätte gefunden werden können, nicht ein prinzipiell erkennbares und auf Erkennbarkeit prinzipiell angelegtes, der hohen Literatur entnommenes und um höherer Stimmigkeit willen dem Werk inkorporiertes Zitat. Von einem Lexikonartikel oder irgendeinem anderen der in Unmengen verwerteten Sekundärmaterialien unterscheidet ihn aber doch, daß er in die »Schnee«-Quellenlage und überhaupt in den Roman paßt, wie nur etwas passen kann, chronologisch und thematisch, ferner, daß er nicht nur einzelne plastische Details, sondern schon die Reihenfolge dieser Details enthält, schließlich, daß er sie nicht als nackte Details enthält, sondern schon umkleidet von Bedeutung – den Tempel als Hort des Mysteriums, das nur im Tod aufzuschließen ist –, daß er also schon die symbolischen Valenzen bereitstellt, zumal die Verbindung Todesnähe – Liebesgebot, derentwegen »Schnee« geschrieben wurde.

Auf das nach »Schnee«-Manier bedenkenlos an der Figur vorbeiredende Ende von »Fülle des Wohllauts« weist dann Spechts Schlußwendung voraus. Mahler habe »alles für uns im voraus erlitten« und sei doch nach allem Schmerz »mit einem Segenswort für die ›liebe Erde‹« geschieden.[14] Das stellt ihn in der Sicht Thomas Manns mit dem im Grammophonabschnitt als bestem Sohn der Romantik unbenannt verewigten Philosophen zusammen, der alles auf seinen Hals nehmen will und in Selbstopferung christusgleich »für uns alle« stirbt, das »prophetische Wort der Lebensfreundschaft« (X, 183) auf den Lippen.[15]

Mit dem Segenswort meinte Specht Mahlers *Lied von der Erde*. Damit rundet es sich vom Tempel unsichtbar zurück zum Beginn der Vision.

Sozusagen in der Luftlinie. »Veni – ! –«

Nach ihrem Ende macht sich Hans Castorp, neu erwacht, auf den Heimweg; »großzügig, sozusagen in der Luftlinie« (688), fährt er zu Tal, wie es mit einer noch in der Einschränkung sonderbar verfehlten Metapher heißt. »Sozusagen« – eins der Mannschen Alarmworte, eine der ungraziös anmutenden Nebenwendungen, hinter denen wie hinter den Klammern zu regelmäßig das Wesentliche lauert, als daß Wachsamkeit nicht immer geraten wäre. »Sozusagen in der Luftlinie«, das kann verschiedenes bedeuten. Castorp ist durch das im Schnee Erfahrene in die Nachfolge des Gottes der Vermittlung und des Sphärenwechsels eingetreten; deshalb kann er, wie von Settembrini vorhergesehen, mit »Flügelschuhen an den Füßen« (vgl. 655) durch die Luft zurück zum Dorf schweben, wo er sein Sportgerät beim Pfefferkrämer unterstellt, dem Trivial-Hermes und ungöttlich Handel Treibenden. (688)

Hermes schön und gut, Hermes ist nie verkehrt, allein hier aber die zu blasse Auskunft. Hermes fliegt nicht als einziger. Engel fliegen. Die Schneekönigin fliegt, Kay zu ihren Füßen. Auch der Reisekamerad flog, flog sogar zum Berg des Zauberers, aber er ist ja eine lebende Leiche; wie Castorp allerdings auch in gewisser Weise. Castorp erwacht nach dem Liebeswort zu neuem Leben; auch das trifft in gewisser Weise auf den Reisekamerad zu, der durch Johannes' Mitleidsgeste zu neuem Scheinleben erwacht.

Ebenso weit oder weiter führt hier aber Musik, und zwar die zwei Werke Gustav Mahlers, die der Todesüberwindungs- und Erlösungsthematik auch Worte unterlegen.

Genau betrachtet, erfährt Hans Castorp nach seinem Wahrtraum einen faustischen Aufschwung:

> Sie hielt gewaltig schwer, die Befreiung aus den Banden, die ihn umstrickten und niederhalten wollten; allein der Antrieb, den er sich zu schaffen gewußt, war stärker. (686f., vgl. 672)

Die Schlußverse des zweiten Faust, von Mahler vertont:

> Sieh, wie er jedem Erdenbande
> Der alten Hülle sich entrafft
> Und aus ätherischem Gewande
> Hervortritt erste Jugendkraft.
> Vergönne mir, ihn zu belehren,
> Noch blendet ihn der neue Tag.

Mater Gloriosa.

> Komm! hebe dich zu höhern Sphären!
> Wenn er dich ahnet, folgt er nach.

Doctor Marianus, *auf dem Angesicht anbetend.*

> Blicket auf zum Retterblick,
> alle reuig Zarten [...] (Vs. 12087–12097)

Die letzten Zeilen hat Thomas Mann wieder verarbeitet, Castorp schüttelt die Schultern, »indem er erregte und angestrengte Blicke dahin und dorthin und hinauf zum Himmel sandte [...].« (687) Das »zart« wird in die Landschaftsbeschreibung montiert; die obere Hälfte der Bergwand ist »aufs zarteste rosa belichtet«. (687)

Mahlers Achte Symphonie, deren »sehr großartige« (vgl. Br Heinrich, 113) Uraufführung Thomas Mann zu seinen respektvoll erschütterten Dankeszeilen bewogen hatte, vertont nicht nur Verse aus Goethes Faust II, sondern auch den Pfingsthymnus *Veni creator spiritus*, eine (von Pfitzner gehässig retournierte) Anrufung, die Thomas Mann zur stehenden Redewendung wurde, wie dem Tagebuch zu entnehmen ist: »Energie zum Nietzsche-Aufsatz erwünscht. Veni – ! –« (Tb, 21.3.1946) Ähnlich abgekürzt geht er mit dem Motiv in seinem Roman um. Nachdem Hans Castorp sich wieder aufgerafft hat, trifft er recht erschöpft bei Herrn Settembrini ein, der ihm einen Kaffee auf seiner »puffenden Spiritusmaschine« zubereitet. (vgl. 688 und 363, 365) Für das »sehr spirituelle Gespräch« (561) hatte Settembrini vier Abschnitte zuvor Herrn Naphta gedankt. Rechtzeitig vor der Wasserfall-Szene mit Peeperkorn, einem anderen pater ecstaticus, variiert es der Erzähler selbst: schlecht stünden Naphta und Settembrini da, sobald es nicht länger um »Witz und Wort und Spiritus« ginge. (819) Nach Peeperkorns Ende kommt er dann wirklich, der Schöpfergeist, in der Schrumpfform – aber er ist mehr als das – eines fragwürdigen spirit.

Zum Gedankentraum in »Schnee« paßt nun die Pfingstthematik des *Veni*... ganz gut. Auch über diesem Jünger wird der Geist ausgegossen, wenn man so will. Auch ihm wird das Liebesgebot zuteil, wie jenen früheren.

Auferstehungssymphonie

Durch Liebe entrafft sich den tödlich fesselnden Banden auch der Held in Mahlers Auferstehungssymphonie, die Thomas Mann während der Arbeit am *Zauberberg* aufmerksam hörte.[16] Noch die frohe Botschafterin des *Joseph*, die süß und holprig reimende Serach, spielt an entscheidender Stelle auf sie an, wenn sie Jaakob davon Kunde gibt, daß der abhandengekommene Knabe lebt. »Herz, er soll dir auferstehen« (V, 1713), singt sie ihm vor, eine streng genommen unlogische Einschaltung, wie Werner Frizen bemerkt hat; ein verstecktes Zitat aus Mahlers Zweiter: »Aufersteh'n, ja aufersteh'n wirst du, / mein Herz, in einem Nu!«[17]

»Mein Herz schlägt stark und weiß warum. Es schlägt nicht bloß aus körperlichen Gründen, nicht so, wie einer Leiche noch die Nägel wachsen [...]« (686), sagt sich Hans Castorp nach dem Erwachen aus dem Todesschlaf. Es ist eine Reprise (103), die erst hier zu ihrem vollen Sinn findet. Denn im nächsten Satz folgt, wonach Mahlers Zweite ihren Namen hat. »Auf, auf! Die Augen auf! Es sind deine Glieder, die Beine da im Schnee!« (686) Muß man sie nicht auch zur letzten Auferstehung zusammenlesen? – »Zusammenziehn und auf!« – Und Castorp steht auf.

Bei Mahler erringt sich der Auferstandene oder Wiedergeborene Flügel, um zu entschweben:

> O Tod, du Allbezwinger,
> Nun bist du bezwungen!
>
> Mit Flügeln, die ich mir errungen,
> in heißem Liebesstreben,
>
> Werd' ich entschweben
> Zum Licht, zu dem kein Aug' gedrungen.[18]

Damit könnte unter Umständen die Frage geklärt sein, wie Castorp nach der Befreiung aus den niederhaltenden Banden sozusagen in der Luftlinie nach Hause kommen kann. Es leuchtet ein, daß die Flügel aus Mahlers Auferstehungssymphonie anders als die Flügelschuhe des Hermes dem innersten thematischen Kern des Abschnitts entwachsen, der Überwindung des Todes durch die Liebe. Castorp allerdings, wenn er sich wirklich an Mahlers Zweiter Symphonie orientiert, müßte dann auch zum Licht entschweben, zu dem kein Aug gedrungen. Es so zu formulieren, wäre viel verlangt vom Ironiker. Dem kann man nichts nachweisen, wenn er von Castorp schreibt:

> großzügig, sozusagen in der Luftlinie, fuhr er zu Tal, wo, als er eintraf, schon Lichter brannten,

»obgleich«, wie der Nachsatz dann doch etwas auffällig und leicht verquer hervorhebt,

> obgleich die Reste von schneebewahrtem Tageslicht ihm unterwegs vollauf genügt hatten. (688)

Deshalb also, weil Hans Castorp für seine Rückkehr das Licht nicht unbedingt gebraucht hätte, sollten die Talbewohner lieber im Dunkeln sitzen?

Bevor nun aber weiterreichende Schlüsse zu ziehen sind, Schlüsse auch aus der für den *Zauberberg* so charakteristischen Umkehrung des Urbilds – nach unten, nicht nach oben schwebt der Befreite zum Licht, und es ist nicht das einhellig göttliche, sondern das dunkel gemischte des Sündenorts –, bevor schließlich auch die Frage nach der Natur jener Göttlichkeit zu berühren ist, müssen wir noch einmal zurück zum Anfang der Vision, um uns dem zuletzt Gefundenen wieder von Märchenseite aus zu nähern.

Der große Verwandlungstag. Roman der Seele

Das Ende der *Eisjungfrau* zitiert aus dem Beginn des kurzen Märchens *Am letzten Tag*, in dem sich Andersen wie im *Engel* die Ausmalung der Erlösung gestattet, die er sich sonst mit ästhetischem Gewinn versagt. Die Eisjungfrau tötet ihr Opfer dadurch, daß sie seine Füße küßt und ihm damit den »eiskalten Todesschauer« versetzt. (Vgl. II, 239) Mit »eiskaltem Finger« berührt auch der Todesengel zuerst die Füße seines Opfers. (A I, 423) Bevor der von der Eisjungfrau Geküßte stirbt, schaut er hinab und sieht unendlich tiefe Schluchten gähnen (A II, 239); der vom Todesengel Berührte sieht am letzten Tag »mit einem Blick in die schwindelnde Tiefe«. (A I, 424)

Am letzten Tag beginnt, wie *Die Galoschen des Glücks* endeten, mit einer Apotheose des Todes: »Der heiligste Tag unter allen Tagen des Lebens ist der, an welchem wir sterben; es ist der letzte Tag der heiligen großen Verwandlung.« (A I, 423) Der Autor, der »jenem großen, ernsten, rätselhaften Tage« (VIII, 70) eine frühe Erzählung widmete, läßt seinen von kühlarmiger Schönheit verführten Helden am Gebirgshüttchen umkommen, verschafft ihm also seinen heiligen Tag. Bei dessen Schilderung gestattet sich auch Thomas Mann einmal, wovor ihn Künstlerbedenken sonst nicht zu seinem Nachteil bewahrten.

Legt man Andersens und Manns Verwandlungsszenen übereinander, wird man feststellen, daß sie beide Licht, Musik und Gnade himmlisch zusammenströmen lassen und sich also sachlich gleichen; es wären auch schöne Topoi, wenn sie sich nicht glichen. Was bei Thomas Mann und Andersen auf rund einer Seite alles zusammenfindet, wäre trotzdem nicht ganz so leicht zu prophezeien gewesen wie das im Elysium immer wahrscheinliche Mitwirken von Gnade und Harfenklang:

Bei Andersen »durchströmt« die Seele Gottes Liebe in unerschöpflicher Fülle, bei Mann strömen Blau und Violett und lockt des Tieflands Fülle – dort schwebt die Seele der offnen »Herrlichkeit« entgegen, der »Herrlichkeit des Himmelreiches«, der »Herrlichkeit des Lichtes«, hier herrscht »reinste Herrlichkeit«, tränenschimmernde »Herrlichkeit«, »Himmelsreinheit« und »Seligkeit von Licht« – dort herrscht »Glanz«, hier Überschwang von »Glanz« – dort »sank« die Seele zusammen, hier scheint der Schleier »abgesunken« – dort tönt »Gnade« durch den »unendlichen« Raum, hier ergießt sich »gnadenvolle« Kunst, ist die Erinnerung »unendlich« weit – hier wie dort erklingt ergreifend Wohllaut – hier wandelt es sich in »wachsender Verklärung«, dort steigt die Seele in »ewige Klarheit« – hier enthüllt sich das »äußerste und reinste Licht«, dort wird die Seele geblendet vom »reinen, himmlischen Licht«. (677f.; A I, 426f.)

Es sind Topoi, die sich zwangsläufig ähneln, die Häufung von Übereinstimmungen scheint dennoch minimal auffällig.

Bei Andersen wird die verstorbene Seele vom Engel geleitet. Bei Mann bekommt Hans Castorp von seinem Mentor zu hören, das Skiabenteuer könne ihm nicht schaden, das heißt – »Ach was, und schadete es Ihnen sogar ein wenig, so wird es immer noch Ihr guter Engel gewesen sein, welcher... Ich sage nichts weiter.« (655) Hans Castorp folgt diesem zweifelhaften Engel und fährt »höher hinauf, gegen den Himmel«. Nach und nach verliert er sein »irdisches Ziel« vor »weißlicher Transzendenz«. (661) Dann hat er sein Hüttenerlebnis, sinkt hinab, und seine Seele spreizt die Flügel aus; Hans Castorp träumt. Inmitten der Vision weist ihn ein Knabe, Tadzio redivivus, rückwärts.[19] »Mächtige« Säulen ragen hinter ihm. Castorp macht sich auf und gewinnt den »Hallenwald«, zwischen dessen Säulen er wie zwischen den »Stämmen des Buchenwaldes« umhergeht. (682)

Andersens Todesengel führte sein Opfer durch einen ähnlich eigenartigen Raum:

> Und die Seele folgte dem Engel des Todes [...] – Und sie flogen und sie gingen – es war wie in einer mächtigen Halle und doch wie in einem Wald [...] (A I, 424)

Wenn nicht auch noch diese Übereinstimmung Zufall ist – es wären dann aber erstaunlich viele im Spiel –, spricht dies nicht nur für die Unzufälligkeit auch der elysäischen Harmonien. Es erlaubt Folgerungen, in deren Nähe uns eben schon Mahlers Auferstehungssymphonie brachte.

Hans Castorp zieht in den Schnee und kommt dort um, das war der Befund, an dem die Tatsache nichts ändern konnte, daß er sich neuerwacht wieder ganz munter räkelt. Den Inselgolf, den er sieht, erkennt er wieder, obwohl er nie zuvor so weit im Süden war. (678) Andersens Märchen, in dem die Seele vom Todesengel durch einen mächtigen Hallenwald geführt wird und besagte Herrlichkeit erlebt, scheint uns auf eine grundsätzliche Sache hinzuweisen. Was im Schneetraum passiert, passiert am Ende gar nicht mehr mit Hans Castorp. Wenn Castorp seinem Engel folgt, ist nicht mehr er es, der handelt, sondern seine Seele, die sich schon in »Hippe« unter Hinterlassung eines leblosen Körpers selbständig gemacht hatte. Darum könnte Castorp sich erinnern: seine Seele wäre es, die sich anamnetisch erinnert; darum kann er sterben und doch wieder aufwachen: seine Seele war's, die metempsychotisch wiedergeboren wurde (in den alten Körper, sonst würden es die Berghof-Gäste merken). Ob er starb oder nicht, bleibt dann Ansichtssache, der Typus seiner Verwandlung wäre jedenfalls die »Palingenesie« (857), von der Wehsal meint, er müsse nur von ihr statt von seiner Verliebtheit sprechen, um den Kutscher zum Einstellen des Lauschens zu bewegen.[20] Vielleicht den Kutscher. Der Leser hat nach »Schnee« sein Ohr geschüttelt wie nur je ein Staatsanwalt, wenn Krokowski zur Finalauflösung schritt.

Erstes Fazit

Hans Castorps Weg in den Schnee ist der schlimme Weg, sein Versinken symbolischer Tod, sein Erwachen symbolische Wiedergeburt, Auferstehung und Seelenerneuerung, das war genau der Sinn des Tod-Crescendo und die Funktion des Signalapparats. Darum zieht er nach dem Erwachen auch als erstes nach Art der Neugeborenen »die Knie an« (687), wie er es schon in »Hippe« tat. (169) Daß er sie aber »mannhaft« anzieht, ist kein unbeabsichtigtes Oxymoron des Autors, sondern ein Wink, daß Hans Castorp seine Seelenwiedergeburt als Initiation erfährt.

Castorps Beharren darauf, daß es das »Wort« (686) war, nach dem er so lange gesucht habe und dem die Wiedergeburt sich verdanke, ist ein weiterer, noch knapperer Wink. Er deutet auf den theo-poetologischen Untergrund des »Schnee«-Pendants »Fragwürdigstes«, in dem Wiedergeburt oder Neuzeugung diesmal kaum noch kaschiert stattfindet. Durchs Wort wird gezeugt und die Schöpfung vollzogen, durchs Wort schöpft nach Ihm der Dichter; in Literatur zeugt, tötet und erlöst er die Menschenwelt.

Im Kapitel nach »Schnee« stirbt Castorps Bergkamerad. Die trügerische Hoffnung, die ihn kurz vorm letalen Ziel umfängt, vergleicht der Erzähler mit der »Schlafverführung, die den Erfrierenden umstrickt«, sodann mit dem »Im-Kreise-Herumkommen des Verirrten«. (740) Auch da ist also der Signalapparat noch nicht abgeschaltet worden, Ziemßens Sterben wird auf Castorps Expedition rückbezogen, um ihr damit noch einmal ausdrücklich den Todessinn zu unterlegen. In matter »Schneehelligkeit« ruht dann der Verstorbene, an dessen Totenbett Behrens sagt: »Toller Junge, toller Kerl« (744), wie schon der Erzähler den in einer »tollen Lage« im Schnee Delirierenden einen »tollen Jungen« (vgl. 675, 666) genannt hatte.

Von Hofrat Behrens, dem Motivverwalter des *Zauberbergs*, ist auch die grundsätzliche Antwort auf die von der Forschung hin- und hererwogene Frage zu erfahren, warum das Traumwort so schnell vergessen werde.[21] Scheinbar desillusionierend schließt ja der Abschnitt mit dem Satz, das Geträumte sei im Verbleichen begriffen. Was Castorp gedacht, verstand er schon diesen Abend »nicht mehr so recht«. (688) Wenn Behrens nicht irrt, ist es anders schwer möglich. Vom Tode wisse nämlich »keiner, der wiederkäme, was Rechtes zu erzählen [...].« (741) Nichts Rechtes erzählt auch der Reisekamerad über sein Vorleben als Toter; auch Lazarus schweigt sich aus, wiedergerufen, und auch Joachim bleibt stumm, wenn er wiederkommt.

Ein gewisser Mißmut könnte sich unterdessen über eine begriffliche Unschärfe eingestellt haben, die allerdings auch mit größerem Aufwand nicht zu vermeiden gewesen wäre. Es fliegt so vieles durcheinander – Wiedergeburt, Palingenesie, Metamorphose, Metempsychose, Auferstehung –, da wird man sich fragen, was Castorp denn nun genau trifft. Über die Möglichkeit einer bestimmten Antwort findet sich etwas in der Tagebuchnotiz, in der Thomas Mann die großen Züge des wieder in Angriff zu nehmenden Romans resümiert:

> Der Konflikt von Reaktion (Mittelalter-Freundlichkeit) und humanistischer Aufklärung durchaus historisch-vorkriegerisch. Die Synthese scheint in der (kommunistischen) Zukunft zu liegen: Das Neue besteht im Wesentlichen in einer neuen Konzeption des Menschen als einer Geist-Leiblichkeit (Aufhebung des christlichen Dualismus von Seele und Körper, Kirche und Staat, Tod und Leben), einer übrigens auch schon vorkriegerischen Konzeption. Es handelt sich um die Perspektive auf die Erneuerung des christlichen Gottesstaates ins Humanistische gewandt, auf einen irgendwie transcendent erfüllten menschlichen Gottesstaat also, geist-leiblich gerichtet; und Bunge sowohl wie Settembrini haben mit ihren Tendenzen beide so recht wie unrecht. (Tb, 17.4.1919)

Die oft angeführte Selbstauslegung interessiere uns zunächst eines Wortes wegen, das die vier Tage später folgende Passage wieder aufnimmt:

> Unterhaltung über die Ideen des »Zauberbergs«, die B. spontan und aus lebhafter Einsicht in die geistigen Reize des Gegenstandes akklamierte. Meine Gedanken über eine zukünftige u. im Werden begriffene Synthese von Christlichkeit und Humanismus, einer geistleiblichen Menschlichkeit, die irgendwie auch von Nietzsche als das positiv Neue prophezeit. (Tb, 21.4.1919)

Es sind nicht die wichtigen wiederholten Begriffe, das Geist-Leibliche, die Synthese, die Christlichkeit, das Humanistische, die unser Interesse diesmal ansteuert, es ist das wiederholte »irgendwie«. Stumm spricht es aus, daß der Autor das Neue, das nach dem Tod in der christlichen Metamorphose, heidnischen Auferstehung oder wie immer transzendenten Wandlung zu kommen habe, so wenig genau bestimmen konnte wie mithin diese Wandlung selbst.[22] Irgendwie wird von Nietzsche ein irgendwie transzendentes Etwas prophezeit. Genauer geht es nicht. Das Irgendwie verhindert eine letzte Bestimmung nicht technisch, sondern prinzipiell. Das Unbestimmte läßt sich nicht genau treffen. Es ist eine Unschärfe, vor der die Interpretation kapitulieren muß und vor der sie gut tut, zu kapitulieren; sie gliche denn dem Klammergriff, mit dem Herr Paravant das Irrationale aus pi herausdrosseln will. [23]

Die Selbstdeutung des *Zauberbergs* im Tagebuch ist nicht nur stumm beredt. Thomas Mann schreibt sie zu einer Zeit, als er sich gerade über das Niveau der *Betrachtungen* zu erheben beginnt. In ihnen galt inhaltlich noch der ganze Antagonismensatz, der allein durch die Form implizit widerlegt wurde. Formal war der Verfasser Rhetor und westlich blitzender Espritliterat, wie Paul Amann noch vor den *Betrachtungen* bemerkt hatte. (Br Amann, 81) Die den *Betrachtungen* implizite höhere Ambivalenz wird im *Zauberberg* explizit, formal und inhaltlich. Das Getrennte, antagonistisch Geführte darf sich erstmals zusammenlegen, beides hat zugunsten höherer Ambivalenz so recht wie unrecht. Das Ziel der Überwindung und der Dualismenauflösung bleibt dem Irgendwie überlassen. Ihre Form und mystische Formel ist die des Stirb und Werde. (XIII, 592)[24]

Der Ort, an dem die höhere Ambivalenz sich zu beweisen und die Probe zu bestehen hat, ihr Rhodus, ist der zweigeteilte des Schneetraums. Nirgends sonst im Roman ist die Anlage so offensichtlich dualistisch, nirgends sonst ist auf der einen Seite alles Idyll und auf der andern alles Grauen. Wenn Thomas Mann die Dualismen nur installiert, um sie anschließend ins Wanken zu bringen,[25] müssen sich auch der Doppelvision gewisse Erschütterungen mitgeteilt haben.

Der überwachte Bock

Die Sonnenleute sind sich ihrer Gefährdung ganz bewußt, ernst und gesittet, wie sie sich »im stillen Hinblick« (685) auf das Blutmahl verhalten, von dem ihre Heiterkeit das Strenge und Zeremonielle hat.[26] Wie Tadzios polnische Familie, von der sie abstammen, befinden sie sich in Nah-Opposition zur schlechten dionysischen Nachbarschaft, für die im *Tod in Venedig* noch die am Strand lagernde Großfamilie der Russen herhalten muß.[27] Das Dionysische kennen sie schon deshalb gut, weil es unter ihnen ist; nicht nur, daß sie auf seinem apollinisch zu bewältigenden Grund stünden, auch im Sinn des Zwischen. »Langzottige Ziegen« (680) springen auf ihrem Terrain herum, die Tiere des Dionysos, die im Elysium nichts verloren haben sollten; »zottelhaarig« (683) wie die blutmahlenden Hexen, »zottig« (VIII, 516) wie die Haut der Rasenden in Aschenbachs orgiastischem Traum, in dessen Verlauf die Böcke des fremden Gottes gestachelt werden.

Anders in den Gefilden unter der Sonne. Hier werden die Ziegen nicht noch gestachelt, sondern beaufsichtigt, »überwacht von einem jungen Hirten«. (680) Damit wäre, sollte man meinen, zur allegorischen Miniatur gerundet, was drei Seiten später dem Träumer, der selbst gern Ziegenlederhandschuhe trägt (628), bilanzierend in den Mund gelegt wird; teils mit Geschichten und teils in abstrakter Form, wie Settembrini, hätte Thomas Mann das zu Sagende doppelt gesagt. Das chthonisch Dionysische ist nicht aus dem schönen Ort zu vertreiben, sondern nur zu überwachen. Vielleicht auch: das ist schon das Elysium, die möglichst ungezwungene, möglichst heitere Triebüberwachung. Wer aber überwacht?

Betrachtet man den jungen Hirten näher, wird man nicht nur Hermes in ihm wiedererkennen,[28] sondern auch einen Nachfahren des Mannes, dem Aschenbach vor der Aussegnungshalle begegnet, des ominösen Wanderers, der seinen linken Unterarm »in die Weiche gestützt« hält, in der Rechten einen Stock auf den Boden stemmt und einen Hut auf dem Kopf sitzen hat; ein merkwürdiger Eindruck insgesamt, zu dem auch »sein erhöhter und erhöhender Standort« (VIII, 445 f.) beiträgt. Unser Hirtenbub steht, »eine Hand in der Hüfte, mit der andern auf seinen langen Stab gestützt, einen kleinen Hut mit hinten aufgeschlagener Krempe auf braunen Locken, am erhöhten Orte [...]«. (680)

Wie Hermes schon mythologisch enge und fördernde Beziehungen zum kleinen Dionysos unterhält, vermischen sich auch in der Gestalt des fremden Wanderers die Hermes-Züge mit denen des Dionysos. Nun kann Thomas Mann die Hermes-Figur einmal dionysisch gemischt, ein anderes Mal rein und ungemischt darstellen wollen. Indem er den Rückbezug zum *Tod in Venedig* aber wörtlich herstellt, injiziert er der zweiten Figur einen Rest der Vieldeutigkeit, die er der ersten gab. Es ist Hermes, der die Ziegen überwacht, aber ganz sicher kann man nicht sein, daß er nicht insgeheim mit ihnen sympathisiert.

Einmal mißtrauisch geworden, wird man noch andere Textkörner finden, die den Schluß erlauben, es führe ein versteckter Verbindungsweg vom Elysium ins Reich des Abgrunds. Die Urverführerin mit ihrer Flechte im Nacken bewegt sich frei unter den Apollinikern (679); die Hexen, halbnackt und mit fingerlangen Zitzen, potentielle Stillerinnen, sind Spiegelfiguren der halb entblößten, ihr Kind stillenden Mutter. Die Säulen des Tempeltors, aus »Blöcken getürmt, in deren Fugen Moos sproßte« (682), bestehen aus dem Wortmaterial der Gegenwelt, des »moosig-steinig, in Treppenblöcken« (679) abfallenden Gestades. Solche Übernahmen sind kein Zufall. Die Grenzsteine verwittern, die Sphären werden durchlässig.

Um den Tempel sind wir aber nun lange genug herumgestrichen. Es ist der Moment, sich ins Innere zu begeben.

Kindsverzehr. Andersens kannibalische Hexe

Sowie sie ihn bezirzt hat, fliegt die Schneekönigin mit dem neuen Adepten in ihr nordisches Reich. Die zurückgelassene Gerda glaubt nicht an seinen Tod und macht sich auf die Suche nach ihm. Nach einem Zwischenaufenthalt bei einer gutmütigen Blumenhexe und vegetativen Urmutter, Gegenfigur der Schneekönigin,[29] gerät sie in die Hände einer Räuberbande. Ihre Kutsche wird überfallen, die Jockeis, der Kutscher und die Diener werden totgeschlagen, die Räuber ziehen Gerda aus dem Wagen. Das Bandenoberhaupt, das alte Räuberweib, besieht sie sich. »Sie ist fett, sie ist niedlich«, sagt es:

> »Das ist so gut wie ein kleines Mastlamm! Na, wie die schmecken wird!« Und dann zog sie ihr blankes Messer heraus, und das glänzte, daß es grauenhaft war. (A I, 276)

Gerda wird ungeschlachtet und ungegessen davonkommen, gerettet durch die Tochter des Räuberweibs. Es wäre auch im andern Fall nicht die einzige literarische Überlieferung von Kindsverzehr gewesen. Der wörtliche Vergleich des *Zauberbergs* mit der *Schneekönigin* aber zeigt, daß die Belebung des Tempels, durch dessen Spalten schon der Exeget Mahlers Stimmen und Feuerschein dringen ließ, im wesentlichen wieder Hans Christian Andersens Sache war. Der sich ausdrücklich vornahm, keine »Räubergeschichten« (261) zu erzählen, endet schließlich selbst in einer.

Hans Castorp erblickt im Innern des Tempels »graue Weiber«, Gerda sieht »das alte Räuberweib«. (A I, 276) Das Räuberweib hat einen »langen struppigen Bart«, Manns Weiber sind zottelhaarig, durch das Zottige, wie gezeigt, mit dem Bock verbunden. »Mein einzig lieber Ziegenbock« (A I, 279) nennt die Tochter ihre Räubermutter, auch sie wird dadurch als Hexe im Teufelsdienst markiert.[30] Die Hexen hantieren »aufs gräßlichste«, das Messer der Andersen-Hexe blitzt »gräßlich«. (Insel I, 68) Die Hexen zerreißen »ein kleines Kind« (683), das Räuberweib bedroht die »kleine Gerda«, »das kleine Mädchen«. (A I, 276, 278) Die Hexen sind zwischen »flackernden Feuerpfannen« und über einem »Becken« beschäftigt, im Saal der Räuberburg brennt »mitten auf dem steinernen Fußboden ein großes Feuer« und ein »großer Braukessel« kocht. (A I, 277) Castorp sieht »zartes blondes Haar«, Gerdas Haar glänzt »goldblond«. (Insel I, 52) In »wilder« Stille hantieren die Hexen, »wild« (A I, 276) hängt das Räubermädchen auf dem Rücken der Alten. »Grausende Eiseskälte« bannt Castorp und zwingt ihn, bei dem »greulichen Geschäft« zuzusehen. (683) Dem kleinen Mädchen ist das Räuberweib ein »greulicher« (A I, 278) respektive »gräßlicher« Anblick. (Vgl. Insel I, 68) Bevor Gerda in »Eis und Schnee« und »schneidende Kälte« zieht (vgl. A I, 279, 282), vergleicht die Tochter sie der »greulichen« Räubermutter und Schlachtpatronin. (Vgl. Insel I, 69) Gerda entkommt ihr knapp, wie Hans den Hexen entkommen kann, dann erleben sie im Schnee das erlösende Finale, in dem die Eiseserstarrung der Herzensliebe weicht.

Vor dem Tempel in Arkadien steht ein Standbild von Demeter und Persephone, auch was im Tempelinnern passiert, hat mythisches Gepräge. Noch der Mythos aber wird motivisch auf das Märchen rückbezogen, die Mutter des Standbilds zeigt »sternlos leere Augen« (vgl. 682), im Gegensatz zur Schneekönigin, deren Augen »wie zwei klare Sterne« blitzen. (A I, 259) Andersens Märchen hat selbst Teil am Mythos, ist selbst nur Rosine in einem langen Traditionszopf demeterkultischen Kindsopfers; von ihm zehrt noch die Hexe in *Hänsel und Gretel*, wenn man so sagen darf, und selbst dies Grimm-Märchen versorgt Manns Hexenmahl, mindestens mit Knöchlein. Auch Autobiographisches wird die Passage gefördert haben, der heimatliche Volksdialekt, in dem Hans greulich nachgeschimpft wird, hat fast den Klang des Selbsterlebten, vielleicht wirklich im Traum Erinnerten. Das Erinnerte müßte dann schon ein sprachlich vermitteltes sein; die erwogenen frühen Fragmentierungsängste hätten ja nichtsprachlichen Charakter.[31] Was dem blonden Kind geschieht, ist aber mehr als Fragmentierung. Die

Hexen »verschlangen die Stücke« (683), das Kind über dem Feuerkessel wird aufgegessen, wie es eben Gerda drohte.

Was immer in den Kindertagen vernommen oder erlebt und später mythisch überhöht wurde, das literarische Muster der Schlachtung war Andersens Märchen. Falls jemand zur Vermutung neigen wollte, die Wiederkehr dieses Frühmusters in »Schnee« lasse auf Federführung des Unbewußten schließen, so nehme er Abstand von ihr. Außer den in der Walpurgisnacht gezeichneten Schweinchen ist im *Zauberberg* nichts blind hingeworfen. Thomas Mann liest Andersen zu Beginn des sechsten Kapitels sicher auch wegen der *Schneekönigin.* Wahrscheinlich las er sie in der Insel-Ausgabe. Wie deren Tonreihe »gräßlich« – »gräßlich« – »greulich« zu »gräßlichst« – »grausend« – »greulich« variiert wird, verrät nicht nur höchste Bewußtheit, sondern zierlichste Präzision.

Wir kennen diese Präzision aus den früheren Übernahmen. Sie hat ihren Grund in der Sache. Im »Totentanz« mußten die Moribunden sich erst zu Vögeln mausern, bevor die letzte Verwandlung sie in den Sarg legte. In »Walpurgisnacht« mußte erst der Zaubererball besucht und ein Taschentuch gezückt werden, bevor die Spröde sich beibiegen ließ. In »Schnee« muß Castorp erst die Initiation durch kannibalisches Hexentum erfahren, bevor sich ihm Liebe als Güte offenbart. Kindesschlachtung durch Hexenhand oder deren Androhung ist die Station, die zu durchlaufen hat, wer märchenhaft ins Innere des Geheimnisses vordringen will.

Messerspiele

Deshalb darf man sich dennoch Gedanken machen über die Gründe der so außerordentlich tiefen Wirkung der *Schneekönigin.* Unmittelbar verständlich ist die des in seiner Symbolik weitläufigen Eispalastes, die leicht ein Leben lang vorhält. Zu Unrecht von ihm beschattet wird die fünfte, künstlerisch bedeutendere Geschichte *Das kleine Räubermädchen.* Wie seine Hauptfigur, die Tochter des Räuberweibs, auf den kindlichen Zuhörer oder Leser gewirkt hat, kann man nur ahnen; ahnen immerhin kann man es.

Das Verhältnis des Räubermädchens zu Gerda, die sich mit ihm anfreundet, ist genau gesehen nicht bloß erotisch, sondern sadistisch-homosexuell gefärbt, und zwar stark gefärbt.[32] In der mannmännlichen Variante wird dieses Verhältnis in Andersens Roman *Nur ein Spielmann* vorweggenommen. Dort liebt die Heldin Naomi, »eine schöne Mignon«[33], den Kryptosadisten Ladislaus, den sie als Mann verkleidet küßt, obwohl er ihr die Peitsche an den Hals schlägt, um sie zu streicheln, wie sie es verdiene, und was der Spiele mehr sind. Das spätere Märchen vereinigt die Funktionen Naomis und Ladislaus' in der Figur der Räubertochter, Andersens Mignon. Das wenige, was wir von ihrem Äußeren erfahren, wird gleich in der Relation auf die Person gegeben, die sich davon angezogen fühlt. Das Räubermädchen ist »so groß wie Gerda, aber stärker, breitschultriger und von dunkler Haut; die Augen waren ganz schwarz, sie sahen fast traurig aus«. (A I, 277) Es ist das Verhältnis Joachim Ziemßen – Hans Castorp, jener ist stärker, breitschultrig, gebräunt und hat dunkle, gegen Ende immer traurigere Augen.

Das Räubermädchen umschlingt Gerda mit dem Arm und droht ihr dabei: »Sie sollen dich nicht schlachten, und wenn ich noch so böse auf dich werde; dann werde ich es schon selbst tun!« (A I, 277) Beruhigende Versicherung! Das braune Mädchen ist kokett und unberechenbar. Es zwingt Gerda, seine Tauben zu küssen (ihre Tauben!) Es schlägt Gerda ins Gesicht (A I, 278), wie früher Ladislaus die ihm hörige Androgyne. Es macht Gerda vor, wie es das Rentier quält, um sie dann – aber man lese selbst:

> Und das kleine Mädchen zog ein langes Messer aus einer Mauerspalte und ließ es über den Hals des Rentiers gleiten; das arme Tier schlug mit den Beinen aus, und das kleine Räubermädchen lachte und zog dann Gerda mit ins Bett. (A I, 278)

Endlich dort angekommen, schlingt es wieder seinen Arm um ihren Hals, hält aber das Messer in der andern Hand. Gerda weiß nicht, »ob sie leben oder sterben würde«. (A I, 278) Als sie von Kay seufzt, sagt das Räubermächen: »›Nun mußt du stilliegen!‹ [...], ›sonst stoße ich dir das Messer in den Leib!‹« (A I, 279)

Diese letzte Drohung hat der junge Thomas Mann schon in der Geschichte wahrgemacht, deren Untertitel dem Leser Rätsel über Rätsel versprach. Das Märchenpoem, mit dem sich die durchs Eintreffen des Regenschirms aktivierte Muse im *Kleiderschrank* verabschiedet, endet mit einem Mordversuch:

> Das Ende war so traurig, wie wenn zwei sich unauflöslich umschlungen halten und, während ihre Lippen aufeinanderliegen, das eine dem anderen ein breites Messer oberhalb des Gürtels in den Körper stößt, und zwar aus guten Gründen. (VIII, 160)

Das eine dem andern; die Geschlechtsbezeichnung wird vermieden. Es sind zwei, und der oder die eine bekommt von dem oder der andern das Messer in den Leib gestoßen, obwohl die beiden sich umarmt halten und offenbar also auch Liebe, jedenfalls Anziehung im Spiel ist.

Dies eben war das Verwirrende, Bezwingende bei Andersen; obwohl sie in seinen Armen den Tod fürchten muß, scheint Gerda von dem starken, braunen Mädchen angezogen, beim Wiedersehen freut sie sich, als wären da keinerlei Messer zwischen ihnen gewesen. (A I, 286) Man benötigt keine sonderlich tiefe Psychologie, um sich vorstellen zu können, wie die beeindruckbare Kinderseele solchen Stoff aufnahm. Es genügt zu lesen. Ein Blick also noch dem Räubermädchen nachgeworfen, bevor uns endgültig der Traumbeschluß ruft.

Nachleben des Räubermädchens

Fünf Jahre nach dem *Kleiderschrank* erschien in der *Neuen Rundschau* die Erzählung *Ein Glück*, eine auf Bestellung geschriebene Studie, die eine Casino-Anekdote von Klaus Martens verarbeitete und erstaunlicherweise oder vielleicht auch nicht erstaunlicherweise das Entzücken Franz Kafkas hervorrief. Wie Vagets Kommentar anmerkt, fällt dieses Nebenwerk vor allem dadurch auf, daß es ein gleichgeschlechtlich erotisches Verhältnis einmal auf Frauen überträgt.[34]

Homoerotisch ist das Verhältnis der Baronin Anna zu ihrer Rivalin Emmy, einem Varietémädchen. Anna überwacht eifersüchtig ihren Baron, stellt aber plötzlich fest, daß die Frau, die sie fürchten müßte, sie unerklärlich heiß und tief anzieht. Die begehrte Emmy ist »keck und gedankenlos lebensvoll verführerisch«, dabei »gründlich ordinär«, aber »wundervoll [...] mit ihren schwarzen Haarsträhnen, die das breite, begehrliche Gesicht umfingen, ihren dunkel umrissenen Mandelaugen, ihrem großen Mund voll weißblitzender Zähne und ihren bräunlichen, weich und lockend geformten Armen«. (VIII, 359) Diese Emmy ist der Urtypus; von dunkler Haut, die Augen ganz schwarz (A I, 277), keck, ordinär, verführerisch: Andersens Räubermädchen, die früheste Mignon, der stärkste Eindruck. Ihm verdankt es sich, daß die »kleine Bräunliche« nicht Frauen-, sondern ausdrücklich »Kinderarme« hat. (VIII, 355, 358) Zu ihm gehört auch der Beruf, nicht wörtlich Räubermädchen im Falle Emmys, aber »Landstreicherin« (VIII, 361), was dem originalen so nah kommt wie unmärchenhaft möglich. Ihm entstammen die verwirrten Gefühle, die Anna überraschend für das »kleine verwahrloste Geschöpf« (VIII, 359) entwickelt, obwohl sie wie Gerda schon legitim vergeben ist.

Als nächstes folgt der Emmy Imma, die Braut Klaus Heinrichs; abgründig genug. Es folgen Rozsa und Esmeralda (die schwarzäugige Frau von Mallinckrodt trotz »bräunlichen Körpers« unberücksichtigt gelassen, 435);[35] r-krächzende Namen, wie man hört, Verführerinnen angehängt, die in gerader Linie auf das Urmädchen zurückgehen. Letztgültig zu beweisen ist in genealogischen Dingen nichts. Etwas einem Beweis Nahekommendes gelangt uns jedoch mit den *Bekenntnissen des Hochstaplers Felix Krull* in die Hand.

Die Liebeskünste, die er bei Madame Houpflé unter Beweis stellt, hat Krull sich durch professionellen Unterricht bei der schlimmen Lehrerin Rozsa erworben. Rozsa ist wie Emmy eine Vorläuferin der Frau, die den ihr nachgereisten Leverkühn entjungfert. Sie trägt eine »kanariengelbe Jacke«, ihre Nase ist »stumpf, ihr Mund geräumig«, ihre Augen, »die schief standen, die äußeren Winkel nach oben«, schimmern blicklos. (VII, 379) Hetaera Esmeralda ist eine »Bräunliche, in spanischem Jäckchen, mit großem Mund, Stumpfnase und Mandelaugen«. (VI, 191) Stimmten sie auch äußerlich nicht so genau überein, wären sie schon durch Gewerbe und lokalen Hintergrund zu identifizieren. Rozsa und Esmeralda sind beide Prostituierte, mit denen die Romanhelden verkehren. Rozsa ist »aus Ungarn gebürtig« (VII, 382), Esmeralda endet vorläufig in »Preßburg, ungarisch Pozsony« (VI, 205), um als ungarische Madame de Tolna unsichtbar wiederzukehren.[36]

Rozsa und Tolna-Esmeralda gleichen Andersens namenloser Verführerin wieder etwas mehr als der Zufall einer Vorliebe des Autors für burschikose Brünette es erlauben würde. Mit ihren »wenig ausgebildeten Formen des oberen Körpers« (VII, 379) ist Rozsa eigentlich unweiblich, ein garçon manqué wie das Räubermädchen mit den breiten Schultern und dem rabiaten Gebaren. Auch sie entstammt nicht wörtlich einer Räuberbande, aber fahrendem Volk, einer über die Lande ziehenden Artistenfamilie. (VII, 382)

Das tut nun auch Goethes ebenfalls androgyne Mignon. Wie im Fall der Walpurgisnacht darf nicht einfach alles das dem Urbild Andersens zugesprochen werden, was sich ebenso gut von Goethe herleiten läßt. Von der Kontextdichte und ihrem Vektor aber ganz abgesehen, gibt es da eine Wettermeldung und eine Angabe zur Mode, die zusammengenommen die Frage der wahren Mädchen-Eva entscheiden sollten.

Als Felix Krull das Zeichen von der Bräunlichen bekommt, folgt er ihr nach draußen und findet eine Wetterlage vor, die Thomas Mann mit einem kühnen und schönen Bild beschreibt: »Regen trieb schräg herab, und große, mißgestaltete Flocken, die er mit sich führte, ließen sich wie weiche, nasse Tiere auf Schultern, Gesicht und Ärmeln nieder.« (VII, 379f.) Fast ist man enttäuscht darüber, daß es wieder einmal nicht von ihm stammt. Nicht anders, in den »wunderlichsten Gestalten«, nämlich als Tiere, fielen schon die Flocken der *Schneekönigin:* »Einige sahen aus wie häßliche große Stachelschweine, andere wie ganze Knoten von Schlangen, welche die Köpfe hervorstreckten, und andere wie kleine dicke Bären, deren Haare sich sträubten, alle waren glänzend weiß, alle waren lebendige Schneeflocken.« (A I, 283)

Das arge Mädchen, das Krull in den belebten Schnee winkt, trägt eine auffällige Kopfbedeckung, eine »rotwollene Mütze«. (Vgl. VII, 379) Gerda sieht, als sie von der Schneekönigin heimkehrt, ein junges Mädchen »mit einer leuchtend roten Mütze auf dem Kopf«. (A I, 286) Es ist das Räubermädchen, das von Gerda freudig begrüßt wird, als hätte sie nicht in seinen Armen Todesängste gelitten. Die nächste »rote Mütze« (vgl. VI, 189) wird der Figur aufgesetzt, ohne deren Eingreifen Faustus nicht den Weg ins Geniale gefunden hätte: dem Dienstmann, der Leverkühn zu Esmeralda geleitet, die ihm mit dem Arm die Wange streichelt.

Offenbar vergaß Thomas Mann die frühe Berührung mit Andersens Räubermädchen so wenig wie Adrian dies erste Streicheln vergessen kann. Der Inhibierte braucht Esmeralda auf seinem Weg ins Eis. Wie in der *Schneekönigin* wird er ihm nach einer Nacht in den Armen der Bräunlichen gewiesen.

Unter dem Weidenbaum. Kurz vor fünf

Im Tempel hat Castorp die Hexen gesehen, es folgt der Gedankenertrag, dann erwacht er wieder, um in der Luftlinie dem unteren Licht zuzuschweben. Die zwei Fragen, die er sich davor stellt, sind rätselhaft.

Die Grundidee des Abschnitts wie des Romans, Schnee als Tod und Verführung, stammte von Andersen. Es ist eine auch innerhalb seines Märchenwerks verbreitete Motivverbindung. Der Pfeffergeselle stirbt in seinem Kämmerchen während eines Schneegestöbers, von der Geliebten träumend. Der Held des von Thomas Mann mit Bleistift markierten Märchens *Unter dem Weidenbaum* verbringt auf seinem Heimweg aus dem Süden eine Nacht im Freien und erfriert im Schnee, durch einen zweigeteilten, umstrickenden Traum am Erwachen gehindert. Die bekannte Kombination wird damit um genau die in »Schnee« verwendeten Motive erweitert. Der Märchenheld heißt Knud, fast wie Knut, der Sohn des Mannes, den Hans Castorp einmal auf Vatereignung hin prüft (209) und der ihn umgekehrt »mein Junge« anspricht. (864)

Castorps potentieller Bruder Knud hat seinen Glückstraum, erwacht, findet, daß es die schönste Stunde in seinem Leben gewesen sei und bittet Gott:

> »[...] laß mich ihn wieder träumen!« Und er schloß die Augen, er schlief, er träumte. Gegen Morgen fiel Schnee und stiebte über seine Füße, er schlief. Dorfleute gingen zur Kirche; dort saß ein Handwerksbursche, er war tot, erfroren – unter dem Weidenbaum. (A I, 468)

Aus seinem Gedankentraum erwacht, legt Hans Castorp sich die Rätselfragen vor:

> War Morgen? Und hatte er die Nacht hindurch im Schnee gelegen, ohne zu erfrieren, wie es im Buche stand? (687)[37]

Die Überlegung, es könne vielleicht Morgen sein, wird vom Erzähler so hartnäckig wie offenkundig sinnlos verfolgt. Nur um dem Leser den Gedanken einzuträufeln, Castorp habe vielleicht doch die Nacht und nicht nur eine Viertelstunde des Nachmittags im Freien verbracht, verwendet er bei der Beschreibung der Erfrierungssymptome ein nicht einmal ganz korrektes »nächtlich« (»abendlich« träfe es sachlich besser): »Ohren, Fingerspitzen und Zehen waren wohl taub, allein nicht mehr, als schon so oft beim nächtlich-winterlichen Liegen in der Loge.« (687) Noch indem er sie zuletzt abschüttelt, weckt er die Zweifel, von denen er spricht, eher, als daß er sie beruhigt: »Mochte dem nun aber wie immer sein und mochte er Morgen um sich haben oder Nachmittag (ganz ohne Zweifel war es noch immer frühabendlicher Nachmittag) [...].« (687f.)

Sinnlos scheint seine Beharrlichkeit deshalb, weil er ja selber die exakte Angabe der Zeit gibt. Hans Castorp blickt auf die Uhr: »Sie zeigte noch nicht fünf – bei weitem nicht. Es fehlten zwölf, dreizehn Minuten daran.« (687) Daß es im Winter morgens um viertel vor fünf nicht so hell sein kann wie nachmittags, weiß Thomas Mann so gut wie Hans Castorp, sei dieser auch noch traumverwirrt. »Mochte er Morgen um sich haben oder Nachmittag« ist märchenhaft, nicht realistisch gezweifelt, rekapituliert die Motivvorbilder, zu denen *Unter dem Weidenbaum* auch aufgrund einer weiteren Herzensverwandtschaft mit der Hauptüberlieferung gehört. Die Uhrzeit, zu deren so auffällig genauer Angabe der Erzähler ja trotz allem nicht verpflichtet war, verweist uns ein letztes Mal an sie zurück.

Auch in der *Schneekönigin* fällt eine exakte Zeitangabe, und zwar an allesentscheidender Stelle. Kay und Gerda schauen ein Bilderbuch an,

> da geschah es – die Uhr schlug gerade fünf vom großen Kirchturm –, daß Kay sagte: »Au! Es hat mich ins Herz gestochen, und nun habe ich etwas ins Auge bekommen!« (A I, 260)

Es ist fünf, als Kay von den Splittern des Teufelsspiegels getroffen und die Handlung des Märchens in Gang gesetzt wird. Es ist zwölf vor fünf, als Thomas Mann der Verführungsgeschichte das Pendel wieder aushängt. Mit dem Gedankentraum kommt Castorps todeserotische, erste Initiation durch Eis- und Schneekönigin zum Abschluß. Nach dem Traumfazit interessiert er sich vor allem für den Pfeffergesellen, die Arme der Zurückgekehrten lassen ihn bald so kühl, wie sie ihm einst vorschwebten. Ihr Verhältnis wird im Wortsinn blind; als er sie wieder spricht, steht sie hinter seinem Stuhl, er hört sie, sieht sie aber nicht, die alten Verführerinnenaugen haben ausgespielt. – Fünf Uhr, und bei der

Wiederaufnahme noch einmal im Kreis herum bis wieder zwölf vor fünf, bis knapp vors Ziel, von dem es ausging.

So nah sie liegt, so unvorsichtig wäre es, eine Interpretation an diesem einen Zeiger aufzuhängen. Es ist nicht auszuschließen, daß die Uhren zufällig zur gleichen Zeit stehen geblieben sind, mit der Differenz nur der märchenhaften Zahl, zwölf oder dreizehn (die sich wieder nur zu naheliegend als Hinweis auf die Märchenhaftigkeit auch der Hauptangabe entziffern ließe). Statuiert sei hier nichts; zwar lockt die Tiefenausdeutung, selbst die zahlensymbolische, aber sie lockt zu sirenenhaft, als daß man sich nicht besser mit Zurückhaltung gürtete. Als Memento mag der Blick auf die Uhr in jedem Fall gedient haben.

Der Splitter des Teufelsspiegels. Im Eispalast

Denn so oder so ist es Zeit, das Thema der *Schneekönigin* anzuschneiden, das Thomas Mann ebenso ernst nahm wie das der homoerotischen Hörigkeit. Was zwischen Gerda und dem Räubermädchen vibrierte, war das eine, immer bedrängende Thema. Die Verfallenheit an die Kunst ist das ihm attachierte zweite. Von *Buddenbrooks* an wandert es in symbolischen Diensten als der Splitter durchs Werk, der Kay um fünf in Herz und Augen sticht.

Der Splitter entstammt dem Spiegel, den der Teufel gemacht hat, um Gott selbst zu beschämen. Der zu hoch hinaufgetragene Spiegel, der zerschellen muß, ist Werk der Hybris, Babel-Bau, Herausforderung des Künstlers an seinen ersten Vorgänger, vor dem man sich nicht in den Staub wirft, nur weil auch er einen funktionierenden Kosmos schuf. Etwas von ihm hat jeder, der den Sündensplitter abbekam.

Hannos Freund war der erste und letzte, der in aller Öffentlichkeit durch den Namen auf seine Herkunft verwies. Kai schrieb, hatte den scharfen Blick und verschwand am Ende im Schneegestöber, seiner Königin und Berufung folgend. Ein halbes Jahrhundert später wird aus der rudimentären Geschichte Kais die Geschichte vom Teufelsbündner Leverkühn. Dessen letztes Märchenvorbild, nach Eis- und Seejungfrau, ist wieder ein Verführter, kein Verführer, Opfer und Neophyt der Schneekönigin.

Der Kay der frühesten Lektüre wird überkritisch, nachdem er den Splitter abbekommen hat, und entfaltet parodistisches Talent. Bald kann er alle Leute in seiner Straße imitieren, man lacht über ihn. »Alles, was an ihnen eigentümlich und unschön war, das wußte Kay nachzumachen, und die Leute sagten: ›Der Junge hat bestimmt einen ausgezeichneten Kopf!‹« (A I, 261)

Auch der kleine Adri ist überkritisch, urteilt »kühl, ja geringschätzig« (VI, 44); schon achtjährig wird ihm nicht ohne Sorge um drohende Hoffart bestätigt, daß er »ein gelerniger und geschwinder Kopf« sei. (VI, 48) Es ist diese Eigenschaft, die ihn der Kunst zuführt und sie ihm auch wieder so schwer macht. »Warum müssen fast alle Dinge mir als ihre eigene Parodie erscheinen? Warum muß es mir vorkommen, als ob fast alle, nein, alle Mittel und Konvenienzen der Kunst *heute nur noch zur Parodie taugten?*«, fragt er seinen Lehrer. (VI, 180) Daß nicht Kretzschmar, sondern Hans Christian Andersen der berufene Antwortgeber ist, verrät das wenige, was Zeitblom über das Äußere seines Freundes mitteilt. Adrians Auge zeigt »kleine metallische Einsprengsel« (VI, 34); wenn er kühl den Kopf zurückwirft, verschattet sich die »metallisch gesprenkelte« Dämmerung seiner Augen. (VI, 44)

Der Fall ist damit klar. Leverkühn, dessen erstes Vorbild in »Snowhill« wirken wird (VI, 88), wurde wie Kay und Kai in der Kindheit von den metallischen Splittern des Teufelsspiegels getroffen. Seine Augen sind die Thomas Manns, dessen Kindheitslektüre wieder das Muster bereitstellte, in dem das des eigenen Lebens wiederzuerkennen war.

Wer den Teufelssplitter im Auge hat, ist mit dem zu scharfen Blick geschlagen, durchschaut alle Schwächen und Falschheiten der andern, wird durch Erkenntnis kalt. Wer den Splitter hat, geht dem Leben verloren und liebt nur noch die kristalline Schönheit. Vereisten Herzens, ist er bereit für die Schneekönigin. Sie küßt ihn mit dem kalten Kuß der Muse, da wird er ihr Jünger und kann ihr nicht mehr entkommen. Alles muß er ihr opfern, was ihm herzlich lieb war. Verzaubert, geschützt, gebannt von ihrer Macht, verödet er im Eispalast, einsam, aber unangreifbar.

Der junge Thomas Mann mußte nur einmal über das nachdenken, was ihn als Kind am stärksten beeindruckt hatte, dann enthüllte sich ihm die Märchengeschichte als eigene. »Ach, die Litteratur ist der Tod! Ich werde niemals begreifen, wie man von ihr beherrscht sein kann, *ohne* sie bitterlich zu hassen!« (Br Heinrich, 19) Es ist das Aufbegehren des von der Schneekönigin Gefangenen; »sie«, das meint die Literatur, deren Höhepunkte ihm »Schneegipfel« (IX, 276) sind, schon in der Metaphorik aber ist mitzulesen, wer sie ihm verkörpert. »Was war so lang? – / Erstarrung, Öde, Eis. Und Geist! Und Kunst!«, zwei Zeilen aus seinem Ehrenberg-Gedicht. (Nb 7–14, 46, vgl. VIII, 336) Es gäbe »noch etwas Ehrliches, Warmes und Gutes« in ihm, fährt er in dem die »Wechselfälle von Glut und Frost« schildernden Brief an seinen Bruder fort. Aber lange werde die Wärme nicht standhalten können:

> Mir graut vor dem Tage, und er ist ja nicht fern, wo ich wieder allein mit ihr eingeschlossen sein werde, und ich fürchte, daß die egoistische Verödung und Verkünstelung dann rasche Fortschritte machen wird ...

Allein mit ihr eingeschlossen, wie Kay mit der Königin im Saal des Eispalastes. In der *Königlichen Hoheit* nennt Thomas Mann diesen Palast noch beim Namen. Unvermittelt wird der Leser über die Metapher der »Eisfläche« (II, 56) zu ihm geführt:

> Und es war kalt in dem silbernen Kerzensaal, wie in dem der Schneekönigin, wo die Herzen der Kinder erstarren. (II, 57)

Es ist die einzige Stelle im Werk Thomas Manns, wo sich die Schneekönigin einmal nackt sehen läßt; später wird er dafür sorgen, daß sie nie mehr aus ihren Schleiern schlüpft. Das mindert nicht ihren Zauber, der es ihren Gefangenen so schwer macht, die Flucht aus dem Eispalast überhaupt nur zu erwägen. Dem Künstlerfürst Klaus Heinrich gelingt sie nur dadurch, daß er sich auch weiterhin an sein Vorbild hält. Dem naht im siebenten Märchenkapitel die der schlachtgierigen Vettel entkommene Gerda zur Rettung.

Die letzte Geschichte *Was im Schloß der Scheekönigin geschehen war und was dort später geschah* setzt in Handlung um, was Richard Specht von Mahlers Spätwerk gesagt hatte und was Thomas Mann in »Schnee« nacherzählt, die Überwindung der Todeserstarrung durch die Liebe. Still, steif und kalt sitzt der kleine Kay im Eispalast, so daß man, wie bei Castorp in »Schnee«, hätte glauben sollen, er wäre erfroren. (A I, 285) Aus diesem Scheintod befreit ihn Gerda durch Liebe und Leben, Naivität und Herzensreinheit. Kays Eisherz wird von ihren heißen Tränen geschmolzen, seine eigenen Tränen schwemmen die Spiegelsplitter aus dem Auge heraus.[38] So wird er erlöst.

Andersen hat das Motiv noch ein zweites Mal verwendet. Es genügt, sich an die Frage der Uhrzeiten zu erinnern, des Erfrierens oder fast Erfrierens nachmittags oder vielleicht auch frühmorgens, um erraten zu können, wo. Im späteren Märchen sind nur die Geschlechter vertauscht:

> sie beugte ihr Haupt über sein Antlitz, und eiskalte Tränen rollten aus ihren Augen, es war das Eis um ihr Herz, das durch seine starke Liebe schmolz [...] (A I, 467)

Leider ist es nicht wahr, sondern nur ein schöner Traum – ihn will Knud noch einmal träumen, aus ihm erwacht er nicht mehr, über Nacht erfroren, wie Hans beinahe.

Der knapp noch oder neu Erwachte träumt sich im Schnee über die intellektuellen Antinomien hinweg. Im Märchen sind sie in der Allegorie des »Verstandeseisspiels« vorgebildet. (A I, 284) Die Schneekönigin, bei Andersen auch Personifizierung der areligiösen ratio, thront auf einem gefrorenen See »im Spiegel des Verstandes«, dem Komplement des Teufelsspiegels. Kay beschäftigt sich damit, Figuren aus Eisstücken zu legen, scheitert aber daran, das Wort »Ewigkeit« zu formen. Castorp, der schon so lange »nach diesem Worte gesucht« hat (686), bringt es sich im Schnee selber bei, Kay braucht wie Klaus Heinrich die Freundin. Als sie kommt und die Tränen fließen, legen die Eissplitter sich dank Gerdas raison du cœur ganz von allein zur erwünschten Figur, zum erwünschten Wort der Ewigkeit zusammen. Durch Liebe werden Castorp und Kay, die im Schnee erstarrten, zu neuem, potentiell ewigem Leben erlöst. Die Erlösung ist Wiedergeburt und zweite Initiation. Castorp zog die Knie mannhaft an. Die Kinder Kay und Gerda kehren von der Schneekönigin in ihre Heimatstadt zurück, da »merkten sie, daß sie erwachsene Menschen geworden waren«. (A I, 287)[39]

Zur egozentrischen Existenz verdammt, schießen Klaus Heinrich in der Anagnorisis-Szene mit seiner Retterin die Tränen in die Augen, dann wird auch er erwachsen. (II, 285)[40] Schon Tonio Kröger, dessen »Herz tot und ohne Liebe« war (VIII, 290), splittergeschädigt trotz Seejungfrauenabstammung also auch er, schluchzt am Ende des Ballfinales vor sich hin. Das allfällige Schluchzen der Mannschen Helden hat immer diesen märchenhaften Mitgrund, die Hoffnung auf Ausschwemmen des Splitters, Durchbruch ins Leben und Rettung aus dem Eis. Nichts anderes ist Leverkühns Hoffnung auf die wiedergeborene Unmittelbarkeit, die glühende Konstruktion, die den Frostreif der Ironie zum Abschmelzen brächte, die Kunst mit der Menschheit auf Du und Du. Der expressive Seelenlaut gelingt ihm mit dem Durchbruch, den Durchbruch aber verdankt er dem Pakt, das macht seine Lage so kompliziert. Was ihm der Teufel erst beschert hat, dessen glaubt er sich nur mit Teufels Hilfe wieder entledigen zu können – ohne die Splitter wäre er nicht erst überkritisch, ohne den Teufel könnte er die Hemmung des Stolzes, die daraus erwächst, nicht überwinden.

Ob er sich verspekuliert hat oder nicht, bleibt die Frage, dem antinomisch verklammerten Roman ist ein ungeschützter Bescheid nicht leicht zu entreißen. Fest steht zweierlei. Die Augen des Kühlen zeigten die metallischen Einsprengsel, und am Ende weint er. »Wir sahen Tränen seine Wangen hinunterrinnen und auf die Tasten fallen, die er, naß wie sie waren, in stark dissonantem Akkorde anschlug.« (VI, 667)

Zweideutig bis zur letzten Note, läßt Thomas Mann so doch noch sein »gerettet!« anklingen. Wie Leverkühns Selbstmordversuch im Wasser die Berufung zu den Töchtern der Luft signalisieren konnte, signalisieren die Tränen, wer weiß, die Nähe des guten Endes.

Die Hoffnung auf die Lösung des Märchens, das Herausschwemmen des Splitters, wird der ihr Verfallene niemals aufgeben. Schneekönigin und Literatur –

> Das Letzte und Beste, was sie mich zu lehren vermag, ist dies: den Tod als eine Möglichkeit aufzufassen, zu ihrem Gegentheil, zum *Leben* zu gelangen. (Br Heinrich, 19)

Durch den Tod zum Leben, das ist schon Hans Castorp im Schnee. Schon 1901 nimmt Thomas Mann seinen Ausbruch aus dem Reich der Königin vorweg, dem Eispalast, dem Zauberberg des Ästhetizismus.

IX. DER GEDANKENTRAUM

»Der Mensch soll«. Ein grundsätzliches Wort

Das Ergebnis des Gedankentraums, der berühmte gesperrt oder kursiv gedruckte »Schnee«-Satz, wird gewöhnlich als Botschaft bezeichnet. Eigentlich und genauer ist er jedoch ein Gebot. Hans Castorp erträumt sich durch seine und die Weltseele das Liebeswort, den Liebessatz, bleibt aber nicht bei dessen erstvernommener Form »Ich will [...]« (685) stehen, sondern modelliert ihn zur Gebotsform um. »Der Mensch soll«, beginnt der kursive Satz. Der Mensch soll, jeder soll, anders gesagt: Du sollst!

Zwischen dem privaten Vorsatz »Ich will« und dem »Du sollst!« ist nun ein kategorialer Unterschied. Das Entscheidende des Gebots liegt nicht darin, daß es von jedem und jederzeit befolgt werde, sondern darin, daß es aufgestellt wurde. Moses meißelt sein Kurzgefaßtes in den Stein, obwohl er sowie Gott im voraus wissen, daß immer gegen die Gebote verstoßen werden wird. (VIII, 875) Man verstoße gegen es, das Gebot bleibt darum doch bestehen, seine Gültigkeit ist nicht von der jederzeitigen Befolgung abhängig.

Hans Castorp hört den Du-sollst-Satz, erinnert ihn aber zunächst nicht mehr so recht, partieller Todesamnesie wegen, wie wir vermuteten. Es wäre im andern Fall auch das erste Mal, daß mit dem Aufstellen des Gebots dessen Befolgung einherginge. Eben dies aber verlangt implizit eine bedeutende Schule der *Zauberberg*-Kritik, als deren Vorsteher und scharfsinniger Spiritus rector Børge Kristiansen zu benennen wäre.[1]

Kristiansen ist der Auffassung, Thomas Mann mache im »Schnee«-Traum schöne Worte, denen er die tatkräftigen Konsequenzen nicht nur nicht folgen lasse, sondern die er durch seine dem Krieg und der Willensirratio zustrebende Handlungslinie, vor allem aber durch den Motivbau im Souterrain, geradewegs widerlege.[2] Diese Kritik übersieht neben anderem, daß ein Gebot nicht durch Nichtbeachtung widerlegt werden kann. Als Gebot, als Ästhetizismus-Antidot, wird der »Schnee«-Satz genauso wenig hinfällig wie dies die Gebote Mose durch die Rückfälle und Schandringel des regredierenden Volkshaufens werden. Als erstes und einziges Gebot steht das *Der Mensch soll ...* über dem *Zauberberg* und beherrscht ihn, unabhängig davon, ob der Mensch sich daran hält oder nicht. Hans Castorp hält sich nebenbei nicht schlechter, eher besser daran als die andern. Nicht umsonst kehrt Clawdia Chauchat nach Berghof zurück, um einen guten Menschen an ihrer Seite zu haben.

Sakralisierung der Liebe. Gegen Schopenhauer

»*Der Mensch soll um der Güte und Liebe willen dem Tode keine Herrschaft einräumen über seine Gedanken.*«[3] Liebe allein wäre mißverständlich, was ein Gebot nicht sein sollte, deshalb bestimmt Thomas Mann näher: Güte und Liebe. Nicht *amour* ist gemeint, von der Castorp die bekannte Summe zog: »Le corps, l'amour, la mort, ces trois ne font qu' un« (476), nicht die todesschwangere, tristaneske Liebe, auch nicht das reine schopenhauersche Mitleid, aber eine paraschopenhauersche, Johannes-nahe Liebe, die ungefähr zwischen der »anderen Liebe« (vgl. VIII, 270), die 1902 am Ende der *Hungernden* reklamiert wurde, und Blühers »transzendentalem Erotismus« steht;[4] was immer man sich darunter genau vorzustellen hat.

Zu Recht jedenfalls setzt Werner Frizen in seinem *Zauberberg*-Buch dem schopenhauersch ein para voran. Schopenhauerianer ist Thomas Mann auch in seinem mittleren Roman, aber er bleibt ein eigenwilliger, unstrenger, der nie hinter Nietzsches Kritik der asketischen Ideale zurückfällt. Ein strenger kann er aus einem persönlichen, massiven Grund nicht sein. In der Welt als Wille und Vorstellung dient die Geschlechtsliebe nur der Gattungserhaltung. Dem Philosophen ist Liebe eine Chimäre, ein Monstre-Bluff; der Wille spielt sie uns vor und denkt dabei, sofern er als Wille denken kann, nur an die nächste Generation. Gerade dort, wo Schopenhauer den Brennpunkt der Welt und seiner Philosophie sah,[5] muß sich sein Anhänger von ihm lösen. Denn wenn es in der Liebe um Fragen der Gattungserhaltung nicht geht, nämlich unmöglich gehen kann? Darin liegt das Problem Hans Castorps, der sich in Clawdia verliebt, obwohl sie keine Grete ist, sondern wurmstichig und unfruchtbar; darum eben wird sie von Thomas Mann unfruchtbar gemacht, die Liebe zu ihr soll ebensowenig Willens-funktional sein wie die zu Hippe.[6]

Daß in der Päderastie und Männerliebe ein »unerhörtes Paradoxon« (AS II, 655) liege, ist Schopenhauer nicht verborgen geblieben. Er löst es, indem er der Natur die Absicht unterstellt, zu höherem Zwecke zu irren. Aus seiner Darstellung (in der *Metaphysik der Geschlechtsliebe*) ergibt sich:

> daß, während das in Betracht genommene Laster den Zwecken der Natur, und zwar im Allerwichtigsten und ihr Angelegensten, gerade entgegenzuarbeiten scheint, es in Wahrheit eben diesen Zwecken, wiewohl nur mittelbar, dienen muß, als Abwendungsmittel größerer Uebel. Es ist nämlich ein Phänomen der absterbenden und dann wieder der unreifen Zeugungskraft, welche der Species Gefahr drohen: und wiewohl sie alle Beide aus moralischen Gründen pausiren sollten; so war hierauf doch nicht zu rechnen; da überhaupt die Natur das eigentlich Moralische bei ihrem Treiben nicht in Anschlag bringt. Demnach griff die, in Folge ihrer eigenen Gesetze, in die Enge getriebene Natur, mittelst Verkehrung des Instinkts, zu einem Nothbehelf, einem Stratagem, ja, man möchte sagen, sie bauete sich eine Eselsbrücke, um, wie oben dargelegt, von zweien Uebeln dem größern zu entgehen. Sie hat nämlich den wichtigen Zweck im Auge, unglücklichen Zeugungen vorzubeugen, welche allmälig die ganze Species depraviren könnten, und da ist sie, wie wir gesehen haben, nicht skrupulös in der Wahl der Mittel. Der Geist, in welchem sie hier verfährt, ist der selbe, in welchem sie [...] die Wespen antreibt, ihre Jungen zu erstechen: denn in beiden Fällen greift sie zum Schlimmen, um Schlimmerem zu entgehen: sie führt den Geschlechtstrieb irre, um seine verderblichsten Folgen zu vereiteln. (AS II, 658f.)

Gegen die Bezeichnung der Instinktinvertierung als »schlimm« hätte Thomas Mann sich gar nicht verwahrt. Aber das blieb nicht alles. Viel schlechter hinzunehmen war, daß der Philosoph die Päderastie nicht nur eine »im höchsten Grade widerwärtige und Abscheu erregende Monstrosität« nannte (AS II, 653), dem eigentlich männlichen Alter »fremd, ja, unbegreiflich« (AS II, 658) – »bis zur Verachtung unbegreiflich« ist Thomas Mann gerade das Gegenteil, »die Nicht-Empfänglichkeit« für die Schönheit und »Bewunderungswürdigkeit des ›göttlichen Jünglings‹«, die »alles Weibliche weit übertrifft« (Tb, 28. 8. 1950), – viel schwerer also oder gar nicht zu akzeptieren war, daß die verkehrte Liebe nicht nur mit vielleicht auch zur Beruhigung der Zeitgenossen stark gewählten Worten schimpfiert wurde, sondern daß Schopenhauer ihr zusätzlich und ohne Not eine Ecke im Lehrgebäude anwies, auf daß sie sich den Rest ihrer Tage darin schäme. In der Päderastie bejahte sich der Wille zum Leben, »die Folge solcher Bejahung, welche den Weg zur Erlösung offen hält, also die Erneuerung des Lebens«, war dagegen »gänzlich abgeschnitten«. (AS II, 660)[7] Daher ihre Verworfenheit. Schopenhauer richtet die Päderastie metaphysisch, und das richtete nun nicht seine Metaphysik, mußte bei ihrem Verehrer aber doch Zweifel an ihrer Allzuständigkeit wecken. Und wäre es die Knaben- oder Männerliebe allein. Schopenhauer, so viel er vom Tod verstand, verstand nichts von Liebe überhaupt, egal welchen Erscheinungstyps, verstand sie jedenfalls ganz anders, das war der Grund für Thomas Manns Aufsässigkeit, wenn man ihn kurz gefaßt haben will. Die Anerkennung der Liebe als heiligender Macht noch auf den Irrwegen – »unmöglich hier, absurd, verworfen, lächerlich und heilig doch, ehrwürdig auch hier noch« (VIII, 498) – war ihm Axiom und nicht verhandelbar, das Phänomen der Liebe, das er in einer sekretierten Passage des *Doktor Faustus* als die erstaunliche und »unnatürliche« Alterierung des Verhältnisses von Ich und Nicht-Ich[8] bezeichnet, stand über der Natur und ihren Stratagemen. Mochte Natur Wespen dazu bringen, ihre Jungen zu erstechen. Liebe war etwas anderes, Liebe blieb, setze sie sich aus lauter Perversitäten zusammen, »das göttlichste Phänomen der Welt« (IX, 381); Liebe erst rechtfertigte das Leben: »O, unfaßliches Leben, das sich in der Liebe bejaht.« (Tb, 14.7.1950) Das ist in den Begriffen schwach schopenhauerisch, im hymnisch zustimmenden Sinn so unschopenhauerisch wie möglich.

Daß dem göttlichen Eros als ständiger Begleiter der Mann mit der Hippe zugeteilt wird, nimmt dieser hymnischen Liebesfeier nicht das geringste. So wenig im *Zauberberg* die todeserotische Liebe gegen eine körperlose caritas ausgespielt wird, so wenig dient die Verkupplung von Tod und Liebe deren Desavouierung. Umgekehrt, die Liebe dient dazu, den Tod aufzuwerten.

Der Tiefpunkt der großen Gereiztheit, der vermeintlich eindeutige Tod- und Unformtriumph, das Duell zwischen Naphta und Settembrini, wird durch folgenden Wortwechsel eingeleitet:

> »*Wie* beliebten Sie sich auszudrücken?« lautete Naphta's Gegenfrage …
>
> »Ich beliebte«, sagte der Italiener und schluckte hinunter, »– ich beliebe mich dahin auszudrücken, daß ich entschlossen bin, Sie daran zu hindern, eine ungeschützte Jugend noch länger mit Ihren Zweideutigkeiten zu behelligen!« (967)

Zweideutig er selber, hat der Autor somit auch hier noch dreimal die Liebe untergebracht. Das Liebe-Tod-Motiv wandelt dadurch seinen Sinn, wie Leverkühns hohes Celli-g; nicht mehr wird die Liebe durch die Verbindung mit dem Tod dämonisiert, sondern zum Tod tritt tröstlich dezent die Liebe hinzu. Verbunden bleiben sie dadurch wie je, zweideutig aber von oben, nicht von unten gesehen.

Der Abschluß des Duells beweist, wie bewußt die Worte zu seiner Anbahnung gewählt wurden:

> Settembrini, nachdem er sein Schießzeug weit von sich geworfen, war der erste bei ihm. »Infelice!« rief er. »Che cosa fai per l'amor di Dio!« (980)

Gegen Kristiansen. Die zwei Russentische

Daß es durch den Tod zwischen den beiden Nebenbuhlern erstmals zum Du kommt – »fai« –, wie Hans-Martin Gauger sehr fein bemerkt,[9] würde Kristiansen, den die Anrufung der Gottesliebe gerade hier allerdings beunruhigen müßte, als weiteres Indiz für den von ihm behaupteten Sog werten können, dem aufs Ende hin immer weniger distanzschaffende Vorstellungsformen widerstehen können. Es stürzt der Unform zu, damit fallen die Grenzen und Schranken, die Wände, schon immer dünn, lassen das Tosen des Willensschlunds immer lauter durchdringen – wer wird da noch genügend Form fürs Siezen aufbringen?

Hans Castorp zumindest bringt sie auf, er siezt Frau Chauchat am Bett des in die Ewigkeit verreisten Pfeffergesellen und gibt ihr den zuvor verweigerten Stirnkuß. Dafür duzt Settembrini Hans Castorp am Ende und küßt ihm beide Wangen, »wie ein Südländer (oder auch wie ein Russe)«. (989) Kristiansen ist es Beweis dafür, daß damit abendländische Gesittung endgültig willensirrationaler Triebhaftigkeit gewichen sei. Der Russenkuß aber hat sein kleines Vorspiel. Er wiederholt den Kuß, den Hans Castorp und Clawdia zur Besiegelung ihres caritativen Bündnisses tauschten. Es war dies »so ein russischer Kuß« (831), der nach dem Konnotationskatalog Kristiansens demnach auf die Seite der Unform fallen müßte –, üblicherweise jedoch, wie der Erzähler einfließen läßt, an »hohen christlichen Festen« (831) getauscht wird und damit auch auf die andere Seite gehört. Der Frage nach dem eindeutigen Sinn des christlichen Russenkusses, ein hölzernes Eisen im Deutungsgetriebe Kristiansens,[10] geht der Erzähler nicht auf den Grund, er weigert sich sogar vehement, es zu tun. Nach seiner Meinung ist es lebensunfreundlich, in Dingen der Liebe

> zwischen Frommem und Leidenschaftlichem ›reinlich‹ zu unterscheiden. Was heißt da reinlich! Was schwankender Sinn und Zweideutigkeit! [...] Ist es nicht groß und gut, daß die Sprache nur ein Wort hat für alles, vom Frömmsten bis zum Fleischlich-Begierigsten, was man darunter verstehen kann? Das ist vollkommene Eindeutigkeit in der Zweideutigkeit, denn Liebe kann nicht unkörperlich sein in der äußersten Frömmigkeit und nicht unfromm in der äußersten Fleischlichkeit [...] (831 f.)

Das Fromme vom Fleischlichen zu trennen, setzt logisch den Dualismus voraus. Anders aber als Naphta, der den Dualismus zum Antagonismus verschärft, anders wiederum als Peeperkorn, der als große Null und »herrscherliches Zero« (vgl. 819) daran scheitert, ihn vitalistisch durch Manneskraft und göttliches Gefühl aufzuheben,[11] bekennt sich der Erzähler zu einer dem vorgängigen Dualismus übergeordneten, antiasketischen, antischopenhauerschen Liebeseinheitlichkeit:[12]

> Charitas ist gewiß noch in der bewunderungsvollsten oder wütendsten Leidenschaft. Schwankender Sinn? Aber man lasse in Gottes Namen den Sinn der Liebe doch schwanken! Daß er schwankt, ist Leben und Menschlichkeit, und es würde einen durchaus trostlosen Mangel an Verschlagenheit bedeuten, sich um sein Schwanken Sorge zu machen. (832)

So zeigt sich der Dualismus kurz vor seiner Aufhebung, dem Segen, um den Thomas Mann sein Lebenswerk lang gerungen hat, wie Jaakob mit dem Engel rang. Das Auseinanderklaffen der Liebe, wie es bei Jaakob durch den Hochzeitsnachtbetrug künstlich erzeugt und in der Figurenaufspaltung Echo – Esmeralda wiederholt wird, ist das eigentlich Widermenschliche. Die Sphären stehen sich gegenüber, aber die Liebe hat an beiden Teil, und sie habe es, im Namen Gottes. Pathetischere Konfessionen sind vom Erzähler des *Zauberbergs* nicht zu erwarten.

Ohne Pathosgefahr können allein noch die komischen Nebenfiguren vom göttlichsten Phänomen der Welt handeln. Ferdinand Wehsal, der religiöse Mannheimer – er könnte auch Karlsruher oder Saarbrücker sein, ist aber aus gutem, wenn auch geleugneten Grund Mannheimer[13] –, klagt sich bei Castorp darüber aus, daß Frau Chauchat ihm doch in Gottes Namen, wie er zweimal sagt, »zu Willen sein« könne. Mit dem Zu-Willen-Sein zitiert Wehsal bereits den Denker (vgl. AS II, 663), gegen dessen Lehre er dann anficht, in biblischer Stillage, die Castorp zu der Bemerkung veranlaßt, er schlage ja »Gott weiß was für Töne an...« (856) Des Teufels beschissene Zwickmühle – Thomas Mann sagt so (857) –, in der sich der Verliebte windet, nimmt schon die von Potiphars jüngferlichem Weib vorweg, das sich um warmen Körperleichnams willen die Liebe entseelen und entheiligen lassen mußte; deshalb ist sie nicht nur verunreinigt, sondern des Teufels. »Gott im Himmel«, was für eine Einrichtung und Angelegenheit es doch sei, daß das Fleisch so nach dem Fleische begehre, nur weil es einer fremden Seele gehört:

> »[...] Mich verlangt doch nicht bloß nach ihrem Körperrumpf und nach der Fleischpuppe ihres Leibes, sondern wenn in ihrem Angesicht auch nur ein kleines Etwas anders gestaltet wäre, siehe, so verlangte mich's möglicherweise nach ihrem ganzen Leibe gar nicht, und daher so zeiget sich's, daß ich ihre Seele liebe, und daß ich sie mit der Seele liebe. Denn die Liebe zum Angesicht ist Seelenliebe...« (856; vgl. auch VI, 204)

Der Russenkuß und das letzte Du des Italieners erfahren des ungeachtet durch Kristiansen eine strikte und unzweideutige Beurteilung. Endlich sei auch der Mann mit dem Vernunfthörnchen der Unform anheimgefallen, Beute endlich auch er der ›asiatischen‹ Dämonie. Zur Begründung stützt Kristiansen sich auf eine gelegentlich geäußerte polemische Bemerkung Settembrinis selbst. Das Du indiziere »›widerwärtige Wildheit‹ im Sinne eines bewußtseinstranszendenten und aller

Vernunft entzogenen Triebgeschehens«.[14] (Vgl. 457) Es ist eine Ausdeutung, der das Zeichen des Systemzwangs trist und überdeutlich auf der Stirn steht. Pädagogensympathie spricht aus Settembrinis Du, Rührung im Moment des letzten Abschieds, homophil tingierte Verbrüderungsaufwallung. Seine Meinung über das Duzen ist ein Figurenstandpunkt und taugt in seiner Enge keineswegs dazu, auch noch vom Interpreten eingenommen zu werden. Um so weniger tut er dies, als Settembrini eigenfüßig aus ihm herausstolpert. Durch sein Abschieds-Du widerlegt er seine frühere Meinung als verbohrt, man würde ihn ja nicht im Ernst als wild und widerwärtig ansprechen wollen. Auch Ziemßen würde man nicht gern so nennen, obwohl auch er beim vorletzten Abschied die Sittensprödigkeit abschüttelt und »Hans« zu seinem Vetter sagt. (587)

Das Du hat wie die Liebe Anteil am Asien-Komplex. Kristiansen nimmt diesen Anteil irrtümlich fürs Ganze, er bemerkt nicht, um seinen Irrtum in einem Satz zu fassen, daß es auf Berghof zwei Russentische gibt. Ginge es nach ihm, würde einer völlig genügen, der Schlechte. Der Gute würde verwaisen, stören und bald hinausgetragen werden, die Russen säßen einträchtig um den asiatischen Unformtisch versammelt. Thomas Mann wollte es aber anders. Die augenfällige Scheidung von ›gut‹ und ›schlecht‹ bestehe nicht umsonst, läßt er sogar den Erzähler anmerken, für die Leser, die sich noch nichts dabei gedacht hatten. (320)

Wie mit den Russen, so mit der unabendländischen Form der Anrede. Hans Castorp zufolge liegt der »volle Sinn« (vgl. 843) des Du in der Liebesvereinigung, was Kristiansen, der nichts Widersprüchliches daran findet, noch anführt. Was er nicht mehr anführt, ist die Meinung der Persönlichkeit, vor der Settembrini und Naphta verzwergen, Mynheer Peeperkorns Satz, der volle Sinn des Du erfülle sich als »Brüderlichkeit im Gefühl«. (849)

Das Du-Motiv ist in Wahrheit das eigentliche Motiv des brüderlich-homophilen Eros (war es übrigens schon bei Andersen)[15], deshalb auch Joachims »Hans« zum Abschied; damit ist es notwendig zwei-, nicht eindeutig, wie die auf zwei Tische verteilten Russen, wie Clawdias Kuß, wie die Liebe, die im »Giovanni mio!« (989) ihres einstigen Madigmachers so deutlich mitschwingt, daß rigoristisch verschlossene Ohren oder ein unmusikalischer Sinn nötig sind, es zu überhören.

Selbst verschlossenen Ohrs wäre man übrigens nicht daran gehindert gewesen, den Erzähler zu beobachten, wie er sich auf der letzten Seite des Romans von seinem Helden verabschiedet. Er tut es mit derselben Bewegung wie der angeblich wildgewordene Settembrini, tupft mit dem Ringfinger zart den Augenwinkel. (990, 994)[16] Wenn Kristiansen recht hätte, müßte Thomas Mann damit andeuten wollen, inzwischen sei leider auch er, Vortragender, den Mahlstrom hinabgezogen worden. Das glaube, wer muß.

Das Prinzip der zwei Tische aber, zwischen denen ein gemächlicher Austausch stattfindet – wer am Schlechten sitzt, kann zum Guten aufrücken, wer am Guten saß, zum Schlechten zurückfallen –, dieses Fluktuations- und Ambivalenzprinzip ist kein anderes als das der rollenden Sphären des nächsten Romans. Auch das Leitsymbol des *Joseph,* der Doppelsegen, läßt sich als Pendant des die Sphärengrenzen mißachtenden Schwankens verstehen. Der Doppelsegen hat die Scheidung von oben und unten zur Voraussetzung, hält das Geschiedene aber nicht durch Entweder – Oder getrennt, sondern eint es durchs unreinlich kopulierende Und. Unreinlich oder, von oben gesehen, göttlich. Denn selbst in Gott fallen die Dualismen zusammen. Anders, ihr Zusammenfall ist das göttliche Prinzip selbst.

Ferne Nähe: Gott im Joseph

Wenn der Erzähler der Tetralogie von »Gott« spricht, ist fast überall das Erzeugnis derjenigen gemeint, die ihn denkerisch hervorbrachten. Deshalb kann trotz jener religiösen Schamhaftigkeit so oft und nicht hinter Redensartlichkeit verborgen von ihm gesprochen werden; es ist ein Menschengott, ein Märchengott, die Rede von ihm, so scheinernst sie gehalten ist, kann gar nie anders als innerlich humoristisch sein.

Wie aber Heinrich Mann seinem Bruder richtig bestätigte, stecken beim Joseph hinter dem eifrigen Ernst der Humor und sogar Travestie, hinter diesen aber wieder Ernst. (Br Heinrich, 190) Einer dieser doppelt durchlässigen Sätze beendet die Erörterung des Erzählers zur Frage der wie prophezeit eintreffenden sieben fetten und sieben dürren Jahre. Zunächst erklärt er die Niederschlagsverhältnisse nach gewohnter Art so, daß sich das Wunderbare der Traumerfüllung auflöse. (V, 1578) Damit könnte das Thema erledigt sein, er greift es aber ein zweites Mal auf. Diesmal trägt er sich mit der Erklärung des Warum, nicht des Wie. Mit dem Warum der Dinge komme jedoch niemand zu Ende. (V, 1638) Es ist das Problem der Erstursache, das den Erzähler zum Schluß seiner meteorologischen Betrachtung auf den diesmal nicht benannten Gott führt:

> Das End-Weil liegt oder thront offenbar in einer Ferne, die bereits wieder Nähe ist, da in ihr Ferne und Nähe, Ursache und Wirkung eines sind; es ist dort, wo wir uns finden, indem wir uns verlieren, und wo wir eine Planung vermuten, die um ihrer Ziele willen sich wohl auch einmal der Opfersemmeln entschlägt. (V, 1639)

Indem die Erstursache »thront«, ist sie als göttlich ausgezeichnet. Humoristisch tut der Erzähler so, als schließe er sich der naiv personalisierenden Vorstellung der frühen Gottesdenker an. Was dann folgt, widerspricht der ersten Idee, die man sich von einem Gott als End-Weil gemacht hätte. Gott als Lösung der Verlegenheit, die das Denken der Urursache bewirkt, sollte auf einen logisch geläuterten, aufgeklärten, neuzeitlich bläßlichen Gott hinauslaufen. Unversehens aber nimmt dessen Begriff durch den cusanischen Zusammenfall von Ferne und Nähe eine ganz andere, mystische Färbung an.[17] In unvorbereiteter Emphase blitzt diese Mystik dann nach der Zäsur hervor, um gleich darauf wieder abgedeckt zu werden. Der Schluß, von dem sich der Bogen zum Anfang rückrundet, schützt und kaschiert das links von ihm Stehende. Humoristisch wie zum Satzbeginn stellt sich der Erzähler wieder, als halte er es mit der Vorstellung eines Pläne heckenden, auf Gunstbeweise halb und halb angewiesenen Märchen- und Kindergottes.

Das Bekenntnis hat inzwischen seinen Nischenplatz gefunden. Der nicht genannte Gott, mit dem es ernst gemeint wird, ist der, in dem »wir uns finden, indem wir uns verlieren«; ein Gottesbegriff, der in die Welt des *Zauberbergs* und der Russentische viel besser paßt als in die des Alten Testaments, weshalb auch seine rahmende Ummauerung, ohne die er herausfiele.

Doppelt zweideutig

Der Grund aber, warum er dorthin so gut paßt und in den *Joseph* auch unpassend eingesetzt wird, ist seine Art der Umschreibung, die Form der Coincidentia oppositorum, die Lebensform Thomas Manns.[18] Wie in der Liebe Fleischliches und Frömmstes und im mystischen Gott nah und fern, Ursache und Wirkung, Tod und Leben zusammenfallen, fallen in der felix culpa Schuld und Segen zusammen,[19] fallen in der Ironie Bejahung und Verneinung und in der Parodie Spott und Devotion, Auflösung und Erneuerung zusammen; fällt in der Invertiertheit die Polarität der getrennten Geschlechter zusammen.

Diese letzte war nach Meinung Thomas Manns die erste und wichtigste Ambiguität. Der wahnhafte und doch leidenschaftlich behauptete Enthusiasmus für den unvergleichlichen, von nichts in der Welt übertroffenen Reiz männlicher Jugend, schreibt er im Tagebuch, von jeher sein »Glück und Elend, nicht auszusagen, enthusiastisch und stumm, – keine ›promesse de bonheur‹, sondern nur der Entbehrung und zwar einer nicht zu bestimmenden, wunschvoll-wunschunmöglichen«, er sei das »Fundament der Kunstübung« und liege »allem zum Grunde«. (Tb, 6.8.1950)

Nimmt man diese Selbsteinschätzung ernst, sind ihre Implikationen zu bedenken. Jenes »Tiefste« (ebda.) würde dann nicht nur thematisch wirksam und sorgte auch nicht nur, als wunschunmöglich, als von Stendhals Glücksversprechen auf immer abgetrennt, als schnellstes zur Erkenntnis tragendes Tier, für die in Kunst umzuwandelnde Leidensenergie. Das Tiefste, allem zu Grunde Liegende, bildet Struktur. Wie sollte die sich aber anders ausnehmen als zweideutig?[20]

Das in der Tiefe Liegende gründet nun ein Künstlerleben, das bald seine eigene fundamentale Zweideutigkeit erkennen ließ. Thomas Mann faßte sie unter den Begriffen des von Nietzsche mißerkannten ewigen Gegensatzes von Ethik und Ästhetik. (IX, 696) Von diesem Gegensatz laufen die Fibern zurück zu der Zweideutigkeit, die er als die lebensentscheidende ansah. Schönheit ist todverbunden und homophil, Homosexualität umgekehrt »erotischer Ästhetizismus« (X, 197); Moral ist bürgerlich, lebensnotwendig und langweilig. Sofern die Rückverbindungen reduktionistisch sind, mögen sie dem überlassen bleiben, der sie und mit ihnen sich selbst ausgelegt hat.

Heuristisch aufschlußreicher als die Frage des Vorrangs ist etwas anderes. Wie das des Jugendenthusiasmus hat auch das Ästhetizismusproblem einen biographischen Glutkern. Ethik und Ästhetik, mit denen Thomas Mann es faßt, sind nur die Zange, ohne die er diesen Kern nicht berühren kann. Das Paradoxe an ihm ist, daß jedes neue Werk ihn stillen, löschen soll, ihn aber nur zu neuer Glut entfachen kann; zu kalter Glut, wie man längst ahnt.

Die Schneekönigin hat uns nach Märchenkräften darüber ins Bild gesetzt, was die Teufelssplitter ausrichten konnten und wie es mit der Kunst und der Kälte zusammenhing. Wie Kälte, Kunst und Teufelswerk auch sonst und auch wieder musikalisch zusammenhängen, wird sich beim folgenden Spaziergang erweisen.

X. STRANDSPAZIERGANG MIT MAHLER

Der Welt abhanden gekommen

Zu Beginn des siebten und letzten Kapitels, nach Castorps Heimkehr vom Schnee und Joachims bescheidenem Sterben, macht der Erzähler mit dem Leser einen ausgedehnten Strandspaziergang, um ihm an dessen Beispiel die Verlorenheit in Erinnerung zu rufen, die man inmitten von Raum und Zeit erfahren könne:

> Du gehst und gehst ... du wirst von solchem Gange niemals zu rechter Zeit nach Hause zurückkehren, denn du bist der Zeit und sie ist dir abhanden gekommen. (756)

Der Zeit und damit der Welt abhanden gekommen, wie sich der Wiederleser ohne Mühe erinnert, dem das wie üblich früh und vermummt eingeführte Zitat[1] nicht lang danach durch den »Abhandengekommenen« (592) persönlich angegeben wird. »Wir haben ein Lied in unserem Volksliederbuch«, erklärt Hans Castorp der rückgekehrten Chauchat auf dem Höhepunkt seiner Selbsterkenntnis (ein Lieder-, kein Gedichtbuch, Mahler, nicht Rückert), »worin es heißt: ›Ich bin der Welt abhanden gekommen.‹ So steht es mit mir.« (823)[2] Im Gespräch mit dem bettlägrigen Peeperkorn zeigt er dann, wie gut er sein Liederbuch im Gedächtnis hat. Peeperkorn gegenüber genügen halbe Worte; er ist vom Fach. Möglicherweise floß schon in seine bezwingende Persönlichkeitswirkung von der etwas ein, die Gustav Mahler auf den Schriftsteller, übrigens auch auf Hauptmann, ausgeübt hatte.[3] »Da hast du wieder das Geheimnis der Persönlichkeit, in dem alles, was einer ist, verborgen liegt«. Das sagt nicht Castorp über Peeperkorn, sondern Mahler selbst, nach der Erinnerungsschrift Bauer-Lechners. (GM, 135) Zweimal wird Peeperkorn einem Dirigenten verglichen. (761 f.) Vielleicht hat er von dem großen auch die späte Hinfälligkeit, das späte Versagen vor der Frau, die Tragik überhaupt, von der bei Hauptmann wenig zu spüren gewesen sein mag.

Wenn es so wäre, gehörte Peeperkorn in einer Gespaltenheit, der wir bald wiederbegegnen werden, zugleich der Kunstwelt seines Mitvorbilds an. Denn er ist auch der Trunkene aus dem *Lied von der Erde*, der seinen Becher bis zu dem bittern Grund austrinkt, den die zweite Dunkelheit des Liebeswerks meint. Schon in der Verbrüderungsszene füllt er die Gläser, Castorp hat Schwierigkeiten, »in einem Zuge auszutrinken« (850), und schon diese Szene zitiert aus den dunklen Teilen des Mahler-Werks, wie der Sonnentraum aus seinen hellen zitierte. »Mir ist als wie im Traum« (Lieder, 90), singt der Trunkene im Frühling; Hans Castorp gibt die Risposta: »es ist mir, offen gestanden, wie im Traum.« (850) In Mahlers *Abschied* trinken die zwei Freunde zum letzten Lebewohl, als der Abend hereinbricht. Peeperkorn beschließt die Trinkszene: »Verlasse mich, mein Sohn! Es ist dunkel, der Abend ist völlig hereingebrochen«. Und Castorp verabschiedet sich mit dem »Lebe wohl« (850) der zwei Gebirgler, das in »Hippe« seinen vom Steigen und opernhaften Singen benommenen Sinn so unvergeßlich berührt hatte. (167f.)

Peeperkorn gegenüber genügen also Andeutungen, wenn er von Mahler-Liedern spricht:

> »[...] Und als Clawdia abreiste, habe ich auf sie gewartet, immer hier oben gewartet, so daß ich nun dem Flachland völlig abhanden gekommen und in seinen Augen so gut wie tot bin.« (848)

Der neue Zusatz verdankt sich der ersten Strophe:

> Ich bin der Welt abhanden gekommen,
> mit der ich sonst viele Zeit verdorben;
> sie hat so lange nichts von mir vernommen,
> sie mag wohl glauben, ich sei gestorben!

Es stört dies Castorp nicht sonderlich, er hätte ja auch einmal etwas von sich hören lassen können, aber

> Es ist mir auch gar nichts daran gelegen,
> ob sie mich für gestorben hält.
> Ich kann auch gar nichts sagen dagegen,
> denn wirklich bin ich gestorben der Welt.
>
> (Lieder, 252)

Das ist Hans Castorp, so steht es mit ihm. Die zu einschlägige, zu exklusive Zuständigkeit verhindert, daß Mahlers Lied unter die Berghofer Plattensammlung gemischt wird – eine Argumentationsfigur, das sei hinzugefügt, der man nicht mißtrauisch genug begegnen kann, denn wäre das bedeutsam Ausgesparte nun doch erschienen, hätte die Interpretation keine Sekunde gezögert, es sich genauso einzuverleiben. In diesem Fall aber liegt es sicher nicht nur daran, daß Thomas Mann einen Anachronismus vermeiden wollte, wenn in »Fülle des Wohllauts« keine Platte des damals noch unpopulären Komponisten zu hören ist.[4] Mahler abspielen zu lassen wäre ungefähr, als würde man dem *Faustus* als Motto ein Nietzsche-Zitat voranstellen oder dem *Zauberberg* die Zeile »Dunkel ist das Leben, ist der Tod« – indiskutabel. Dem Musikabschnitt fehlte trotzdem etwas, wenn Castorps Leit- und Leiblied[5] nicht zumindest mit anklänge. Wie später im *Faustus* schaltet der Erzähler als Membran Debussy dazwischen, um es anklingen zu lassen. Anders als in *Aida* gäbe es in *l'Après-midi d'un faune* keine Verantwortung und kein priesterliches Kriegsgericht »über einen, der der Ehre vergaß und abhanden kam«. (898)

Nicht Anklang, sondern wörtliches Zitat ist der Programmschluß des Musikabschnitts. Paul Bekker hatte in seiner Monographie *Gustav Mahlers Sinfonien* geschrieben:

> Mahler stirbt, ein letztes Wort, seine Zehnte, auf den Lippen, unvermögend, es noch auszusprechen.[6]

Das paßte so genau auch auf Manns Nietzsche-Bild, daß nicht mehr viel zurechtzulegen war:

> Aber sein bester Sohn mochte doch derjenige sein, der in seiner Überwindung sein Leben verzehrte und starb, auf den Lippen das neue Wort der Liebe, das er noch nicht zu sprechen wußte. (907)

Wie lebensernst ihm dieser Schluß war, merkt man übrigens daran, daß ihm der eklatante Stilfehler gar nicht auffällt, das »sein«, »sein«, »seiner«, »sein« auf anderthalb Zeilen. Man denke an Flauberts Verzweiflung nach einer übersehenen »couronne *de* fleurs *d'*orangers«.[7] Er ist zu nah am Gegenstand, zu sehr gebannt vom Inhalt, es fehlt die überwachende Freiheit und Künstlerdistanz. Thomas Mann war im

Zweifelsfall doch eher – um das Behelfspaar selbst einmal aufzugreifen – Ethiker als Ästhetizist; der Mißverständnisse wegen sei es vermerkt, die über diesem Punkt kreisen (und die dieser Wink nicht lange wird verscheuchen können).

Allen Gegenkräften zum Trotz wird Thomas Mann dem Lied der Weltentrücktheit bis zum Schluß die Treue bewahren. Wie beim *Lied von der Erde* ist es Mahlers Ambiguität, seine Eigenart, als romantisch oder romantiküberwindend verstanden werden zu können, die ihn alle Wandlungen mitmachen ließ. Castorp kommt noch der Welt abhanden, es ist noch ganz die Seelenstimmung der selbst- und traumverlorenen Abkehr vom Weltgetümmel, dem man stirbt, um in dem »stillen Gebiet« zu ruhen, allein lebend in Himmel, Lieben und Lied. Nach Hans Castorp ist es Joseph, welcher der Welt abhanden kommt, in Wiederaufnahme eines Motivs, für dessen genüßlich verzögerte Enthüllung der Erzähler sich mehr als tausend Seiten Zeit nimmt.[8] Joseph kommt zwar ebenfalls abhanden, aber nicht der, sondern an die Welt: » – sie hatten ihn doch nicht umsonst verkauft, nur in die Welt nämlich, sondern auch an die Welt, – an sie war er abhanden gekommen [...].« (V, 1773) Zwischen dem ›der‹ und dem ›an die‹ liegt die Entwicklung, die den spätromantisch beginnenden Hans vom goetheschen Joseph trennt. Entwicklung ist es wie immer nicht im Sinn eines endgültigen Weiterkommens. Noch zum letzten Schluß, zum Finale der *Betrogenen*, verlieren sich Rosalie von Tümmler und Ken Keaton in einer Geheimkammer des besichtigten Schlosses, im »toten Lustgemach«, der »Totenluft« bei den »Abgestorbenen« erklärt sie ihm die Liebe und umarmt ihn zum ersten und letzten Mal. (VIII, 946) Wieder nach draußen gelangt, werden sie von den andern, die sie vermißt hatten, zur Rede gestellt. »Anna und Eduard wollten sogar umgekehrt sein, um die Abhandengekommenen zu suchen, aber vergebens. ›Schließlich konntet ihr nicht aus der Welt gekommen sein‹, sagte Anna.« (VIII, 947)

Drei Seiten vor dem letzten Ende mit den letzten betonten Worten »Liebe« und »Tod« (VIII, 950) verabschiedet sich damit ein Lebensmotiv, das dem im *Zauberberg* am Strand Entlangstreifenden zusammen mit einem anderen Mahlerschen durch den Kopf ging, das an die andere große Zweideutigkeit rührt.

Der große Mann als Unglück. Kindertotenlieder

Im Entstehungsjahr des »Ich bin der Welt abhanden gekommen« hatte Gustav Mahler mit der Komposition eines weiteren Rückert-Zyklus begonnen. Auf ihn spielt der unauffälligere Anfang des bedeutungsvoll durch die drei Punkte eingeleiteten Satzes an. Es ist eine kryptische Anspielung, die nur aufwendig freigelegt werden kann.

> Das Kindchen krank, Mittelohr, ein Abszeß schien sich geöffnet zu haben, das Ohr läuft. [...] Das arme kleine Wesen weint viel, scheint zu leiden. Es schneidet mir ins Herz. Natürlich denke ich sofort an das Traurigste, stelle mir vor, daß wir gerade dies verlören. – (Tb, 27.12.1918)

Nicht so sehr der Umstand, daß er als vierfach erfahrener Vater bei einer 1918 immerhin nicht unriskanten Mittelohrentzündung der jüngsten Tochter gleich an letalen Ausgang denkt, gibt bei dieser Eintragung zu denken; etwas auch er, mehr noch aber die Worte »natürlich« und »gerade dies«. Warum natürlich, warum gerade dies? Nur weil er als Pessimist immer an das Schlimmste denkt und das Kindchen sein liebstes war? Das würde notfalls als Erklärung genügen. Es läßt sich dabei der Eindruck nicht abweisen, hier kündige sich von weit her schon das Verhältnis Leverkühn – Echo an; das ins Herz schneidende Weinen des an Entzündung erkrankten geliebten Kindes, um das der in seine Kunst Versunkene bangen muß. »Das Kindchen etwas besser. Das Ohr wird mit Wasserstoff-Superoxyd desinfiziert (ein halber Hexameter für das Gedicht)«, schreibt er zwei Tage später. Er nennt seine Tochter nicht mit Namen, sondern zitiert aus dem Gesang, an dem er gerade komponiert. Die tödliche Gefahr warf immerhin eine halbe Zeile ab.

Thomas Mann ist dabei, in Kunst umzuwandeln, was neben ihm lebt. Dieses Transformationsgeschäft ist keines der vom alten Buddenbrook empfohlenen, der Nachtruhe zuträglichen, sondern dem, der ihm obliegt, eine lebenslange Gewissenslast. Das Werk, das sie erst auflädt, hat sie zugleich in der Hoffnung auf Erleichterung und Gnade zu bekennen.

Im *Zauberberg* wird das Thema des Bekenntnisses noch so gedämpft behandelt, daß es bislang unbemerkt bleiben konnte. Anders schon im Vorläuferroman des *Doktor Faustus*. In *Lotte in Weimar* referiert

Goethe einer zu grell auflachenden Tischrunde, nach Ansicht der Chinesen sei der große Mann ein öffentliches Unglück. Charlotte weiß so gut wie ihr Schöpfer, er ist vor allem ein privates Unglück. Als zöge er das Fluid aus seiner Umgebung, wächst er ins Riesenhafte, während es in seinem Schatten verkümmert oder vor der Zeit stirbt. Klaus endet im Selbstmord, nach ihm Michael, wie vor ihnen die Schwestern. Ohne Schaden kommt keiner davon. Fünf Jahre vor seinem Tod schreibt er, K. und Erika hingen noch weniger am Leben als er selbst. (Tb, 29.11.1950) »Erika auf der Heimfahrt über Golo, und daß sie zur Überzeugung seiner völligen Herzlosigkeit gelangt sei. K. protestierte mit Recht. Ich verberge mir etwas Defekthaftes auch in diesem respektablen Falle natürlich nicht.« (Tb, 12.9.1949)[9] Natürlich auch in diesem Fall nicht; der Vater der Defekte will sich gar nichts vormachen. Hinter der Hand, die Goethe ihm zur mystischen Union reicht, spricht er seinen Urverdacht offen aus: »Ich lebe an eurer Statt, auf eure Kosten, wälze den Stein für fünfe. Bin ich so egoistisch, so lebenshungrig, daß ich mördrisch an mich zog, wovon ihr hättet leben können? Es gibt tiefere, verborgenere Schuld, als die wir wissentlich empirisch auf uns laden.« (II, 655) Das ist die erste, metaphysische, schopenhauersche Schuld, die im Sein liegt noch vor dem sündhaften Handeln. Ihr entsteigt die speziellere zweite, wissentlich und reuig in Kauf genommene. Was der Künstler in »Eiseskälte« (ebda.) schafft, an die sofort auch Goethe denken muß, speist sich aus dem erlittenen Leben der anderen. Um Kunst zu werden, muß das Gewimmel der Menschenwelt erst im Kältemedium abgetötet werden. Schnee und Eis der Andersen-Dämoninnen reflektieren nur, was aus der Herzkammer des großen Mannes auf sie geworfen wurde.

»Empfinde wieder sehr stark, und nicht ohne Bitterkeit, Z's völlige *Kälte* mir gegenüber. [...] Seine allgemeine Interesselosigkeit an Menschen, hier besonders gesteigert. [...] Mischung aus höchst intelligenter, fast gütiger Konzilianz – und Eiseskälte.« (Tb KM, 22.2.1937) Als kenne er die sechs Jahre zuvor entstandene Passage aus Klaus Manns Tagebuch, beendet Serenus Zeitblom die Exposition und erste Vorstellung des heimgegangenen Freundes: »Seine Gleichgültigkeit war so groß, daß er kaum jemals gewahr wurde, was um ihn her vorging [...]. Um ihn war *Kälte* – und wie wird mir zumute, indem ich dies Wort gebrauche, das auch er in einem ungeheuerlichen Zusammenhange einst niederschrieb!« (VI, 13)

Der Zusammenhang ist der bekannte des fünfundzwanzigsten Kapitels, in dem Leverkühn zu seinem Rencontre mit der satanischen Muse kommt. Thomas Mann hat Gründe, es gegen die Teufelstradition ins sonnige Palestrina zu verlegen. In Palestrina entstand mit *Buddenbrooks* sein *Werther*, in dem er sein Kühl- und Konservierungsgeschäft zum ersten Mal in großem Stil betrieb, »spatzenjung und schon ganz bereit, Liebe, Leben und Menschheit an die Kunst zu verraten«. (II, 647 f.) In Palestrina konnte er zum ersten Mal ahnen, was es bedeutete, sich der Kunst zu verschreiben. In Palestrina war ihm aber auch, wie de Mendelssohn überliefert, der Teufel erschienen.[10] Die so auffällig stabile Kopplung einer unmöglichen Erscheinung oder Halluzination mit Fragen der Kunstschöpfung muß ihren ersten biographischen Grund in diesem Erlebnis haben.[11]

In Palestrina schließt Leverkühn nach dem langen Gespräch oder Selbstgespräch den Pakt, der ihm die Liebe verbietet. Eine Folge des Pakts ist der Durchbruch, eine andere, damit verbundene, der Tod des geliebten Kindes.

Als er die Korrekturen des *Doktor Faustus* beendet hat, hält Thomas Mann ein mit seiner Frau geführtes Gespräch im Tagebuch fest: »Mit K. über die ›Morde‹ des Buches [...]. Schlimm, schlimm.« (Tb, 18.7.1947) Als uneigentliche kommen die Morde in Anführungszeichen. Aber Mord, nichts Schwächeres, scheint ihm der angemessene Ausdruck für seine vormittägliche Beschäftigung. Ein uneigentlicher Mörder, nichts Schwächeres, ist der Held des schlimmen Buchs, Eisjungfrau, deren Narzißmus der arme Rudi zum Opfer fiel. Auch das Kind ist Opfer Leverkühns, auch Echo glaubt er ermordet zu haben, sonst würde er sich nicht mit Selbstanklagen überziehen, an denen die Einwürfe des Freundes machtlos abprallen. Was kann er aber genau genommen dafür?

In einem zu wenig beachteten Brief wird die Sünde, für die die Morde zu stehen haben, fast unverschlüsselt benannt. Thomas Mann schrieb ihn während der Arbeit am sechsten *Zauberberg*-Kapitel, in dem Ziemßen stirbt, um bald danach als jenseitige Erscheinung wiederzukehren.

Thema des Briefs ist das letzte abgeschlossene Prosawerk *Herr und Hund*. Thomas Mann hatte in ihm seinen Hund Bauschan verklärt, den er zwei Jahre darauf einschläfern lassen mußte. Daß er zwischen diesen beiden Tatsachen eine abergläubische Verbindung zieht, ihnen Kausalität unterlegt, gibt die Bahnen zu erkennen, in denen schon damals seine Gedanken laufen und möglicherweise auch im Fall des Kindchenidylls liefen:

> Ach, [...] der arme Bauschan [...] ist lange tot, – in die ewigen Jagdgründe eingegangen, um es tröstlich auszudrücken. Eine schwere Staupe, verbunden mit eitriger Lungenentzündung raffte ihn fort, sehr bald, nachdem ich den Leuten von ihm erzählt, nachdem er also, sozusagen, auf anderer Ebene lebendig geworden, und manchmal kann ich den Gedanken nicht unterdrücken, daß da ein Zusammenhang bestehen könnte und, was ich that, vielleicht nicht gut gethan war an der Creatur, sondern sündhaft. Wer weiß es. (Br I, 198 f.)

Erst wird die Kreatur in Kunst verwandelt, dann stirbt sie. Wie erst, wenn dem Kindchen etwas zugestoßen wäre, nachdem er den Leuten von ihm gesungen? Präzedenzfälle gab es.

Gustav Mahler hatte nach der Jahrhundertwende fünf der fast fünfhundert *Kindertodtenlieder* Friedrich Rückerts vertont, die ersten noch als Junggeselle, die letzten als Vater zweier Töchter. 1904 beendete er den Zyklus. Drei Jahre später, im Juli 1907, starb nach zwei Wochen der Qual seine über alles geliebte Tochter Putzi.

Es ist ein Topos der Mahler-Forschung, daß der Komponist glaubte, mit den Kindertotenliedern wie mit den drei Finalschlägen der Sechsten sein Leben anticipando musiziert zu haben.[12] Von dieser Ahnung ist es nicht weit zu der schlimmeren, es nicht nur prophezeit, sondern herausgefordert und besprochen zu haben. Seinem Freund Guido Adler vertraute Mahler an, er hätte die Lieder nie schreiben können, wenn ihm wirklich ein Kind gestorben wäre.[13] Man muß abergläubisch sein, um die Folge umzukehren und sich zu fragen, was dann, wenn man die Lieder nie geschrieben hätte, wirklich geworden wäre. Sie habe es nie verstehen wollen, schrieb Alma später, »dass man den Tod von Kindern besingen kann, wenn man sie eine halbe Stunde vorher, heiter und gesund, geherzt und geküsst hat. Ich habe damals sofort gesagt: ›Um Gottes Willen, Du malst den Teufel an die Wand!‹«[14] So las es Thomas Mann in ihren 1940 veröffentlichten Erinnerungen, fünf Jahre bevor er vor der Aufgabe stand, Leverkühn durch teuflische Inspiration zum Durchbruch zu treiben. Das Schicksal des Komponisten, der auf den Notenblättern der Zehnten Symphonie die Satzsplitter hinterlassen hatte: »Der Teufel tanzt es mit mir Wahnsinn, fass mich an, Verfluchten! vernichte mich dass ich vergesse dass ich bin! [...]«[15] – dieses Schicksal, dieser Anhauch der Nemesis konnte ihm nur als Omen und Bestätigung jenes nicht zu unterdrückenden Urgedankens erscheinen, wo nicht als dessen symbolische Verwirklichung. Zu einem krasseren Zertifikat, einem bestimmteren Ja-Nicken hätte die Wirklichkeit sich nicht entschließen können, wenn ihr an der Bestätigung seines alten Verdachts gelegen war, daß da ein Zusammenhang bestehen könnte. Die Maske von Leverkühns Besucher verdankt sich eben diesem Nikken. Indem er es auf anderer Ebene rettet, muß Adrian das kreatürliche Leben töten. Wie das des wirklichen Komponisten wird sein Kind sterben, nachdem oder – wer weiß es – weil er es besingt.

Das Zitat, mit dem er seinen Lebensroman beschließt, bereitet Thomas Mann früh mit der Uraufführung von Adrians Wunderhornliedern vor. Zeitblom berichtet von ihr, daß

> die Partie des Knaben, der »früh das Bein gebrochen«, in den ›Lustigen Musikanten‹ von einem leider wirklich verkrüppelten, an einem Krückchen gehenden Kinde, dem kleinen Jakob Nägli, mit glockenreiner, unbeschreiblich zu Herzen gehender Stimme gesungen wurde. (VI, 246)

Kein einigermaßen gewiefter Schriftsteller würde diese Angabe machen, wenn sie nur dekorative und nicht auch motivische Funktion hätte; schon gar nicht Thomas Mann, schon gar nicht im *Faustus.* Der rührende kleine Jakob Nägli des ersten Lieds, das Leverkühn orchestriert, dient ihm dazu, den andern Schweizer Knaben des Romans vorweg zu nehmen, der eine Seite später in die Handlung eingeführt wird. Näglis unbeschreiblich zu Herzen Gehendes bereitet Nepomuks »unfaßliche«, das »Herz zerreißende« (vgl. VI, 633) Krankheit vor.

Beim ersten Schweizer Kind wird nun etwas leider wirklich, was im Fiktionalen der Kunst seine besondere Wirklichkeit hatte, bei der es besser geblieben wäre, die Verkrüppelung, die Leverkühns Brentano-Lied besang. Mit dem Ende auch des zweiten Schweizer Knaben hat seine Musik insofern zu tun, als er ihretwegen und ihr zu Willen mit dem Teufel paktiert, der das Übertreten des Liebesverbots mit dem Mord an Echo rächt. Der romanhafte äußere Zusammenhang steht aber für einen inneren, seelischen, und für den steht die Vita Gustav

Mahlers. Wenn über den fiktiven Komponisten in den Sommermonaten der zurückgezogenen Arbeit die Katastrophe hereinbricht und das geliebte Kind stirbt – sein eigenes, wie er meint –, nach zweiwöchiger Krankheit, an Hirnhautentzündung, wie der Sohn Friedrich Rückerts, ist es ein wörtliches Zitat der Wirklichkeit, in die im Sommer 1907 gerissen wurde, was in der Kunst der Kindertotenlieder geborgen schien.[16]

»›[...] Welche Schuld, welche Sünde, welch ein Verbrechen‹ [...]« (VI, 633) – Leverkühns Selbstanklage, als Echo, wie einst Bauschan, »dahingerafft« (VI, 627) wird. Zeitblom versteht nicht, warum er sich so schwere Vorwürfe macht, und bekommt den äußeren, mythologischen Grund vorgelegt: sein Freund hat das Liebesverbot zu lax interpretiert. Der innere Sündenzusammenhang aber ist der bekannte andere. Leverkühn tut nicht gut an der Kreatur, sondern benützt sie sündhaft als Objekt der Kunst. Das Kindchen stirbt, da er es besingt. Die *Tempest*-Vertonung, an der er »heimlich« arbeitet, wie es heißt, bediente sich, »unter uns gesagt«, wie es weiter heißt, Echos zur Inspiration. (VI, 623) Daß hierin und nirgends sonst die Schuld liegt, deckt Thomas Mann auf, indem er der Selbstanklage Leverkühns den Ort des Verbrechens folgen läßt:

> »[...] Welche Schuld, welche Sünde, welch ein Verbrechen« – und er saß nun wieder am Schreibtisch [...]

Ein Schreibtisch steht auch in Krokowskis unterirdischem Gelaß, und auch er ist nicht unbeaufsichtigt ins Manuskript gerutscht, hoch besetzt und beladen, wie er es als Thomas Manns Lebens-Insigne schon immer war.[17] Im *Faustus* ist das Opfer des Schreibtischs Knabe Echo, er stirbt für die Kunst, und noch sein Tod fließt zurück in die Kunst. Leverkühn wird Beethovens Neunte zurücknehmen, mit Mahlers Neunter, dem Klage- und Endwerk, von Adorno neu komponiert.[18] Echo ist schon mit seinem ersten Auftritt dem Tod verfallen. »Was dir nur Augen sind in diesen Tagen, / In künftgen Nächten sind es dir nur Sterne«, schließt das zweite der Kindertotenlieder. (Lieder, 275) In seine »Augensterne« (VI, 613) blickt der Komponist, als er Echo zum ersten Mal begegnet; am sterbenden Kind wird das »Himmelsauge« (vgl. VI, 630), zuletzt dessen »Farbstern« (VI, 634) hervorgehoben. Leverkühns Abschiedsrede verrät dann nicht nur, daß das gestorbene Kind sein eigenes war, sondern auch, daß ihm Kinder, Blicke tauschende Kinder, sein letztes Werk vorgesungen hätten, inspirierende Kinder demnach; obgleich sie offenbar tot sind, wenn sich aus ihren Nasenlöchern Würmchen ringeln. (VI, 665f.) Kein Sophist, wer sein letztes Lied ein Kindertotenlied nennt.

Es läßt sich leicht vorstellen, andeutungsweise auch nachlesen, mit welchen Gefühlen Thomas Mann nach dem *Faustus* das Gedeihen seines elfischen Enkels Frido verfolgte:

> Er weiß nichts davon, daß ihn einmal der Teufel geholt, aber ich fühle mich immer etwas in seiner Schuld und freue mich an jedem Jahr, um das er älter wird. (Br III, 398)

Es ist die Freude über das, womit nicht ganz sicher zu rechnen war, die Freude über das insgeheim schlimmer Befürchtete, das doch noch gnadenweise Abgewendete. Mit jedem Jahr steigen die Aussichten darauf, daß die Strafe den Weg nicht fand, dies Älterwerden zu verhindern.

Im *Faustus* liegt die Sache fast offen auf der Hand; im *Zauberberg* wird sie noch palmiert. Spät genug bekam man heraus, daß Hans Castorps Sonnenvision von Mahler inspiriert war. Wie aber das wehe Glück der Jugend und Schönheit mit dem Kindstod zusammenhing, der dieser Vision folgte (und ihm werkgeschichtlich vorherging), blieb den Deutern so lange kein Problem, so lange ihnen Nietzsches Begriffswelt den zuständigen Antagonismus bereithielt. Castorps Traum von Form und Zucht war apollinisch, dionysisch war der wüste Untergrund, der sich ihm öffnet. Das hatte seine allgemeine Richtigkeit, über die spezielle Konfiguration war damit aber noch nichts erkannt; das Begriffspaar hat den Bart des Dietrichs, der überall paßt. Anders im Fall Mahlers.

Das fünfte der Kindertotenlieder handelt vom Tod im Sturm, vom »Wettergraus« (den Mahler »Sehr gut [...] mit geringen Mitteln dargestellt« habe, Tb, 10.10.1951):

> In diesem Wetter, in diesem Braus,
> Nie hätt ich gesendet die Kinder hinaus; [...]
> In diesem Wetter, in diesem Saus, in diesem Braus,
> Sie ruhn als wie in der Mutter Haus,

Von keinem Sturme erschrecket,
Von Gottes Hand bedecket.
Sie ruhn, sie ruhn als wie in der Mutter Haus.
(Lieder, 276)

Hans Castorp, »obgleich er kein Kind war« (671), erschrickt, als er vom Sturm abgetrieben wird, nicht so, »wie er gesunderweise hätte erschrecken sollen«. (670) »Bei einem derartigen Wetter verläßt man das Haus nicht« (676), denkt er, bevor sein Schädel in der Aschenbachschen Haltung auf dem Holz ruht. Er stirbt im Sturm, im Wettergraus, dann erst kann die ephemere Vision *Von der Schönheit* aufsteigen. Lange bevor er Echo zu Tode brachte, verstand Thomas Mann sehr gut, über welchem Abgrund sich Mahlers Kunst erhob.

Bei Rückert und Mahler redet sich der Zurückgelassene in seinem Schmerz ein, die Kinder könnten von ihrem Gang ins Zeitenjenseits zurück nach Hause kommen:

Oft denk ich, sie sind nur ausgegangen!
Bald werden sie wieder nach Hause gelangen!
Der Tag ist schön! O sei nicht bang!
Sie machen nur einen weiten Gang.
Ja wohl, sie sind nur ausgegangen
Und werden jetzt nach Hause gelangen.
(Lieder, 276)

Eben hierauf antwortet der erste Teil des endlich freigelegten Satzes, mit dem der Erzähler über das Spazieren im Zeitenjenseits sinniert. Die Antwort ist ein Kopfschütteln:

> Du gehst und gehst ... du wirst von solchem Gange niemals zu rechter Zeit nach Hause zurückkehren, denn du bist der Zeit und sie ist dir abhanden gekommen. (756)

Der Strandflaneur hat damit in seiner Traumverlorenheit schon den inkognito ausgegangenen König gestreift, das große Thema, das auch »Fragwürdigstes« auf unterster Schicht regiert: Tod und Wiederkehr im Zusammenhang der Künstlerschuld.

XI. FRAGWÜRDIGSTES I

Trete er als Hochstapler, Fürst, Olympier oder Ernährer auf, Künstlerromane sind sie alle, der *Joseph*, *Lotte in Weimar*, *Königliche Hoheit*, der *Krull*. Unverkleidet, als Schriftsteller, erscheint er vergleichsweise selten, bevorzugt im Frühwerk; am Rand der *Königlichen Hoheit* einmal, wo er mit seiner eigenen Allegorie spricht; am Rand der *Buddenbrooks* als Hanno-Freund, der seiner Königin in den Schnee folgt, in *Schwere Stunde*, im *Tristan*, im *Tod in Venedig*, im vom Autor so geliebten wie überschätzten *Tonio Kröger*. Das dort noch so innig behandelte Thema Künstler – Verbrecher, das im *Faustus* mit der Vehemenz des lang Vorbereiteten und Angesammelten herausbrechen wird, nimmt auch der *Zauberberg* beiläufig wieder auf.

Spirit Holger hat sich zu erkennen gegeben und seinen Namen genannt. Das Séancenkränzchen, in gewisser Verlegenheit, findet fürs erste keine bessere Frage vorzubringen als die nach Holgers ehemaligem Stand und Geschäft. Holger schweigt eine Weile, lenkt das Glas zum d, zum i, dann pausiert er. Es ist die Gelegenheit für Dr. Ting-Fu, kichernd zu befürchten, »Holger sei ein Dieb gewesen«. (919) Holger läßt sich vorerst nicht beirren und wird erst zornig, als man ihm Eitelkeit unterstellt. Er ist kein Dieb, viel schlimmer, er ist »Dichtr«. En passant und zielsicher, wie es ihm als Nebenfigur zukommt, schlägt Holger den *Zauberberg* damit der alten Reihe zu. Thomas Manns Pläne mit ihm sind aber ehrgeiziger. Mit der Nebenfigur, die im Finale auf die Grundlinie vorrückt, schafft er es, kurz vor Schluß den ganzen Roman zu verwandeln.

Guazzabuglio. Inzestuöser Greuel

Nach der ersten Bekanntmachung mit dem Dichtr trifft der spiritistische Zirkel so lange zusammen, bis Elly und Holger das Wunder wahrmachen und den verstorbenen Joachim heraufbeschwören. Das erste

Skandalon der Abschlußsitzung liegt darin, daß der Erzähler diesen Beschwörungsakt als Geburt beschreibt. (940, 943) Es wird ein Toter geboren, das heißt wiedergeboren, was aber noch das wenigste ist. Ellen Brand, das Medium, gebärt nicht nur, der Geburtsakt ist zugleich einer der Zeugung.[1] Dezent zweideutig wird die Séance in diesem Geist vorbereitet. Die Verehrer des Mediums dringen mit allen Anzeichen fiebrigen Entzückens in Hans Castorps Balkonloge, um ihn »zum Aufgeben seiner Enthaltsamkeit« zu bestimmen.[2] Unbedingt müsse er der nächsten Sitzung »beiwohnen« (vgl. 522) – nun, wo alles »so prächtig stehe«. (930) (»[...] In hohen Prachten?«, II, 617 – man erinnert sich an Goethes selbstzufriedene Morgendiagnose.) Vor seinem Eintritt in den Bezirk, in dem das Rotlicht herrscht, das hier seine endgültige Motiv-Enthüllung feiert, entsinnt sich Castorp seiner gemischten Gefühle anläßlich des ersten Bordellbesuchs. Er muß nicht lange warten und Elly, das junge Blut, im Crêpe-Négligé, unter dem sich ihre Brust abzeichnet, haucht ihm heiß ihr »Ja!« ans Ohr, wirft sich in seinen Armen hin und her, schwitzt, stöhnt – beißt ihn sogar –, so lange, bis es der Sitzungsleiter im allgemeinen Interesse geraten findet, eine Pause einzulegen. (941) Die Pause dauert eine Viertelstunde; man raucht. Castorp wird genötigt, aufs neue seine »sonderbare Stellung« (943) mit Elly einzunehmen, die aufs neue zuckt, pumpt und ihrem »Gatten« (940f.) zu tun gibt, bis sie sich aufbäumt, die Luft einzieht und endlich lang ausseufzend in sich zusammensinkt. (945) – So wird in einem entbunden und beigewohnt. Damit es sich zur mystischen Dreifaltigkeit entfächere, gehört nur noch eines dazu, die Folge von Zeugung und Geburt. Ellys geziertes Lächeln läßt Castorp an Karen Karstedt denken, die angesichts ihrer noch unaufgemachten Bettstatt ebenso gelächelt hatte. (935)[3] Ellys Hände scheinen ihm ebenso schweißnaß, »wie der kleinen Leila ihre einst gewesen« (941), der Moribunden, die nur durch Castorps unselbständiges Blumenpräsent getröstet werden konnte. In der Erholungspause schließlich macht Elly genau die schöpfenden, rechenden Bewegungen, mit denen sich Ziemßens Tod angekündigt hatte. (942, vgl. 743) Sie oder der in ihr steckende spirit wiederholt Ziemßens Agonie.[4] Der lange letzte Seufzer, den sie mit dem Erscheinen des Verstorbenen tut, ist sowohl auf *la petite mort* wie auf den großen anzuwenden; das Medium koitiert, gebärt und stirbt auf einen Sitz. Es ist ein Novalis[5]-guazzabuglio vor dem Herrn, kommt eine Schicht tiefer aber noch bunter.

Was immer Hans Castorp mit Elly anstellt, er stellt es eigentlich mit einem Er an. Krokowski korrigiert ihn streng, als er es einmal vergißt:

> »Sie drückt mir die Hände«, teilte er mit.
> »Er«, verbesserte ihn der Doktor. »Er hat sie Ihnen gedrückt. Er ist also gegenwärtig [...]« (937)

Das Schwanken zwischen den Geschlechtern ist dem Leser nichts Neues, schon als Elly dem Doktor vorgestellt wurde – »eine Jungfrau mit Stimmen« (912) –, durfte er sich flüchtig an Jeanne d'Arc und damit auch das Motiv der Mannweiblichkeit erinnert fühlen.[6] In kompositorischer Hinsicht wiederholt das nicht recht zu unterscheidende Paar Holger – Elly in einfacher Reprise die alten Doppelfiguren Hippe – Chauchat und Hans – Joachim. Hans und Elly sind beide blonde nordische unauffällige Kinder mit geheimen Visionen.[7] Holger, der jenseitige Appendix von Elly, entspricht Hippe, der im Zeitenjenseits gegenwärtigen Komplementfigur Clawdias. Joachim ist der im Jenseits wartende Schutzgeist Castorps. Zwischen den Paaren laufen die Verbindungen kreuz und quer, Hans-Joachim in der Mitte.

Ellen ist als Helena-Derivat an Clawdia angeschlossen, die ihrerseits wie die Brand im Nachnamen die Hitze trägt.[8] Hippe, Holger und Hans teilen den Namensbeginn. Daß Elly-Holger und Hippe zusammen von Hans abhängen, wird durch das wiederaufgenommene, durch die Schulmädchenhände mit Clawdia verbundene Thema der gemeinsamen Schülervergangenheit demonstriert. (Vgl. 915, 919) Die Identität Holger – Hans entpuppt sich vollends durch Holgers Schneepoem, das nur gedichtet haben kann, wer mit Hans im Sonnenhain zugegen war und sich die dort geschaute Uferlandschaft eidetisch eingeprägt hat.[9]

Diese subkutane Identität macht erst verständlich, warum Hans Castorp auch auf der Handlungsoberfläche so vertraut mit Elly – Holger verkehrt. Er ist ja nicht nur Gatte Ellys, Holger wirft ihm auch Chauchats Brustporträt, sein Pfand, auf die Knie, kündet ihm die sieben Jahre seines Bergaufenthalts und erwähnt netterweise sogar die Chaldäer und den Tierkreis. (922) Die fünf, mit Joachim sechs, sind ein Blut; das Verhältnis Castorps zu ihnen ist das der verbotenen Liebe und des inzestuösen Unter-einer-Decke-Steckens. Inzestuös schon deshalb, weil Castorps Verkehrspartnerin wie vor ihr Karen von Schwester Julia mindestens das gezierte Lächeln, den schrägen Kopf und die »leicht gespitzten Lippen« hat. (935) Es ist ein exemplarisch sinn- und sinneverwirrendes Treiben, zu dem tote und noch lebende Geschwister in »Fragwürdigstes« zusammentreffen.

Geschwisterlich ist auch Castorps Verhältnis zu dem von Holger-Elly Hervorgebrachten. Castorp identifiziert sich mit Gounods Margarethe, deren Bruder Valentin in seinem Scheidegebet ankündigt, schützend auf ihn – also auf sie, Margarethe, herniederzusehen. Castorp ist Valentin-Ziemßens Schwester. In Vorwegnahme der *Erwählten*-Verhältnisse zeugt er mit der »Mutter« (941) Benannten und der Schwester Gleichenden sein eigen Geschwister; Joachim Ziemßen wird als Castorps Bruder, Reisekamerad und anderes Ich, der dem Zurückbleibenden durch sein Kriegshabit die Zukunft zeigt, gezeugt, entbunden, wiedergeboren, heraufbeschworen, zur Erscheinung gebracht, in die Welt gesetzt, zum Leben erweckt – welches Tätigkeitswort man immer dafür setzen möchte.

Krokowski für sein Teil verwendete »herbeirufen« (vgl. 937), wie vor ihm der Erzähler (929), was originell ist, denn von Rufen kann nicht eigentlich die Rede sein. Der Sprache bedarf es nicht bei Elly-Holgers naturmystischer Tätigkeit, die mit Stöhnen und Seufzen vorlieb zu nehmen hat, was menschliche Lautäußerung betrifft. Krokowskis Rufen jedoch hat seinen Zweck und führt zur nächsten Schicht.

Was sich bislang gezeigt hat, schien ja bei aller Beziehungsfestlichkeit mindestens in einer Hinsicht klar, distinkt, unzweideutig. Die spirituelle Neugeburt, als die Castorps »Schnee«-Initiation zu lesen war, wird in »Fragwürdigstes« auf der Stufe der Verhunzung wiederholt. Es ist der allgemeine Niedergang kurz vor dem Triumph der Unform; der Schöpfergeist ist zum spirit heruntergekommen, die Neugeburt ein odioser Spuk, das Liebesgebot vergessen.

So stellt es sich dar in äußerlich gewinnendster Eindeutigkeit. Was deren Charakter angeht, gibt es allerdings ernstzunehmende Verdächtigungen und Zweifel, die vor allem von der Überschrift gestreut werden, der Regentin des Abschnitts. Wenn sie recht hat, ist die Eindeutigkeit trügerisch, worauf sie sich durch prangende Bivalenz schon einmal hinzuweisen erlaubt.

Das würdigst Überlieferte zum Gegenstand der Anspielung und offenen Travestie zu machen, versäumt Thomas Mann auch im Kreis der Spiritisten nicht. Es sind wieder – je nachdem, wen man zur Einheit zusammenzieht – zwölf oder dreizehn Teilnehmer, wie man es von Peeperkorns Abendmahlen her kennt. Der Wöchnerinnenstube, in der sie sich versammeln, lagert sich ein weiterer Nebensinn dadurch an, daß sie zum Ort einer jungfräulichen Geburt wird. Woher Castorp oder überhaupt jemand es so genau wissen will, scheint den Erzähler nicht zu kümmern, die Mutter ist Jungfrau (910 u.ö.) und empfängt als »Mittlerin« (931) vom spirit einen Menschensohn (dem als Liebender Marusjas Marianisches nicht fremd war).[10]

Nun wird man Mühe haben, weitere gute Belege dafür zu finden, daß Krokowskis Praxisraum als zweites Bethlehem habe gekennzeichnet werden sollen. Die offenen Bibeltravestien sind auch nicht wie die unauffällig eingeschleusten Sinnagenten mit einem bestimmten Handlungsplan ausgestattet; eher Meßdiener, die standhaft unter der Menge der Orgienteilnehmer ausharren, um gegen das Treiben der Oberflächenhandlung zu protestieren. Anders die Eingeschleusten, auf deren Existenz Krokowskis Verbgebrauch schließen ließ. Sie unterminieren gezielt die Eindeutigkeit des Séancenabschnitts, zu dessen Höhepunkt sich abgeschmacktester Spuk und höchstes Wunder, Rotlicht und Gotteslicht, Schrenck-Notzing und das Johannes-Evangelium vereinigt finden.

»Lazarus, komm heraus!«

Wir wären nicht im *Zauberberg*, wenn ein Finalthema unvorbereitet heraufgerufen würde und ohne behutsame motivische Anbahnung ebenso plötzlich erschiene wie ein wiedererweckter Toter aus seiner Grabeskluft. Über Plötzlichkeit kann sich aber auch nur der unaufmerksame Leser beklagen. Daß ihm in Gesellschaft Castorps »noch ganz andere Wunder und Phänomene« (257) zustoßen würden, bekam er schon nach dem ersten Romanviertel angekündigt. Welcher Art die Wunder seien, sollte ihm wie so oft Hofrat Behrens zu verstehen geben, der Kenner der Materie, der Frau Ziemßen darüber belehrt, daß die Wiederkommenden nichts Rechtes zu erzählen hätten. Zu Ziemßens bettlägrigem Vetter sagt er: »Stehen Sie auf und wandeln Sie, Mann!« (285) Er zitiert damit Jesus, der mit diesem Wort sein Heilwunder an einem Gichtbrüchigen exekutierte. (Lk 5,23) Thomas Mann hat es aber schon in *Buddenbrooks*, sei es aus Mißverständnis oder frei zuspitzend, in einem anderen, weitergehenden Sinn verwendet:

> Und wäre er [der Sterbende] uns der Liebste, wir können nach alldem nicht mehr wollen, daß er aufstehe und wandle. Würde er es dennoch tun, so würde er Grauen um sich verbreiten wie einer, der dem Sarge entstiege ... (I, 563 f.)

Es ist das noch unbenannte Lazarus-Motiv. Wie später Edhin Krokowski führt Thomas Buddenbrook es mit dem originalen des Rufens zusammen: »Die gute Mutter ist dahin ... wir rufen sie nicht zurück.« (I, 585)

Als Hans Castorp nach drei Wochen Bettruhe wieder seinen Platz im Speisesaal einnimmt, nennt ihn der Erzähler, doppelt motiviert, einen »Erstandenen«. (287) Zweihundert Seiten nach der Wunderankündigung wird dann Natalie von Mallinckrodt einem weiblichen »Lazarus und Hiob« verglichen. (435) Es ist noch der bresthafte Lazarus aus Lukas, nicht der auferweckte aus Johannes, das kann dem Namen aber gleich sein. Er wäre damit gefallen.

In »Fragwürdigstes« wird die Jesus-Motivik erst wieder humoristisch auf Nebenfiguren übertragen. Staatsanwalt Paravant, der »aus der Transzendenz eine derbe Backpfeife« empfängt und mit wissenschaftlicher Heiterkeit quittiert, hält »vor Begier sogar noch die andere Backe« hin. (929) Auch im entscheidenden Passus nähert es sich handlungsweise der biblischen Vorlage:

Johannes berichtet, wie Martha gemeinsam mit ihrer Schwester Maria nach Jesus sendet, um ihn davon zu benachrichtigen, daß ihr Bruder Lazarus krank liege. Als Lazarus stirbt, kommt Martha Jesus entgegen und sagt:

»Herr, wärest du hier gewesen, mein Bruder wäre nicht gestorben! Aber ich weiß auch noch, daß, was du bittest von Gott, das wird dir Gott geben.« (Joh 11,21 f.)

Zwar hat Jesus, der trotz des Hilferufs noch zwei Tage lang an dem Ort blieb, da er war, schon vorher angekündigt, er werde hingehen und Lazarus aufwecken (Joh 11,11), aber davon kann Martha nichts wissen. Aus ihren Worten läßt sich sowohl der kaum verhüllte Vorwurf heraushören, Jesus habe den Tod ihres Bruders durch Säumen mitverschuldet, als auch die ebenso schwach verhüllte Hoffnung, er möge durch Fürbitte bei Gott bewirken, daß das durch Säumen Zugelassene rückgängig gemacht werde. Martha, darf man verstehen, betreibt die Wiedererweckung ihres Bruders und unternimmt Schritte; wenn sie ihre Schwester Maria »heimlich« (Joh 11,28) ruft und zuzieht, dann gewiß auch deshalb, weil sie sich davon eine Stärkung ihrer Bittposition verspricht. Wirklich wiederholt Maria dann genau Marthas Vorwurf, und ihr Weinen ergrimmt und betrübt Jesus (so sehr wiederum, daß es nicht ganz mit der Sicherheit seines zuvor angekündigten Planes zusammenpassen will).

Martha also schaltet sich ein und wird tätig, wie Hans Castorp, der als Schwester des verstorbenen Menschenbruders durch seine Anregung, die Gounod-Platte aufzulegen, die auf der Kippe stehende Séance zum Erfolg führt. Hätte Hans-Margarethe sich nicht eingemischt, würde das Medium noch lange gestöhnt haben können, ohne daß etwas oder jemand dabei herausgekommen wäre.

»Da er das gesagt hatte, rief er mit lauter Stimme: Lazarus, komm heraus« (Joh 11,43) – das Machtwort, der Kernsatz der Lazarus-Erzählung. Thomas Mann hätte sie auch dann genau im Ohr gehabt, wenn er die alte Familienbibel länger nicht aufgeschlagen hätte; die Lazarus-Erzählung ist die Herzpassage seines Lieblingsromans *Schuld und Sühne*, Raskolnikow läßt sie sich von der zitternden Sonja Vers für Vers vorlesen. Wie der Schüler und Verehrer Dostojewskis sie im *Zauberberg* tarnend in Figurensprache übersetzt, ist von geradezu komischer Raffinesse: »›[...] Nicht nachlassen, Holger, und immer heraus damit [...]!‹« Steckt nicht in diesem »Zuruf« (940) verkappt das Jesus-Wort?

Die Frageform trägt einem Faktum Rechnung, das zur Vorsicht mahnt. Der raffinierte Teilsatz ist wörtlich – »Nur heraus damit!« – als bei Schrenck-Notzing selbstvernommener schon im Essay *Okkulte Erlebnisse* überliefert. (Essays III, 344) Daraus zu schließen, es hätte nichts weiter auf sich damit und jedes weitere Wort verböte sich, wäre aber naiv. Nicht nur gewinnt die Realie sofort mit Eintritt in den Romankosmos einen eigenen Wert und Hintergrund, schon als Realie ist sie, wenn sie vom *Zauberberg*-Autor erlebt wird, ausgewählt und in ihrem symbolischen Wert erlebt. Sobald sie als eine unter zahllosen Konkurrentinnen für gut genug erachtet wird, in die Fiktion übernommen zu werden, spricht ihre Vergangenheit als selbsterlebte nur mehr gering gegen ihre Zukunft als polysem gewandte Zitatträgerin. Die Todesboten der Venedig-Novelle waren selbsterlebt, sie sind darum nicht weniger tüchtige Todesboten geworden. Die Kunst liegt schon in der

Apperzeption, und es ist weder ausgeschlossen, daß Thomas Mann sich das »Nur heraus damit!« gerade deshalb gemerkt hat, weil es ihn entfernt an den Jesus-Ruf gemahnte, noch daß er auf diesen Beiklang später bei der Formulierung des Essays stieß, der mit der Frage des Spiritismus ja auch die allgemeine des Verstorbenenkontakts zu berühren hatte. Wenn man sich an den autobiographischen Hintergrund erinnert, die heimliche Vertauschung des Menschenbruders mit der Schwester, die Hans zu gerne wiedersehen würde, wird man eher vermuten, diese letzte Frage habe schon am Anfang gestanden und seinem Interesse für Schrencks Emanationsmanöver von Anfang an jenen Gefühlscharakter banger Angelegentlichkeit aufgeprägt, der dann auch Hans Castorp verleiten wird, die Mahnungen der Vernunft in den Wind zu schlagen.

Dies bedacht, ist es gar nicht erst nötig, sich auf Adorno zu berufen, nach dessen Einsicht der Gehalt eines Kunstwerks gerade dort beginne, wo die Intention des Autors aufhört,[11] und noch weniger muß die Generaldebatte über die Frage erfolgen, wie weit man einen Text dehnen darf oder ob es eine feine Sache sei, ihn überhaupt nach französischem Vorbild neu zu erfinden.[12] Zu viel spricht in unserem Fall dafür, daß die Intention des Autors genau die des vielsinnigen »Nur heraus!« war.

Aufgerufen, tritt Ziemßen alsbald erscheinend hervor. Sowie Holger-Elly den letzten Seufzer ausgestoßen hat, endet die Musik passend doppeldeutig mit »O Herr des Himmels, hör' mein Flehn –« (945) Es ist Valentin, der betet, aber da man unmittelbar vor der Wiedererweckung steht, läßt es sich auch auf Jesus beziehen, der nach vollbrachtem Wunder zu erkennen gibt, daß nicht eigentlich er es war, der es bewirkte, sondern der Herr, der ihm eine Bitte gewährt. (»Vater, ich danke dir, daß du mich erhört hast«, Joh 11,41) Valentins Bitte galt nur dem Schutz, in dem Margarethe-Hans stehen gelassen werden solle. (903) Jesu Bitte aber gilt der Totenerweckung, die der doppelsinnig gewählten Musikzäsur auf der Stelle folgt.

Frau Stöhr piept »Ziem – ßen –!«, Hans Castorp hebt den Kopf, »und seine Augen gingen, ohne suchen zu müssen, den richtigen Weg« (945); eine etwas Mann-ungewöhnliche Metapher, die Castorp an Wehsal und dessen unmögliche Liebe rückbindet (vgl. 325); Joh 14,4: »Und wo ich hin gehe, das wisset ihr, und den Weg wisset ihr auch« mag sie gewiesen haben.

Castorp erblickt den Verstorbenen, der die Kopfbedeckung aufhat, die er noch nicht kennen kann, weil er sie erst im letzten Bild auf eigenem Soldatenkopf tragen wird.[13] Die Behelmung ist so auffällig, daß man Ziemßens unteren Extremitäten nicht mehr viel Beachtung schenkt:

> Die Füße Joachims wirkten groß und die Beine sehr dünn; sie schienen eng eingewickelt, auf sportliche mehr denn auf militärische Art. (946)

Mysteriöse Angabe! Offenbar sind sie einzeln eingewickelt, jedes Bein für sich, sonst würde ihre Dünne nicht so hervorstechen. In die Gamaschen wohl, die die Soldaten des Ersten Weltkriegs anhaben werden und auf deren militärischen Charakter sich Castorp noch so wenig verstehen kann wie auf den des Kochtopfs, der auf Ziemßens Kopf erscheint? Er selbst wird im Krieg Stiefel tragen; wenn die Gamaschen wie der Helm zur Zukunfts-Telepathie gehörten, hätte sich Thomas Mann also einer kleinen Motivvernachlässigung schuldig gemacht. Das Sportliche der Umwicklung könnte auch ebenso gut auf die »Wickelgamaschen« (658) rückdeuten, mit denen Hans Castorp in den Schnee zog. Joachim kommt zwar nicht vom Skifahren, sondern aus dem Jenseits, aber darin endete auch Castorps sportliche Unternehmung. Wären die Beine nicht einzeln, sondern als ganzes eingewickelt, hätte sich ihm wohl von selbst der Vergleich mit der »Mumie« (208) aufgedrängt, in die er sich dank der famosen Kamelhaardecken regelmäßig zur Liegekur verwandelt. Es hätte sich dann allerdings auch der Vergleich mit dem berühmtesten Rückkehrer aus ewiger Liegekur aufgedrängt, der »gebunden mit Grabtüchern an Füßen und Händen« (Joh 11,44) – eng eingewickelt, unbiblisch gesprochen – aus dem Grabesjenseits hervortritt. Da Hans Castorp im Dämmerlicht Krokowskis nur schwer in der Lage gewesen sein wird, die Dünne der Beine auch durch eine gedachte Gesamteinwicklung hindurch zu erkennen, und da er sich, hätte er sie erkannt, einen Reim darauf hätte machen können, muß der Vergleich mit Vorsicht behandelt werden. Wenn der Leser, dem er sich aufzwang, trotzdem keinen Tadel verdient, liegt es an dem Komplex von Tod, Mumie, Gewickeltsein und Wiedererstehung, der vom *Zauberberg* schon zum *Joseph* hinüberspielt. Der Tote ersteht aus Krokowskis Katakombe wie der hervorgerufene Lazarus aus seiner Höhle und der vom Ismaeliter »angerufene« (vgl. IV, 589) Joseph aus dem Brunnen. »Der Brunnen, in den Joseph von den Brüdern hineingeworfen wird, ist ein Grab. Der Weg durch den Brunnen ist der Weg ins Totenland. Der ägyptische Joseph ist in gewisser Hinsicht ein Toter. [...] Ägypten ist das Reich des Todes und der Zeugung [...]. In ihm herrscht Osiris, der Zerstückelte, der zeugende Totengott.«[14] In Mereschkowskis *Die Geheimnisse des Ostens*, einer wichtigen Quelle des *Joseph*, fand sich dieser Zeugung und Tod umgreifende Doppelgott auch namentlich an die Seite des von Jesus Erweckten gerückt:

> Da steigt Osiris aus dem Grabe, ganz in Mumienbinden gewickelt, mit erhobenem Phallus, der die Binden durchreißt, gleichsam ein ithyphallischer Lazarus.[15]

Der Leser, der schon bei Joachim an Lazarus dachte, wird jede Wette anbieten, daß Thomas Mann, als er sich die Stelle anstrich, den unlängst von ihm geheimnisvoll gewickelt dem Grab Entrufenen noch gut im Gedächtnis hatte, und es bleibt die Frage, ob man hoch dagegen setzen sollte. Man unterschätze nicht, wie viel *Joseph* schon im *Zauberberg* steckt und wie eng die thematische Klammer den biblischen Lazarus mit dem ägyptischen Totengott zusammenzwingt. Wie jeder sieht, handelt der Joseph-Roman von Schöpfung, Wiederschöpfung, Neuschöpfung, Auferstehung, Zeugung durch Körper und Geist. Joseph stirbt zweimal und wird zweimal wiedergeboren, Jaakob duldet seinen Scheintod nicht und will ihn neu zeugen. Das ist dem Vorgängerroman mit seinem zweimal sterbenden Helden und seinem neugezeugten Liebsten so wenig fern wie das Thema der Schöpfung, das nur wie so viele im *Zauberberg* von dem immer auffälligeren des Todes verschattet wird.

Unauffällig ist auch der Höhepunkt des Romans, der auf Ziemßens ein- oder beidbeinig eingewickeltes Hervortreten folgt. Sein Held steht für einen Augenblick märchentheologisch in der Doppelnachfolge einerseits Kays, andererseits des Gottessohns.

Als Jesus Maria und ihre Mittrauernden weinen sieht, ergrimmt er im Geist und betrübt sich selbst

> und sprach: wo habt ihr ihn hingelegt? Sie sprachen zu ihm: Herr, komm und sieh es!
> Und Jesu gingen die Augen über. (Joh 11,33–35)

Hans Castorp sieht den übel Herausgerufenen, sein Magen will sich ihm umkehren, ein großes Schluchzen kommt ihn an.

> »Verzeih!« flüsterte er in sich hinein; und dann gingen die Augen ihm über [...] (947)

Beiden gehen beim Anblick des Toten die Augen über, der kurz davor ist oder zu sein schien, aus seiner stabilen Totenlage aufgerüttelt zu werden. Im Roman ist die Erweckung Spuk, nicht Wunder, Joachim bleibt wieder so tot, wie Lazarus es einstweilen noch ist. Castorp kann nur für diesen einzigen schwebenden Moment wie Jesus sein, nur für den Moment, in dem Jesus selbst überwältigt wird – von Mitleid, von Scham über sein Säumen, man ahnt es nicht –, und selbst nicht weiter zu wissen scheint. Danach trennt es sich wieder, Jesus vollbringt das den Jüngern angekündigte Wunder, Castorp bricht die Veranstaltung ab und schaltet das Deckenlicht an.

Ob Ziemßen auch dann erschienen wäre, wenn dem Medium nicht zumunternd »Nur heraus damit!« zugerufen worden wäre? Man weiß es so wenig wie man von Lazarus weiß, ob er auch dann aus seiner Gruft getreten wäre, wenn Jesus ihn nicht herausgerufen hätte. Bedurfte es der Sprache zur Wiederbelebung? Wie die Schrift es berichtet, kommt Jesus mit der Erweckung des Lazarus, dem Wunderhöhepunkt des Johannes-Evangeliums, seinem Vater im Himmel so nah wie nirgends sonst: wie er, dem er es verdankt, schöpft er durchs Wort. Zwar wird nicht aus dem Nichts geschöpft, ein Leichnam ist immer noch mehr als Nichts, aber vom Tod oder aus dem Nichts zum Leben befördert zu werden, durch »Es werde!« oder durch »Komm heraus!«, hat für den Beförderten die gleiche Qualität. Bei allem Unterschied, der das Nachschöpfen von der Erstschöpfung trennt, wiederholt sich in der Lazarus-Erzählung das Motiv der Schöpfung durchs Wort. Der aus der Machtvollkommenheit seines Wortes nachschöpfende Literat hatte ein spezifisch erhöhtes Interesse an ihm.

Bevor er das Licht anmacht, sagt Hans Castorp: »Verzeih!« Die Stelle ist die unauffällige Klimax des Romans, der damit andeutet, daß er unheidnisch von Sünde und Gnade handle. Denn verzeihen kann Castorp keiner, Joachim war und bleibt tot, da ist er mithin auf Gnade angewiesen. Sein Lichtanschalten aber wäre vor diesem Hintergrund als bloße Settembrini-Reprise[16] (270) wahrhaft dürr gedeutet. Die Licht-Metaphorik bei Johannes überstrahlt alle andere Bilderrede.[17] Johannes läßt Jesus die Niederkunft mit dem Tod vergleichen. (Joh 16,19–21) Von Jesus geht das neue Gebot aus, »daß ihr euch untereinander liebet« (Joh 13,34f.), in seiner spätromantischen Fassung von Castorp erlassen. In »Schnee« schon fand »Verklärung« statt, enthüllte sich »ganz unverdient« eine »Seligkeit von Licht«, das »äußerste und reinste Licht«. (678) Mit dem Licht in der Nacht endet Leverkühns Mahlersches Klagewerk, mit dem Licht der Hoffnung das Mannsche des *Doktor Faustus*. (VI, 651; 676) Das Johannes-Evangelium, mit ihm der Thomas Mann teure Satz »Gott ist Geist« (Joh 4,24), speist die theologische Schicht so des Romans, so des Spukabschnitts, der seine Überschrift mit Sinn in der Zweideutigkeit beließ.

Krokowskis Schlüssel. Die kleine Kraft

»Fragwürdigstes« ist mit dem Lichtanmachen aber noch nicht ganz ans Ende gelangt. Sein letzter Absatz greift zurück auf eine zwei Seiten zuvor eingefügte Mikroepisode; auch wir müssen also noch einmal zurück.

Es ist eine Verzögerung, ein Zwischenfall innerhalb des Zwischenfalls, den Hans Castorp durch seinen Vorschlag herbeiführt, es einmal mit Gounods *Margarethe* zu versuchen. Die Platte scheint nicht da zu sein, Castorp will den Raum verlassen, um sie zu holen. Krokowski untersagt es ihm, die wissenschaftliche Exaktheit verbiete, an solch willkürliches Aus- und Eingehen nur zu denken, da findet sie sich plötzlich, der Tscheche Wenzel entdeckt sie, sie hatte ausnahmsweise im falschen Album gesteckt und nicht im Arien-Album Nummer II, wohin sie nach der Organisation gehörte. (944)

Wozu schreibt Thomas Mann das, muß man sich fragen, was würde fehlen, wenn er es weggelassen hätte? Ein vorbereitendes Wunder oder eine spannungssteigernde Retardierung, die mit der Vertauschungs-Erklärung nicht eben billig zu haben war. Falls er andeuten möchte, die Platte sei von irgend jemandem absichtlich in die falsche Hülle gesteckt worden, wüßte man weder von wem noch wozu. Castorp hat keinen Grund, er will sie ja besorgen. Selbst dann aber, wenn er die Platten unbewußt vertauscht hätte und Thomas Mann dadurch andeuten wollte, daß sein Held vor dem Wiedersehen mit Joachim zurückschreckt, es insgeheim aber doch ersehnt, selbst dann also, wenn kein Wunder und keine Plattentelekinese im Spiel wären, müßte er nicht Castorps vergeblichen Versuch schildern, das Zimmer zu verlassen, um die Platte doch noch holen zu gehen.[18] Die Erinnerung an eine Stelle in »Totentanz« führt uns im Gegenteil zu der Ahnung, Castorp müsse die Platte doch noch holen gehen wollen, um nur vergeblich versuchen zu können, das Zimmer zu verlassen.

Im Abschnitt »Totentanz« hat Herr Popów einen epileptischen Anfall, der vor allem die späteren Spiritistinnen sehr erregt. Wie bei Felix Krull[19] ist es ein verschobener Orgasmus, ein mysteriöser »Skandal«, eine »wüste Offenbarung« und »prophetische Heimsuchung«. (417f.) Der vorwegnehmende Charakter dieser Episode liegt offen. »Skandalös« (940) ist die Sitzung, in der wir uns immer noch befinden und über deren sexuellen Untergrund das Notwendige berichtet wurde. Eine prophetische Offenbarung aber, wenn man nicht Joachims Erscheinen so bezeichnen will, gibt es nur eine, kann es hier nur eine geben.

Die Plattenvertauschung scheint der einzige Zweck der Mikro-Einschaltung zu sein, vielleicht ist sie das aber gar nicht. Sich mit der Wunder- oder Fehlleistungserklärung zu begnügen, steht jedem frei. Hat man aber einmal den Verdacht geschöpft, das Vertauschwunder sei gar nicht das wahre und jedenfalls nicht das einzige Ziel der Szene, wird man nicht lange nach der Kleinigkeit suchen müssen, um derentwillen sie eröffnet worden sein könnte. Es wäre die Schlüsselstelle, die Krokowskis Ausgehverbot folgt:

> Die Tür sei verschlossen. Er, der Doktor, trage den Schlüssel in der Tasche. (944)

Man schließt sich ein, um Verbotenes zu tun. Castorps Lage ist beklemmender dadurch, daß er eingeschlossen ist und der dämonische Conférencier ihn sogar an der Interimsflucht hindern will. Die Erinnerung an Spechts »Schnee«-Quelle und den Schlüssel, der Mahler anvertraut wurde, das Mysterium aufzuschließen, wäre weit hergeholt und würde dem Sinn der Szene schlecht entsprechen; auch darüber wird man nicht uneins sein.

Der Kapitelschluß nimmt das Schlüsselthema – nicht das der Plattenvertauschung – wieder auf und weist ihm dadurch retrospektiv Funktion zu:

> Auf den im Stehen protestierenden Krokowski ging Hans Castorp zu, nahe vor ihn hin. Er wollte sprechen, aber von seinen Lippen kam kein Wort. Mit brüsk heischender Kopfbewegung streckte er die Hand aus. Da er den Schlüssel empfangen, nickte er dem Doktor mehrmals drohend ins Gesicht,

– drohend, wie der moribunde Ziemßen (716), die beiden wachsen zusehends zusammen –

> machte kehrt und ging aus dem Zimmer. (947)[20]

Daß er zuvor die Tür mit dem empfangenen Schlüssel aufschließt, wird nicht mehr eigens erwähnt. Es versteht sich von selbst, und das Selbstverständliche zu erzählen wäre pedantisch. Eben weil die Lücke so selbstverständlich ist, fällt es schwer, sich an die Vorstellung zu gewöhnen, daß sie sich vielleicht nicht ausschließlich erzählerischer Ökonomie verdanken könnte. Wenn nicht berichtet wird, daß Castorp die Tür aufschloß, heißt es nicht, daß er es nicht getan hat; es heißt aber auch nicht das Gegenteil. Die Nichterwähnung sorgt für eine gewisse Schwebe, könnte dafür sorgen, vorausgesetzt, jemand wäre so unvernünftig, daran zu zweifeln, daß eine verschlossene Tür nur dann Durchlaß gewährt, wenn sie zuvor auch aufgeschlossen wurde.

Die Unvernunft hätte den einen Trost, sich auf Thomas Manns Lieblingsstelle in der Offenbarung berufen zu dürfen:

> Und dem Engel der Gemeinde zu Philadelphia schreibe: Das sagt der Heilige, der Wahrhaftige, der da hat den Schlüssel Davids, der auftut, und niemand schließt zu, der zuschließt, und niemand tut auf:
>
> Ich weiß deine Werke. Siehe, ich habe vor dir gegeben eine offene Tür, und niemand kann sie zuschließen; denn du hast eine kleine Kraft und hast mein Wort behalten und hast meinen Namen nicht verleugnet. (Apk 3,7f.)[21]

Niemand: selbst der Doktor nicht, wodurch der Schlüsselgebrauch wegfallen könnte. Sowie er das Licht anmacht und damit zeigt, daß er das dem Tod abschwörende »Schnee«-Wort behalten hat, hätte Hans sich bewiesen, und die Tür stände ihm offen. Er widersteht den Lehren, die seinem Wesen fremd sind. »Viel mehr vermochte er nicht.« (XI, 601)

Etwas mehr also schon, das bißchen mehr, zu dem eine kleine Kraft verhelfen mag. Ob er seinen Schlüssel nun braucht oder nicht – die kleine Kraft soll man ihm nicht bestreiten. »Er wollte sprechen, aber von seinen Lippen kam kein Wort«, das ist die genau gespiegelte Reprise des vorherigen Schlusses: »auf den Lippen das neue Wort [...], das er noch nicht zu sprechen wußte.« (907) Castorp bringt das Wort nicht über die Lippen, so wenig wie vor ihm Mahler und Nietzsche, aber behalten hat er es, sonst würde er nicht den Spuk beenden. Hätte er das Wort nicht behalten, könnte ihm erst gar nichts auf den Lippen liegen. Indem er Licht macht, verleugnet er nicht das besser Gewußte, sein Gewissen. »So manches liebe Wort – « (993) singt er halblaut noch im Krieg, das Lindenbaumlied, in dem nicht nur todverfallene Romantik steckt, sondern immer noch das »Liebeswort«.

Der Tod, dem er dennoch verfällt, birgt wie der im Schnee die Möglichkeit zur Wiedererweckung. Davor tagt das Weltgericht.

Große Gereiztheit und Donnerschlag

Der erste zum *Zauberberg* gehörige Mensch, dem Castorp begegnet – Joachim will bis zur wilden Abreise nicht zu ihm gehören –, ist der hinkende Concierge. (15) Niemand wird überdeuten wollen, aber nach einem Romandrittel wird dieser Concierge von Settembrini »der hinkende Teufel« genannt. (336) (»Der Pferdefuß ist durch ein leichtes Hinken ersetzt«, Mann über Mephisto, IX, 603). Wie in *Buddenbrooks* mit Tonys »Was ist das« (I, 9), öffnet sich im *Zauberberg* mit dem hinkenden Teufel eine große Klammer. In *Buddenbrooks* schließt Sesemi Weichbrodt, die »kleine, strafende, begeisterte Prophetin« (I, 759); fünfundzwanzig Jahre später der Prophet des großen Strafgerichts.

Der große Stumpfsinn erscheint Castorp als ein »schlimmer, apokalyptischer Name« (880), er beginnt, einen »schrecklichen Jüngsten Tag« (881) zu befürchten. »Die große Gereiztheit«, nächste Steigerung, ist nicht nur ironische Korrektur des späten Nietzsche und seiner großen Gesundheit, sondern schon Apk 6,17: »Denn es ist gekommen der große Tag seines Zorns, und wer kann bestehen?« Der große Tag ist »Der Donnerschlag«. Er unterhält sehr viel genauere als nur die redensartlichen Beziehungen zur Johannes-Apokalypse. »Hippe«[22] und »Satanas« sind von hier. (Apk 3,9) Der Anfang auf dem Schlachtfeld, das

»Zinkgeschmetter, das bersten will« (990), zitiert die Posaune, die von den sieben Engeln zum Plagenbeginn geblasen wird. Der Himmel, der »schweflig« dunkel droht (988), tut es höllisch, apokalyptisch. (Apk 9,17) Castorp wird in die Truppe entlassen: »Sie sind dreitausend, damit sie noch ihrer zweitausend sind, wenn sie bei den Hügeln, den Dörfern anlangen; das ist der Sinn ihrer Menge.« (991) Der Sinn des Verhältnisses ist der des Visionärs, bei dem nach dem Brechen des siebten Siegels immer gerade der dritte Teil umkommt und verdirbt. Zeitblom wird an dieses Verhältnis erinnern, wenn er die entsetzliche Stelle in Leverkühns »Apocalipsis« beschreibt, wo die Würgeengel Roß und Reiter, Kaiser und Papst und »ein Drittel der Menschheit mähen [...].« (VI, 497)

Die Trommeln zum Krieg. Märchenschlacht

Die Musik zur Apokalypse, »Trompetengeschmetter und Trommelwirbel« (887), kündigt sich schon in »Fülle des Wohllauts« an. Wenn das Schlußkapitel nicht kleine Hilfssignale ausstieße, käme man kaum darauf, der Philologe jedenfalls nur schwer, der Hörer schon leichter, nach welchem musikalischen Vorbild Hans Castorp mit Zink und Trommel in den Tod getrieben wird. Auf den *Ring*, den Brand der Götterburg, Walhalls Ende, spielt noch der feurig entzündete Abendhimmel des letzten Satzes an – »Durch die Wolkenschicht, welche sich am Horizont gelagert, bricht ein rötlicher Glutschein mit wachsender Helligkeit aus«. (*Götterdämmerung*, III,3)[23] Aber nicht Wagner treibt die Brüder in die Schlacht. Castorp singt Schuberts Lindenbaumlied, aber das ist Erinnerung an die holde, verwehte Romantik, nicht die Musik zum Krieg. Mahlers *Lied von der Erde* klingt als Traumerinnerung an die in »Schnee« geschaute Schönheit und Jugend bis ins Ende nach – »Man könnte es sich denken: Rosse regend und schwemmend in einer Meeresbucht, mit der Geliebten am Strande wandelnd [...].« (992) Kein Komponist wäre berechtigter, Hans Castorp in den Tod zu führen, als der schon Gustav Aschenbach Vorangegangene. Aber nicht sein *Lied von der Erde* untermalt den Krieg.[24] Die Brüder werden durch einen Marsch in die Schlacht getrieben, einen dämonischen, klagenden, in müder, lichtloser, verhängter Dynamik mit Trommeln und Zink immer fort und fort in den Tod treibenden und selbst durch ihn sich nicht aufhalten lassenden Marsch; kurz, durch *Revelge*.[25] »Marschierend, in einem fort« ist Mahlers Wunderhorn-Lied vom Marsch und Kampf des Trommlers über den Tod hinaus überschrieben, instrumentiert mit Hörnern, Trompeten, Triangel, Zymbal, Trommeln und Pauke. Hierher sind, wenn man uns Laien fragt, Zink und Trommelschlag der Apokalypse.

»Ach, Bruder, jetzt bin ich geschossen,
Die Kugel hat mich schwer getroffen,
Trag mich in mein Quartier,
Tralali, Tralalei, Tralala,
Es ist nicht weit von hier.«

»Ach, Bruder, ich kann dich nicht tragen,
Die Feinde haben uns geschlagen,
Helf dir der liebe Gott;
Tralali, Tralalei, Tralala,
Ich muß marschieren in Tod!«

Da ist Hans Castorp, marschierend in den Tod: »Seht, er tritt einem ausgefallenen Kameraden auf die Hand, – tritt diese Hand mit seinem Nagelstiefel tief in den schlammigen, mit Splitterzweigen bedeckten Grund hinein. Er ist es trotzdem.« (993)

»Ach, Brüder! ihr geht ja an mir vorüber,
Als wär es mit mir schon vorüber,
Ihr Lumpenfeind seid da;
Tralali, Tralalei, Tralala,
Ihr tretet mir zu nah. [...]«

So stolpert Castorp vorwärts, den Kameraden tretend, im Rücken den »Trommeltakt, der schleuniger, schleuniger treibt ...« (990)

Er schlägt die Trommel auf und nieder,
Er wecket seine stillen Brüder,
Sie schlagen ihren Feind,
Tralali, Tralalei, Tralala,
Ein Schrecken schlägt den Feind.
(Lieder, 340f.)[26]

Noch die Gefallenen müssen die Schlacht schlagen, ewig käut der Wille wieder, nirgends ist Ruhe zu finden, selbst aus der letzten wird man wieder herausgetrommelt. Wie bei Karens Tanz geht es immer weiter, zwanghaft und festlich, in schlimmem brüderlichem Rausch. Schwefliger Himmel, brechende Siegel, vorwärts treibender Marsch und arges Tanzvergnügen; apokalyptische Musik und Märchen bis zum Schluß. Noch im letzten Bild überdeckt das eine das andere; obwohl für die Schilderung des Schlachtfelds, auf dem »Granaten [...] das Fleisch in blutige Stücke« reißen und ähnliches, Märchenbücher nun endgültig nicht mehr in Betracht zu kommen scheinen und jeder annehmen würde, dies eine Mal hätte der Geist der Erzählung wohl doch die von Castorp verschmähten Zeitungen zu Rate ziehen müssen.

Aber die Granaten fallen in einem Märchen Andersens (A II, 294), das nicht nur eine Kriegsschlacht schildert, sondern in einer Übereinstimmung, die Thomas Mann als tiefmerkwürdig empfunden haben muß, noch einmal die ins Realistische gewendete Geschichte des Trommlers aus *Revelge* erzählt.

Wie der des Wunderhorn-Lieds ist der Held des Märchens *Goldschatz* Trommelschläger. Er weckt seine Brüder vor dem Morgen der Schlacht – »die Trommelstöcke schlugen: ›Trommelom! Alle Mann auf!‹ [...]« (A II, 294) –, er treibt sie trommelnd ins Feld: »Und da schlug der kleine Trommelschläger: ›Marsch!‹ Vorwärts!‹ Er verstand nur diesen Befehl, und die Soldaten gehorchten dem Trommelfell. Es waren gute Trommelschläge, sie ertrommelten den Sieg für diejenigen, die schon zurückweichen wollten.« (A II, 294)

Was wie in Mahlers *Revelge* mit dem überraschenden Sieg endet, beginnt wie im *Zauberberg:* »In Wind und Wetter, durchnäßt bis auf die Haut«, erwartet der Märchenheld die Schlacht in der Morgendämmerung. (A II, 294) »Dämmerung, Regen und Schmutz« (990) – es ist das Flachland, es ist der Krieg, »durchnäßt, wie alle« (993), nach einem Märchenmarsch von sieben Stunden, zieht Castorp gegen den Feind. (991) Der hat ihm schon ein Sperrfeuer von »großkalibrigen Granaten« auf den Weg gelegt, das durch den Wald splitternd in die Gruppe schlägt, so daß es zu ersten Ausfällen kommt unter den Kameraden. (990–993; vgl. A II, 294) »Der eine oder der andere sank in die Knie, mit blutender Schläfe, kreideweiß im Gesicht« (A II, 294), der eine oder andere »wurde blasser und wankte« und »blieb liegen, wo es nicht gut war«. (992) Wo es deshalb nicht gut ist, weil die splitternden Granaten drohen: »Granaten zünden den Strohhaufen an, auf den sich die Verwundeten geschleppt haben, um dort viele Stunden verlassen zu liegen, verlassen vielleicht fürs Leben.« (A II, 294) Im Märchen wie im Roman werfen sie sich nieder, werden getroffen und fallen, »in die Stirn, in das Herz, ins Gedärm geschossen«; aber »vorwärts stolpern« sie trotzdem. (992) »Die Kugeln und Granaten flogen über die Köpfe und in die Köpfe, in den Leib und die Glieder; aber vorwärts ging es.« (A II, 294)

Wenn nach allen Ausfällen der Sieg noch immer mit »tausendstimmigem Hurra« (991) oder »Hurra und Gesang« (A II, 295) zu begrüßen ist, verdankt es sich dem Trommler, nicht nur im Lied und im Märchen. Auch im *Zauberberg* setzt die Schlacht mit Trommelschlag ein, auch dort folgt der Erzähler den »vorwärts getrommelten Kameraden« (990) – »die Trommel klopft und rollt im tieferen Donner, und vorwärts stürzen sie, wie es gehen will [...].« (992) Das Ins-Feld-Trommeln ist wie das »Zinkgeschmetter« (990), das als »Zinkengeschmetter« (V, 1816) den großen Zug von Jaakobs Begräbnis begleitet, musikalisch zeitlos, märchenhaft dazugehörig; nicht von der Wirklichkeit abgezogenes Kolorit.[27]

Bei Mahler und Andersen trommelt der Held die Kameraden vorwärts ins Feld, durch seine Trommelschläge wird die Schlacht herumgerissen. Hans Castorp ist auf der anderen Seite, nicht Trommler, sondern Trommleropfer, das tausendstimmige Hurra wird er nicht mehr erleben. Unvermeidlich wertet es das Immerwiederkehrende, Zeitlose auf und devalorisiert es das historische Unikat, wenn der Erste Weltkrieg nach Apokalypsen- und Märchenvorbild beschrieben wird. Wer den *Zauberberg* als Zeitroman im engern Sinn lesen will, muß enttäuscht sein, auf diese Vorbilder gestoßen zu werden. Andererseits zeigt gerade der Vergleich mit dem unbefangeneren Kriegsmärchen, wie in die hermetische Geschichte dann doch auch die andere, historische eindringt. Schließlich wäre selbst der Inhalt von Schalleens Weckgläsern nach sechzig Jahren nicht mehr der alte. Der echte Krieg spukt in Manns Weltfest des Todes herum wie Roosevelt in Josephs mythischer Agrarpolitik.

Er bleibt aber vor allem ein von andern Gedichten der Zeitenwende flankierter metaphysischer Einbruch.[28] Im Stumpfsinn-Abschnitt hatte der Erzähler den Berghof zur »Lasterhöhle« (878) erklärt. Im »Donnerschlag« wird der Zauberberg endlich zum »Sündenberg« (988). Das ist die Klammer, der Sinn des apokalyptischen Hintergrunds, die Portalinschrift des Sanatoriums. Oben auf dem Berg wurde das Gebot erlassen, das gilt, der Mensch halte sich daran oder nicht. Hält er sich nicht daran, so sündigt er. Mit dem Wort Sünde, versteckt schon mit Castorps »Verzeih!«, dem Verwiesensein der Sünde an die Gnade, bekennt sich der *Zauberberg* in ironischer Temperiertheit zu dem paulinisch-lutherischen Erbe, das ironisch schon Sesemis *»Es ist so!«* zu bekräftigen hatte. (I, 759)[29] Mit dem letzten betonten Wort des Buchs wird der Sünde ein letztes Mal ihr Komplement entgegengehalten, in Frageform, wie es dessen unsicherer Natur entspricht. Die Liebe, nach der im Schlußsatz gefragt wird, ist ja nach Zeitblom, »wer weiß, nur ein Abglanz der Gnade«. (VI, 600)

XII. FRAGWÜRDIGSTES II

Fünfundzwanzig Spielfiguren

Um die Sünde, derentwegen Hans Castorp um Verzeihung bat, in ihrer der Figur gar nicht bewußten Tiefe zu erkennen, müssen wir ein letztes Mal zurück zum Anfang des Abschnitts und zum Anfang des *Zauberbergs*, der durch »Fragwürdigstes«, wie angedeutet, zu einem Metaroman über die Kunstschöpfung wird. In das große Rätsel, Ziemßens Wiederkehr, ist mittlerweile etwas mehr Licht gedrungen. In seinem Innern schwebt da aber immer noch unberührt das irritierende Stäubchen, von dem eingangs die Rede war, Hermine Kleefelds Alphabet, das vorgab, mit fünfundzwanzig komplett zu sein, »offenbar unter fehlerhafter Auslassung einer Letter« (919), wie Thomas Mann nach der ersten Vorstellung des »Dichtrs« sicher nicht bemerkt, ohne von der eigenen offen- oder scheinbar fehlerhaften Auslassung zu wissen. Durch die fünf-, nicht sechsundzwanzig Plättchen, »Spielmarken nach ihrer gewöhnlichen Bestimmung« (917), die das Glas mit Dichterhilfe anläuft, wird die Wiederkehr des Soldaten in die Wege geleitet.

Joachim Ziemßen als anderer Lazarus – und ehrenhalber echappierte Schwester – erklärte schon manches, aber noch nicht den inneren theopoetologischen Zusammenhang. Um ihn zu entdecken, genügt es, wenn wir uns Ziemßen und nach ihm Elly, Holger und Hans, die seine Neuerscheinung betreiben, noch einmal haargenau betrachten.

Im *Tonio Kröger* stand für jenen Zusammenhang noch die auf Messern tanzende Jungfer ein, die sich der Verführungsmacht nicht entziehen konnte, aber bis zum Tod im Selbstopfer tapfer aushielt. Im *Zauberberg* begegnete sie uns als febril enthemmte Nixe, deren nächtlicher Besucher die gläserne Scheidewand zwischen Andersens Märchen so leicht überstieg wie die zwischen den Berghofer Balkonen. Den Platz der Seejungfrau hat der brave Soldat Joachim eingenommen, der bis zum Tod heroisch aushaltende Dulder, dem es so wenig gelingt wie ihr, sich der Verführung auf Dauer zu entziehen. Wer hinter ihm steht, ist mit einem so geringen Aufgebot an Spitzfindigkeit herauszubekommen, daß es trotz der angeführten Milderungsgründe selbst wieder das Rätselhafte berührt, warum es so lange übersehen wurde. Es genügt und hätte immer genügt, sich das Allereinfachste ins Gedächtnis zu rufen. Ziemßen ist Soldat, sein Name beginnt mit Zi, er ist keusch verliebt, er hält tapfer aus bis zum Tod. Der Roman, dem er dient, erklärt auf der ersten Seite, das eine oder andere mit Märchen zu tun zu haben. Das Märchen, das der alte Thomas Mann zum Symbol seines Lebens ernannte,[1] handelt von einem mit Zi beginnenden, keusch verliebten, bis zum Tod heroisch standhaltenden Soldaten. Für eine Ahnung, einen ersten Verdacht hätte das immer ausreichen sollen. Nimmt man als zweites hinzu, daß schon Ziemßens Vorläufer mit dem verkümmerten Arm eine Heldenfigur war, deren Haltung »mehr an Andersens Standhaften Zinnsoldaten als an Wilhelms Barock-Gebärde erinnert« (XI, 575) – »erinnern« ist gut, vom Schöpfer gesagt –, vergleicht man dann die Charakterisierung der königlichen Hoheit in ihrer »formalheroischen Dienstlichkeit« (ebda.) wieder mit der Joachims, der als »rein formale Existenz« (536) das »dienstfromme«, preußische Prinzip verkörpere,[2] so hätte man genug Indizien für erste Hypothesen und könnte mit der Untersuchung beginnen.

Im Eröffnungssatz des daraufhin aufgeschlagenen Märchens findet sich eine Antwort auf die Frage, was die Fünfundzwanzig haben mag, daß man sich ihr zugunsten unauffällig verzählt. Wie bei Castorps Erwachen um zwölf vor fünf entscheide der Leser selbst, ob er nach allem, was er gehört hat, den Zufall für dieses Verzählen haftbar machen möchte – oder die Tatsache, daß nur so die Quersumme Sieben zu erreichen war – oder die andere, daß in früheren Kinderalphabeten der Buchstabe J unterschlagen wurde – oder aber folgende literarische Referenz:

> Es waren einmal fünfundzwanzig Zinnsoldaten. Die waren alle Brüder, denn ein alter zinnerner Löffel hatte sie geboren. (A I, 129)

Fünf-, nicht sechsundzwanzig Zinnsoldaten, Spielfiguren also, wie Hermines Plättchen nach ihrer gewöhnlichen Bestimmung. Mit Tinte und Feder beschriftet, erlaubten diese fünfundzwanzig den Verkehr mit dem Geist, durch dessen Wirken Ziemßen wieder erscheint; der eine unter den Brüdern, der etwas verschieden ausgefallen ist:

> er hatte nur ein Bein, denn er war zuletzt gegossen worden, und es war nicht mehr genug Zinn da, doch stand er ebenso fest auf seinem einen wie die anderen auf ihren zweien, und gerade er ist es, dem es merkwürdig erging. (A I, 129f.)

Nach der *Königlichen Hoheit* hat er keinen verkrüppelten Arm mehr vorzuweisen, Thomas Mann wird dezenter in der Hemmungsbildung. Wer im braven Soldaten Joachim Ziemßen aber nicht den standhaften Zinnsoldaten erkennt, dem müssen bei seiner Untersuchung des *Zauberbergs* einige Stellen auf immer im Dunkeln bleiben.

Beinprobleme. Buddenbrooks Ende

Der Erzähler nimmt sich drei Sätze, um Joachims Äußeres vorzustellen. Wir befinden uns auf der fünften Seite des ersten Kapitels, mitten in der motivstarrenden Exposition, in der jedes Wort zu wägen ist. Joachim, ein Bild der Jugendkraft, ist »wie für die Uniform geschaffen« (15); »rot und blau, so herrlich war ihre Uniform« (A I, 129) heißt es in der ersten Beschreibung der fünfundzwanzig Zinnsoldaten. In seinem »blau und roten Rock« (II, 285) kniet Klaus Heinrich vor Imma, die ihn zur Haltung ermahnen muß. Der Soldat des *Zauberbergs*, drei Abschnitte später im »blauen Rock« (132; vgl. 733), ist wie der Schlechtgegossene ein bißchen anders; zwar wäre er fast geradezu schön, aber da sind die abstehenden Ohren, sein Kummer und Lebensschmerz; Pendantstück des Zinnsoldatendefekts, das der Erzähler im dritten Satz seiner Personenschilderung einfügt.

Während er schildert und Hans Castorp seinen Vetter betrachtet, ist einer zugegen, ein Mann in Livree und mit den »Tressen« auf der Mütze, die Ziemßen im Sterbekapitel tragen wird. (15; vgl. 689) Es ist der hinkende Concierge, ein Kriegsveteran nach Castorps Vermutung, dessen erste Funktion es war, als Empfangsfigur auf den apokalyptischen Donnerschlag vorauszudeuten. Seine zweite Funktion besteht darin, so unverblümt wie möglich das originale Zinnsoldatenmanko vorzuführen und damit zu signalisieren, daß die Abstehohren nur Ersatzbildung und Wink und Blink sind. Die beiden betreßten Uniformierten haben ein Stigma, beidesmal ersetzt das Stigma ein drittes, immer noch uneigentlich gemeintes, die Einbeinigkeit des Zinnsoldaten, die wiederum ein eigentlich gemeintes viertes ersetzt, dessen Benennung das Schweigegebot verhindert. Die gleiche Technik hat Thomas Mann schon in der *Königlichen Hoheit* verwendet.[3] Von Klaus Heinrich, dem an den Zinnsoldaten Erinnernden, wird am Ende der Exposition gesagt, er gehe nicht gut, als sei er den Gebrauch seiner Beine nicht sehr gewohnt, »ja, bisweilen scheint er zu hinken.« (II, 11) Eben dadurch wird der zuvor angedeutete Defekt – Klaus Heinrich zieht seine rechte Hand, »nur die rechte, das ist auffallend« (II, 10) – als Ersatzstigma markiert. Nicht hinkend, aber mit dem »etwas hüpfenden Schritte, der ihm eigen war« (I, 674), ging vor Klaus Heinrich schon der erste Leistungsethiker in den Tod, Thomas Buddenbrook, dessen Geduld wir lange genug strapaziert haben. Wie anders aber als hüpfend bewege sich der Einbeinige auch fort? Und worauf wird er mehr bedacht sein als auf die »Haltung, das Gleichgewicht«, das Buddenbrook zu seiner Hauptsache erklärt, »indem er seine Zigarette durch die schmiedeeiserne Gittertür in den Ofen warf...« (I, 265)? Die standhafte Haltung und das Gleichgewicht sind dem Zinnsoldaten die Hauptsache, er ist gefährdeter als die zweibeinigen Brüder und landet dann ja auch zuerst im Fisch und später in dem Ofen, in den vorläufig nur die Zigarette geworfen wird. Buddenbrook endet in einem Spiralwirbel, mit »wachsender, fürchterlich wachsender Geschwindigkeit« dreht und schleudert es sein Gehirn »in großen, kleineren und immer kleineren konzentrischen Kreisen« herum und auf das nasse Pflaster. (I, 680) Wenn ein Papierschiffchen in einen Strudel gezogen würde, müßte es ähnliche Kreise machen, der Zinnsoldat hat seine Erfahrungen damit. Nach einem Regenguß wird er von Straßenjungen in einen Zeitungskahn gesetzt und schießt den Rinnstein hinunter: »Der Papierkahn schaukelte auf und nieder, und mitunter drehte er sich so geschwind, daß der Zinnsoldat zitterte«, die Strömung wird stärker und stärker, der Rinnstein führt in einen großen Kanal, das Schiffchen »wirbelte drei-, viermal herum« und der Zinnsoldat stürzt hinab. (A I, 132f.) Er überlebt, weil er in den Magen eines Fisches gerät, allerdings nur kurz. Auch Thomas Buddenbrook überlebt seinen Spiralsturz nicht lange und auch er kommt noch einmal nach Hause zurück. Ihn von einem Fisch verschlingen zu lassen, wäre nicht gut möglich gewesen, ihn verschlingt, wenn man so sagen darf, das verregnete Pflaster. Immerhin ist es das der »Fischergrube«. (I, 680)

Der Concierge im Eingangsportal des *Zauberbergs* weist also auf die Beine, mit denen irgend etwas nicht stimmt. Der Dialog, der sich an die

Beobachtung Hans Castorps anschließt, ist doppelsinnig und läßt die Lesart zu, nicht nur der Concierge, sondern auch Ziemßen habe ein Beinproblem.

Joachim belehrt seinen zivilen Vetter, der Hinkende sei kein Kriegsveteran, sondern habe sich die Kniescheibe herausnehmen lassen. Darauf fragt Castorp ihn: »›Du wirst mir doch aber nicht weismachen wollen, daß du noch so etwas hast? [...]‹« (15) Was ist das, »so etwas«? Der Satz ist durch einen Strich Thomas Manns vieldeutig geworden. Dem Yale-Manuskript kann man entnehmen, daß sich »so etwas« ursprünglich auf »Tuberkeln« bezog.[4] Es ist gut möglich und in diesem Fall sogar hochwahrscheinlich, daß Thomas Mann gekürzt hat, ohne sich darüber klar zu werden, daß der Anschluß nicht mehr stimmt. Nicht ganz unmöglich ist, daß die Zweideutigkeit das Ziel der Kürzung war oder die gern in Kauf genommene Nebenfolge. Wie es in der korrigierten Fassung dasteht, ist die »Kniescheibe« das letzte betonte Wort, auf das sich Castorps Erkundigung rückbeziehen lassen muß. Eine zumindest habe er noch, hätte Ziemßen in diesem Fall antworten können. Auch aber wenn Thomas Mann einfach einen Anschluß verpatzt hat, ist mit dem Concierge jedenfalls das über *Königliche Hoheit* auf den Zinnsoldaten rückweisende Hinken eingeführt.

Ziemßen hat, dies die nächste Information seines Schilderers, eine dunkle Gesichtshaut, die »durch Verbrennung beinahe bronzefarben« (15; vgl. 518) geworden war. Zinnfarben ginge wieder schlecht. (»Zinnoberrot« wird Castorp nach Ziemßens Abreise den Flachlandgesandten am Bahnsteig empfangen, 593). Das ist nicht ornamentale Anspielerei ohne nähere oder weitere Bedeutung. Man muß sich klar machen, was es heißt. Zugespitzt bedeutet es, daß Joachim Ziemßen tot ist, sowie er erscheint. Das Ende des Zinnsoldaten steht fest und ihm, Ziemßen, schon im Gesicht geschrieben. Der Zinnsoldat wird verbrennen; Ziemßens metallfarbene Gesichtshaut ist durch Verbrennung dunkel geworden, durch »Schneeverbrennung« (16), wie kurz darauf wiederholt wird, in ingeniöser und unauffälliger Verschmelzung mit dem Todesmotiv.

Der standhafte Zinnsoldat verbrennt zusammen mit der Tänzerin. Lange vor der Kontaktnahme mit den Werken Wagners lernt der junge Thomas Mann im *Zinnsoldat* einen noch dazu veritablen gemeinsamen Liebestod kennen. Der Feuertod des Paares muß ihn mindestens so beeindruckt haben wie die Standhaftigkeit des lädierten Stolzen, das spätere Sebastian- und Friedrich-Motiv. *Der standhafte Zinnsoldat* enthält präfiguriert alle drei, Tristan, Sebastian und Friedrich:

> Der einbeinige Zinnsoldat verliebt sich in die kleine papierne, mit einer Flitterrose oder Brosche geschmückte Jungfer und Tänzerin, die wie er auf einem Bein steht, schaut sie einen Abend lang an, wird von dem schwarzen Kobold[5] verwarnt, ignoriert es und fällt am nächsten Morgen – »war es nun der Kobold oder der Zugwind« – aus dem Fenster des dritten Stocks. »Hätte der Zinnsoldat gerufen: ›Hier bin ich!‹, so hätten sie ihn wohl gefunden; aber er fand es nicht passend, laut zu schreien, denn er war in Uniform.« (A I, 131) Standhaft, die kleine Dame im Sinn, übersteht er die Fährnisse der Unterwelt und kehrt im Magen eines Fischs in dieselbe Stube zurück, aus der er geworfen wurde. Die reizende kleine Tänzerin steht immer noch auf dem Tisch, das Bein noch immer in der Luft, standhaft auch sie. Fast möchte er Zinn weinen vor Rührung, »aber es gehörte sich nicht« (A I, 133), es ziemt sich nicht. Vom Kobold in der Dose gelenkt, wirft ihn ein Junge zum zweiten Mal weg, diesmal in den Ofen. Der Zinnsoldat empfindet eine entsetzliche Hitze, »ob sie von dem wirklichen Feuer oder von der Liebe herrührte, das wußte er nicht.« (A I, 134) Während er schmilzt, doch standhaft steht, tauscht er Blicke mit der kleinen Dame. Da geht eine Tür auf, der Wind ergreift sie, und sie fliegt wie eine Sylphide in den Ofen zu ihm, lodert in Flammen auf und ist dahin. Nur die verkohlte Brosche oder Flitterrose bleibt am nächsten Tag von ihr, vom Zinnsoldaten nur ein kleines erkaltetes Zinnherz.

Monopedisch standhaft

Der Zinnsoldat liebt die Tänzerin, Ziemßen liebt Marusja. Also? Ein Nebensatz hätte genügt, dem Leser mitzuteilen, Marusja habe früher getanzt. Thomas Mann ersetzt diesen Nebensatz durch eine schwerer zu entdeckende, fast schon böswillig kryptische Variante.

Das erste, was man von Andersens Tänzerin erfährt, ist ihre Position, sie steht »mitten in der offenen Schloßtür«. Es ist eine rocktragende »kleine Dame« (A I, 130, 132).

Das erste Mal, als Hans Castorp eine auch dem Leser noch unbekannte Berghofpatientin sieht, tritt diese aus der von ihm beobachteten Tür: »Sie lag rechts von der Treppe, diese Tür, am Ende des Ganges, und Hans Castorp hatte ein besonderes Auge auf sie, während er, auf Joachim wartend, den Korridor auf und nieder ging. Er sah auch jemanden herauskommen [...].« (189) Wer da anstelle Joachim Ziemßens, und dadurch mit ihm verbunden, in der Tür erscheint, ist eine rocktragende »Dame, [...] eine Kleine, Zierliche«. Ist es also Marusja? Ihren Namen kennt weder der Leser noch Hans Castorp. Wie man aus den goldenen Ohrringen schließen kann, ist es Natalie von Mallinckrodt. (Vgl. 435) Zu dem Zeitpunkt aber, als Castorp sie statt Ziemßen aus der Tür treten sieht, kann zumindest dem Leser eines auffallen. Die kleine Dame ist eine zweite Marusja. Ganz wie die ewig Rubintragende »preßt« sie mit der »kleinen, beringten Hand« ihr »Tüchlein« an den Mund, das ewige Marusja-»Tüchlein«. (189, vgl. 163 u.ö.) Diese Pseudo-Marusja nun rafft ihren Rock und eilt mit »engen Trittchen, bei denen ihr Unterrock rauscht«, zur Treppe, bleibt plötzlich stehen, als besänne sie sich auf etwas, und setzt sich »trippelnd wieder in Lauf«. (Vgl. 189) Wer es nicht tänzerinnenhaft findet, erinnere sich daran, daß dem Baron Riedesel im *Doktor Faustus* vor allem »Spitzengetrippel« vorschwebt, wenn er das Ballett als graziös verteidigt. (VI, 368)

Marusja bedeutet »Marie«, erklärt Ziemßen seinem Vetter, als junges Mädchen mit »kindlichen Augen« wird sie das zweite Mal vorgestellt. (104; 99) Auch das überliest man zu leicht. Andersens Zinnsoldat hat einen Doppelgänger, in zwei Märchen tritt er auf, dem bekannten und einem weniger bekannten. Das zweitemal aber liebt er eine »kleine Maria«. *Das alte Haus* verhilft sowohl der Tänzerin als auch dem Zinnsoldaten zur literarischen Wiederbelebung, Maria ist hier ein zweijähriges Mädchen und tanzt wie gehabt auf einem Bein (A I, 375), der Zinnsoldat schaut ihr dabei zu und lacht innerlich, was ihm den Sturz vom Tisch und eine nicht mehr zu heilende Beule einträgt.

Joachim, sittenstreng wie der Zinnsoldat, leicht errötend, wobei nur die »verbrannte Dunkelheit seines Gesichtes« (282) sich etwas vertieft, spricht vor dem letzten Abend nicht mit Marusja. Auch er kehrt von seinem Ausflug in die Tiefe - gerade vor den Manövern, auf die »der Gute so brannte« (690), muß er wieder hoch – in sein altes angestammtes Zimmer zurück; wie vor ihm Buddenbrook, und vor beiden der im Fischmagen heimkehrende Zinnsoldat. Auch die entzückende Dame ist wieder zur Stelle; daß er sie im Sinn behalten hat, vielleicht nur ihretwegen wieder erkrankt, ist eine begründete Vermutung seines Vetters. Freudig erregt jedenfalls kehrt er zurück. »Seine Farbe war lebhaft, sei es dank dem Freiluftleben, das er geführt, oder durch Reiseerhitzung.« (694) Mit der Freude schwindet dann bald aber auch Ziemßens Farbe; »seine braune Gesichtsfarbe ward gelblich-lederner von Tag zu Tag.« (735)

Rapider noch verlief es beim standhaften Zinnsoldaten:

> Die Farben waren ganz von ihm abgegangen; ob das auf der Reise geschehen oder ob der Kummer daran schuld war, konnte niemand sagen. (A I, 134)

Zu dem Zeitpunkt, als die Farbe von ihm abgeht, weiß Castorp, daß Joachim moribund ist. Halb weiß er es schon seit dem ersten Traum, in dem er seinen Vetter »in sonderbar verrenkter Lage auf einem Bobschlitten eine schräge Bahn hinabfahren« sieht (31), eine Traumerinnerung nicht nur an das tagsüber Vernommene, sondern auch an das Unterwelterlebnis des Zinnsoldaten, der in seinem Papierkahn im Strom des Rinnsteins den Kanal hinabschoß. Ziemßen wie Zinnsoldat schießen die Bahn hinab, kommen kurz wieder zu denen da oben, erleben die Liebesvereinigung und verbrennen – Castorps erster Traum weist die Folge der Ereignisse an, damit auch den vom Herrenreiter[6] hustend mitbeschworenen Tod des in seiner sonderbaren Verrenkung standhaften Soldaten.

Insgeheim also schon seit seinem ersten Traum, spätestens aber seit Behrens ihm in aller Doppeldeutigkeit etwas von Ziemßens Reizungszustand »gekohlt« hat (729), woraufhin seine Gedanken zu so fernstehenden Personen wie dem hinkenden Concierge wandern,[7] ist Hans Castorp unterrichtet. Der Leser kann es, Exposition und Traum nicht gerechnet, noch früher wissen. Schon als Joachim die halbe Permission zur Abreise bekommt, denkt Castorp, es geschehe – da fällt dann auch dieses Wort – in Anerkennung seiner »Standhaftigkeit« (581). Vordergründig bezieht sich Joachims Standhaftigkeit darauf, daß er es gegen Behrens durchgekämpft hat und in seinem Abreisewunsch nicht schwankend wurde. Ohne den Zinnsoldaten-Hintergrund wäre die Stelle aber ein auch für Castorps Verhältnisse starkes Stück. Er hat ja von Chauchat erfahren, wie gefährdet sein Vetter ist, der wahren Lebenswillen allein dadurch beweisen könnte, daß er sich auskuriert, um der Flachlandsfahne später rüstig und endgültig zur Verfügung zu stehen.[8] Ihm Standhaftigkeit gerade dann zu bescheinigen, wenn er halbwilde Abreise durchsetzt und in den zwar nicht sicheren, aber auch nicht unwahrscheinlichen Tod zieht, würde mehr Zynismus voraussetzen, als Hans Castorp selbst unter denen da oben zuwachsen konnte. Hans ist aber nur Sprecher des Autors, der weiß, daß Joachim, wenn er auch gelegentlich, wie schon der Senator es fürchtete, das »Gleichgewicht einzubüßen« scheint (507), als einbeinig standhafter Soldat treu und beherrscht seine Mißgeschicke zu durchleben hat, um unvermeidlich im Feuer zu enden.

Wenn Castorp, nachdem er an den Hinkenden gedacht hat, den Hofrat zu sprechen sucht und endlich auch zu sprechen bekommt, ist es also nur, um die Bestätigung des längst Geahnten zu erhalten. Wie Behrens ihn da aber anfährt! Ein Feigling sei er und eine Art von Duckmäuser, sein Vetter dagegen

> ein Mannsbild, das sich auf Haltung versteht und aufs Maulhalten, was eine männliche Kunst ist, aber leider nicht die Sache von solchen bipedischen Annehmlichkeiten wie Sie. (732)

Da hat er es. Versteht er es aber auch? Behrens muß Schopenhauerianer sein und die *Parerga und Paralipomena* kennen, in denen vom »stumpfen und boshaften bipedischen Geschlecht« (vgl. AS V, 304) die Rede ist; was aber heißt es eigentlich, »bipedisch«? Zweifüßig. Die Zweisind nicht besser als die Vierbeiner, die Menschen in ihrer Gesamtheit zählen dem Schopenhauerianer zum tadelnswerten bipedischen Geschlecht. Darin aber unterscheiden Hans und Joachim sich nicht, es ist kein Gegensatz darauf zu gründen und Behrens redet diesmal wirklich Unsinn. Es sei denn, es gäbe da noch Drei- oder auch Einbeiner, von denen Hans Castorp sich unterscheiden könnte.

Natürlich redet Behrens auch diesmal keinen Unsinn. Im Gegensatz zum Zinnsoldaten Ziemßen, dem monopedisch Standhaften, ist Castorp bipedisch; durch diesen Gegensatz allein wird die Schimpfrede vernünftig.

Castorp hört sie sich an und schweigt, »kupferrot«. (732) Zur Vermeidung des Zinns wären damit schon Blei – seine Augen in der Walpurgisnacht (463; 368) –, Bronze, Kupfer und Zinnober aufgeboten (den »Ordensgeneral namens Nickel«, 621, den Naphta nach

Erörterung des Ziemßenschen Militarismus erwähnt, gar nicht mitgezählt).[9]

Kurz darauf passiert, was schon der erste Traum verschlüsselt wies, Zinnsoldat und Tänzerin finden vor dem Tod zusammen. »Ja, er ist verloren!« denkt Castorp, als er Joachim im ersten und letzten Gespräch mit der scheu Geliebten sieht. (737) Die letzte Vereinigung – es ist eine, Marusja liegt unter Joachim – findet statt, wo sie dem Buche nach stattfinden muß. Nicht gerade im Kachelofen, aber »vor dem Kachelkamin«. (736)

Danach ist von Marusja nicht mehr die Rede und Joachim stirbt. Kurz vor dem Ende ist sein Körper so unempfindlich geworden, daß man ihn hätte »brennen und zwacken« (742) können. Einen Tag nach dem Tod ist er noch schöner als unmittelbar nach dem Übertritt:

> Jede Spur der Anstrengung war nun aus seinem Gesicht gewichen; erkaltet, hatte es sich zu reinster, schweigender Form befestigt. (744)

Er ist reines, erkaltetes Material, wie das Zinnherz am Tag danach. Der standhafte Soldat ist tot. Tot für immer? Das Klümpchen kann zu neuer Form gegossen werden. Was dazu nötig wäre, was ihm zur Wiedergeburt verhelfen könnte, wäre erneute Hitze. Zu ihr verhilft ihm Fräulein Brand.

Tous les deux

Hans Castorp, kupferrot nach Behrens' Eröffnung, spürt »ein geradezu brennendes Mitleid« (229) mit Joachim, bei dessen Tod ihm die Tränen über die Wangen laufen, die den englischen Marineoffizier (Soldat im Schiff, wie Andersens einbeiniger) dort so gebrannt hatten. (744) Bipedisch laut Hofrat, hat er doch ebensoviel vom Zivilisten wie vom verschobenen Soldaten; auch scheint er an der Hitze zu partizipieren, die dem Zinnsoldaten vorbedacht war. Das ist merkwürdig und ein Grund, das Verhältnis der beiden, Hans und Joachim, endlich näher zu bestimmen. In Bulhofs *Transpersonalismus* findet sich fast nichts darüber, dabei gibt es mit Ausnahme von Hippe-Chauchat und Holger-Elly kein Paar, dem das sonst so freigebig verteilte Abzeichen einer geheimen Identität berechtigter zukäme. Hans und Joachim sind nicht sowohl Vettern als vielmehr Brüder, Zwillingsbrüder, wie schon Thomas (aramäisch: »Zwilling«) und Christian es waren. (Vgl. Nb 1–6, 131) Bis ins Arrangement der Szenen, die sie sich machen, wiederholt ihr Verhältnis das der Brüder Buddenbrook:

> »Wenn du eine Sache nur einsiehst und verstehst und sie beschreiben kannst... Nein, meine Geduld ist zu Ende, Christian!« Und der Konsul tat einen raschen Schritt rückwärts [...] (I, 321)

Christians Rolle wird von Castorp übernommen, die des Konsuls von Ziemßen:

> »Und nun, wo du es erklärt hast, da bist du, glaub' ich, so zufrieden, daß du unter anderm auch mit der Sache selbst zufrieden bist, obgleich sie doch... Nein!« sagte Joachim. »Schluß!« sagte er. »Es ist eine Schweinerei. Das ganze ist eine ungeheuere, ekelhafte Schweinerei, und wenn du für dein Teil... Ich...« Und er verließ raschen Schrittes das Zimmer [...] (574)

Daß Castorp seinen Pollux haben muß, hätte der Name auch dann vermuten lassen, wenn nicht noch seitens Behrens ausdrücklich darauf hingewiesen worden wäre (301) und Castorp nicht ausdrücklich dementiert hätte, was der Autor durch die Blume dieses Dementis erst mitteilen will (»Genaugenommen, waren sie nicht die siamesischen Zwillinge«, 351). Nicht einen Vetter, sondern einen »gleichaltrigen Freund« läßt Thomas Mann seinen jungen Menschen in der *Schule des Zauberbergs* besuchen. (XI, 600) Mit wie feinen Kniffen die beiden Zwillingsfreunde zur Doppelfigur gemacht werden, ist bislang noch überhaupt nicht genügend gewürdigt worden.

Nach seiner ersten Nacht auf Berghof erkundigt sich Hans Castorp bei Joachim, wer denn die im Garten wandelnde schwarze Dame sei. Es ist ›Tous-les-deux‹, benannt nach ihrem Papageienspruch, die Mutter zweier Söhne, von denen einer ein hoffnungsloser, der andere ein schwerer Fall ist. Der ältere Sohn Fernando liegt schon länger im Sanatorium, der jüngere, der nur herauf kam, um seinen Bruder zu sehen, bekommt Temperatur, sobald er oben ist, muß ins Bett und wird nach Auskunft Behrens' mehr Glück als Verstand gehabt haben, wenn er sich noch einmal aufrappelt.

Dem Wiederleser des *Zauberbergs* müssen die Umstände bekannt vorkommen. Ziemßen ist schon länger oben, schwer erkrankt, Hans Castorp will ihn nur besuchen, bekommt Temperatur und muß liegen. Der jüngere Sohn von Tous-les-deux »hatte unten ja wohl schon ein bißchen gehustet, war aber sonst ganz munter gewesen« (61), fast wie Hans Castorp, der schon immer ein bißchen anämisch war, ansonsten aber ganz munter (und gerade dieses Adjektiv so schätzt, daß er es zum Anstoß Joachims noch am selben Tag als ein Wort zuviel verwenden wird, 103). Die noch vage Synchronisierung wird dann mit einer Drehung scharf gestellt. »Wenn es dir recht ist, können wir tous les deux zum Frühstück gehen« (62) – ein Spaß, ein flauer Scherz, den Hans Castorp sich da erlaubt.[10] Joachim lächelt melancholisch und etwas spöttisch darüber, »warum, das war seine Sache«, aus dem Gefühl der Überlegenheit also des ernsterkrankten Eingeweihten gegenüber dem naiven Neuling. Der Leser verstehe, Tous les deux, das sind die beiden, offensichtlich also nicht Vettern, sondern Brüder, deren Verhältnis ins Kleine transponiert wurde und deren Ende somit immer deutlicher abzusehen ist. Für den Fall, daß er es nicht verstand, hilft Castorp noch einmal nach (»Ich bin ja wohl nicht der erste, der glaubte, hier eine Stippvisite zu machen, und für den es dann anders kam. Denke doch nur zum Beispiel an Tous les Deux' zweiten Sohn, und wie es den hier denn doch noch ganz anders getroffen hat [...]«, 259f.) Als Hans und Joachim später aus dem Sterbezimmer des letzten Tous-les-deux-Sohns kommen, heißt es, »allen beiden« (431) gefalle es woanders besser.[11] Daß sie wieder »zu zweien« sein werden (691), gibt den Ausschlag darüber, daß Hans sich über die Ankündigung von Joachims Rückkehr mehr freut als grämt.

Überraschen kann ihn diese Rückkehr so wenig wie den, der angefangen hat, Hans und Joachims Kurven nebeneinander zu legen. Die zwei auf den Zauberberg gereisten Kameraden treten dort zu Lebensbahnen an, denen in jedem Knick und jeder Beugung der Gehorsam vor dem Gesetz der Symmetrie anzumerken ist, dem ihr Schicksalsherr sie unterstellt. Hans Castorps Anreise und sein Ankunftsabend werden von Joachim am Ende des sechsten Kapitels wortgetreu wiederholt. (11, 25f.; 694) Der Grund für beider Ausharren in Davos ist je eine Russin; beide Russinnen verlassen Berghof, um nach einer Wartezeit zurückzukehren; beide Wiedersehensgespräche finden im Schaukelstuhl vor dem Kachelkamin statt (in den Clawdia ihre ausgerauchte

Zigarette wirft wie Thomas Buddenbrook, 828). Während der Warteperiode riskieren beide Männer ihr Leben, um frei zu werden; wenn Castorp halbwild ins Höhere ausrückt, zieht Ziemßen gespiegelt mit der Flucht ins Flachland nach. Im Lauf der Jahre wechseln sie die Achsenseite, der Hut geht vom einen auf den andern über, der Gast wird Eingesessener und umgekehrt, der links vom andern Spazierende spaziert am Ende rechts von ihm. Aber nicht einmal Maria kann der eine lieben – Mancini –, ohne damit den andern zu äffen.

Am Anfang ist Hans bartlos, Joachim trägt ein dunkles Schnurrbärtchen. (15) Ein »schwarzes Schnurrbärtchen« trägt auch einer der Tous-les-deux-Brüder. (430f.) Vor dem Tod wächst Joachim ein Vollbart, ein »Kriegsbart, wie wohl der Soldat ihn im Felde sich stehen läßt« (742), der Kriegsbart, den Thomas Mann sich in Tölz stehen ließ, als er den Soldatendienst seiner *Betrachtungen* leistete. Hans folgt phasenverschoben nach und läßt sich das »Bärtchen« (981) stehen, an dem der Geist der Erzählung ihn auf dem Schlachtfeld wiedererkennen wird. (993) Wie mit dem Bärtchen geht es mit allem. Hans ist der etwas kleinere, etwas schwächere Bruder, der später kommt, es nachmacht und sich geschickter dabei anstellt. Ziemßen ist vor ihm auf dem Zauberberg und stirbt früher, der etwas Stärkere, den der Erzähler mit seiner sibyllinischen »Schnee«-Bemerkung im Sinn hat: »da sollte dieser und jener vorwärts kommen, Hans Castorp oder ein anderer, Stärkerer«. (668) Die friderizianische Stärke und Todeszähigkeit des Zinnsoldaten beschleunigt Ziemßens Vorwärtskommen und sein Ende, mit dem das Castorps vorweggenommen wird, der anstelle des Offiziers in der Schlacht fällt. Die beiden Tode werden von Anfang an motivisch aufeinander abgestimmt. Bald nach der Ankunft hat Hans Castorp ein großes Elendsgefühl, »als sei es ihm noch nie im Leben so schlecht ergangen.« (127) Das bereitet den Katzenjammer in »Hippe« vor (167), zum andern aber schon das letzte Stadium Ziemßens, der von Vernichtungsgefühl durchschauert erklärt, »so grundschlecht sei er noch niemals daran gewesen.« (743) Davor werden die Selbsttäuschungen des Sterbenden auf das Umherirren im Schnee rückbezogen, Castorps symbolisches Umkommen. (740) Sein physisches Umkommen kündigt Ziemßens uniformierter Séanceauftritt an. Die höhere Identität der beiden Soldatentode wird durch diese Ankündigung auch dem Leser zur Anschauung gebracht, der die Tous-les-deux-Motivik sonst unbeachtet an sich hätte vorbeiziehen lassen. Der Erzähler tut ein letztes und bemerkt anläßlich Hansens Hinauswurf aus dem Sündenberg, es könne dies »vielleicht nicht Leben, aber gerade in diesem Falle drei Ehrensalven für ihn« bedeuten (988), die »drei Gewehrsalven, drei schwärmerischen Honneurs«, die über Ziemßens wurzeldurchwachsenes Soldatengrab hinknallten. (Vgl. 747)[12] Joachims Abschiedswunsch – »›Hans‹, sagte er inständig, ›komm bald nach!‹« (588) – geht verspätet in Erfüllung, nach Art der Wunscherfüllungen im Märchen, die gerne anders eintreffen, als der Wünschende es sich denkt.

Der Tod vereint sie, aber zusammen gehören sie schon immer, Ziemßen, der zinnsoldatisch verpanzerte Thomas-Aschenbach, der in seinem Übereifer zuerst sterben muß, Castorp, einer der Märchenhänse und jüngeren Geschwister, die dann doch die Prinzessin kriegen, der sonnigere Metamorphotiker. Die beiden repräsentieren seelenbrüderliche Möglichkeiten, Aufspaltungen eines Problemtyps. Da sie aber Zwillinge sind, ist auch Hans Castorp Zinnsoldat, wie er zuvor auch Reisekamerad war, standhaft auch er auf seine experimentierfreundlichere Art. Das ist die Erklärung dafür, warum auch ihm gleich nach der Ankunft das Menetekel erscheint. Ziemßen litt unter Schneeverbrennung, Castorps Gesicht brennt »wie Feuer«. (26) »Feuer und Flamme« (361) ist er für das Gespräch über Clawdias Körper, in »Schnee«-Todesnähe duldet er »den Brand seiner Miene« (663) mit Sympathie. Von den übernatürlichen Erfahrungen heißt es, daß er darauf »brannte« (914), sie zu machen. Gerade sein Darauf-Brennen bekundet eine Art von »militärischem Charakter«. (914) Es ist soldatisch, den – und die – Brand nicht zu fürchten, man endet ohnehin in ihm. – Wer sich mit Bizets José identifiziert,[13] die Desertion ablehnt (583), einen abgewiesenen Angriff melden kann (588), dem Schneesturm standhält, ohne »vorzeitig flüchtig« zu werden (664), und wie Andersens Glückssoldat und nach ihm Krull ein Taschenfeuerzeug sein eigen nennt (824),[14] der ist Zivilist nur noch nach dem offiziellen Stand. »Insofern, als er seine eigene noch nicht entwickelte Persönlichkeit gegen das ihm Ungemäße zu behaupten wußte, ohne sich ihm zu verschließen, war auch er ein Soldat und brav.« (XI, 601) War auch er standhaft, war auch er ein durchtriebener, gesteigerter Zinnsoldat.

Damit scheint aber definitiv auch die alte Frage nach seinen Aussichten beantwortet, die Weltkriegsschlacht zu überleben. Zinnsoldaten kommen nicht davon, sondern enden in der von Naphta und Settembrini so gründlich besprochenen und als »heldische Vorstellung« gepriesenen Feuerbestattung. (632) Im Schlußbild brennen dann auch die Gesichter der Kameraden nicht mehr nur, sie glühen. (991) Im letzten Satz noch ist der Abendhimmel doppelsinnig von schlimmer Fieberbrunst »entzündet«. (993) Castorp aber schwindet uns aus den Augen, indem er »hinkend« weiter taumelt. (993) Da ist er endgültig in die Zinnsoldatenrolle Ziemßens übergewechselt, der seinerseits, von der Brand neu gegossen, wie die vierundzwanzig bipedischen Brüder »ein Bein über das andere geschlagen« halten konnte (freilich ohne das leidige Ersatzstigma losgeworden zu sein, die »abstehenden Ohren«, 946) – vermengt sind sie da wie die letzten Kriegsopfer, von denen man erfährt, die zwei, die getroffen und zerstückelt werden. »Denn dort lagen zwei, – es waren Freunde, sie hatten sich zusammengelegt in der Not [...].« (993) Alle beide liegen sie, wie man sich auch ohne Not und zu anderen Zwecken zusammenlegen kann – letzte Ziemßen-Castorp-Miniatur, letzte Variation des »tous deux, l'amour et la mort« (476)[15], letzte verschwiegene Zusammenführung von Tod und mannmännlichem Eros.

»Fahre hin, o Kriegersmann! / Den Tod mußt du erleiden!« (A I, 133) Es ist das Ende auch des gewitzteren Zinnsoldaten, und das »Fahr wohl« (994), das ihm der Erzähler zum Abschied nachruft, von keinerlei Illusion getrübt.

»Mich drängt's, den Grundtext aufzuschlagen«

Hans Christian Andersen schuf den Zinnsoldaten durch das Wort, darin wie jeder Schriftsteller ein Abglanz des wortschöpfenden Gottes. Das Wort steht am Anfang der Sitzungen, zu deren Ende Ziemßen hervorgebracht wird. Ohne die fünfundzwanzig Buchstaben hätte man Holger nicht befragen und also auch nicht mit der Bitte um Heraufrufung eines Menschengeschwisters behelligen können; die Sprache, und sei sie umständlich durchs Zickzack eines Glases vermittelt, steht notwendig am Beginn auch dieser Schöpfung.

Sind die Buchstaben erst da, die Sprache im Potentialis, nennt Holger als erstes seinen Namen, dann seinen Dichterberuf. Dann dichtet er, anschließend kündet er, zuletzt schöpft er zum zweitenmal, ein second maker wie der Dichter nicht erst seit Shaftesbury. Wenn Frau Stöhr »Ziem – ßen –!« piept, noch bevor der Leser ihn sieht (945), ist es zwar realistisch und aus Schreck gepiept, dazu aber auch letzter Hinweis darauf, daß johanneisch das Wort und adamitisch der Name im Anfang und vor allem andern sind. Ohne das Wort wird nicht geschöpft, ohne den Namen wird nicht erkannt; auch Lazarus mußte bei ihm gerufen werden, bevor er herauskam und sich sehen ließ. – In sonderbarer Gedankenflucht, wie Holger, dessen lyrische Improvisation vom Heimatmeer auf einen Klausner und das Werkzeug seiner Beschaulichkeit kam, wären wir da endlich von Hermine Kleefelds Beinplättchen auf Johannes' Rede vom präexistenten persönlichen Logos und dessen Fleischwerdung gekommen. (Vgl. XIII, 201) Dafür, daß sie bei aller Sonderbarkeit vom Autor vorbereitet wurde, liefert aber gerade Holgers Poem ein starkes Indiz. Das Werkzeug des Klausners, von dem er der Runde dichtet, besteht aus den Insignien des melancholischen Gelehrten, dem Totenschädel, dem Buch, dem Stundenglas (das *Tod in Venedig*-Motiv, das im *Doktor Faustus* aufgegriffen wird, VI, 303; VIII, 511). Es ist der faustische Gelehrte, der Faust Goethes. Die Zuhörerschaft, die Holgers Gedicht ebenso schnell vergißt wie sie es buchstabiert hat, gibt es dadurch zu erkennen, daß sie sich vornimmt, nächstes Mal einen Schriftwart zu bestellen, dann werde man »zusehen, wie es sich, schwarz auf weiß bewahrt und im Zusammenhang vorgetragen, wohl ausnehmen werde«. (923)[16]

Schwarz auf weiß bewahrt, sind ihm die faustischen Züge trotz komischer Grimasse wohl anzumerken. Faustisch ist Holgers Drang vom »Hundertsten ins Tausendste« (922), sein Universalismus, der Menschliches und Göttliches und alles dazwischen Liegende abhandeln will, sein thematisches Ausschreiten von Mutternot und dem ersten Kusse der Liebenden zum »Weben der Kreatur« im Sternenraum (ebda., vgl. *Faust*, Vs 449ff. und 447f.: »Wie alles sich zum Ganzen webt, / Eins in dem andern wirkt und lebt!«) Faustisch ist auch die »Krone des Leides und Gottes ernste Vatergüte« (vgl. 922), mit ihnen spielt Holger in komischer Kryptik auf den Vortrag an, den sein Meister über Goethes Menschheitsgedicht verfaßte: Faust ist es, der in seinem »Streben, ›der Menschheit Krone zu erringen‹«, alles Glück und Leid der Menschheit auf sich nehmen will (IX, 619), Faust ist es, der dabei wie Christus auf die ernste Vatergüte zählen darf, die »ewige Güte«, die das »Urwort der Güte« spricht (vgl. IX, 621), das Thomas Mann seinen abgeschiedenen Dichtergesellen parodierend anrücken läßt.

Holgers Gedankenflucht führt also zu der Tragödie erstem Teil, und dort ins Studierzimmer, in dem der benannte hohle Schädel steht. (Vs 664) Ins Studierzimmer weist nun auch das andere und wichtigste Klausnerzubehör, das Holger nach der Sanduhr und vor dem Schädel nennt: »Ein aufgeschlagen Buch«. (922) Seinen Titel werden wir nicht erfahren. Der Zusammenhang aber macht es mehr als wahrscheinlich, daß das Buch der Bücher und mit ihm der in »Fragwürdigstes« versteckt behandelte Grundtext gemeint ist.

> Mich drängt's, den Grundtext aufzuschlagen,
> Mit redlichem Gefühl einmal
> Das heilige Original
> In mein geliebtes Deutsch zu übertragen.
> (Vs 1220ff.)

So Faust im Studierzimmer, der engen Zelle des Klausners. (Vs 1194) Er schlägt ein Volum auf, den Prolog des Johannes-Evangeliums. Seine Übertragung von Joh 1,1 wird »Tat« für »Wort« setzen, den Logos der Johanneischen Theologie in den archaischen Mythos rückführen[17] und damit auch den Pudel zu baldiger Verwandlung zwingen. Mit Ziemßens Wiederkehr, das scheint sich endlich als Kern der Erscheinungen herauszustellen, verlängert Thomas Mann in aller Unaufdringlichkeit die Tradition der »Im Anfang war das Wort«-Kontrafakturen, zu denen sich Künstlerhybris allezeit berufen sah.

Ziemßen am Schreibtisch.
Holger Danske, Künstler und Geist

Wie Kunst in Wirklichkeit übertreten könne, wird schon in der Gemäldesitzung beim Hofrat angedeutet, die dem Sinn der spiritistischen darin leise vorarbeitet. Bevor Behrens sein poetologisches Referat über die Schichtentechnik hält, äußert sich der Erzähler selbst über das fragwürdige Gemälde. Es sei gewagt zu sagen, aber man mochte sich einbilden, beim Kuß der Leinwand »nicht den Geruch von Farbe und Firnis, sondern den des menschlichen Körpers« zu verspüren. (360f.) Das gemalte Bild wird lebendig. Dilettantisch wie sie in diesem Fall sei, verschafft die Kunst der Geliebten ephemere Wirklichkeit – gewagt zu sagen eben deshalb, weil damit das Spukkapitel, in dem der geliebte Freund erscheint, schon antizipiert ist. Zu einer »Privatgalerie« schlossen sich bereits die Röntgenbilder im Durchleuchtungsatelier zusammen, von dem Behrens mit Recht behaupten durfte, es gehe »ganz ästhetisch« in ihm zu. (301)[18] Ästhetisch wird auch Joachim ins Leben gerufen; nicht durch Malerei, nicht durch Musik, obwohl sie die Erscheinung fördert, sondern durch die alte Literatur.

Wie man sieht, wenn man einmal darauf achtgibt, ist die letzte Spiritistensitzung unauffällig literarisch unterlegt. Krokowskis Ansprache wird als »Vorwort« (936) bezeichnet. Auf die »Schreibtischplatte« (942) stützt Elly sich während der Sitzungspause. Dem Möbel Schreibtisch wird überhaupt etwas zu oft Beachtung geschenkt, sechs Mal insgesamt während der entscheidenden Zusammenkunft. (932f.; 942; 945) Der letzte offenbart, zu welchem Behuf:

> zwischen Schreibtisch-Breitseite und spanischer Wand [...] saß Joachim.

Die spanische Wand deutet, wenn eine Wand denn deuten könnte, auf die Seite der Überform, der Ziemßen, der Überreglementierte, zum Opfer fiel. (Vgl. 697) Daß er aber als Zinnsoldat neben dem Ort der literarischen Produktion wiedererscheint, könnte mittlerweile auch dem einleuchten, der das *Zauberberg*-Mobiliar bislang unwichtig fand und das Sitzungszimmer nach der Untersuchung mit einem Krokowskischen »Vorkontrolle negativ« (934) verlassen haben würde.

Falls wir bis hierhin nicht geirrt haben, ergibt sich eine logisch zwingende Folgerung. Wenn wirklich der Schreibtisch nicht einfach zur Standardeinrichtung eines ärztlichen Empfangszimmers gehört, wenn wirklich Ziemßens Wiedererscheinen mit der Produktion des Schreibtischschöpfers zu tun hat, und wenn er wirklich der Zinnsoldat ist, dann müßte der, der ihn hervorbringt, mit dem zu tun haben, der ihn in Wirklichkeit am Schreibtisch hervorbrachte.

Dichter Holger muß sich also eine letzte Nachkontrolle gefallen lassen.

Ein Anfangsverdacht leitet sich aus der Tatsache ab, daß Elly, als deren Jenseitsanhängsel er auf Berghof auftaucht, eine kleine Dänin ist. Der Dichter ist also ein dänischer Dichter. Nimmt man seinen Namen, muß man nur noch übersetzen, um seine genaue Herkunft zu erfahren. Der dänische Holger, Schattenmann und »Schutzgeist« (914), wie er genannt wird, ist kein anderer als der dänische Nationalschutzgeist Holger Danske.[19] Dieser Holger, ein anderer Barbarossa, schläft in seinem Kyffhäuser, der Kronenburg, über einem Marmortisch, den sein langer Bart durchwachsen hat, überwacht aber im Traum alles, was oben passiert. (»Er sieht nichts, aber weiß in seinem Traum, was geschieht«, wie Thomas Mann über Holgers Vorbild Willi schreibt, Essays III, 345.) Droht ernste Gefahr für Dänemark, zieht Holger seinen Bart aus dem Tisch, erhebt sich und schlägt drein, daß man es in allen Ländern der Welt hören kann (A I, 327), mit einem gewaltigen Donner-respektive »Faustschlag gegen die Tür« also (924), oder was immer man sich darunter zu denken hat.

Selbstredend paßt dieser dänische Holger thematisch tadellos in den *Zauberberg*, den mit Holgers Auftritt nicht mehr viel von jenem Donnerschlag trennt. Was aber Andersens Kunstmärchen *Holger Danske* – denn aus ihm stammt Manns spirit – der Volkssage hinzufügt, macht dessen Präsenz erst eigentlich zwingend. Nach Andersens Deutung kann Holger Danske in vielen Gestalten wiederkommen. Der alte Holger in allen Ehren, Andersens Märchengroßvater aber, der die Sage nacherzählt, führt die Neuerung ein, daß es noch eine Stärke gäbe außer der des Schwertes:

> und er zeigte auf das Bord, wo alte Bücher lagen, wo Holbergs sämtliche Komödien lagen, die so oft gelesen wurden [...] (A I, 330)

Der dänische Nationalheros könnte demnach auch als Schriftsteller oder Dichter wiedererscheinen.

Ziemlich eitel

Andersen hatte da, wie leicht zu erkennen, einen ganz bestimmten im Auge. Schon in seiner Brandes-Ausgabe konnte Thomas Mann lesen, daß der Dichter, dessen Grundeigenschaft sich bei Brandes als ein »unersättlicher, allverzehrender, allverschlingender Ehrgeiz« beschrieben fand, seinen Weltruhm als ein Nationalkleinod betrachtet hatte und stolz darauf war, »in nicht geringem Maß den Ruhm Dänemarks erhöht und dessen Flagge in den fernsten Häfen gezeigt zu haben.« (Brandes, 105 f., 112) Andersen selbst wollte Holgers Stelle und bekam sie dann ja auch. Brandes ist der erste, seinen Märchen Ewigkeitswert zuzusprechen, läßt sich darum aber nicht davon abhalten, das Hangen und Bangen des dänischen Nationalhelden nach Anerkennung und Auszeichnung, nach Verhätschelung und Bewunderung mit freundlichem Spott zu referieren. »Seine lange, etwas linkische Gestalt begrüßte man mit einem Lächeln, seine Eitelkeit war sprichwörtlich geworden [...].« (Ebda., 109) Einmal sei er in Sorgen zu ihm, dem Kritiker, gekommen: »›Sie halten gewiß nicht viel von meinen Gedichten? Ich weiß ja auch selbst, daß ich eigentlich kein lyrischer Dichter bin, aber finden Sie nicht dennoch einige darunter gut?‹« (Ebda., 115) Brandes überliefert nicht, was er geantwortet hat, es wird taktvoll gewesen sein. Hermine Kleefeld bekommt erst gar keine Antwort auf ihre Frage, ob Holger denn ein »lyrischer Dichter« sei. »Zu solchen Spezifikationen schien Holger unlustig.« (919f.) Wie unlustig aber wird er erst, als Dr. Ting-Fu einen an sich harmlosen Scherz macht und die Vermutung ausspricht, Mister Holger, der Mann der so schönen braunen Locken, scheine ja »ziemlich eitel« zu sein:

> Da wurde das Glas zornig und toll! Es lief wie wild und ohne Sinn auf dem Tische umher, kippte wütend, fiel um und rollte der Stöhr in den Schoß, die schreckensbleich mit gespreizten Armen darauf niederblickte. (920f.)

So verletzt nur, was traf. Eitelkeit, schöne braune Locken... Wer je Herrn Hansens Jahrbuch-Aufsatz unter die Augen bekam, fand dort zu diesem Thema bemerkt: »Bekannt ist die sprichwörtliche Eitelkeit Andersens, welche ja nicht blos seinen geistigen Fähigkeiten galt. Obgleich der Dichter ›von bizarrer Hässlichkeit‹ war, konnte er nie an einem Spiegel vorbeigehen, ohne sich selbstgefällig darin zu betrachten. Auf seinen schönen Haarwuchs war er nicht wenig stolz, die Locken entstanden aber beim Haarkünstler, wo er sich alle Tage sorgfältig kräuseln liess. ›Jammerschade, dass ich heute nicht gekräuselt werden kann‹ – ruft er einmal gelegentlich eines Festes zu seinen Ehren aus – ›es steht mir doch zu gut!‹« (Jb III, 206f.)

Wahrhaftig braungelockt erscheint der Dichter schließlich, der zunächst seinen Beruf nicht korrekt hatte buchstabieren können – Andersens mangelhafte Rechtschreibung war ein Topos und seinen Gegnern ein jahrzehntelanges Fest, Collin mußte ihm alle Manuskripte vorkorrigieren –, aus dem Schattenreich aufgetaucht, gibt er sich den Spiritistinnen endlich zur langerwarteten Anschauung preis. In Castorps Loge eingedrungen, um ihn zum Aufgeben seiner Enthaltsamkeit zu bewegen, berichten sie, der Dichter der schönen Locken habe sich gezeigt, und er habe »unvergeßlich sanft und melancholisch« gelächelt. (930) Ist das aber nicht ganz der »sanfte Andersen« von Brandes – »milde und weich« und »leicht wehmütig gestimmt« infolge »der Schwermut, die über sein Temperament entschied« (Brandes, 108, 105, 124)?

Es sieht allerdings danach aus. Falls wir nun immer noch nicht unterwegs abgeirrt sind, ergibt sich aufs neue eine logisch zwingende Folgerung. Wenn Holger der Dichter wie demonstriert mit Elly und Castorp verbunden ist, Holger sich aber als Dichter des Zinnsoldaten persönlich herauszustellen scheint, dann müßte Andersen auch hinter Elly stehen, ja letztlich, Logik gebeut es, hinter Castorp selbst.

Hans C., Odense

Zum letzten Mal also: »Wer war Ellen Brand?« Ein schlichtes Mädchen, jedoch unauffällig literarisch vorbelastet. Elly trägt »einen Schreibärmel über dem rechten Arm« und sitzt »über dicken Büchern«. (910) »Fast niemand auf den ersten Blick« (910), ist sie auf den zweiten dänischer Abstammung, eine Anfangsinformation, bei der es der Erzähler nicht beläßt, so wenig er sonst beim Nebenpersonal (den Mannheimer ausgenommen) auf die Angabe der Geburtsstadt Wert legt.

> Hans Christian Andersen, der berühmte dänische Dichter, wurde am 2. April 1805 zu Odense auf der Insel Fünen als Sohn eines armen Schuhmachers geboren.

So der erste Satz in Thomas Manns Gesamtausgabe der Andersen-Märchen. Ellen Brand ist Dänin, aber, wie der Erzähler präzisiert und wiederholt, nicht einmal aus Kopenhagen, sondern aus Odense auf Fünen (910; 916)[20]

Daher also Ellys Schreibärmel und die dicken Bücher.

Wie sich mittlerweile gezeigt hat, kommt man weit damit, Thomas Manns *Zauberberg* wie auch die anderen Romane über die Namen zu lesen – Karen, Anton, Peeperkorn, Knut, *Zie*mßen, Holger. Der Name der Hauptfigur ist mehrfach determiniert, Hans Castorp ist der deutsche Hans, der Märchenhans, Andersens Tölpel-Hans, er ist Pollux-bedürftiger Castor, selbst der Pastor, der er gern geworden wäre, läßt sich ihm entlösen, und was nicht noch.[21] Wenn man aber alles bedenkt und zusammennimmt – daß Ellen aus Odense stammt, daß sie mit dem Geist des neuen Holger Danske den Zinnsoldaten hervorbringt, und daß es ein Hans C. ist, der ihn mit ihr zeugt –, dann ist die Hauptwurzel des Namens schon gezogen. Hans C., Odense, geht auf den Hans Christian des stärksten Eindrucks zurück, der sich in dem durch Vorsatz als Märchenbuch angekündigten Roman nicht weniger präsent erwiesen hat als die darum nach dem »teuren Namen«[22] mitbenannte Hauptfigur. Die Folgerungen, zu denen Logik uns zwang, sind damit erfüllt.

Theo-Poeto-Erotologie, ideoplastische Schöpfung und Schluß

Wo Literatur sich selbst reflektiert, auf der Metaebene, ist dünne Luft; Fehlhalden lauern überall, die Schneefinken machen sich rar – lang ist dort nicht gut sein. Deutung, sobald sie auf jene Ebene steigt, nimmt leicht bleiche, spekulative Züge an, akklimatisiert sich leicht der Atmosphäre und wird selber dünn. Wenn eines sie davor bewahren kann, dann nur die Sorge, den Text, Antäus' Muttergrund, nie aus der Fühlung zu verlieren.

Hans C., Odense, zeugt den Zinnsoldaten, die am Schreibtisch wiedererscheinende literarische Figur. Es ist nicht irgendeine Figur, sondern das Lebenssymbol des Autors. Metaliterarisch behandelt Thomas Mann das Hervorbringen von Fiktionen und die Wechseldurchdringung von Leben und Literatur. Das Hervorbringen der literarischen Figur wird mit deren organischer Zeugung unter- und übermalt. Die literarische Schöpfung ist ein Spezialfall von Schöpfung überhaupt.

An das große Thema der Schöpfung ist, wie sich endlich herausstellt, auch die kleine Frage gehakt, von der diese Untersuchung ausging. Wir standen zu Beginn vor dem merkwürdigen Sachverhalt, daß das Interesse der *Zauberberg*-Philologie für dessen wüstesten Abschnitt bei weitem gedämpfter war, als es die in ihm geschilderten Vorgänge hätten erwarten lassen. Man konnte sich wundern, wie wenig die Forschung sich darüber wunderte, daß Thomas Mann kurz vor Schluß seines durch anderthalb Jahrzehnte getragenen Kunstbaus eine die Handlung nicht befördernde Szene einschloß, die wirken mußte, als streife er alle bis dahin penibel durchgehaltene realistische Motivierung in einem Moment der Aufwallung oder des Überdrusses ab. Ohne die letzten Sitzungen bei Krokowski war alles im *Zauberberg* Vorgefallene möglich. Mit ihnen verwandelte sich auch alles Frühere in einen phantasmagorischen Spuk. Thomas Mann mußte zwingende Gründe für diese riskante Entschleierung gehabt haben, und diese Gründe mußten mit der ideellen Komposition zusammenhängen, die er den Tadlern der Szene zu deren Rechtfertigung wenn auch vage genug entgegenhielt.

Mit wie gutem Grund er sich auf sie berief, läßt sich erst jetzt in der Rückschau überblicken. Die Neuzeugung und Wiedergeburt eines literarisch Verewigten paßt nicht nur gut in die Komposition, mit ihr gelangt ein noch vor dem ersten Kapitel eingeführtes Thema zum Höhepunkt. Sein Antagonist, das Gegenthema, mit dem es in fugal gespannter Eintracht lebt, genießt die größere Popularität, schon weil sich eingängiger von ihm erzählen läßt. Im ersten Kapitel stirbt Hans Castorps Mutter (in Erwartung ihrer Niederkunft – die beiden Themen sind aufeinander aufmerksam geworden und beginnen ihr Konnubium), dann stirbt der Vater, der Großvater, die Hujus, der Herrenreiter; Fernando und Lauro sterben, Leila stirbt, Rotbein stirbt, die Gans in Folio stirbt, die arme Karen stirbt, Joachim stirbt, Peeperkorn stirbt, Naphta stirbt, der Knabe Teddy stirbt, Onkel Tienappel stirbt, Hans Castorp wird sterben. Wer so viel Personal in dessen Spalte rutschen läßt, erweist dem knappen Übertritt zwischen Sein und Nichtsein alle Ehre, das sieht ein Blinder.

Der Tod ist aber nur die eine Hälfte, und beide Hälften gehören zum Ganzen. Zum Wohin gehört das Woher, zum finalen Fragezeichen wie im Spanischen das auf den Kopf gestellte des Anfangs. Was ein opus metaphysicum sein will, muß sich dem Rätsel von beiden Seiten nähern.

So leicht nun der Totentanz zu erzählen ist, so schwer erzählen sich Schöpfung und Entstehung. Eine Behelfsmöglichkeit, sich dem Ursprung zu nähern, liegt in dem essayistischen, der Handlung abgewandten Exkurs. Von dieser Möglichkeit macht Thomas Mann ein Mal ausgiebig Gebrauch. Das ganze lange Vorspiel des Joseph-Romans, mit dem er nach dem *Zauberberg* beginnt, handelt vom ersten Spalt, dem Übergang vom Nichtsein zum Sein, der Urzeugung und der Entstehung des beseelten Lebens. Wie immer ist dieser Beginn weniger Neuanfang als Weiterführung und Steigerung. Das gnostische Vorspiel der Tetralogie, das noch ins Kuckuck-Gespräch des *Krull* nachklingt, hat ein genaues Äquivalent schon im *Zauberberg*-Abschnitt »Forschungen«, in dem über Castorps frostglühenden Kopf hinweg die Mythe vom Sündenfall des unehrbar gewordenen Geistes, der Urzeugung des Stoffes aus dem Unstofflichen und der Geburt des Organischen aus dem Anorganischen erzählt wird. Die theoretischen Traktate begleiten das im *Zauberberg* wie dann im *Joseph* dem Todesthema von Anfang an entgegengeschickte Lebensthema der Schöpfung.

Die Schöpfung anschaulich in Handlung und Szene zu setzen, ist die bedeutend schwierigere und heiklere Möglichkeit. Wie wir sahen, war es dem Erfinder von »Fragwürdigstes« das Risiko wert. Im *Krull* wird er die Gelegenheit eines Museumsbesuchs nutzen, Schöpfung als Entstehung der sich zum Menschen hochtastenden Arten vorzuführen. Im *Faustus* beschreibt er länger und breiter, als es die Sache wert zu sein scheint, die Experimente Jonathan Leverkühns, der aus Kristallsaat phallische Polypen und »halbgeformte Gliedmaße« (vgl. VI, 31) züchtet; in falscher Schöpfung dilettiert, der Schöpfung von Scheinleben aus toter Materie, Vorform der Kunst des Sohnes, der mit Teufels Hilfe die schneeköniglichen »Eisblumen« ziehen wird. (VI, 323) Zeitblom beschließt das Expositionskapitel mit dem Satz, unter Humanisten sei man sicher »vor solchem Spuk«. (VI, 32)

Da zuckt noch einmal auf, Schöpfung als Spuk, was sich heikler und plastischer in der Séance des *Zauberbergs* und nach ihr ein zweites Mal im Klagekapitel des *Joseph* leibhaftig blicken ließ. Auch dort findet Thomas Mann eine Variante, das nicht Erzählbare doch zu erzählen und nicht nur in Reflexion aufzulösen. Auch dort ist die Schöpfung falsche Schöpfung und Interimswiederkehr, und auch dort gilt die spukhafte Neuerweckung einem geliebten Toten. Was im *Zauberberg* die psycho-physische Arbeit des Mediums bewirkte, gebiert im *Joseph* die trauerkranke Imagination des Greises, den Gott seinen Segen zu teuer bezahlen zu lassen schien.

Jaakob duldet nicht, daß das Lamm zerrissen wurde und kündigt an, es nachzuzeugen. Sein Großknecht Eliezer versucht, es ihm auszureden. Der Mensch zeuge nur, was er nicht kenne, wollte er aber »zeugen wissend und kennend, so wär's Schaffen, und er vermäße sich, Gott zu sein.« Jaakob antwortet: »Nun, Eliezer, was weiter?« (IV, 652) Joseph muß wieder leben, da kann er sich keine Rücksichten und keine Furcht vor den Folgen der Selbstüberhebung leisten. Wenn denn der Weg des Zeugens, schon trauerbedingt, verstellt ist, so muß er dem ersten Schöpfer nachschöpfen. Und Jaakob langt wie Hermines Spiritistenkreis bei »Bildmacherei und Zauber« an. (IV, 654) Wie in Krokowskis Arztverlies kommt es zur Erscheinung, und der Großknecht zittert wie ehedem Frau Stöhr:

> »[...] Da!« schrie er auf. »Eliezer, sieh! Rot färbt sich der Körper, wie Feuer rot, er glüht, er versengt mich, ich aber lasse nicht ab, ich halte ihn fest in meinen Armen und küsse ihn wieder. Da lischt er aus, und Wasser strömt in den Lehmleib, er schwillt und quillt von Wasser, und siehe, es sprießt ihm Haar auf dem Kopf, und Nägel sprießen ihm an Fingern und Zehen. Da küsse ich ihn zum drittenmal und blase ihm ein meinen Odem, der Gottes ist, und es machen Feuer, Wasser und Lufthauch, diese drei, daß das vierte, die Erde, zum Leben erwacht und schlägt mit Erstaunen die Augen auf gegen mich, den Erwecker, und spricht: ›Abba, lieber Vater‹ ...« (IV, 654)

Eliezer ist gezwungen, mit Augen zu sehen, was sich der Anschauung entzieht; Thomas Mann hat erzählt, was nicht erzählt werden kann. Nicht wirklich, aber im Bilde hat Jaakob wie Gott geschaffen, dem Klumpen Leben eingehaucht und auf die zweite der in der Genesis berichteten Arten geschöpft. Dem Klumpen und Golem will er Leben einhauchen, damit es aber leichter vonstatten gehe, ist es kein Klumpen mehr, sondern eine kunstvolle Lehmpuppe. Noch genauer gesagt, ist es eine »Kunstfigur«. (IV, 653)[23] Wenn nicht er die auf Papier entstandene dabei im Sinn hatte, dann jedenfalls sein Schöpfer, der unlängst eine andere Kunstfigur nachgeschaffen, zu Tode befördert und am Entstehungsort zu ephemerer Neuerscheinung erweckt hatte.

Der Beschwörungsabschnitt im *Zauberberg* ist lang nicht so isoliert, wie die Forschung es annehmen mußte, da sie ihn links liegen ließ. Sein Thema ist ein Lebensthema, das den Bauch voller Implikationen hat und seine Fäden und Fühler in alle Richtungen ausstreckt, wenn man es in der Werkmitte ansticht. An den von Schöpfungsmetaphorik strotzenden Bibelroman klammert es sich so drängend wie die heliotropischen Polypen an die Scheibe des Glases, durch die Jonathan Leverkühn das Licht einfallen ließ.

Der Zauberberg ist wie später Jaakobs Ägypten und noch später Jonathans Aquarium Scheol, lüsternes Totenland, Totenreich. Ebenso ist er aber Schoß der großen Mutter[24] und Retorte; zwei Arten der Schöpfung, über die Hans Castorp von Mentorseite belehrt wird, was er als Umkommender, mit angezogenen Füßen Erwachender und Hochgetriebener nur der Form halber nötig hat. Naphtas und Settembrinis ausnahmsweise übereinstimmende Referate über die Alchimie der Gruft (705 f.) und den Tod als Wiege des Lebens und Mutterschoß der Erneuerung (280) fügen den im Roman verborgenen Eleusinischen Mysterien nur mehr die Benennung zu. Auch Eliezer benennt beim Anblick des Schleiergewands nur das, was dessen Träger beim ersten Grubensturz erfahren wird: »im Schleier ist Leben und Tod, aber der Tod ist im Leben und das Leben im Tode, – wer es weiß, ist eingeweiht.« (IV, 486)

Ein lebender Toter war schon die Hauptfigur in Andersens Zauberbergmärchen. Eine lebende Tote, an die Unter- oder Hochwelt gebunden, in die sie zyklisch zurückkehren muß, ist auch Clawdia-Persephone, Castorps Göttin des Granatapfels. Ziemßen stirbt wie der monopedische Soldat, der mit seinen vierundzwanzig Brüdern aus der prima materia des geschmolzenen Zinns zum Leben geschaffen wurde, in der Glut des Kachelofens zur gestaltlosen Unform zurückschmilzt und erkaltet der nächsten Personalisierung entgegenruht, zu der ihm von Fräulein Brand verholfen wird. Castorp erwacht aus dem Schneetod wie Joseph nach dem Brunnensturz und Gregorius nach der Errettung aus dem Teerfäßchen »gleichsam zweimal geboren« (IV, 594), auf nicht rational einzudrosselnde Art neu geschöpft und auferstanden. Auch sein letztes Hinken in den Feuertod muß man sich so wenig endgültig vorstellen wie Josephs zweiten Grubensturz oder Gregors Büßerzeit als vermooster Säugling des Steines. (VII, 236)

Im *Zauberberg* werden wie im *Joseph* und seinem Gefolge die Modi des Sterbens und Wiederwerdens mythen- und märchensynkretistisch durchgespielt. Das Rad dreht sich und flimmert, platonisch, gnostisch, johanneisch, schopenhauerisch, nietzscheanisch, andersensch.

Der es in Bewegung setzt, ist aber einer allein, der Schriftsteller. Man kann begreifen, daß der erste der beiden Schöpfungsmodi und das Urwort des Evangelisten seinem Herzen immer am nächsten stehen.[25] Es wird ein Instrument dabei benutzt, über das auch er verfügt, und sicherer, als über sein natürliches Zeugeorgan.

Der erste Schöpfer durchs Wort war Gott, der knapp sieben Tage für sein Werk benötigte. Im Vorsatz des *Zauberbergs* schreibt Thomas Mann, im Handumdrehen werde der Erzähler mit der folgenden Geschichte wohl nicht fertig werden: »Die sieben Tage einer Woche werden dazu nicht reichen und auch sieben Monate nicht. [...] Es werden, in Gottes Namen, ja nicht geradezu sieben Jahre sein!« (10) Damit ist das Thema introduziert und der Plan bekanntgegeben, die Weltschöpfung durchs Wort, mit der zu konkurrieren sich der wenn auch langsamere Erzähler in Gottes Namen anschickt.[26] Mit den sieben Tagen ist aber auch schon die Märchenzahl präsent, deren märchenhaft triadische Steigerung es vorwegnimmt, daß in der folgenden Geschichte ein Märchen von Dingen der Schöpfung erzählt wird. In der Szene der großen Synthese wird dann die dem Autor teuerste Märchenfigur neu belebt, wie der Roman sie in der Figur und dem Geheimnis Ziemßen neu belebte. Der Akt der Hervorbringung ist Frevel, Hans Castorp gehen die Augen über, und er bittet den Erstandenen um Verzeihung. Er hat ihn sozusagen auf anderer Ebene zum Leben erweckt. Im Brief über Bauschan hatte Thomas Mann seinen Verdacht ausgesprochen, daß es dem Leben etwas nehme, wenn es in anderer Sphäre lebendig werde, und daß der Schuld auf sich lade, der es in diese Sphäre übersetze. Der psychologische Stachel dieses Verdachts ist die Befürchtung oder Einsicht, daß er nur in Seelenkälte Kunst produzieren kann, daß diese Kälte vernichtend auf seine Umgebung wirkt, daß er aber nicht in der Lage ist, sie abzustellen, und daß ihm keine andere Hoffnung bleibt als die, es werde am Ende weniger auf die Entstehungsbedingung des Werks gesehen als auf dessen Wirken in der Welt. Argwöhnisch findet er das Urproblem in der Vita Mahlers wieder, der unschuldig schuldig Leben der Kunst opferte. Literarisch transfiguriert findet er es in den

Märchen des frühgeliebten Dichters, der in Kälte und Einsamkeit, wie Kay und Schneekönigin, in der Hoffnung auf Seele und Ruhm, wie die kleine Seejungfrau und der Jünger Satanias, unter Zahn- und Messerschmerzen in Kunst verwandelt hatte, was ihm das Leben als ein schlechter Reisekamerad an Glücksbeihilfen penetrant versagte.

Zum Leiden wie zur Sündhaftigkeit trägt bei, daß die nachschöpfende Transformation erotisch gespeist wird. Die Analogisierung des Prokreativen mit dem Kreativen, der Zeugung im geschlechtlichen mit der Zeugung im geistig-poetischen Sinn, gibt es schon bei Aristoteles und Plato.[27] Bei Thomas Mann ist es die im *Kleiderschrank* angedeutete und im *Tod in Venedig* erstmals ausgesprochene Erfahrung der eigenen Schaffensbedingung. »Sonderbare Stunden! Sonderbar entnervende Mühe! Seltsam zeugender Verkehr des Geistes mit einem Körper!« (VIII, 493) Das schöne Kind vor Augen, schöpft Gustav Aschenbach Literatur. Der Charakter der »sonderbarsten Stunden« (939) seines Nachfolgers ist damit schon bis aufs Wort vorherbestimmt. Auch Hans Castorp zeugt den Soldaten mit Dichter Holger und der dänischen Jungfrau in beiden Sinnen, im geistigen wie im natürlichen. Auch dieser Verkehr ist schriftlich und geschlechtlich.[28] Da alle bei der Zeugung Beteiligten Brüder, Schwestern, Mütter und andre Ichs sind, ist Ziemßens Wiederschöpfung einer der inzestuösen Greuel, die Thomas Mann so wenig lassen wie gutheißen konnte, auch wenn sie trotz Greuelhaftigkeit heilig blieben, sakral im Sinn des *sacré*, in dem das Geweihte und das Verdammte noch zusammen lagern wie bei Jesaja Lamm und Wolf.

Es bleibt die Frage – eine kleine genetische Frage –, wie und wo genau das ursprünglich okkultistische Thema sich aufnahmebereit erwies für die symbolischen Ausweitungen, die es im *Zauberberg* erfährt. Das Material des Spukabschnitts geht ja immer noch auf die Erfahrungen zurück, die der Autor als Gast der Sitzungen bei Schrenck-Notzing gemacht hatte. Vor aller symbolischen Anreicherung ist die Heraufbeschwörung Ziemßens eine Zuspitzung der okkultistischen Praxis, Materialisationsphänomene zu erzeugen, wie sie bei Schrenck zu bestaunen und sogar anzufassen waren, wenngleich die Toten dort gerade noch aus dem Spiel gelassen wurden. Von hier zur Kunst zu kommen, verlangte einen ausgeprägten Sinn für Beziehungen. Niemand hätte es Schrencks Scharlatanen, die als Geisterglieder Füße hochrenkten, prophezeien wollen, daß sie eines Tages Eingang in die Weltliteratur finden würden. Thomas Mann muß bald gespürt haben, wie sich die widrige und dem ästhetischen Sinn so abholde Wirklichkeit tieferer Bedeutung öffnete und potentiell Symbolisches einströmen ließ. Noch im nachhinein fragt man sich, wo genau die Perforationsstelle war und wo genau der Geist, der beim Freiherrn stille lag, zu wehen begann.

Wahrscheinlich war der Anfang ein Schmerzreiz. Bei Schrenck griffen Geisterhände in Mehlteller und schwebten immer neue und immer unmöglichere Phänomene durch die Lüfte. Wo war die Grenze? Konnten sich nicht auch einmal Abgeschiedene zeigen? Könnte sich am Ende nicht auch ein außengebliebenes Geschwister wieder einmal sehen lassen? Das war unmöglich, aber unmöglich war auch die Hand im Mehl. Ein Fall war ja auch bekannt und würdig überliefert, in dem ein vermißtes Geschwister ins Leben zurückgeholt wurde. Marthas Bruder trat nach Jesu Herausruf lebend aus der Grabeskammer, Gottes Wort hatte es erzwungen. Wer Tote nun wahrhaftig und nicht nur zu theatralischer Anschauung zurückrufen wollte, hätte über dieses Wort verfügen müssen; was niemand tat. Wenn aber schon nicht in Wirklichkeit, in der fiktiven Wirklichkeit des eigenen Wortes war es sehr wohl möglich, den Toten, Menschenbruder oder Menschenschwester, wieder lebendig zu machen; ein schwacher Trost, aber besser als keiner. Einen besseren hatte man auch für die andere Entsagung nicht, die einem das Leben beständig abverlangte.

Vielleicht stand dieser Schmerzreiz am Anfang. Wie es sich von hier zu der Theo-Poeto-Erotologie verdichtet, die der Roman dann ähnlich verstohlen und arabeskenhaft emanieren lassen wird wie die Medien ihre Geisterzehen, ist der nächsten Phase abzulesen, der Literarisierung der Séancenerfahrung im Essay *Okkulte Erlebnisse*.

Die bei Schrenck beobachteten telekinetischen Vorgänge habe er sich, schreibt Thomas Mann dort, ganz auf eigene Hand als »magisch objektivierte Traumvorstellungen des Mediums« gedeutet – dem Verfasser des *Kleiderschranks* mußte der Gedanke naheliegen –, und die gelehrte Literatur[29] gäbe ihm Recht darin. Sie erklärte nämlich,

> die Idee des Phänomens, lebendig im somnambulen Unterbewußtsein, mit dem sich übrigens dasjenige der sonst Anwesenden vermische, werde mit Hilfe von psychophysischer Energie »durch eine biopsychische Projektion ektoplastisch auf eine gewisse Entfernung

hin umgesetzt und ausgeprägt, das heißt objektiviert«. (Essays III, 358; vgl. 928)

Einen Satz nach dieser gelehrten Erklärung kann der wachsame Leser zum Zeugen werden, wie sich die Konzeption von »Fragwürdigstes« vollzieht:

> Man ruft, mit anderem Worte, eine unerforschte *ideoplastische* Fähigkeit der medialen Konstitution zu Hilfe – ein Wort, einen Hilfsbegriff von platonischem Zauber, nicht ohne schmeichelhafte Eigenschaften für das Ohr des Künstlers, der schnell bereit sein wird, nicht nur sein eigenes Handwerk, sondern auch die gesamte Wirklichkeit als ideoplastisches Phänomen zu deuten [...]. (Essays III, 358)

Damit hat es sich verschmolzen. Die Projektionen des Mediums und die Projektionen der Kunst sind im Wesensgrund identisch. Der Wiedererweckte ist ein ideoplastisches Phänomen, das Unterbewußtsein Hans Castorps und der anderen Spiritisten verlegt die Idee Ziemßens objektivierend nach außen. Da die platonische Idee zeitlos ist, die Zeit nur eine Illusion des Intellekts, kann das Traumorgan oder Unterbewußtsein auch aus der Zukunft schöpfen, wie Schopenhauer es im *Versuch über das Geistersehn* für möglich erklärt hatte; notfalls also auch einen noch nicht existenten Helm zur Anschauung bringen.[30] Die denkerischen Hilfskonstruktionen seines Schülers, der durch Schopenhauer und nun auch Schrenck gefilterte Platonismus, müssen hier nicht auf Konsistenz geprüft werden. Entscheidend ist, daß der Künstler, der als Berufsdenker tauge oder nicht, sofort das tertium comparationis erkennt, mit dem sich die große Analogie bilden läßt, der die Spuksitzung ihren Zauber verdankt. Auch bei seinem Handwerk wird aus dem Innern geschöpft. Was der gute Willi tut, der denn auch »Künstler« geheißen wird (Essays III, 331), ist wie Kunstschöpfung. Auch der Künstler schafft, indem er unter entnervenden Mühen sein Inneres objektivierend nach außen verlegt. – Damit ist »Fragwürdigstes« als Follikel fertig: der ideoplastisch hervorgerufene Tote verschmilzt mit der wiederbeschworenen Kunstfigur.

Wenn die nach außen gestülpten Phänomene aber nicht nur mit dem Kunstprodukt, sondern der gesamten Wirklichkeit gleichzusetzen waren, war auch diese nicht mehr als ein Kunstprodukt, und der sie schuf, der erste ideoplastische Künstler. Gott entäußerte sich in der Welt wie der Künstler in seinem Werk, und er tat es, wenn er nicht Erdenklößen Odem schenkte, indem er durchs Wort schuf, dem Schriftsteller gleich, der sich die Hybris nicht nehmen ließ, ihm ideoplastisch nachzueifern. Das Wort war im Anfang, im Anfang war es bei Gott, und das Wort war Tat - für Faust, der es im Johannes-Prolog durch sie ersetzt hatte, für Heinrich, der es aktivistisch verstanden haben wollte, und für Bruder Thomas, der es metaphysisch verstand und noch im Rotdunkel, nach Geistergliedern spähend, durch kein Zwangsgeplauder davon abzuhalten war, sich Gedanken über die Fragwürdigkeit seines und allen Seins zu machen. Hier wurde offenbar geschöpft, und in welchem Bild? In dem des Zeugerisch-Kreißenden, und eben das war typisch. Schöpfung war wie die Kunst androgyn, »weiblich im Verhältnis zum Geiste, aber männlich zeugend im Leben« (IX, 535), und sie war sexuell. Wundere sich ein anderer, daß es bei der medialen Hervorpressung zu teils selbst ausgelösten Spermaergüssen kam, er nicht. Auch diese Schöpfung erwies sich als ein Gebär- und Zeugeakt, man hätte es vermuten können. Es bestätigte alle Bedenken, die man dem eigenen Schöpfungsgeschäft wie dem des Ur-Ideoplasten gegenüber trug und rückte die Fragwürdigkeit alles Wirklichen und aller Schöpfung, der ersten wie der eigenen, nur sinnfällig vor Augen. Durch sündigen Kitzel mußte alles Stoffliche entstehen (398), kein besserer war es, der die eigenen Werke hervortrieb, Emanationen autoerotischer Energien auch sie und sündhaft seit Anbeginn.

Und doch traf es das Ohr immer noch »schmeichelhaft«, wenn man durch einen platonisch verzauberten Begriff an sein Künstlertum erinnert wurde, von dessen Sündhaftigkeit man sich also auch wieder keine allzu zerknirschte Vorstellung machte. Eine zerknirschte eigentlich überhaupt nicht. Das Werk war Sünde, am Sündenort selbst bekannte, das Werk war eine monotone Beichte.[31] Aber der Beichtende bereute nichts. Im Gegenteil, er sündigt stolz.

Wären die Werke nicht mehr als im Qualgenuß herausgestoßene Phantomgebilde oder osmotische Gewächse einer toten Seele, gäbe es für diesen Stolz keine Ursache. Dann stünde es ernst um die Rechtfertigung des Künstlers, und die Opfer seiner Kälte hätten allen Grund zur Verbitterung. Aber schon dies mochten die Opfer bedenken, daß er selbst das erste war. Wenn er seinem Ich die Essenz extrahierte, um es vor der Verwesung zu retten, entkernte er sich bei lebendem Leib und mußte zusehen, wie er sich mit den Jahrzehnten in eine erkaltete und nur noch schmerzempfindliche Hülle verwandelte. Auch mochten die Opfer bedenken, daß das, was er tat, indem er der Welt Stoff entzog, ihn sich einverleibte, zur Kunst emporläuterte und wieder nach außen abstrahlen ließ, am Ende doch geheimnisvoll mit der Liebe verwandt war, von der Leverkühn dem Teufel sagt, man könne sie ihm schlecht um Werkes willen verbieten, schließlich habe »Werk [...] selbst mit Liebe zu tun«. (VI, 332) Mit dieser nicht mehr narzißtischen Liebe hat auch der Stolz zu tun, aber sie ist noch nicht sein ganzer Grund. Um ihn zu verstehen, erinnere man sich an den Mann im Felde mit dem runden Kinn, den Griesgram, der Joseph die Wege öffnet und in Rubens Verstand das Korn der Hoffnung senkt. Sein Stolz ist gereizt, als Mittler zwischen den oberen Sphären und den Erdgeschäften muß er unter den Menschenkindern wandeln, die nicht über den Tag hinaussehen. Sein Stolz ist einer der Partizipation am Höheren.

Ganz ähnlich der des Künstlers aus den oberen Rängen. Wäre seine Kunst nicht Erkenntnis, nicht Frucht, und schönste Frucht, der Wahrheit? Und da sollten ihm die Gedanken nicht schweifen, wenn er ein Medium im Verkehr mit dem spirit sieht? Ist doch auch er ein Medium, zwischen dem Leben und nicht den Geistern, aber dem Geist.

Ans Leben ist er darum doch gebunden; kein von oben verschickter Bote, sondern ein Menschlein wie alle. Auch er ist als Zwerg auf die Schultern der Riesin geschnürt, die Mann früh als Urvettel Natur karikiert hat, auch er wird dort oben im Takt seiner Herzschläge zurück ins Reich der Nacht getragen, die schon den Kiefer aufreißt, ihn wieder zu verschlucken.

Vielleicht hofft er, sein Spiel mit Lichtern und Spiegeln möge Reflexe auch einmal in diese Höhle werfen; vielleicht hofft er es um so mehr, seit das Jenseits keine Besserung mehr gelobt und nur noch sinnlos gähnt.

Auch wenn sie diesen Krampf nie lösen, den schwarzen Mund nie stopfen, den größten der Skandale nie mildern können wird, solang die Kunst nur unsre Seite klärt, soll ihr das Leben dankbar sein. Es ist diesig genug.

Anhang

Anmerkungen

I. Bedenken

1 Vgl. Ulrich Schulz-Buschhaus, »Françoise oder die Poetik eines ›bon dîner‹«, S. 143–159.

2 Nackte Zahlen in Klammern verweisen auf Thomas Manns *Der Zauberberg*, Band III der *Gesammelten Werke* in zwölf (dreizehn) Bänden. Aus den anderen Werken dieser Ausgabe wird nach lateinischer Bandzahl zitiert.

3 Zu dem von André Gide aus der Heraldik abgeleiteten Begriff vgl. Luzius Keller, *Proust lesen*, S. 284. Ähnlich der – nicht aufs Kunstreflexive begrenzte – Begriff *mirror-text*. (Vgl. Mieke Bal, *Narratology*, S. 146) Den selbstreferentiellen Charakter der angeführten Stelle beweist auch eine vielsagende Dublette. In *Goethe und Tolstoi* hört man gerade da den Hofrat über die Hautschichten extemporieren, wo Goethes Kunst beschrieben wird. (Vgl. IX, 148 f.) Die Übereinstimmung wurde schon von Weigand bemerkt. (*The Magic Mountain*, S. 86 f.) Der Essay, *Zauberberg*-Trabant, wirft dadurch das korrekte, uneigentliche Licht zurück auf den Originalvortrag. Als krypto-poetologisch wird die Passage auch von Ulrich Karthaus verstanden. (Vgl. »›*Der Zauberberg*‹ – ein Zeitroman«, S. 269. Vgl. auch Reiss, *Allegorisierung*, S. 102 ff.)

4 Mit einer neuentdeckten Schicht ist darum auch noch nichts darüber befunden, was über oder unter ihr liegt. Wir wollen das Bild des Hofrats nicht über Gebühr strapazieren und stellen es gleich wieder zurück in die Ecke, diese letzte Folgerung sei ihm aber noch abgelesen, die Nicht-Exklusivität der Deutungen. Kein früherer Präparator muß die Existenz der von ihm freigelegten Schicht angezweifelt sehen, wenn im folgenden einige unbekannte unters Licht kommen. Falls dieser Zweifel doch einmal geweckt werden soll, wird er deutlich beim Namen genannt. Daß sie jene früheren Ergebnisse allerdings jedesmal mitbezeichne, wäre zu viel verlangt von einer Untersuchung, die mit dem Herausschälen der neuen gerade genug zu tun hat.

5 Zu Begriff und Sache vgl. Gérard Genettes *Palimpseste. Die Literatur auf zweiter Stufe*, bes. S. 526–534. Hier ist der Schalter, an dem alle Fragen zum Thema Zitatismus und Literatur aus Literatur beantwortet werden. Genette steht seit dreißig Jahren dahinter und arbeitet vorbildlich, es wäre Unsinn, einen kleinen zweiten aufzumachen. Wer die Theorie der Hypertextualität vermißt, reiht sich am besten in die Schlange seiner Leser ein.

II. Drei Erscheinungen

1 Der Grundzug der Handlung wurde Thomas Mann von seiner in Davos liegenden Frau erzählt. »Auch einen jungen Offizier habe es gegeben, sie habe ihn nur

vom Sehen gekannt, dessen Pflichtgefühl, zu den Fahnen zu eilen, seine Krankheit verschlimmert und zu seinem frühen Tod geführt habe.« (Peter de Mendelssohn, *Nachbemerkungen,* S. 50) Den Namen dürfte der Offizier »von einem Münchner Arzt, Hofrat Ziemßen, erhalten haben, der vor Jahr und Tag Thomas Manns Zurückstellung vom Militärdienst bewirkte.« (Ebda., S. 56) Aufgrund welchen Anlauts sich dieser Soldatenname empfahl, wird noch herauszufinden sein.

2 An Julius Bab schreibt Thomas Mann am 22. Februar 1925, er halte das in »Fragwürdigstes« Geschilderte »prinzipiell nicht für ganz unmöglich«. Darum habe er die Beschwörungsszene gewagt, nicht nur deshalb, weil sie so gut in die »ideelle Composition paßt, die immer die Mystik des Körpers, das organische Geheimnis im Auge« behalte. Durch die Zukunftsuniform komme ein »zeit-telepathisches Moment« hinzu, das über seine eigenen Erfahrungen zwar nicht nur graduell, sondern wesentlich hinausgehe, wiederum aber gut in einer Komposition stehe, »in der ja der Zeitgedanke immer seine stille oder ausdrückliche Rolle spielt«. Wenn er mit dem Metaphysischen spiele, dann doch leidlich sinnvoll. »Der Krieg steigt langsam herauf, und er wird schmutzig genug sein, um sich auf schmutzige Weise anzukündigen.« (Br I, 233 f.) Man unterschätzt Thomas Mann, wenn man annimmt, das wäre es schon gewesen. Schmutzige Prophezeiung des schmutzigen Krieges, das ist ja ein bloßer Sophismus und kein Argument; wie seine Selbstrechtfertigung überhaupt, die praktischen, taktischen und jedenfalls außerästhetischen Gesetzen gehorchen muß, ganz gut zu hören sein mag, aber nicht im geringsten ausreicht, weitere Fragen abzuschneiden. Thomas Mann verschweigt viel in seinen Selbstdeutungen, wenn er auch selten Unwahres sagt. Es ist schwer zu entscheiden, ob die Deuter seinen Selbstkommentaren zu oft oder zu selten gefolgt sind. Generell sicher zu oft, es gibt aber auch Beispiele – sie werden im Lauf der Seiten genannt – für ein geradezu erstaunliches Mißachten rotblinkender Signale bzw. heulender Sirenen. – Während der Arbeit am *Joseph* kommt Thomas Mann noch einmal auf die Spukszene zurück. Der Anlaß ist ein lobender und nur in einem Punkt ratlos nachfragender Brief René Schickeles. Wie seinerzeit Bab stößt Schickele sich an der romanhaften Realisierung eines Irrealen, in diesem Fall dem Auftritt des Joseph die Wege öffnenden Engels. Wie seinerzeit gibt Thomas Mann dem Tadler zunächst etwas vor: »Der ›Mann auf dem Felde‹ ist nicht restlos zu verantworten; es steht da ähnlich wie mit Joachims spiritistischer Erscheinung im ›Zauberberg‹.« Ganz wie dort folgt aber dem konzilianten Zugeständnis der Hinweis auf die Komposition, die das nicht ganz zu Verantwortende dann doch rechtfertige. (Vgl. Br Schickele, 71)

3 Die nennenswerte Ausnahme ist Richard Kochs 1993 veröffentlichter Aufsatz »Magical Enactments«, der sich ausschließlich dem Abschnitt »Fragwürdigstes« widmet. Koch sieht in ihm Hans Castorps »struggle to come to terms with his true inner nature, his sexual identity, his homosexuality« symbolisiert. (S. 108) Kochs treffende Textbeobachtungen werden jeweils angemerkt.

4 Die Affinität zwischen van der Qualens Vision und der späteren Leverkühns wird im maßgeblichen *Kommentar zu sämtlichen Erzählungen* Hans Rudolf Va-

gets nicht berücksichtigt. Manns Biograph Winston erwähnt sie in einem Satz. (*Das Werden eines Künstlers*, S. 161)

5 Auch das neueste Literaturlexikon sieht keine andere Möglichkeit, die Textsorte Märchen zu definieren, als durch die die Waffen vor der Laienmeinung streckende Bestimmung, »daß hier wie selbstverständlich von Wundern u. vom Wunderbaren die Rede ist, ohne dies irgendwie zu betonen, wie das etwa Sage oder Legende tun.« (Heinz Rölleke, »Märchen«, Literaturlexikon, hg. von Walther Killy, Band 14) Umgekehrt muß man also einen Text, in dem selbstverständlich von Wunderbarem die Rede ist, als märchenhaft bezeichnen.

6 Die zur Zeit leidlich beste Andersen-Ausgabe ist die zweibändige des Kiepenheuer-Verlags *Sämtliche Märchen und Geschichten*. Sie folgt der von Andersen autorisierten ersten Übertragung und verbessert nach der dänischen kritischen Ausgabe. Aus ihr wird zitiert. In Thomas Manns Nachlaßbibliothek steht neben einer bibliophilen, von Gulbransson illustrierten Kleinstsammlung *Däumelieschen und andre Märchen* von 1927 der Band *Andersens Märchen*, Gesamt-Ausgabe, zusammengebunden mit *Andersens Märchen*, Ergänzungsband. [TMA 3383] Diese Erstausgabe ist nicht einmal über den Antiquariatssuchdienst zu bekommen, es wäre philologischer Snobismus, den Leser mit Zitaten zum Vgl. aufzufordern, zu deren Verifizierung er sich in eine Staatsbibliothek oder die Zürcher Schönberggasse begeben müßte. Ein quellenkritisch gesicherter Wortlaut wäre durch das Zitieren aus der Erstausgabe ohnehin nicht garantiert. Es ist nahezu ausgeschlossen, daß Thomas Mann nicht früher mindestens eine weitere, durch den Teilverlust der Münchner Bibliothek oder eine andere Art abhanden gekommene Arbeitsausgabe der Märchen besaß. Wie sich im einzelnen zeigen wird, käme dafür besonders die zweibändige, 1909 in erster und 1921 in dritter Auflage erschienene Ausgabe *Andersens Märchen* des Insel-Verlags in Betracht. Sie ist von Mathilde Mann übersetzt und enthält eine Einführung von Sophus Bauditz, die Thomas Mann offenbar noch zu *Faustus*-Zeiten erinnerte. Dem *Zauberberg*-Verfasser scheint die Insel-Übertragung eher zur Hand gewesen zu sein als die alte Gesamtausgabe, wie einige Indizien nahelegen. Zu entscheiden ist hier nichts, schon weil sich die Lektüre- und die alten, lebendigen Gedächtniszitate so durchmischen, daß eine Trennung nur ausnahmsweise gelingen wird.

Thomas Manns Nachlaßexemplar ist unzerlesen und weist nur schwache Benutzerspuren auf, es mag ein Erbstück noch von der Mutter sein, mit dem er besonders sorgsam umging. Die Markierungen beschränken sich überwiegend auf *Die kleine Seejungfer*, mit zwei anzuführenden Ausnahmen gehen sie auf die *Faustus*-Periode zurück. Was dessen Hauptfigur aus ihr zitiert, folgt dem Wortlaut der Unterstreichungen. Im Inhaltsverzeichnis sind insgesamt fünfundzwanzig Titel mit zarten, schwer zu deutenden Bleistiftquerstrichen markiert. Selbst wenn ihre Funktion klar wäre, etwa die des Vormerkens, wüßte man noch nicht, wann sie gemacht wurden. Die Striche haben unterschiedlichen Duktus, sind also nach und nach entstanden. Für ein über Jahrzehnte hinweg geübtes Abhaken von Beendetem sind sie sich zu ähnlich. Es gibt auch kein ersichtliches tertium comparationis. Der Markierung von Vorlesestücken können sie nicht gedient haben;

es sind Geschichten darunter, mit denen auch der kälteste Vater seine Kinder verschonen würde. Märchen wie *Am äußersten Meere* oder *Der Kinderschnak* könnte Thomas Mann noch deshalb angestrichen haben, weil sie ihm als Nebenwerke bislang gar nicht oder nur flüchtig bekannt waren. *Die Eisjungfer* kannte er, wenn nicht alles täuscht und ein Deus malignus im Spiel ist, sehr früh und sehr genau, aber auch sie ist angestrichen. In diesem Fall kann die Markierung nur eine Wiederlektüre anzeigen, es sei denn, die Striche wären schon vor der Jahrhundertwende angebracht worden. Der einzig relativ sichere Schluß, den die Markierungen erlauben, ist damit ein negativer: die Märchen, die er mit einem Strich bezeichnete, hat er sich jedenfalls nicht zur Nicht-Lektüre vorgemerkt, er hat sie also nicht nicht gelesen.

7 Ohne Andersens *Ole Luköie* ist auch nicht zu verstehen, was Nabokov meint, wenn er sagt: »Ich denke nicht daran, die tristen Mittelstandsträume eines österreichischen Spinners mit abgewetztem Regenschirm zu träumen.« (*Deutliche Worte*, S. 184) Wer die Märchenanspielung nicht erkennt, müßte die Bemerkung als Ausdruck von Klassendünkel mißverstehen. Aber sie will nicht darauf hinaus, daß Freud sich keinen neuen Regenschirm leisten könnte, sondern auf den Gott der Kinderträume und einzig wahren Regenschirmhalter. Die enigmatische Anspielung läßt nichts davon ahnen, es sei denn durch eben ihre enigmatische Miene, daß Nabokov mit dem Dichter des *Ole Luköie*, der *Seejungfrau*, der *Schneekönigin* und des *Zinnsoldaten* einen Hausgeist zitiert, der vielen seiner Werke verschwiegen zur Hand ging – »großartige Märchen«, wie nach der *Kunst des Lesens* alle bedeutenden Romane. (S. 26) Um einer späteren Nabokov-Studie nicht ins Wort zu fallen, wird es die vorliegende bei diesem belassen.

8 Im Märchen folgt die Farbmischung »Silber und Gold« (A I, 200); die Erzählung schließt sich neuromantisch an: »Wie wenn ein goldener Ring in ein silbernes Becken fällt«. (VIII, 158) Kindlich erotisch beglückt wird der Held auch im Märchen. Hjalmars Kindermädchen singt: »Ich denke deiner so manches Mal, / Mein teurer Hjalmar, du lieber! / Ich gab dir Küsse ja ohne Zahl / auf Stirne, Mund und Lider.« (A I, 201) Der Mund von van der Qualens Besucherin, die ebenfalls in Versen erzählt, ist »von einem Ausdruck, so süß wie die Lippen des Schlafes, wenn sie sich nach Tagen der Pein auf unsere Stirn senken.« (VIII, 159) – Der Geschichte voller Rätsel gelingt es, selbst den Akribiker Werner Frizen zu einem winzigen Irrtum zu verleiten, wenn er anmerkt, für Henri Plards Vorschlag, daß Hans Christian Andersens *Ole Luköie* auf den *Kleiderschrank* eingewirkt habe, fänden sich keine Anhaltspunkte im Text. (*Zaubertrank der Metaphysik*, S. 475) Plard macht allerdings wirklich nicht mehr als einen Vorschlag, den man nach Belieben annehmen oder zurückweisen kann. (»Souvenirs d'Andersen«, S. 134)

9 Plard fühlt sich von den abendlichen Erzählungen des Kleiderschrankmädchens atmosphärisch an Andersens *Geschichte aus den Dünen* erinnert. (Ebda.) Sehr zurecht, wie wir von Tony Buddenbrook erfahren werden.

10 Vgl. Br Grautoff, 68, 80 f. Wie prompt und phasengenau mit dem erotischen Interesse auch die produktive Aufgeregtheit abfällt, läßt sich den Tagebüchern

1951–1952 fast unmittelbar ablesen. Vgl. Maar, »Die Stewardeß berühmte Jodlerin«, in: *Die Feuer- und die Wasserprobe.*

11 So lange, bis van der Qualen sich wieder vergißt. Der eigenartig schwingende, systolisch-diastolische Prozeß wird von der in Fragestellung, Form und Durchführung grundlegenden Studie Claus Sommerhages *Eros und Poesis* nicht berücksichtigt. Zugunsten seiner Chronologie verwischt Sommerhage etwas die zu allen Zeiten konstanten Ambivalenzen. Schon 1899 beharrt Thomas Mann zumindest in seinen fiktionalen Texten nicht mehr auf der reinen, restlos zu sublimierenden Sinnlichkeit, wie Sommerhage es den nichtfiktionalen Texten ablesen will. (S. 35)

12 Manfred Dierks, der den *Kleiderschrank* in seinem Handlungsvorwurf mit Dostojewskis *Hauswirtin,* in seinem Zentralmotiv mit Hoffmanns *Don Juan* und in seiner Metaphysik mit Schopenhauers Somnambulie-Konzept erklärt, wertet die eine Anregung gegen die andere ab, wenn er schreibt, wir hätten mit van der Qualens Galoschen »ein Beispiel, wie frühe Märchenfaszination für Thomas Mann jetzt in die angemessene philosophische Dimension übergegangen« sei. (*Studien zu Mythos und Psychologie*, S. 43 ff.) Diese Geringschätzung der primären Faszination als einer Art pubertären Phase, die reiferen Faszinationen zu weichen habe, ist einerseits verständlich, andererseits schuld an einem seit jeher im bewegten Auge der Forschung unbemerkt mitwandernden blinden Fleck.

13 Vgl. Winston, *Das Werden eines Künstlers*, S. 155 f. Im *Buddenbrooks*-Handbuch bekommt das Thema »Zähne« ein eigenes Kapitelchen. (S. 164)

14 Vgl. Maar, »Der Teufel in Palestrina«, S. 218. Die Nähe des Endzeitromans zu der Novelle, die als »moralisch und formal zugespitzteste und gesammeltste Gestaltung des Décadence- und Künstlerproblems« wie der *Faustus* ein »Letztes und Äußerstes, einen Abschluß« (XIII, 151) bedeutete, ist der Forschung geläufig und wird in der *Entstehung des Doktor Faustus* zweimal »schon im voraus« angedeutet. (XI, 240) Die thematische Übereinstimmung der beiden Werke hätte man auch ohne den Wink schwer übersehen können. Beide handeln sie von einem heiklen, überkritischen, von Sterilität bedrohten und nach wiedergeborener Unmittelbarkeit strebenden, Großes hinterlassenden und vor Werkende verscheidenden Künstler, von einer durch plötzliche Fernlust angeregten Reise nach Italien und einer dort stattfindenden unerhörten Begebenheit, von schlimmer Initiation und ansteckender, symbolischer Krankheit, von dionysischer Enthemmung, Selbstpreisgabe und Zusammenbruch. Dieser letzte vollzieht sich im *Tod in Venedig* in zivilen Formen, so daß Minuten vergehen, bis man dem »seitlich im Stuhle Hinabgesunkenen« zu Hilfe eilt. (VIII, 525) Im *Faustus* herrscht ein anderer, schärferer Ton: Leverkühn »fiel plötzlich, wie gestoßen, seitlich vom Sessel hinab zu Boden.« (VI, 667) Das Phänomen einer nur durch Tonwechsel verschleierten sachlichen Identität werden wir demnächst auch bei der mittleren Teufelsfigur entdecken, wobei auch hier schon im voraus darauf hingedeutet sei, daß die Spur dort ebenfalls zur venezianischen Novelle zurückweist.

15 Selbst auf dies letzte, das Nebenanschlafen des hoffentlich Braven, macht Leverkühn in einem dubiosen Klammerzusatz aufmerksam. Zwar kennt er die Räum-

lichkeiten und müßte in seinem in nachzitternder Erregung entstandenen, keinem fremden Auge bestimmten Geheimprotokoll nicht noch einmal eine Planskizze von ihnen entwerfen. Trotzdem fühlt er sich aus irgendeinem Grund zu der Angabe verpflichtet, er habe sich wegen des Frostes seinen Wintermantel holen müssen – dessen Anwesenheit in Palestrina wieder einen Satz der Rechtfertigung erzwingt – und sei also durch die nächste Tür zur Linken gegangen, wo sein Schlafzimmer liege: »(das andere ist weiterhin an derselben Seite)«. (VI, 299) Er weiß es doch, warum erklärt er es umständlich? Schildknapps Schlafzimmer liegt damit jedenfalls nebenan (vgl. auch VI, 282), wie das der guten Tante Mille, die nebenan auf dem Sofa schlief – wenn sie denn schlief –, auf dem auch der gelbbeschuhte Freund länger gesessen haben könnte, als Adrian ahnt oder zugeben will.

16 Am 3. April 1933 schreibt Thomas Mann in Lugano: »Fruchtlos übrigens ist doch wohl das schwere Ferien-Erleben nicht. Ich bringe es oft in Beziehung zu der Faust-Novelle, der Nachfolgerin des Joseph, mit der ich ›etwas sehr Originelles leisten würde‹«. Am 2. September liest er Poe, was »besser zu der vorgesehenen Faust-Novelle« passe als zum Joseph. Am 19. November fällt ihm der Novellenstoff der alten Lotte in Weimar wieder aufs Herz. »Er bildet zusammen mit der Faust-Idee die produktive Ausschau.« Am 28. Dezember desselben Jahres denkt er an die Faust-Novelle als an sein »letztes Werk«. »Las gestern über die Medizin bei Novalis im Hinblick auf ›Dr. Faust‹.« (Tb, 16.9.1934) Nichts stand ihm klarer vor Augen als der Plan einer Faust-Novelle.

17 Vgl. Bruno Walter, *Gustav Mahler*, S. 18, 100f., 46, 27, 26, 98, 97, 108, 47. Die Zitatcollage ist wie viel des folgenden mit wenigen Eingriffen einem Aufsatz des Verfassers entnommen (vgl. Maar, »Der Teufel in Palestrina«, S. 234), ein inzestuöser Greuel von Ich zu Ich, wie Hans Castorp strafend angemerkt hätte. Was sollte er aber tun? Mit zwei Vorwürfen muß er rechnen, beiden gleichzeitig kann er nicht ausweichen. Verweist er auf eine eigene Veröffentlichung und setzt deren Kenntnis damit stillschweigend voraus, so ist es anmaßend. Wiederholt er ihren Inhalt, plagiiert er sich selbst. Im ersten Fall spart der Verfasser sich, im zweiten spart er dem Leser Mühe. Der sage selbst, ob die Entscheidung da noch eine ist. – Zu Thomas Manns Walter-Verteidigung im antisemitischen München und den indirekten Folgen für seine Exilierung vgl. Hans Rudolf Vaget, »Präludium in München«.

18 Katia Mann, *Meine ungeschriebenen Memoiren*, S. 75. Vgl. auch Erika Mann in Br I, X.

19 Vgl. Norman Lebrecht, *Gustav Mahler im Spiegel seiner Zeit*, S. 282. In Thomas Manns *Gesammelten Werken* wie in den Essay-Ausgaben fehlt dieses wichtige Dokument.

20 Für das Meerleuchten ist das Fest im Schloß des Meerkönigs verantwortlich. Wände und Decke des großen Tanzsaals sind aus dickem, aber klarem Glas. »Mehrere hundert kolossale Muschelschalen, rosenrote und grasgrüne, standen zu jeder Seite aufgereiht und trugen ein blaubrennendes Feuer, das den ganzen Saal erhellte und durch die Wände schien, so daß die See draußen ganz beleuchtet war.« (A I, 78) Im *Doktor Faustus* wird das Motiv beiläufig aufgegriffen. Der

Komponist des Meerleuchtens läßt sich in einem Gastlokal nieder, das einen »gläsernen, von unten zu erleuchtenden Tanzboden« hat. (VI, 569)

21 Vgl. auch Maar, »Der Teufel in Palestrina«, S. 238. Daß sich Adrians Textwahl bei der Liedkomposition auffallend mit der Debussys decke, ist Michael Mann aufgefallen. (»Über Thomas Manns ›Doktor Faustus‹«, S. 6) Auf Parallelisierungen Debussys mit Mahler wird man im *Faustus* öfter stoßen. Die Seite des Komponisten zu untersuchen, den Thomas Mann 1937 noch »Debussiz« schreibt (Tb, 16. 11. 1937), wäre interessant und dankbar. 1944 liest Thomas Mann Heinrich Strobels Debussy-Biographie so genau, daß er vier Jahre später auswendig daraus zitieren und sich dem Komponisten als Leidensgenossen vergleichen kann. (Vgl. Tb, 28. 5. 1944, 17. 1. 1948 und Anm.) In Virgil Thomsons *The Musical Scene* markiert er sich, daß das *Lied von der Erde* französische Einflüsse aufweise und daß Mahler den Impressionisten so nahe komme, »as a German could«. (S. 94) Der Parisbesuch, zu dem Fitelberg Le Vercune überreden möchte (VI, 528), spielt am Rand noch auf den des Vorläufers an, der als »Malheur« angekündigt wurde und nach der – nicht ganz glaubwürdigen – Überlieferung seiner Gattin erleben mußte, daß Debussy sich mitten im zweiten Satz seiner Zweiten Symphonie erhob und wegging. (*Erinnerungen und Briefe*, S. 208) Wir können hier nicht unsern Platz verlassen und ihm nacheilen und begnügen uns mit einem à suivre.

22 Die Erinnerungen der Mahler-Freundin, eine bislang unerschlossene Quelle vor allem des *Doktor Faustus*, erschienen im Herbst 1923, können Thomas Mann aber schon davor zugänglich gewesen sein. Das sehr viel umfangreichere Originalmanuskript hatte jahrelang in der Wiener Musikszene zirkuliert. Vgl. Lebrecht, *Mahler*, S. 28. Neben dem Durchbruch kam in Bauer-Lechners Erinnerungen auch schon das schlechte Gewissen der Homophonie vor der Polyphonie vor (GM, 147); die Inspiration, die bewirkt, daß man nur noch Werkzeug ist und komponiert wird, anstatt es selbst zu tun (GM, 141); wörtlich schon die »unerquickliche Berührung mit der ›Welt‹« (GM, 116); die »prästabilierte Harmonie zwischen Ton und Wort« (GM, 166), die Zeitblom so an Leverkühns Brentano-Zyklus bewundern wird (VI, 245 f.), der Mahlers Zyklus der Wunderhornlieder nachgedichtet wurde. (Dazu Maar, »Der Teufel in Palestrina«, S. 239 f.) Selbst Leverkühns *Kosmische Symphonie* war hier zu finden – die Vierte Symphonie »muß etwas Kosmisches an sich haben« (GM, 171) –, und sein einziger Lehrer, der ihm anachronistisch aus den Musikschriften Theodor W. Adornos vorträgt – ohne übrigens deswegen auch äußerlich für Adorno gehalten worden zu sein –, belehrte schon sein Vorbild (»Mahler ist von einem Aufsatz Kretzschmars über den Vortrag alter Musik sehr entzückt«, GM, 161). Zu träumen aber, nämlich mit Castorp im Schnee, glaubt man bei folgender Erinnerung. »Mahler erzählte: ›Heute hat sich mir etwas Merkwürdiges ereignet. Durch die zwingende Logik einer Stelle, die ich umwandeln mußte, verkehrte sich mir alles Darauffolgende derart, daß ich plötzlich zu meinem Erstaunen gewahrte, ich befinde mich in einem völlig anderen Reiche: wie wenn du meinst, in blumigen elysischen Gefilden zu wandeln, und siehst dich mitten in die nächtlichen Schrecken des Tartaros versetzt, daß dir das Blut in den Adern gerinnt.‹« (GM, 141)

23 Vgl. Hanspeter Brode, »Musik und Zeitgeschichte im Roman«, S. 463. Brode hat in einer großen Fußnote mehr zur *Faustus*-Forschung beigetragen als andere in Monographien. Von ihm stammt die Entdeckung, daß der Roman »zum Denkmal für Gustav Mahler« wurde. Daß Adorno in seinen früh konzipierten Mahler-Arbeiten den »›Durchbruch‹ – und komplementär den ›Zusammenbruch‹ – stets als zentrale Kategorien abgehandelt« hat, wie Brode als erster sah, beweist allerdings nicht, daß Thomas Mann nicht mit eigenen Ohren hören konnte, was die Kategorie umfaßte. (Zum Problem der Mitarbeit Adornos am *Faustus* vgl. auch Anm. X, 18) Brodes weitere Funde werden im einzelnen angemerkt. Vor Brode gab es zur Bedeutung Mahlers in Manns Roman der Musik nur Nebenbemerkungen und Randbeobachtungen, obwohl schon bald nach Erscheinen auf Mahler als Vorbild Leverkühns hingewiesen wurde; so 1947 in einem Brief von Ernst Benedikt, den Thomas Mann noch »Das Schönste Echo« nennt (vgl. Tb, 2. 8. 1947 und Anm.), dann öffentlich 1948 von Heinz Politzer im *Turm,* ein Aufsatz, der Politzer ein fast barsches Dementi einträgt, samt der Aufforderung, den Flecken bei der Wiederveröffentlichung zu tilgen. (Vgl. »Der neue Faust«, S. 41 und Reg III, 554) Sonderbar bleibt, daß Klaus Pringsheim – der Mahler in einem Bericht über die Uraufführung der Sechsten mit Tonio Kröger verglichen hatte – nichts bemerkte oder jedenfalls nichts verlauten ließ. (Vgl. »Der Tonsetzer Adrian Leverkühn«, S. 84–91 und Herta Blaukopf, »Rivalität und Freundschaft«, S. 192 f.) Vielleicht hatte der Schwager auch ihn strikt beschieden.

24 1950 trat Hans Mayer mit seiner These dorthin vor, wo später der Gemeinplatz entstehen sollte. »Der Teufel trägt jetzt die Hornbrille des Intellektuellen, wirkt dabei auf Leverkühn übrigens wesentlich sympathischer. Die vorübergehende Erdengestalt, die ihm Thomas Mann, genau portraitierend, für diesen Augenblick verleiht, löst abermals Verwunderung aus. Wir glauben uns nicht zu täuschen, wenn diesmal Leverkühns Partner die Züge jenes bemerkenswerten Musiktheoretikers annimmt, den Thomas Mann als ›wirklichen Geheimrat‹ für die musikalischen Partien des Buches so ausgiebig befragte. Es handelt sich um Theodor W. Adorno.« (*Werk und Entwicklung*, S. 370) Das »genaue« Porträt schwächt Mayer nach einer Erwiderung Thomas Manns zu einer »Portraitskizze« ab, die Hornbrille bleibt ihm aber das entscheidende Argument dafür, daß Adorno auch körperlich abkonterfeit worden sei. »Thomas Mann jedoch suchte die Spuren zu verwischen, wie mir scheint. Ich hatte Geheimnisse seiner Arbeit ausgeplaudert, das durfte nicht sein. ›Tragen Sie überhaupt eine Hornbrille?‹, wird Adorno im Brief fast treuherzig gefragt. Als wüßte er es nicht, der Meister solcher Einzelheiten ...« (*Thomas Mann*, S. 26 f.) Der Meister wußte es natürlich, wie der unbeachtet gelassene Nachsatz in seinem Brief an Adorno, in dem er Mayers These als »ganz absurd« abtut, bezeugt: »Jedenfalls gibt es da sonst keinen Zug von Ihnen.« (Br III, 159) Sonst keinen, diesen also schon, wie logisch folgt. Dieser eine Zug, die dicke Brille – das bekannte falsche Bärtchen, die falsche Augenfarbe, die falsche Beleibtheit des Proustschen Montesquiou, das dem »gewissen cache-cache« (II, 378) dienende Ablenkungssignal also –, wird von der Forschung mit großer Sicherheit genannt, wenn sie den Musikteufel mit Adorno

identifiziert. (Vgl., beliebig ausgewählt, Viktor Zmegac, *Die Musik im Schaffen Thomas Manns*, S. 76 und Carl Dahlhaus, »Fiktive Zwölftonmusik«, S. 45. Die Reihe ließe sich lang abschreiten.) Die Gleichsetzung wird bald Bestand des Basiswissens. »Der Teufel zitiert nicht nur Adorno, sondern verwandelt sich bekanntlich auch in dessen Gestalt«, heißt es 1983 in der längeren Version. (Puschmann, *Magisches Quadrat*, S. 69) Die kürzeste war schon vier Jahre zuvor formuliert worden: »Teufel (= Adorno)«. (Karol Sauerland, »Er wußte noch mehr«, S. 138)

25 Das Photo ist Hans Wyslings Dokumentation *Bild und Text bei Thomas Mann* entnommen. (S. 154) Es ist aus dem Zeitungsausschnitt, der die Meldung von Mahlers Tod enthielt, und befand sich im Besitz Thomas Manns. Ob er dieses, ein anderes oder gar kein Bild zur Vorlage seiner Beschreibung benutzte, ist nicht zu entscheiden, nötig hatte er bei seinem Merkvermögen keines. Auf anderen Mahler-Photos sind die beschriebenen Grübchen und die scharfgebogene Nase deutlicher zu erkennen; Kragen und »Schleifenschlips« trägt er auf den meisten. Als dämonisch, diabolisch und wörtlich auch teuflisch haben ihn so viele Zeitgenossen geschildert, daß es leichter wäre, die Literatur aufzuführen, in denen der Topos fehlt. Selbst für deren nur flüchtigen Kenner bedurfte es keinerlei Kombinationsgenies, sich Mahler als kleinen, zuckend aufstampfenden Teufel vorzustellen. Ein hinkender Teufel, der Concierge, erwartet auch Hans Castorp im Eingangsportal des Zauberbergs. Er ist mit zwei Funktionen aber schon so ausgelastet, daß wir ihm nicht gern noch zusätzlich die des Mahler-Signalements zuschöben. – Das Dämonische war vermutlich auch der Grund, warum es keinen Mahler-Essay von Thomas Mann gibt. Im Aufsatz über den von Mahler mitverehrten Dostojewski, über den er dann doch, wenngleich in Maßen, schrieb, bekundet er seine Scheu: »Vom Dämonischen, so fühle ich, soll man dichten, nicht schreiben. Es möge, tunlichst in humoristischer Verhüllung, aus der Tiefe eines Werkes reden; ihm kritische Essays zu widmen, erscheint mir, gelinde gesagt, als Indiskretion.« (IX, 657) – Sehr diskret auch gibt Thomas Mann in seinen wenigen öffentlichen Äußerungen über Mahler zu verstehen, daß der Austausch mit dem heiligsten Künstlerwillen seiner Zeit nicht ganz einseitig war. In den *Betrachtungen eines Unpolitischen* schreibt er, seine Kunstarbeiten, man urteile darüber, wie man wolle, seien immer gute Partituren gewesen, »auch haben Musiker sie geliebt, Gustav Mahler zum Beispiel hat sie geliebt«. (XII, 319) Das Beispiel ist kein zufällig gewähltes. Zwei Seiten vor der Nennung gibt Thomas Mann die Apotheose der Musik als der ethischsten Kunst, der Musik als moralischer Form. Das ist Mahler contra Wagner. (Vgl. wieder Maar, »Der Teufel in Palestrina«, S. 221 ff.)

26 In beiden Versionen ist der Beschriebene »unter Mittelgröße« (VIII, 456), das Haar ist beidemal in der Stirne gelichtet und an den Schläfen dicht, beidemal sitzt eine Brille auf der gebogenen Nase, ist der Mund groß und das weiche Kinn mit einer Kerbung versehen. Der teuflischen »Mischung aus Schärfe und Weichheit« entspricht in der Miniatur Aschenbachs Mund, »oft schlaff, oft plötzlich schmal und gespannt«. (VIII, 457)

III. Der stärkste Eindruck

1 »Der stärkste Eindruck«, in: *Die losen Blätter*, S. 15. Brechts Antwort steht auf der Rückseite.

2 »The figure of the little sea-maid from Hans Christian Andersen's fairy tale has aroused only peripheral critical attention [...].« (Fetzer, *Music, Love, Death*, S. 74) Das jüngst gezogene Resümee gilt um so mehr für die Figuren, die dem Leser nicht schon, wie die kleine Seejungfrau im *Faustus*, von der Textoberfläche her entgegenwinken. Was der Kritik dennoch ins Gesichtsfeld kam, wird im Lauf der Untersuchung angemerkt. Ihr selbst kam der mit Abstand bedeutendste Beitrag zum Thema erst im allerletzten Fahnenstadium vor Augen: das Andersen-Kapitel in Heinrich Deterings Studie *Das offene Geheimnis*. Die vielen verblüffenden und bis in den Wortlaut reichenden Übereinstimmungen der hier folgenden Interpretationen mit den textgenetisch viel gründlicher belegten Deterings lassen einen etwas an die getrennt aufgewachsenen Zwillinge denken, die regelmäßig die Brünette desselben Namens geheiratet haben, denselben Collie ausführen und dasselbe ausgefallene Rasierwasser benutzen. Sie beweisen aber nur, daß Hermeneutik funktioniert.

3 Hans Wysling, *Narzißmus*, S. 176–187 und Anm.

4 »Wie aus Thomas Manns eigenen Aussagen hinreichend bekannt ist, nahmen unter den frühen Leseerlebnissen seiner Kindheit die Märchen Hans Christian Andersens einen wichtigen Platz ein (XI, 108). Auch über jene Zeit hinaus behielten sie, gemäß ihrer Art, Kinder und Erwachsene gleichermaßen anzusprechen, den Wert fester Bezugspunkte. Dabei handelte es sich einerseits um Märchenfiguren mit biographischem Symbolwert für Thomas Mann wie anläßlich seiner erfolgreichen Brautwerbung um Katja Pringsheim, als er sich im Brief an Heinrich Mann vom 27. 2. 1904 mit Klumpe-Dumpe (aus *Der Tannenbaum*) verglich, der die Treppe hinunterfiel und dennoch die Prinzessin zur Frau bekam (BrHM, 50), bis hin zum standhaften – noch dazu einbeinig standhaften – Zinnsoldaten, auf den sich Thomas Mann kurz vor seinem achtzigsten Geburtstag mit der Bezeichnung ›Symbol meines Lebens‹ in einem Schreiben an Agnes Meyer berief (Br III, 375). Außer direkten Bezügen dieser Art finden sich Motive aus der Gestaltungswelt Hans Christian Andersens vor allem im Frühwerk Thomas Manns, doch auch noch im *Doktor Faustus*, wo sie jeweils als Teil eines komplexen thematisch-motivischen Beziehungsnetzes eingearbeitet wurden.« (TMH, 190) Für zusätzliche briefliche Auskunft sei Leonie Marx hier herzlich gedankt.

5 Was im Falle Wagners vor allem der hochauflösenden Lektüre Eckhard Heftrichs zu danken ist. Bei Steven Paul Scher, »Thomas Manns permanente ›Wagner-Krise‹«, findet sich eine Bibliographie der älteren Wagner-Literatur. (S. 264) Das jüngste Beispiel für Wagner-Philologie ist Ruprecht Wimmers Beitrag für die Heftrich-Festschrift *Wagner – Nietzsche – Thomas Mann*.

6 Frizen, *Zaubertrank*, S. 343. Frizen ist ein sehr genauer Quellenforscher, gründlicher Leser und subtiler Exeget. Daß auch ihm die tiefere Spur entging, beweist nur die Geschlossenheit der opinio communis.

7 Vgl. Eckhard Heftrich, *Vom Verfall zur Apokalypse*, S. 99–102d.

8 Vgl. auch Peter de Mendelssohn, *Der Zauberer*, S. 310 und Manfred Link, *Namen im Werk Thomas Manns*, S. 25. Link führt zwei, Mendelssohn einen Namen auf die Quelle zurück. Beide ziehen keine Schlüsse aus ihren Randbeobachtungen, waren dazu aber auch nicht angehalten.

9 Gerdas Schneeköniginnenkälte spiegelt offenbar die der Julia Mann. Eine bezeichnende Winzigkeit nur dazu, wie merkwürdig sich in Thomas Manns Leben das Muster und Urbild nicht etwa des Vaters, sondern das seiner Mutter durchsetzt: »[...] aber auch eine eigentümliche *Kälte* ihres Charakters war da im Spiel [...].« (Br Meyer, 163) Bis in die typographische Hervorhebung gleicht die Charakterisierung, die Thomas Mann von seiner Mutter gibt, dem verzerrten Selbstporträt des *Doktor Faustus*. (»Um ihn war *Kälte*«, VI, 13). Leverkühn, Schneekönigin und Gerda Buddenbrook als Urbild der kalten Mutter finden sich so in Kälte vereint. Zur Identifizierung der Mutter mit der Schneekönigin vgl. Sylvia Wallinger, »Gesundete Männlichkeit – gezähmte Weiblichkeit«, S. 250. Zur Mutteridentifikation vgl. auch Sommerhage, *Eros und Poesis*, pass.

10 1857 schrieb Andersen eine Apologie des Märchens, in dem er erst spät und, wie Brandes bemerkt, eher zufällig die ihn verewigende Gattung gefunden hatte (vgl. Brandes, 118): »Die Märchendichtung ist das am weitesten ausgedehnte Reich der Poesie, es reicht von den blutdampfenden Gräbern der Vorzeit bis zum Bilderbuch der frommen, kindlichen Legende, nimmt die Volksdichtung und Kunstdichtung in sich auf, sie ist mir Repräsentantin aller Poesie, und der, welcher sie beherrscht, kann in sie hineinlegen das Tragische, das Komische, das Naive, die Ironie und den Humor und hat hier die lyrische Saite, das Kindlichplaudernde und die Sprache des Naturbeschreibers zu seinem Dienst.« (A II, 591) In Andersens Märchen, die eben aufgrund dieses universalpoetischen Anspruchs nicht näher nach Sage, Legende, Fabel, Parabel, Stimmungsbild, Novelle unterschieden sind, wurde das Programm umgesetzt und erfüllt, das die Frühromantiker trotz *Lucinde* und *Heinrich von Ofterdingen* nur aufgestellt hatten. Thomas Mann mußte so wenig wie Andersen deren Fragmente studieren, um universalpoetische Potenzen im Märchen zu entdecken (studierte sie auch nicht, sondern las à la fortune du pot darin und ansonsten lieber im Brandes; vgl. Hans Joachim Sandberg, »Suggestibilität und Widerspruch« und Uwe Ebel, *Rezeption und Integration skandinavischer Literatur*, S. 33–41). Die Idee der Gattungsverschmelzung, Synthetisierung, Durchmischung und zwischen Gegensätzen spielenden Meta-Form hielt Thomas Mann schon deshalb wert, weil sie seinen Intentionen, das heißt seinen Stärken entgegenkam; davon abgesehen, daß sich mit ihr den Impertinenzen der Wagnerschen Gesamtkunstwerkästhetik etwas Innerliterarisches entgegensetzen ließ. Der Dichter allein war unfähig zur Universalpoesie, mindestens mußte er noch Schriftsteller sein, Kritiker, polyhistorischer Intellektueller. So wurde zum Vorteil, was Thomas Mann mit vielen als Schwäche anzusehen geneigt war. Als Tolstoi hätte er keine Universalpoesie nötig gehabt. Auch Tolstoi oder Goethe würden andererseits, schrieben sie in seiner Zeit, nicht so geschrieben haben wie Hauptmann oder Ponten. Epigone war jeder, auch Hauptmann, es

fragte sich, ob der Literat Stunde und Stand der Kunst nicht besser erfaßte als der aus der Unmittelbarkeit seines Herzens schöpfende Dichter. Die Universalpoesie war eine gute Antwort auf diese etwas beklemmende Frage. Schlegels Gang der unendlichen Reflexion durch den Spiegelsaal mußte aber als bei allen Differenzen letztlich hegelianischer oder hegeloider dem Verfasser des *Zauberbergs* eben der inneren Natur nach fremd bleiben, die seinen universalpoetischen Roman laut Vorsatz mit dem Märchen verband; dem Kunst-, nicht dem Volksmärchen, das der universalpoetischen Ansprüche entriet, wenn es auch schon bei den Brüdern Grimm nicht mehr so naiv war, wie es sich gab (zu Begriffsgeschichte und Sache vgl. Volker Klotz, *Das europäische Kunstmärchen*, S. 7–30). Dadurch, daß Thomas Mann seinen Roman als großes Märchen anlegte, sicherte er sich nicht nur den Schutz des mythisch Vorgeprägten, den er aus vielen Gründen nötig hatte, und nicht nur den Anspruch auf die Urpopularität des Märchens, nach der es ihn, wie nach den Dummen, verlangte. (Vgl. Wysling, *Narzißmus,* S. 187) Mit dem Kunstmärchen, das alle Poesie repräsentiert und darin Übergattung ist, aufnahmelustig für alles Disparate, der Haifischmagen als Form, wenn man mit Musil so will (vgl. Br Autoren, 390 f.), war mittelbar auch der Anschluß an eine ehrenvolle Avantgarde, an die avanciertesten Positionen der romantischen Ästhetik zu gewinnen. – Das wäre Hans Wyslings acht Gründen für Thomas Manns Märchenfaible vorläufig als neunter nachzutragen.

11 Zur Handlungsvorgabe der Morten-Episode durch Julia Manns Bericht über das Leben der Tante Elisabeth und durch die detailstiftenden Romane und Erzählungen Kiellands und Lies vgl. *Buddenbrooks*-Handbuch, S. 53 ff. Hans Christian Andersen wird in der Summa der *Buddenbrooks*-Forschung ein einziges Mal im Kapitel »Literarische Vorbilder« zitiert (S. 45), und zwar in einem Selbstkommentar Thomas Manns. Im Kapitel »Die Eigennamen« gar nicht mehr. Ebel führt den Namen Morten auf die Norweger zurück. (*Rezeption und Integration skandinavischer Literatur*, S. 157 f.)

12 Folgende Passage der Dünengeschichte hat Thomas Mann in seiner Gesamtausgabe seitlich angestrichen und mit »Tolstoi« kommentiert: »›Ja, uns ist es gegeben‹, sagte die junge Frau, ›aber wie vielen Tausenden wird nicht dieses Leben zu einer schweren Prüfung. Wie viele sind nicht in die Welt geworfen zu Armut, Krankheit, Schande und Unglück. Nein, wäre kein zukünftiges Leben, so wären die Güter dieser Erde ungleich verteilt, so wäre Gott nicht die Gerechtigkeit.‹« (GA, 68; die Zirkularität der Beweisführung wird dem Freund aller Komik nicht entgangen sein.) Mit Tolstoi vergleicht Thomas Mann Andersen noch ein zweites Mal (»Tolstois ›Albert‹: Das Violinspiel könnte von Andersen sein«, Tb, 14. 12. 1948), was Souveränität des Urteils verlangt – denn so schnell hätte keiner ausgerechnet den Kleinmeister mit ausgerechnet Tolstoi verglichen – und die Hochschätzung des erstern bezeugt.

13 Als anderes Namensvorbild weist Ebel die Antonia, in deutscher Übersetzung Antonie, aus Jonas Lies *Ein Mahlstrom* nach. Vgl. *Rezeption und Integration skandinavischer Literatur*, S. 153 f.

14 Im *Bilderbuch des Paten* wird der Pfeffergeselle (aus dem Dänischen ›Pebers-

vend‹, Hagestolz) wiedererwähnt: »Siehst du, dort in den Buden sitzen die alten Gesellen; sie dürfen sich nicht verheiraten; sie handeln mit Ingwer und Pfeffer, die Pfeffergesellen!« (A II, 367) Wie aus den Arbeitsnotizen hervorgeht, hatte Thomas Mann geplant, das Motiv der kleinen Verkaufsbuden ausführlicher zu behandeln. (Vgl. Studien, 325) In der Endfassung wird es auf einen Satz des Inhalts beschränkt, Tony kenne die graubärtigen Meister in den »kleinen, hölzernen Goldschmiedbuden, die in die Marktarkaden hineingebaut waren [...].« (I, 65) Als weiblicher Anton kennt sie die Buden sogar von innen.

15 »Es gibt in Kopenhagen eine Straße, die den sonderbaren Namen ›Hyskengasse‹ trägt, und weshalb heißt sie so, und was hat das zu bedeuten? Es soll deutsch sein, aber hier hat man dem Deutschen Unrecht getan: ›Häuschen‹ müßte man sagen, und das bedeutet: kleine Häuser; damals, und zwar viele Jahre lang, waren sie weiter nichts als hölzerne Buden, fast wie wir sie jetzt auf den Jahrmärkten aufgestellt sehen [...].« (A I, 556)

IV. Totentanz

1 Zum *Simplicissimus*-Zitat vgl. Ruprecht Wimmer, »Der Herr Facis et (non) Dicis«, S. 21 und pass. Zu Mahlers Schmerzenskritzeln in der Partitur der Zehnten Symphonie vgl. vorne Kapitel X und Maar, »Der Teufel in Palestrina«, S. 244.

2 Eingeweide, die denen nicht so unähnlich wären, die Nietzsche in der Konfession des Augustinus erblickt hatte. Vgl. Nietzsches Brief an Overbeck vom 31. März 1885, *Sämtliche Briefe* VII, S. 34.

3 Karens Sünden, die so harmlos sind, daß die ungeheure Strafexekution nur durch besondere emotionale Besetzung zu erklären ist, wiederholen zunächst die ihres Schöpfers. Andersen berichtet in seiner Autobiographie, wie er bei der Konfirmation so geblendet und eingenommen ist von seinen neuen Stiefeln, daß er für die Zeremonie gar keinen Sinn mehr hat. (*Meines Lebens Märchen*, S. 35) In seiner zu Recht gerühmten Andersen-Studie *The Kiss of the Snow Queen* stellt Wolfgang Lederer die roten Schuhe als Sexualsymbol heraus. Karen hieß Andersens ominöse Halbschwester. Andersen hatte sie im Verdacht, Prostituierte zu sein. Sie scheint aus dem Dunkel seiner Phantasien das bizarre Los der Märchenkaren zu dirigieren; wenn nicht, wie Lederer vermutet, auch sie nur vorgeschoben ist und die Mutter hinter ihr steht, mit der Andersen, als sein Vater Söldner war, das Bett teilte und die nach Lederers Diagnose schuld an dem war, was er Andersens Reinheitskomplex nennt. (Vgl. *Snow Queen*, S. 161f., 32–37, 114–117, 241) Falls Thomas Mann davon wußte und sich einen Reim auf den leicht inzestuösen Charakter der bearbeiteten Seelenregungen machen konnte, wird er sich – ein weiteres Mal – wiedererkannt haben.

4 Das Bekleidungsstück ist ein Sündenzeichen, das Karen mit einer anderen Figur und besseren Schwester teilt. Auf der Suche nach Kay nimmt Gerda aus der *Schneekönigin* »ihre roten Schuhe, das Liebste, was sie hatte«, um sie, ungleich

Karen, die an ihnen klebt, in den Fluß zu werfen. (A I, 264; vgl. Lederer, *Snow Queen*, S. 117) Ihre Fahrt, auch ein Kapitel für sich, wird uns noch in den Eispalast führen.

5 Vgl. Eckhard Heftrich, »Der Totentanz«, S. 346. Zur Vorlage, Lubitschs Stummfilm *Sumurun*, den Thomas Mann am 23. 9. 1920 mit Ponten sah, vgl. Christoph Schmidt, »Eine unbekannte kinematographische Quelle«.

6 Klaus Mann, *Der Wendepunkt*, S. 303 f.

7 Eine Zusammenstellung der Zeugnisse zu Lula Mann steht bei Marianne Krüll, *Im Netz der Zauberer*, S. 253–256. Krüll zitiert auch Golo Manns Ausdeutung der *Lotte in Weimar*-Stelle, an der Goethe und Thomas Mann über ihr weibliches Neben-Ich Cornelia und Lula sinnieren. (Vgl. *Erinnerungen und Gedanken*, S. 221) Nach Golo Mann war das Ende der Todessüchtigen das einer längst peinlich gewordenen Verwandten. (S. 220)

8 Marianne Krüll meint, Carlas Tod werde ähnlich umgehend wie von Heinrich im Drama *Die Schauspielerin* auch von Thomas Mann schon im *Tod in Venedig* verarbeitet. Mit der Novelle habe er »unbewußt ein Epitaph für sie« geschrieben. (*Im Netz der Zauberer*, S. 223) »Ich stelle mir vor [...]« (S. 228), schreibt die Autorin, führt aber nicht ein einziges Argument auf, durch das der Leser in Versuchung geraten könnte, ihrer Privatvorstellung zu folgen. Durch einen gleichmäßigen Regen von spekulativen Fragen deckt Krüll die vereinzelten Antworten ihrer fast fünfhundert Seiten unrettbar zu.

9 Daß Castorps Zuhause nur pro forma Hamburg ist, läßt der Erzähler durchblicken, indem er die Aufzählung der Weihnachtsgeschenke, die aus der »tiefen Heimat« nach Davos geschickt werden, mit »Marzipan« beschließt. (402)

10 Es gehört nicht zu den Aufgaben dieser Untersuchung, sei aber an ihrem Rand angemerkt: Thomas Mann hatte nicht den »Schatten eines Zweifels« daran, daß es bei Schrenck mit rechten übernatürlichen Dingen zugehe und hätte sich im Fall eines nachgewiesen betrügerischen Zugs darauf herausgeredet, daß damit noch nichts gegen die Echtheit der anderen Phänomene ermittelt wäre. (Vgl. Essays III, 311; Interviews, 60 f.) Ein einziges Mal, Jahrzehnte später, will er für die »genuineness of the phenomena« dann doch die Hand nicht ins Feuer legen. (Vgl. DüD II, 55) Die Leichtgläubigkeit teilte er mit vielen Zeitgenossen. Sein Essay *Okkulte Erlebnisse* ist auch heute noch gut genug, den Sinn des skeptischen Lesers schwankend zu machen. Diesem sei deshalb versichert, daß es sich bei dem okkult Erlebten klipp und klar um Betrug handelte. Schrencks Medium Willi Schneider, der gute Willi S. des Essays, wurde entlarvt, das Teleplasma bestand aus Chiffon-Streifen. (Vgl. Essays III, 799 f., Anm.) In den Fachorganen der professionellen Illusionisten läßt sich nachlesen, wie die vorgeblich paraphysikalischen Phänomene erzeugt werden, etwa das (im *Zauberberg* als Glasrücken inszenierte) Befragen jenseitiger spirits durch Tischklopfen: »›Meine Damen und Herren, ich bin oft beschuldigt worden, physikalische Kniffe anzuwenden, um den Tisch zu beeinflussen. Aber ich werde Ihnen beweisen, daß meine bloße Anwesenheit im Raum genügt, die Verbindung mit diesem freundlichen Geist aufrecht zu erhalten.‹ Sie verlassen den Tisch und sprechen ihn aus einiger Entfer-

nung an: ›Bist du noch da?‹ Erneut kippt der Tisch nach einer Seite und richtet sich wieder auf. Sie fragen: ›Würdest Du bitte den Geist von (hier bitten Sie einen der Anwesenden, Ihnen den Namen eines verstorbenen Verwandten zuzuflüstern, nehmen wir an, er wird Jack genannt) ... Jack herbeirufen? Bitte, rufe Jack. Wir möchten mit ihm sprechen!‹ Bitten Sie nun eine am Tisch sitzende Dame, ihre Hand unter die Tischplatte zu bringen. Dann bitten Sie den Geist, diese Hand zu berühren. Die Dame wird in neun von zehn Fällen behaupten, daß sie etwas Kaltes fühlt. Falls sie es nicht tut, macht das nichts. Aber erinnern Sie sich, das Licht ist stark gedämpft, und unter solchen Bedingungen bildet man sich vieles ein.« Einige Kunstgriffe später: »Von nun an können Sie feststellen, daß der Tisch mit einer solchen Präzision Klopfgeräusche hervorbringt, daß man meinen könnte, ein verborgener Motor sei die Ursache. Alle Mitwirkenden sind jetzt restlos von der Sache ergriffen und überzeugt. Das ist der Zeitpunkt, wo der Tisch allein von einer Person kontrolliert werden kann. Schicken Sie deshalb eine Person nach der anderen weg, bis nur noch eine übrigbleibt. Am besten eine Dame. Sagen Sie ihr, sie möge ihre Aufmerksamkeit auf den Tisch richten. Und nun solle sie den ›Geist‹ bitten, ihren Namen zu nennen. Der Tisch reagiert meistens sofort und buchstabiert den Namen der Person. – Niemand kennt bis dahin diesen Namen! Fragen Sie den Geist nach dem Alter der Person, nach der Straße, nach der Hausnummer. Auf jede Frage folgt die richtige Antwort. Warum? Weil die Person nur Fragen stellt, deren Antwort sie kennt und unbewußt erwartet. Die Antworten werden wieder nur durch die Vibration der Finger hervorgebracht.« (Eddie Joseph, »Ihr guten Geister – erscheinet«, Teil 5, S. 132 f.) – Man betrachte auch einmal die Abbildungen der Reihe »Geister und Geisterjäger« in der Zeitschrift *Magie,* und erwäge dann Thomas Manns Argument, es sei dem Medium unmöglich, bei so eisern gehaltenen Händen direkt verursachend einzugreifen. (Vgl. Essays III, 347 und Abbildung mit Bleigummihand, *Magie,* 1/1991). Sehr ernüchternd auch die Photographie, auf der das Medium unschwer erkennbar als Geisterhand seinen Fuß ausstreckt. (*Magie,* 5/91) Sie ist keinem andern Buch entnommen als Schrenck-Notzings *Materialisations-Phänomenen.* In einem Kommentar zu dieser Reproduktion berichtet der Weiße Magier le Grand über die schon 1914 erschienene Gegenschrift des Münchner Arztes Gulat-Wellenburg *Moderne Medienforschung.* »Die Tricktechnik des Mediums, das jeweils vor der Séance in ein Ganzkörpertrikot eingenäht wurde, entlarvt er [Gulat-Wellenburg] als artistische Verrenkung der Beine und Rumination (Wiederhervorwürgen geschluckter Gegenstände). In der Kabinettwand findet er Nadeleinstiche dort, wo während der Sitzung die ›Apporte‹ geschwebt hatten.« Das Medium war eben die Eva C., die auch Thomas Mann als Zeugin anführt. (Vgl. Essays III, 328) »Eine Artikelreihe des Publizisten Paul Heuze in der ›l'Opinion‹ erregte damals so viel Aufsehen, daß sie nachfolgend als Buch unter dem Namen *Les Morts vivent-ils?* veröffentlicht wurde. Dadurch veranlaßt, entschlossen sich Professoren der Psychologischen Fakultät der Sorbonne, die Kräfte Evas unter strengster Kontrolle zu untersuchen. Arme und Beine des Mediums verblieben während der Sitzung in festem Griff des Komitees außerhalb des Kabinetts. [...]

Außer einigen Speichelflecken vermochte das Medium nichts zu materialisieren. [...] Mit ihren Materialisationen ist Eva C. ein klassisches Beispiel dafür, wie weit die jeweils angewandten Kontrollen den Erfolg der Sitzung direkt beeinflussen. Konnte sie noch anfangs in Algier Gestalten produzieren, die durch den Raum wandelten oder gar lebende Vögel aus dem Kabinett fliegen lassen, so beschränkten sich ihre Münchner Sitzungen nur noch auf flach modellierte Masken und andere dubiose Apporte, um dann unter noch gesteigerten Vorsichtsmaßnahmen letztendlich ganz zu versiegen.« (Guillaume le Grand, »Materialisationsphänomene«, S. 174) Unser Zauberer schreibt korrekteres Deutsch, verstand aber weniger von der Sache.

11 Stolz war auch ein noch lebendes Geschwister, dessen Abwesenheit im *Zauberberg* ähnlich unwahrscheinlich wäre wie die der Verstorbenen. Der kranke, lebensgierige, von Castorp ambivalent verehrte Mynheer Peeperkorn hat auch ein, zwei Züge des großen Bruders, an dessen Krankenbett es im Januar 1922 – der Roman steht im sechsten Kapitel – zur Versöhnung gekommen war. Mit Hauptmann wird Heinrich gleich sanft mitentthront, was im Falle Heinrichs genauer heißt, daß seine Abdankung akzeptiert wird. »Du denkst an Abdikation, Albrecht?« fragt Klaus Heinrich den älteren Bruder, den er vorm Volk vertreten will. (II, 156). Am Bett des verstorbenen Peeperkorn bestätigt Madame Chauchat: »C'est une abdication«. (867) Zu »Abdikation« als Antwort auf *Abdankung,* die Erzählung, »die Heinrich dem Bruder warnend gewidmet hatte«, vgl. Herbert Lehnert, »Weibliches, Männliches und Väterliches als Ausdruck des Bruderzwistes«, S. 33.

12 Vgl. auch Heftrich, *Zauberbergmusik,* S. 153. Nach Frizen soll der Leser Elisabeths Gebet an die Jungfrau im dritten *Tannhäuser*-Akt dazudenken. (*Zaubertrank*, S. 273)

13 Hans Christian Andersen hatte 1846 in Leipzig die Tannhäuser-Ouvertüre gehört, »und geklatscht, während ringsum Opposition herrschte«. (Martin Gregor-Dellin, *Richard Wagner*, S. 403) Es ist nicht auszuschließen, daß ihm der Stoff über Wagner vermittelt wurde. Am 24. August 1855 kam es auch zu einer persönlichen Begegnung, Andersen besuchte Richard Wagner in Zürich und verlebte, wie er später wissen ließ, eine unvergeßlich glückliche Stunde mit ihm. (Ebda., S. 404 f.)

14 Die musikalische Tradition des Lindenbaums beschränkt sich nicht auf das in »Fülle des Wohllauts« als oberste Frucht der Romantik abgeschüttelte Lied. »Unter dem Schatten einer großen Linde liegt Tristan, auf einem Ruhebett schlafend, wie leblos ausgestreckt.« (III, 1) Nach Wagner vertont ihn auch Mahler, unter anderem im vierten der *Lieder eines fahrenden Gesellen:* »Unter dem Lindenbaum der hat / Seine Blüten über mich geschneit, / Da wußt ich nicht, wie das Leben tut«. (Lieder, 289; vgl. Tb, 24. 10. 1946)

15 Das »Pfeiffering« des Volksbuchs – vgl. Bergsten, *Untersuchungen zu den Quellen*, S. 58 – ließ nicht nur das Teufelsmotiv des Pfeifens anklingen, sondern bot auch die Möglichkeit, auf den Pfeffer zu kommen, der im von Thomas Mann dazu erfundenen »Pfeffering« steckt.

16 Vgl. Siegmar Tyroff, *Namen bei Thomas Mann*, S. 152. Doris Rümmele überzieht in ihren Namensauslegungen immerfort, die Peeperkorn-Wurzel aber läßt sie unberührt. (Vgl. *Mikrokosmos im Wort*, S. 89 f.) Peter de Mendelssohn nennt als Namensvorbild den aus Java stammenden Ex-Kaffeehändler van dem Peerenboom. (*Nachbemerkungen*, S. 86 f.) Fontane und Andersen stoßen hier nicht zum letzten Mal zusammen.

17 Vgl. zusammenfassend Hans Wysling, »Unzulänglichkeiten in obern Rängen«.

18 Eine schöne Aufstellung gibt der auch der Thomas-Mann-Forschung bekannte Walter A. Berendsohn unter dem nicht wenig erfreulichen Titel »Der Tod als täglicher Gast in der Werkstatt des Dichters«: »Nur 1/6 der 156 ›Märchen und Geschichten‹ ist ganz frei von jeglichem Hinweis auf den Tod. In nicht weniger als 24 Erzählungen ist der Tod das alleinherrschende Hauptthema, in 25 andern, meist biographischen Geschichten steht der Tod als stark betonter Abschluß, in zwei Serien (›Die Glücksgaloschen‹ und ›Ole Augenschließer‹) füllt die Schilderung des Todes die letzte Geschichte als Höhepunkt des ganzen Werkes an. [...] Von den *vielerlei Arten zu sterben*, die Andersen in seinen ›Märchen und Geschichten‹ darstellt, will ich nur eine Anzahl herausheben, die merkwürdig sind oder die er besonders eingehend beschreibt: Der Zinnsoldat und die Tänzerin sterben zusammen im Kachelofen. (›Der standhafte Zinnsoldat‹). In drei von den vier Erzählungen der Winde ist vom Tode die Rede: der Nordwind ertränkt die Walfischfänger, der Westwind sieht einen Büffel im Strom treiben und mit einem Wasserfall hinabstürzen, der Südwind begräbt eine ganze Karawane im Sande (›Der Garten des Paradieses‹). Ein kleines Kind träumt sich zu Tode im Mühlendamm. (›Die Störche‹). Ein junges Mädchen stirbt aus Sehnsucht nach ihrem Geliebten, der ermordet worden ist; seinen Kopf hat sie in einem Blumentopf begraben. (›Der Rosenelf‹). Die Hindufrau wird lebend mit ihrem toten Gatten verbrannt. (›Die Schneekönigin‹, die Erzählung der Feuerlilie).« – Berendsohn unterläßt hier die sich gewiß auch ihm anbietende Abschweifung zu den *Vertauschten Köpfen*. – »Karen stirbt aus Freude, als sie endlich wieder am Gottesdienst teilnehmen darf. (›Die roten Schuhe‹). Die Sperlingsmutter, geputzt mit rotem Kamm und goldenen Flügeln, wird von den Vögeln zu Tode gehackt, darunter sind ihre eigenen Kinder. (›Die Nachbarfamilien‹). Das arme Mädchen erfriert in der Neujahrsnacht mitten in der Stadt. (›Das kleine Mädchen mit den Schwefelhölzern‹). Der kranke Knud, auf der Wanderung heimwärts, erfriert auf der Landstraße unterm Weidenbaum (›Unterm Weidenbaum‹). Wir erleben die letzten 24 Stunden der Waschfrau. (›Sie taugte nichts‹). Ib wird nach Kopenhagen geführt, damit er gerade anwesend sein kann in der letzten Stunde der todkranken Christine. (›Ib und die kleine Christine‹). Andersen geleitet uns zu einem deutschen kaufmännischen Angestellten in Bergen im Mittelalter und schildert seinen einsamen Tod (›Die Nachtmütze des Junggesellen‹). Die alte Margarethe opfert ihre letzten Tage, um die Bewohner der ganzen Stadt vor der Springflut zu retten. (›Etwas‹). Der glückselige Tod der Eintagsfliege wird ebenso liebevoll beschrieben wie der des alten Eichbaums. (›Der letzte Traum des alten Eichbaums‹). Der Wind bläst Johanne über Bord, als sie Heuer annimmt als Matrose. (›Der

Wind erzählt von Waldemar Daa ...‹). Anne Lisbeths vernachlässigter Sohn ertrinkt. (›Anne Lisbeth‹). Clara stirbt in Jörgens Arm, während er mit ihr an Land schwimmt vom sinkenden Schiff. (›Eine Geschichte aus den Dünen‹). Rudy stirbt am Hochzeitstag im eiskalten Wasser, seine Mutter in der Eiskluft, sein Onkel unterm Luftdruck einer Lawine (›Die Eisjungfrau‹). Mitten während des Gottesdienstes in der Weihnachtsnacht tötet Jens Glob den Bischof und alle seine Mannen (›Der Bischof von Börglum ...‹). Es gibt sehr zahlreiche Fälle verschiedener Todesarten. Aber einen richtigen Einblick in Andersens makabre Dichterphantasie bekommen wir erst, wenn wir uns den Einzelheiten der Darstellungen zuwenden.« Und unerschrocken handelt Berendsohn auf weiteren sieben nicht minder prallen Seiten die Themen »Andersens Phantasie bei der *Leiche*«, »Totenköpfe und Skelette«, »Begräbnis und Kirchhof«, »Hinterbliebene«, »letzte Visionen von Sterbenden« und endlich »Unsterblichkeit« ab. (*Phantasie und Wirklichkeit in den »Märchen und Geschichten« Hans Christian Andersens*, S. 161–172) Wir haben aber genug gehört, um nicht mehr daran zu zweifeln, daß Mann bei Andersen genügend faustischen Duft, Kreuz, Tod und Gruft vorfand, um sich so recht heimisch fühlen zu können.

19 Vgl. auch Heftrich, »Totentanz«, S. 345. Das »zäh« weist wiederum auf den Herrenreiter; vgl. Anm. XII, 6

20 Ebda.

21 Was wieder etwas zu viel Übereinstimmungen wären, als daß man sie gern Gevatter Zufall aufbürdete. Die eine Nicht-Übereinstimmung, das Geschlecht des floral beglückten Moribunden, wird von Hans Castorp, der Hippe-Chauchat im Kopf hat, bei der Entwicklung seines Plans umständlich und komisch gerechtfertigt: »[...] Gut, wir schicken dem Betreffenden – oder ihr – ihm oder ihr, je nachdem – einen Blumentopf aufs Zimmer, eine Aufmerksamkeit von zwei ungenannten Kollegen, – beste Genesungswünsche, – das Wort Genesung bleibt höflicherweise immer am Platz. Dann werden wir dem Betreffenden natürlich doch genannt, und er oder sie läßt uns in ihrer Schwäche einen freundlichen Gruß durch die Tür sagen, und vielleicht lädt sie uns auf einen Augenblick ins Zimmer ein, und wir wechseln noch ein paar menschliche Worte mit ihm, bevor er sich auflöst.« (412) Da hätte statt Leila also genausogut ein Junge vorliegen können.

22 Vgl. Wysling, *Narzißmus*, S. 180f.

23 Vgl. Heftrich, »Totentanz«, S. 344. Der von Heftrich gesehene Claudius-Bezug schließt den Andersenschen nicht aus, noch umgekehrt.

24 Vladimir Nabokov, *Pnin*, S. 91.

25 »Generalprobe ›Lied der Erde‹ von Mahler. Ergriffen«. (Tb, 6. 2. 1921) Zehn Jahre nach der Münchner Uraufführung unter Walter, die er noch während der Arbeit am *Tod in Venedig* besucht hatte, hört Thomas Mann das Spätwerk Mahlers wieder, das ihn über die Jahrzehnte hinweg am stärksten beeindruckt und im *Zauberberg* seine Spuren nicht erst in »Schnee« hinterlassen hat. »Schnee« wird vom Abschnitt »Hippe« minuziös vorbereitet (vgl. Anm. VII, 4), und auch schon dort – und auch dort nicht unvorbereitet – finden sich Textpartikel aus dem *Lied von der Erde*. In »Hippe« macht Castorp seine erste große Exkursion in die

Bergwelt. Er singt opernhaft, hat Katzenjammer und fühlt sich von dem »Kuhglockengeläut« angezogen, dem Schönberg in seiner Prager Mahler-Rede, einer Hauptquelle des *Doktor Faustus*, »kühlen Trost« zusprach (vgl. Maar, »Der Teufel in Palestrina«, S. 242 f. und den Quellenentdecker Hanspeter Brode, »Musik und Zeitgeschichte im Roman«, S. 462). Dann ereignet sich dies: »Zwei bärtige Männer kamen ihm entgegen, mit Äxten auf den Schultern, und trennten sich, als sie nahe herangekommen. ›Nun, so leb' wohl und hab' Dank!‹ sagte der eine zum andern mit tiefer, gaumiger Stimme, legte seine Axt auf die andere Schulter und begann ohne Weg und mit knackenden Tritten zwischen den Fichten zu Tal zu schreiten.« (167) Ob man die durch Bart und Axt leicht dionysisch belasteten Männer als – diesmal noch knapp vor Castorp abschwenkende – Todesboten ansprechen will, oder ob die zwei tiefstimmigen Männer, im Umkehrmotiv, schon auf die zwei stimmlos keifenden Hexenweiber deuten (deren Tritte dann deshalb schon »knacken« wie später die Knöchlein, 683, und noch später, im Poem des Abgeschiedenen, der Winterwald, 921): das Auffälligste der Episode ist ohne Frage die feierliche Trennung der beiden Männer, der zeremonielle Abschied, wie Mahlers Sechster Satz ihn mit Namen nennt und auskomponiert. Daß wirklich *Der Abschied* und das *Lied von der Erde* mitgemeint sind, wird aus den wörtlichen Übernahmen deutlich. Bei Mahler heißt es: »Ich harre sein zum letzten Lebewohl« und »Ich suche Ruhe für mein einsam Herz«, was das »Ich weine viel in meinen Einsamkeiten« des Zweiten Satzes *Der Einsame im Herbst* aufnimmt. (Lieder, 91, 89) »Es hatte so sonderbar in der Einsamkeit geklungen, dieses ›Leb' wohl und hab' Dank‹, und träumerisch Hans Castorps vom Steigen und Singen benommenen Sinn berührt« (167 f.) – so faßt es der Erzähler noch einmal zusammen. (Vgl. auch Sandt, *Mythos und Symbolik*, S. 159) Ein drittes Mal wiederholt er es schließlich, und da weint auch Castorp: »›Nun, so leb' wohl und hab' Dank!‹ sagte er und bekam Tränen in die Augen, während er lächelte.« (174) Das verschlossen eingeführte »Abschied«-Motiv hat sich aber schon zuvor preisgegeben, durch ein winziges Handlungs-, nicht Sprachzitat. Hans Castorp spricht das Abschiedswort leise nach und steigt dabei noch ein Stück über die Hütte hinaus, »da es ihm darum zu tun war, die Baumgrenze zu erreichen«. (168) Damit ist er die Nachfolge des Mahlerschen Einsamen angetreten, der sein letztes Lebewohl sagt, um in die Berge (den Tod, die Ewigkeit) zu steigen. Noch ist er aber Zeit und Welt nicht ganz abhanden gekommen, ein Blick auf die Uhr hält ihn zur Umkehr an. Doch die Begegnung mit den Abschieds-Männern hat ihn fürs Leben initiiert: »›Aber wie die Leute hier reden‹, rief er; ›das niedere Volk, – so würdig und feierlich: es klingt zuweilen wie Poesie. [!] ›Nun, so leb' wohl und hab' Dank!‹ wiederholte er, indem er die Sprechweise des Holzknechtes nachahmte. ›So habe ich es im Walde gehört, und ich vergesse es meiner Lebtage nicht. Dergleichen verbindet sich dann mit anderen Eindrücken oder Erinnerungen, weißt du, und man behält es bis an sein Lebensende im Ohr. – Und Krokowski hat also wieder von ›Liebe‹ gesprochen? [...]‹« (263)

26 Thomas Manns hochgradig unmathematischem, aber zahlenverzaubertem Sinn konnte noch eine Übereinstimmung wie die, daß Goethe im selben Lebensjahr

wie er das erste eigene Gefährt erwarb, zur Befriedigung und Bestärkung des Gefühls von halb mythischem, halb metempsychotischem Nachleben dienen. (Vgl. Thomas Sprecher, *Thomas Mann in Zürich*, S. 61) Da wird ihm die Koinzidenz, daß Andersen 1875 starb, nicht entgangen sein. Kaum auch später die zweite, daß Andersen siebzig geworden war und also so alt, wie er selbst werden zu sollen lange annahm.

27 Vgl. z. B.: »Empfinde dabei [im Vergleich mit Anna Seghers] Spiel, Witz und Ironie als Leere und meine Unkenntnis des Volkslebens als beschämend. Schließlich ist mein Werk ein Notbehelf – mit einigem Kulturreiz.« (Tb, 3.7.1950)

28 Dem Ausdruck »Camouflage« gibt Heinrich Detering im Einleitungskapitel seines Buchs *Das offene Geheimnis* terminologischen Status. Vgl. auch Maar, »Nase und Krug«, in: *Die Feuer- und die Wasserprobe*.

V. Die kleine Seejungfrau

1 Es ist immer das jüngste Geschwister, das durch Qual zur Erlösung gelangt, so auch in den *Wilden Schwänen*. »Es waren sechs schöne Kinder, aber die jüngste war die schönste von allen«. (GA, 259) Thomas Mann hat die Stelle angestrichen. Es ist klar, wieviel Bedeutung er vor allem in jungen Jahren der Tatsache beimaß, Heinrichs kleiner Bruder zu sein. Das »Er« im folgenden Satz der *Betrachtungen eines Unpolitischen* ist weit, es umfaßt den offiziellen Gegenstand, Eichendorffs Taugenichts, dann Andersens *Tölpel-Hans* (der Titel ist einer der markierten), damit auch Hans Castorp und schließlich den besonnten Teil seines, des Schreibers, Selbstbildes: »Er ist von der Familie der jüngsten Söhne und dummen Hänse des Märchens, von denen niemand etwas erwartet und die dann doch die Aufgabe lösen und die Prinzessin zur Frau bekommen.« (XII, 378) Die auch er dann bekam, ein besserer Klumpe-Dumpe, wie von Leonie Marx zitiert. Nicht unvermerkt wird im übrigen gelassen, daß Eichendorffs Märchenhans in Italien »eine Zeitlang für ein verkleidetes Mädchen gilt«. (Ebda.)

2 Vgl. Fetzer, *Music, Love, Death*, S. 32. In Verbindung mit Leverkühns Komposition *Meerleuchten* wird deutlich, daß nicht Eichendorff mit dem Marmorbild gemeint ist.

3 Vgl. auch Dunsby, 66. Maren Dunsbys Aufsatz über die Wirkung der *Seejungfrau*, der mit einer Ausnahme beste Beitrag zum Thema Andersen und Thomas Mann, hätte die über dessen Werk gebeugte Forschung aufstören und neugierig machen müssen, blieb aber, da er von der Andersen-Seite kam und in einem ihrer entlegenen Organe veröffentlicht wurde, bis heute unbeachtet. Bei kleineren Irrtümern und einer nicht völlig lotrechten Gesamtdeutung enthält er mehr treffende Einzelbeobachtungen, als an irgendeinem andern Ort zu diesem Thema anzutreffen wären, ausgenommen wieder die große Studie Heinrich Deterings.

4 Vgl. Dunsby, 67.

5 Der Beweis wurde in der Andersen-Forschung immer wieder bestritten, so zuerst von Hjalmar Helweg 1928 in der *Zeitschrift für die gesamte Neurologie und Psychiatrie*. Vgl. Elias Bredsdorff, *Hans Christian Andersen*, S. 364–369. Seine

objektive Triftigkeit tut auch nichts zur Sache. Es scheint sich aber die Meinung durchzusetzen – vorsichtig gesagt –, daß die Widerlegungsversuche weniger überzeugend sind als die Indizien für eine wo nicht manifeste Homosexualität, so doch homoerotische Neigungen. Vgl. Wolfgang Popp, *Männerliebe*, S. 350–357. Dort wird der Streit in der Forschung zusammengefaßt, auf dessen Neuanzettlung oder auch nur Wiedergabe deshalb leichten Herzens verzichtet werden kann, weil nicht das wahre Leben Hans Christian Andersens, sondern Manns Bild von ihm interessiert, und auch das nur als heuristisches Mittel zum Zwecke besserer Lektüre. Das hindere uns nicht an der Bemerkung, daß niemand, der nur z.B. Andersens *Metallschwein* – oder neuerdings Detering – gelesen hat, den Verfechtern seiner Heterosexualität etwas anderes schenken kann als ein Lächeln. – Für heterosexuell hält ihn auch Lederer nicht, der Andersens Homosexualität mit hörenswerten Gründen anzweifelt, sondern für etwas rätselhaft Drittes. Dies Dritte dürfte dem sehr nahe liegen, was in der Thomas-Mann-Forschung seit Wyslings *Krull*-Buch als Narzißmus untersucht wird. Die gelegentliche Indifferenz gegenüber fremdem Leid (vgl. Lederer, *Snow Queen*, S. 159), das Angezogensein von Kindern, Schwestern, jungen Männern, bei kalten, aber sinnlichen Müttern und abwesenden Vätern, scheint bei Andersen so gut ein Komplex zu sein wie bei Thomas Mann. Zur Dechiffrierung der Märchen vgl. auch Anm. V, 28 und vor allem wieder Detering.

6 Aus dem Inhaltsverzeichnis der Jahrbücher: »Die objektive Diagnose der Homosexualität«, »Aus dem Seelenleben des Grafen Platen« (1899); »Michel Angelo's Urningtum«, »David und der heilige Augustin, zwei Bisexuelle« (1900); »Neue Studien auf dem Gebiete der Homosexualität«, »Sind sexuelle Zwischenstufen zur Ehe geeignet?«, »Oskar Wilde«, »Vom Weibmann auf der Bühne« (1901); »Interessante Beobachtungen aus dem Gebiete des Scheinzwittertums«, »Homosexualität und Beruf«, »Homosexualität und Bibel«, »Der Daseinszweck der Homosexuellen«, »Johann von Müller, der Geschichtsschreiber«, »Heinrich der Dritte, König von Frankreich und Polen« (1902); »Ursachen und Wesen des Uranismus«, »Brief Wolfgang von Goethes über die mannmännliche Liebe in Rom«, »Über die androgynische Idee des Lebens« – ein Aufsatz, der den Quellenforschern speziell des *Joseph* ans Herz gelegt sei; vgl. auch Anm. V, 35

7 Böhms Arbeit *Zwischen Selbstzucht und Verlangen* wendet sich insofern gegen Wyslings Narzißmus-These, als sie die unbestritten neurotischen Symptome zu sekundären, erst durch die Stigma-Erfahrung des Homosexuellen bewirkten erklärt. Das bedeutet zum Beispiel für das Motiv des Liebesverbots: »Die Grunderfahrung, die das Liebesverbot leit- und leidensmotivisch formuliert, ist nicht das ›Nicht-lieben-*können* [...] des Narziß, es ist das Nicht-lieben-*dürfen* des stigmatisierten ›Homosexuellen‹. Die Entwicklung des Motivs verläuft parallel zu der der Figur des ›Leidenden‹. Das zunächst nur passive Erfahren eines ›Unerreichbaren‹ und ›Verbotenen‹ mündet ein in seine Instrumentalisierung im Dienst von ›Berufung‹, ›Erfolg‹ und ›Größe‹. An die Stelle eines übermächtigen, Glück und Liebe verhindernden Schicksals tritt das Teufelsbündnis mit dem Erfolg. Dieser hat das ›Du darfst nicht lieben‹ zur Bedingung. Das Liebesverbot wird zur

Grundlage der Leidensteleologie. Womit der Triebverzicht eine nachträgliche metaphysische Legitimation erfährt.« (S. 165) Thomas Mann selbst stellt durch den Mund Goethes immerhin einen direkten Zusammenhang zwischen Narzißmus und Homosexualität her: »Die Verführung durchs eigene Geschlecht möchte als Phänomen der Rache und höhnender Vergeltung anzusehen sein für selbstgeübte Verführung – des Narkissos Betörung ist sie ewig durch das Spiegelbild seiner selbst.« (II, 682) Die Dinge liegen vielleicht doch nicht so einfach. Thomas Mann hätte man sich auch in einer permissiven Epoche schwer als ausgeglichenen Knabenliebhaber denken können. Im Tagebuch bezweifelt er sogar, ob die Wirklichkeit ihn je dazu tauglich gefunden hätte. (Tb, 6. 3. 1951) Wenn Böhm recht hätte, wäre die Psyche Thomas Manns bis in die späte Jugend unverwundet herangereift und dann vom Schock der falschen Geschlechtspräferenz kalt erwischt worden. Ersteres stimmt wohl nicht. Vgl. wieder Anm. V, 5

8 Vgl. Br Grautoff, 84, 88. Thomas Mann schätzte Moll nicht, ließ aber Grautoff finanzielle Unterstützung zukommen, als der sich zu therapeutischer Behandlung nach Berlin begab. Vgl. auch Gerhard Härle, *Männerweiblichkeit,* S. 200.

9 Vgl. Jb I, 472 und Jb IV, 898, 902. Vgl. auch X, 448. Der *Gesellschaft* hatte Thomas Mann sein Debüt mit *Gefallen* zu verdanken, noch 1900 brachte sie *Luischen.*

10 Jb II, 440. Die Eintragung »Kurt Martens, Schriftsteller, München« steht in der Petition Jb I, 256. Der Briefwechsel zwischen Thomas Mann und Martens läßt vermuten, daß sie über die gemeinsam bekämpfte Liebe zum eigenen Geschlecht geredet hatten. Die Widmung eben des *Tonio Kröger* gilt wohl deshalb dem Freund, dem die Novelle ganz persönlich so gut liege. (Br Martens I, 206) In Martens' Autobiographie heißt es: »Weil manch inneres Erlebnis darin mein eigenes war so gut wie das seine, beschloß er, mir die Novelle in seinem nächsten Sammelband zu widmen.« (Ebda., 207) Zuvor hatte Thomas Mann ihm geschrieben, trotz Unterschiede in den »Masken« seien sie in den »Problemen, inneren Conflicten, Absichten, Schmerzen, Sehnsüchten«, darin glaube er nicht zu irren, »so grundverwandt, wie nicht leicht zwei Künstler es sein können ...« (Ebda., 200) Das zu Maskierende war das, was Hirschfelds *Jahrbücher* lobend an Martens Roman hervorhoben. Martens avancierte zu einem der einhändig abzählbaren Duz-Freunde. (Vgl. XI, 108) – Später unterschrieb übrigens auch Thomas Mann einen Protest gegen den § 175. Vgl. Härle, *Die Gestalt des Schönen*, S. 83, Anm. Und noch später, ein Jahr vor seinem Tod, erwähnt er in einem Brief an Paul Orlowski den »etwas degoutanten Typ des ›Schwulen‹ mit seinem verdreht weibischen Akzent, die ›Zwischenstufe‹«, womit ihm der Titel der Jahrbücher dann doch noch herausgerutscht wäre. (Vgl. Tb 1953–1955, Anhang, S. 557f.)

11 Schon in der *kleinen Seejungfrau* findet sich das dort dem Hauptmotiv der Polarität untergeordnete Augen-Motiv des *Doktor Faustus*. Sie hat blaue Augen und ist von den schwarzen des Prinzen angezogen. So fügte sich wieder alles zusammen.

12 Lederer geht bei seinem Referat des Hirschfeld-Beitrags auf diesen Satz, der den restlichen Indizienbeweis des Biographen übrigens logisch überflüssig macht, nicht ein.

13 Zur Collin-Beziehung vgl. Deterings Andersen-Kapitel.

14 Ein heute nicht mehr gebräuchliches Wort für Homosexueller. Über seine Geschichte berichtet Frank Busch. (*August Graf von Platen - Thomas Mann*, S. 43 f. und pass.) Ab 1903 möchte Hirschfeld den seit 1869 vordringenden Terminus Homosexualität durch den aus Platos *Gastmahl* entlehnten des Uranismus ersetzen, zugunsten seiner Theorie vom dritten Geschlecht. Freud wiederum zieht den Begriff Inversion dem von Westphal geprägten »konträr-sexuell« vor. Thomas Mann kannte den Begriff »Urning« (»Zum Abendessen Prof. Pollack, alter Urning, ganz angenehm«, Tb, 4. 10. 1950), was nicht zwingend, aber schwach für die Lektüre der einschlägigen Homosexuellen-Literatur spricht.

15 Das von Hans Castorp erwähnte geheime Erkennungszeichen (702) wird bei Hirschfeld als eines der Homosexuellen geführt: »das Berühren der Handfläche des Partners mit dem Zeigefinger beim Händedruck«. (Jb V, 99) Im Jahrbuch 1900 konnte Thomas Mann auch die explizite Verbindung Geheimgesellschaft – Homosexuelle finden: »So erfuhr ich zuerst überhaupt von der Existenz einer solchen ›Sekte‹, deren übrige Mitglieder mir von da ab volles Vertrauen entgegen brachten [...].« (Jb II, 59) »Und sobald man in den Kreis dieses Sexual-Freimaurertums als Wissender tritt, welch ein Erstaunen ergreift einen, gelangt man zu einer Uebersicht der Zahl.« (Jb II, 69) »›Wahrhaftig, das ist ja ein förmliches Freimaurertum, das – wie das echte, staatlich privilegierte – durch ganz Europa, durch alle Gesellschaftskreise geht, von dessen Existenz aber nur die Eingeweihten wissen [...].‹« (Jb II, 71) Auf den Zusammenhang Geheimgesellschaft – Homosexualität konnte Thomas Mann also noch vor der Lektüre Blühers bei Hirschfeld stoßen. (Zu Blüher vgl. Sommerhage, *Eros und Poesis*, S. 115–118 und pass., Frizen, *Zaubertrank,* S. 536 und Wisskirchen, »Republikanisches Eros«, S. 22) Naphta spielt selbst auf diesen Zusammenhang an, wenn er Castorp berichtet, der Erfolg des Maurertums sei so groß gewesen, »daß die Philister klagten, er entfremde die Männer dem häuslichen Glück und der weiblichen Würde.« (705) Das zweideutige Verhältnis Settembrinis und Naphtas zu Castorp ist bekannt. (»Das Erotische im ›Pädagogischen‹ schließlich recht deutlich hervortretend. Settembrinis heiteres und schmerzliches Lächeln. Hans Castorp durchaus charmierend, – wenn man Sinn dafür hat«, Tb, 23. 10. 1950). Zu Naphta als homosexuellem Sado-Masochisten vgl. Härle, *Gestalt,* S. 119.

16 Vaget, *Kommentar zu sämtlichen Erzählungen*, S. 118.

17 Ebda., S. 105.

18 Die Namenshommage im »Tonio« setzt nicht unbedingt das Studium des *Improvisators* voraus. In Thomas Manns Bibliothek findet sich keiner der Romane Andersens, es ist möglich, daß er sie immer zugunsten der Märchen vernachlässigte. Deshalb wird er aber doch ungefähr über ihren Inhalt und Charakter orientiert gewesen sein. (Vgl. auch Anm. III, 12; das »Violinspiel« dort wird sich ja wohl auf *Nur ein Spielmann* beziehen.) Selbst wenn er es nicht war, fand er den Italienreisenden spätestens in Andersens Autobiographie: »Ich war doch selbst der arme Antonio, der unter dem Druck ächzte, den ich dulden sollte, dulden mußte! ich, der arme Knabe, dem man das Gnadenbrot gereicht hat.« (*Meines Lebens Mär-*

chen, S. 228) In der Autobiographie beschreibt Andersen auch seinen Venedig-Aufenthalt. »Und dennoch ist diese Stadt so eigenartig, so verschieden von allen anderen Städten Italiens, man muß sie sehen, aber eigentlich auf der Hinfahrt und nicht als ›triste vale‹ bei der Abreise. Bereits Goethe verbindet die venezianische Gondel mit Begräbnissen, sie ist eine pfeilschnell dahinschwimmende Totenbahre, kohlschwarz mit schwarzen Fransen, schwarzen Troddeln und herabhängenden schwarzen Vorhängen. Bei Fusina bestiegen wir eine solche Gondel, und zwischen einer endlos langen Pfahlreihe, durch schlammiges und klares Wasser kamen wir in die lautlose Stadt hinein. Nur der Markusplatz vor der bunten orientalischen Kirche und dem märchenhaften Dogenpalast mit seinen düsteren Erinnerungen, den Gefängnissen und der Seufzerbrücke, war lebendig.« (S. 204) Nachklänge dieser Beschreibung, der »Märchentempel« (VIII, 436) und die Gondel, die »an Bahre und düsteres Begängnis und letzte, schweigsame Fahrt« erinnert (VIII, 464), finden sich noch in Thomas Manns Novelle; was nicht heißen soll, daß er nicht auch von alleine in der Lage gewesen wäre, einen Tempel märchenhaft und eine Gondel sargähnlich zu finden. Vgl. auch Werner Vordtriede, »Richard Wagners ›Tod in Venedig‹«. Zu Andersens Autobiographie als Vorbild des *Krull* vgl. Dierks, *Studien zu Mythos und Psychologie*, S. 238. Autobiographie ist bekanntlich auch der *Krull*, so hätten weitere Schlüsse auf das Verhältnis des Roman- zum Märchendichters nahegelegen.

19 Zur Frage, ob Tonio Kröger allein den Freund liebe und nicht auch die blonde Inge Holm, wird in Böhms *Selbstzucht* angemerkt, daß über das nachweisbare Martens- und Ehrenberg-Detail hinaus »die gesamte sog. Tonio Kröger-Stimmung, jene spezifische Mischung aus Melancholie, absoluter Isolation und einer ambivalenten, zwischen Verachtung, Ironie und Sehnsucht oszillierenden Liebe zum ›Leben‹, allein in den Stigma-Erfahrungen des ›Homosexuellen‹ wurzelt.« Die Inge Holm sei der Allmacht des Stigmas zuzuschreiben: »Ein ausschließlich männerliebender Tonio Kröger hätte nicht mit dem gleichen Anspruch auf Allgemeinheit auftreten können. Erst seine Liebe zu Inge verbürgt jenen Anschein von ›Normalität‹, dessen es bedarf, um den Leser zum intendierten Eigentlichen hinzuführen.« (*Selbstzucht*, S. 258)

20 Auf Hans Hensen in Fontanes *Grete Minde* verweist Frizen. (*Zaubertrank*, S. 577) Ob eher Fontane und »Kinderliebe« (ebda.) oder eher Hansen und Andersens Homosexualität Manns Namensgebung beeinflußt haben, sei dem unbestechlichen Spruch des Lesers überlassen. Der Hirschfeld-Advokat wird es sich nicht nehmen lassen, den Zeitpunkt der Freundesumtaufung und den Kontrafakturcharakter des *Tonio Kröger* gegen den alten Fontane auszuspielen. Fontanes Anwalt könnte als Argument anführen, daß die eine Anspielung die andere um so weniger ausschließe, als der Autor der *Grete Minde* selbst immer wieder auf Hans Christian Andersen hinweise. – Wirklich geistert Andersen in Fontanes Romanwerk ähnlich rege herum wie der alte Chinese in *Effi Briest*, nur so verdeckt, daß ihn die Forschung bislang nicht wahrnahm. Selbst ihm, dem bedrohlichen Chinesen, vor dem Effi vergebens flieht, könnte in seiner immobilen Unheimlichkeit der alte Chinese zugenickt haben, vor dem *Die Hirtin und der*

Schornsteinfeger vergeblich flüchten. »›[...] Und alles, was Märchen ist, ist meine Schwärmerei, meine Passion, und die Geschichte ›vom tapfern Zinnsoldaten‹ ist mir viel, viel lieber als der ganze siebenjährige Krieg!‹« (*Unwiederbringlich*, S. 54 f.; mit herzlichem Dank für den Hinweisgeber Eckhard Heftrich). Dubslav von Stechlin hätte es nicht anders gesagt, wie so oft hört man im Fontane-Ton, dem die ganze Gotteswelt mehr oder weniger erbarmungslos überliefert wird, die Stimme des Herrn persönlich; Asta Holm macht es wie später die schulkranke Effi Briest, die eine Buchwunschliste aufstellt, welch ausschließlich aus Favoriten ihres Erfinders besteht. Mehr zu dieser Lieblingsfigur Fontanes und ihrer seejungfräulichen Ahnin in Anm. V, 50

21 Maren Dunsby interpretiert die Männertracht als Signal der Zwitterhaftigkeit, der die Seejungfrau allerdings, nicht ganz logisch, mit ihrer Verwandlung gerade entsagt habe. (Dunsby, 71) Ihr Hinweis auf die Androgynie, die Geburt des Menschen aus paradiesisch zwittrigem Meerursprung, Kerényis göttliches Kind, Bachofen, Jung und Freud ist in diesem Zusammenhang aber nie unangebracht. Heinrich Detering kann alles das vorne Erwogene an den Handschriften der *Seejungfrau* auch textgenetisch nachweisen. Andersen hatte zuerst von »en Mands Ride Dragt« geschrieben, diese Version dann energisch durchgestrichen und durch die »Mansdragt« ersetzt, was den Verwendungszweck der Kleidung hinter der Geschlechtsbestimmung zurücktreten läßt. Überhaupt ist die Männerkleidung Andersens Lieblings-Camouflagestück. Vgl. Deterings Andersen-Kapitel in *Das offene Geheimnis.*

22 Im *Joseph* wird ihr eine Erläuterung in Klammern gewidmet: »seine Jungfräulichkeit (man spricht davon ja auch wohl bei Jungmännern) [...].« (V, 1134)

23 GA, 273. Eine weitere Lektürespur, von der Maren Dunsby berichtet, bestätigt den Sinn des roten Kreuzchens. In Bachofens *Urreligion und antike Symbole* hat Thomas Mann das Wort »Zunge« unterstrichen (die Zunge, »Träger beider Geschlechtspotenzen«, als »Darstellung der feuchten Tiefe«) und mit der Randbemerkung »Schweigen« versehen. Vgl. Dunsby, 72 f.

24 Selbstabschaffungspläne, die Thomas Mann im Winter des Jahrhundertwechsels bewegten, sind seinerzeit, wie Hirschfelds Jahrbüchern zu entnehmen ist, von sehr vielen Homosexuellen in die Tat umgesetzt worden. Der Hauptgrund war die verbreitete Erpressung, das sogenannte Rupfertum. »Der Rupfer in München, Stuttgart (und Zürich) trägt die Gutmütigkeit, Naivetät und Gemütlichkeit zur Schau, welche an seinen Landsleuten so sehr und nicht selten mit Recht gerühmt wird. Deshalb sind es häufig norddeutsche Vergnügungsreisende, Künstler etc., welche, durch den Schein irregeführt, sich zu Vertraulichkeiten mit dem Abschaum der süddeutschen Bevölkerung hinreissen lassen. Dieser rekrutiert sich [...] regelmässig aus den Zuhältern der Strassendirnen [...].« (Jb I, 82) Einige Details sprechen dafür, daß auch der in Frage stehende norddeutsche Künstler mit einem solchen Münchner Rupfer in Berührung gekommen sein könnte. Der rothaarige dämonische Strizzi, der Manns Werk durchstromert, scheint autobiographischer Abstammung zu sein, es hat sich jedenfalls kein literarisches Vorbild finden lassen. Er ist Zuhälter und er spricht münchnerisch,

»Aber geh«, sagt er zu Leverkühn. (VI, 300; zur Identität der Strizzis des *Tod in Venedig* und des *Doktor Faustus* vgl. Maar, »Der Teufel in Palestrina«, S. 218) Als Bänkelsänger im *Tod in Venedig*, »halb Zuhälter, halb Komödiant«, läßt er wie sein und Aschenbachs Vorgänger, der alte geschminkte Geck, der »auf abscheulich zweideutige Art mit der Zungenspitze die Mundwinkel« leckt, »die Zunge schlüpfrig im Mundwinkel spielen«. (VIII, 462, 507) Einer Besprechung im Jahrbuch 1903 zufolge (»Wie erkennen und verständigen sich die Homosexuellen untereinander«) war auch dies eines der äußeren Erkennungszeichen, eine »gewisse Bewegung mit der Zunge« nämlich, »bald ein langsameres Hin- und Herziehen der Zunge, bald ein schnelleres Bewegen der spitzen Zunge von einem Mundwinkel zum anderen«. (Jb V, 992) Wer hier biographisch weiterspekulieren mag, muß nicht auf die starke und unwahrscheinliche Version der Erpressung kommen, es geht gut auch unterhalb und schwächer.

25 Hätte Aschenbach nicht geschwiegen, sondern die Familie Tadzios gewarnt – die »reinigende und anständige Handlung«, die er erwägt, bevor er die überweichen Erdbeeren kostet (VIII, 514 f., 520) –, hätte Tadzio in Sicherheit gebracht, der Bann gebrochen und sein Leben gerettet werden können. Daß nicht nur die Bewahrung, sondern auch die Aufdeckung des Geheimnisses Todesfolge haben kann – den Suizid –, läßt Thomas Manns Angst um die in Feindeshand geratenen Tagebücher erahnen: »Meine Befürchtungen gelten jetzt in erster Linie u. fast ausschließlich diesem Anschlage gegen die Geheimnisse meines Lebens. Sie sind schwer und tief. Furchtbares, ja Tötliches kann geschehen.« (Tb, 30. 4. 1933) »Geheimnis« ist bei Thomas Mann nicht mit letzter, aber mit ziemlicher Sicherheit das eine. Bei Andersen scheint das »heimlich« ebenfalls das eine Geheimnis zu bezeichnen. »Es gibt im menschlichen Herzen heimliche Kammern, in die niemandem, selbst unseren Teuersten nicht, hineinzuschauen gestattet ist. Bei einem Dichter klingen oft aus diesen heimlichen Kammern tiefe Töne hervor, man weiß nicht, ob es Dichtung oder Wirklichkeit ist. Auch durch meines Lebens Märchen tönen solche Melodien, sie gehören mir selbst nicht. Nur die Poesie hat Worte dafür, was den Menschen unendlich tief erregt und das Leben und Denken von Tagen und Nächten ausmacht.« (*Meines Lebens Märchen*, S. 475 f.) Ganz ähnlich im *Calamus*-Zyklus des Dichters, der Thomas Mann die Brücke zur Republik gelegt hatte: »An dieses köstlichen neunten Monats Nachmittag, in meinem einundvierzigsten Jahr, / Geh ich dran, für alle, die junge Männer sind oder waren, / Auszusprechen das Geheimnis meiner Tage und Nächte, / Zu feiern das Bedürfnis nach Kameraden.« (*Walt Whitmans Werk*, S. 182) Die »Erprobung, wie weit er willens wäre, gehört nicht zu meinem Leben, das Geheimnis gebietet« (Tb, 10. 7. 1950), schreibt Thomas Mann zur Zeit der Verliebtheit in den Kellner Franz Westermeier; vom »Zwang, das Geheimnis zu wahren«, am Tag darauf. »Kenn ich dein Geheimnis?« fragt Goethe im Siebenten Kapitel, er meint das Winckelmanns, das kein großes war. (II, 681) – Wegen dieser relativ sicher geltenden Regel, aus keinem Grund sonst, gerät man ins Grübeln auch über seine Formulierung des »heimlich-persönlichen« (XI, 584) Zusammenhangs zwischen Gustav Mahler und Gustav Aschenbach. Die geistige Welt, die hinter dem Ent-

schluß steht, den nach neuer Klassizität und zweiter Unmittelbarkeit strebenden Aschenbach nach dem Komponisten der *Symphonie der Tausend* zu porträtieren, hätte nicht unbedingt das Beiwort »heimlich« auf sich ziehen müssen. So gerät man ins Grübeln; nicht darüber, was Mahlers Neigungen de facto waren – »Inutile donc de nous lancer sur cette piste!«, raten da gleichermaßen Jean Matter à propos des *Tod in Venedig* (*Connaissance de Mahler*, S. 383) und de La Grange à propos Viscontis (*Mahler III*, S. 1073) – sondern darüber, was Thomas Mann von diesen Neigungen mochte angenommen haben. Als er ihn kennenlernte, litt Mahler unter den Eskapaden der geliebten Gattin, die ihn während der Proben der Achten in München mit Gropius betrog. Anderer, geheimerer Klatsch, von Pringsheims zugetragen, könnte sich höchstens auf Mahlers Jugend bezogen haben. Rasch und allzurasch hin und her webender Beziehungswahn wäre da bald bei Hugo Wolf – Mahlers »ami intime durant cinq ans«, mit dem er in der Zeit am Wiener Konservatorium zwei Monate das Zimmer (de la Grange, *Mahler I*, S. 55, 57) und »irgendein Zeichen« teilte, »als wenn sie zur selben Herde, als wenn sie demselben Herrn gehörten oder aber vielleicht denselben Fluch zu tragen hätten« (zit. nach Lebrecht, *Mahler*, S. 110) – Wolf, der »seine Wunde« war (ebda., S. 241), nicht gelobt werden durfte in seiner Gegenwart und nach der *Corregidor*-Ablehnung dem Wahnsinn verfiel, der sich als Fixierung auf den Jugendfreund äußerte, – flöge von dort weiter zu Manns Faustus, der von Wolf die Inspirationsschübe mit ihren Öden dazwischen hat und wie Wolf eine letzte Nachmittagsvorstellung vor Freunden gibt, bei der er Fragmente vorspielt und eine den Wahnsinn offenbarende Rede hält (vgl. Lieselotte Voss, *Entstehung*, S. 32 f.), den Wahnsinn der syphilitischen Inspiration, die er dem Teufel verdankt, den Mann nach Gustav Mahler malt (dem böse Zungen venerische Erkrankung anhängten; vgl. de la Grange, *Mahler II*, S. 178 und *III*, S. 1071, dort über die Unseriosität Wesslings; dieser zur Syphilis-Denunziation in *Gustav Mahler. Prophet der neuen Musik*, S. 143) – schösse so von einem zum nächsten, fände kein Halten mehr und webte immer fort. – Er stehe uns fern, wir verzichten. Wahrscheinlich war jener Zusammenhang nur deshalb heimlich, weil Mahler nicht nur zum Vorbild des großen und heiligen, sondern auch des gealterten, erschöpften, körperlich versagenden, erniedrigten Künstlers wurde. Der Klatsch über Mahlers Freudbesuch, die Eheprobleme und seine Ursachen war ganz sicher ans Ohr des Bewunderers gedrungen.

26 *Er* steht somit gegen die Mutterfigur und profane Erlöserin, deren Gnade in der Diskretion und dem rechten menschlichen Verständnis für alle anstößigen Aberrationen der Gattung liegt. Für welche spezieller, läßt noch der als Jude ersatzstigmatisierte und also hellhörige Fitelberg in seiner Auslegung ihres Namens anklingen: »Madame Schweige-still! Mais ça veut dire: ›Je sais me taire. Silence, silence!‹« (VI, 530) »Silence, silence!« endet Verlaines »Un grand sommeil noir – Tombe sur ma vie« (VI, 220), das Leverkühn vertont und Thomas Mann schon 1901 auf sich bezog. (Vgl. Nb 1–6, 151) Das Schweigen des homosexuellen Dichters wird so mit dem Schweigen assoziiert, das Leverkühns bayerische Mutter zu wahren weiß. – Ohne Erläuterung setzt Rolf Günter Renner die sich an-

deutende Lähmung der Sprachorgane bei Leverkühn mit Andersens Seejungfrau in Beziehung. (*Lebens-Werk*, S. 369) Er kann damit nur meinen, es werde auf deren abgeschnittene Zunge angespielt. Damit hätte er recht.

27 Was sie, wenn es sich nur um eine physische Unfähigkeit handeln würde, nicht daran gehindert hätte, ihre wahre Geschichte auf ein Stück Papier zu schreiben. Selbst Shakespeares an Zunge und Hand verstümmelte Lavinia, die Tochter des Titus Andronicus, kommt, wenn auch spät genug, auf den Einfall, das an ihr ausgeübte Verbrechen und die Namen der Täter mit einem mundgeführten Stock in den Sand zu schreiben.

28 *Königliche Hoheit* spricht für eine autobiographische Reminiszenz. Klaus Heinrich tanzt auch hier Quadrille, begeht Fehler, bringt Verwirrung in die Ordnung, am Ende stürzen die Partner. (II, 97–103; zum motivischen Zusammenhang mit der Idee des Durchbruchs vgl. Helmut Jendreiek, *Thomas Mann*, S. 460). Der *Seejungfrau*-Kontext wird aber auch hier übernommen. Ditlinde sagt ihrem Bruder: »dann komme ich mir vor wie die kleine Meernixe in dem Märchen, das Madame aus der Schweiz uns vorlas, wenn du dich erinnerst, – die eines Menschen Frau wurde und Beine erhielt statt ihres Fischschwanzes ... Ich weiß nicht, ob du mich verstehst ...« (II, 140) Klaus Heinrich antwortet: »O ja, Ditlinde, doch, ich verstehe dich ausgezeichnet.« Barbara F. Fass schreibt zu dieser Stelle, es liege eine erstaunliche »misapplication« vor, Ditlinde habe bei ihrem Vergleich wohl vergessen oder wolle es vergessen, daß die little Mermaid ihre Beine mit großen Schmerzen erkauft habe. (»The little Mermaid and the Artist's Quest for a Soul«, S. 298) Damit nimmt die Verfasserin selbst aber eine noch erstaunlichere Mißapplikation vor. Sie selbst referiert die Geschichte des Melusine-Stoffs und müßte bemerken, daß es zu ihm gehört und nicht zu Andersen, wenn die Nixe zur Frau des Menschensohns wird. Ditlinde, die in die bürgerliche Ehe flüchtende Schwester des einsamen Helden, vermischt Andersen und Lusignan, auf den der Melusine-Stoff zurückgeht. Die dänische Seejungfrau bekommt ihren Mann gerade nicht, darin liegt die Pointe der Andersenschen Nachdichtung und die des Dialogs. Ditlinde und Klaus Heinrich sind geschwisterlich verwandt wie stoffgenetisch Melusine und Seejungfrau. Letztere hat wie Klaus Heinrich das eigentlich bittere, würdige Los. Die gleichen Verwechslungen unterlaufen der Fontane-Forschung. Vgl. Anm. V, 50

29 Hans Mayer schreibt über Andersens *kleine Seejungfrau*: »Hier hatte er es gewagt, sich nicht bloß als Außenseiter darzustellen, sondern als *Außenseiter des Geschlechtlichen*. [...] Vielleicht war es Andersens genuine Genialität, daß er frühzeitig erkannte, wie sein Versuch, sich und die Umwelt dadurch vor dem Skandal zu bewahren, daß alles zugestanden wurde, außer dem Widerwillen gegen den weiblichen Körper und der Liebe zu jungen Männern, als Geflecht von Lügen und Selbstbetrügereien die dichterische Existenz gefährden müsse. [...] So daß sich Andersen in seinen Märchen die Möglichkeit schuf, von sich fast ohne Verhüllung zu sprechen, und anzudeuten, daß seine Einsamkeit nichts zu tun hatte mit Armut, Häßlichkeit, niedriger Herkunft, Unbildung oder selbst einer isolierenden poetischen Mitgift. Sondern daß es sich um ein *existentielles Anderssein* handelte. Wesen aus anderem Element, schlecht gegossen, Schwan

unter den Enten im Teich.« (*Außenseiter*, S. 226 f.) Ähnlich Böhm. Thomas Manns Figuren des Häßlichen, Monströsen, Lächerlichen stünden »für das enorme Inferioritätsgefühl, das das Bewußtsein, zu den Aussätzigen zu gehören, unmittelbar zur Folge hat. Wie die ›defekten‹ Helden Herman Bangs und Hans Christian Andersens sind sie Metaphern für eine als defizitär erlebte Homosexualität.« (*Selbstzucht*, S. 166) In Wolfgang Popps *Männerliebe* wird unter der Kapitelüberschrift »Maske und Signal« vor Kafkas und Georges auch Andersens Verschlüsselungstechnik behandelt, am Beispiel vor allem der *kleinen Meerjungfrau*. (Thomas Mann muß sich mit Proust und Joe Orton – ein *und*, das alle Spottworte Nietzsches verdient – das Kapitel »Humor, Ironie, Satire« teilen). Popp übersieht die Männerkleidung der Seejungfrau genauso wenig wie Thomas Mann sie im *Taugenichts* übersah. (*Männerliebe*, S. 355 f.) Die Verschlüsselungstechnik scheint dem Mit-Stigmatisierten im übrigen unmittelbar durchsichtig zu sein. Darum hat auch Oscar Wilde Andersens Märchen nicht nur geschätzt, sondern wie Thomas Mann zu Kontrafakturzwecken benutzt (der wiederum, womit der Kreis sich schließt, im *Tonio Kröger* auch auf den *Dorian Gray* antwortet, wie Heinrich Detering in »Der Litterat als Abenteurer« nachweist.) *Die kleine Seejungfrau* dient Wilde als Vorbild für *The Fisherman and his Soul*. Der kleine Hans in *The Devoted Friend* setzt Andersen das Namensdenkmal. Vgl. Norbert Kohl, *Oscar Wilde*, S. 98–102. Der entscheidende Grund für die Hommage entgeht dem Autor allerdings. »Schon einer der ersten Rezensenten des *House of Pomegranates* hatte bei der Lektüre der Sammlung den Eindruck, daß die darin enthaltenen Geschichten ›somewhat after the manner of Hans Andersen‹ [...] geschrieben seien. Diese vage Empfindung wird aber nicht viel konkreter, wenn man die Märchen des Dänen und des Iren nebeneinander liest.« (S. 98 f.) Dies letztere kann Kohl nicht sehr gründlich getan haben, sonst müßte er die Antwort auf seine – dann nicht rhetorisch formulierte – Frage selber finden: »Worin sollten auch die Gemeinsamkeiten zwischen dem Schuhmacherssohn aus Odense, dessen Eltern gerade so viel besaßen, ›um von einem Tage zum andern leben zu können‹ [...], und dem Oxford-Absolventen mit der Snob-Attitüde, der eine Vorliebe für blaues chinesisches Porzellan pflegte, bestehen?« (S. 100) Ja worin? »Das Meerfräulein ist kein Sinnbild für die Rückkehr zur Natur, sondern steht für totales Anderssein, [...] vielleicht sogar, wie die tiefenpsychologisch orientierte Wilde-Kritik annimmt, für die Andersartigkeit des Homosexuellen.« (S. 101) Da ist ihm das missing link in die Hand geraten, gedankenlos legt er es aber gleich wieder beiseite. Tiefenpsychologie ist übrigens weniger nötig als eine andere Disziplin, die genaue Lektüre. Wer bei Andersen nur »poesievolle Verklärung des Alltäglichen«, »beschauliches Verweilen in biedermeierlicher Häuslichkeit« und Miniaturen von »idyllischer Gestalt« entdeckt (vgl. S. 100), hat ihr nicht allzulange oblegen. – Vgl. ferner Klotz, *Kunstmärchen*, S. 312–317. Klotz liest aus fast jedem Märchen Wildes eines Hans Christian Andersens heraus (der auch bei ihm etwas zu biedermeierlich herauskommt).

30 *Der Schweinehirt* gibt den Anfang der Fabel vor. Ein armer Prinz in einem kleinen Königreich will heiraten, eine schnippische Prinzessin verweigert sich ihm

zuerst und will ihn dann doch. Erkenntlich zeigt und macht Thomas Mann sich dadurch, daß er dem Modellieferanten auch eine unfunktionale Kleinigkeit abnimmt, die er dem »Märchen-Roman« (Br Meyer, 557) der *Königlichen Hoheit* einsetzt, das Rosenwunder. Im *Schweinehirt* ist es ein Rosenbaum, der in jedem fünften Jahr blüht, in der *Königlichen Hoheit* der modrige Rosenstock, der erst an einem glücklichen Tag zu duften beginnt. (II, 46) Auch *Die Schneekönigin* kennt so einen verdorrten Rosenbusch, in der dritten Geschichte wird ihm durch die Tränen Gerdas aufgeholfen. – Die nächste Überlagerung: In einer der lebenslangen Variationen des Inzest-Motivs nennt der Prinz seine Geliebte »Kleine Schwester«. (II, 285) Imma läßt in der entscheidenden Szene ihre Haut sehen, die »bräunlich wie angerauchter Meerschaum« erscheint. (II, 284) Nicht nur der Meerschaum, auch schon die Anrede ist ein Motiv der *Seejungfrau:* »›Komm, kleine Schwester!‹ sagten die anderen Prinzessinnen [...].« (A I, 76) Klaus Heinrichs eigentliche *Seejungfrau*-Schwester ist demnach nicht die bürgerliche Melusine Ditlinde, sondern die Geliebte Imma, der Herr Spoelmann »die Zunge stutzen« will (II, 230) und die mit ihrem Prinzen zu Pferde ausreitet, wie Maren Dunsby sehr richtig wiedererkennt. (Dunsby, 65) Selbst Prinzessin des Meerschaums, fordert ihn Imma jedoch zur Haltung auf, das heißt, zwingt ihn aus der Rolle der leidenden Jungfrau zurück in die des standhaften Zinnsoldaten; die dritte Pointe. Im Schlußbild ist Immas Kindergesicht »bleich wie die Perlen des Meeres«, ihr Seidenkleid aber schimmert wie »Schnee in der Sonne«. (II, 359f.) Sie ist sowohl Meerjungfrau als auch gezähmte, entschärfte Schneekönigin, dies letztere in der Deutung Wallingers. (Vgl. »Gesundete Männlichkeit«, S. 253) Das sind Zitathintergründe, die teils gestaffelt werden, teils ineinander übergehen, alle aber auf der einen, Fiktion hinter Fiktion arrangierenden Bühnenrampe stehen. Lebensabgründig wird es dann, wenn man Immas Äußeres noch näher ins Auge faßt. Wie man weiß, ist sie dem Leben nachgebildet, gleicht aber, »bräunlich« (II, 217, 284), jungenhaft, schnippisch, resolut und schwarzäugig, auffällig dem im achten Kapitel genauer vorzustellenden Räubermädchen, der Freundin Gerdas aus der *Schneekönigin.* (A I, 277) Das Seltsame und Verblüffende ist, daß es das Modell schon gibt, bevor Thomas Katia kennenlernte. Die kindlich Bräunliche erscheint schon in *Ein Glück.* Thomas Mann, der das Bild der Pringsheim-Pierrots schon über dem Schreibtisch hängen hatte, als er sie noch gar nicht kannte, scheint sich deshalb von Katia angezogen gefühlt zu haben, weil sie dem Typ entsprach, den er früh mit Andersens Räubermädchen identifizierte. Diese Identifikation ist nicht biographische Vermutung, sondern philologisch über *Doktor Faustus* und *Felix Krull* (in Kapitel VIII) sehr nah an die Nachweisgrenze zu führen. Die literarischen Muster müssen sich mit den lebensgeschichtlichen vermischt haben, in welchen Tiefen, lotet wohl niemand mehr aus.

31 Noch 1951 nennt Thomas Mann auf die Frage, welche Bücher er sich nach einem Bibliotheksverlust als erste wieder anschaffen würde, nach Nietzsche und Schopenhauer »Hans Christian Andersen, Fairy Tales«. (Vgl. *Tagebücher 1951–1952*, Anhang, S. 792) Da ist der *Krull* in Arbeit und *Der Erwählte* gerade beendet. Das Rosenwunder, das dort dem Probus offenbart wird, zum Neide des Liberius,

stammt aus Andersens *Wilden Schwänen.* (Vgl. A I, 333; VII, 200) Clemens der Ire nennt die Liebe das »tanzende Irrlicht überm Moor« (vgl. VII, 37), in Kurzfassung des Andersen-Titels *Die Irrlichter sind in der Stadt, sagte die Moorfrau.* Schon der Anfang des *Erwählten,* die sprechenden Glocken, schreiben sich von Andersen her, mögen sie musikalisch auch noch Pfitzners *Palestrina* anklingen lassen. »Ding, dang! Ding, dang!« beginnt *Die Glockentiefe,* eines der durch Bleistrich markierten Märchen, »Glockenschall, Glockenschwall« beginnt *Der Erwählte.* Andersens Glocke beherrscht die Menschensprache: »Die Kirchenglocke hängt hoch, sieht weit umher, bekommt Besuch von den Vögeln und versteht deren Sprache, der Wind braust zu ihr hinein durch Luken und Schallöcher, durch jede Ritze, und der Wind weiß alles, er hat es von der Luft, und sie umschließt alles, was lebendig ist, dringt in die Lungen der Menschen, weiß alles, was tönt, jedes Wort und jeden Seufzer. Die Luft weiß es, der Wind erzählt es, die Kirchenglocke versteht seine Sprache und läutet es in die ganze Welt hinaus: Ding, dang! Ding, dang!« (A II, 48 f.) Einen Glöckner hat sie dazu so wenig nötig wie die Glocken Roms, die in ihrer Selbständigkeit ebenfalls »reden« und alle einander redend ins Wort fallen, also mehr als sprachlosen Klang verbreiten. (VII, 9) »Wie es tönt, wenn der Wind, wenn der Sturm gar wühlt in den Saiten der Äolsharfe und gänzlich die Klangwelt aufgeweckt ist, was weit voneinander und nahe beisammen, in schwirrender Allharmonie: so, doch ins Erzene übersetzt, geht es zu in den berstenden Lüften, da alles läutet zu großem Fest und erhabenem Einzug.« (VII, 9) Selbst eine Vorform dieser Äolsharfe gibt es schon in Andersens Märchen; von der beredten Glocke belauscht, spielt der Knecht des Bischofs mit zwei Stöckchen, als wären sie »ein Saitenspiel«. (A II, 47) – Was Felix Krulls Erlebnisse betrifft, so sind sie in ihrem feinstofflichen Teil schon durch die Memoiren-Form vorgegeben, die viel zu sehr einer geräumigen Garderobe glich, als daß Thomas Mann lange gezögert hätte, seine autobiographischen Siebensachen möglichst vollständig darin abzulegen. Zum andern, romanhaften Teil gab es das Hochstaplervorbild Manolescus und Franks *Fürstin,* denen einigermaßen zu folgen war. (Vgl. Frizen, *Zaubertrank,* S. 401 ff.) Andersens Einflußmöglichkeiten sind also leicht reduziert; stärker schon deshalb, weil die wichtigsten Modelle nicht gut auf den Felix passen, auch der Zinnsoldat, von dem er die »Standhaftigkeit« (VII, 324) hat, nur eingeschränkt. Außer dem kleinen Klaus, dem Tölpel-Hans, Klumpe-Dumpe, Johannes aus dem *Reisekamerad,* gibt es nicht viele Glückshänse in Andersens Märchen. Die noch in Frage kämen, müssen zumindest in ihrer Kindheit häßliche Entlein gewesen sein, was wieder nicht Krulls Fall ist. Die Vorbilder für ihn sind rar; aber es gibt ja nicht nur ihn, auch wenn er persönlich zu dieser Ansicht neigt. Mehr dazu im Kapitel vorn, in Kapitel VIII und in Anm. XII, 14

32 Vgl. Fass, »The little Mermaid«, S. 292. Zu Paracelsus vgl. auch Silvia Bovenschen, »Theodor Fontanes Frauen aus dem Meer«, S. 361–364.

33 Vgl. dagegen Theresia Klugsberger, *Verfahren im Text,* S. 147. Die Verfasserin, die sich mit schwerer Theoriearmierung über die zarte Seejungfrau beugt, sieht in deren Weigerung, den Prinzen zu töten, die gleichrangige Position Prinz – Seele

wiederhergestellt. Die Figur, die nichts von den Töchtern der Luft weiß, kann aber von wiederhergestellen Rangbalancen nichts wissen. Für sie gibt es im Moment der Entscheidung ausschließlich den Prinzen. – Lederer zitiert aus einer früheren Fassung des Märchens einen Satz, demzufolge die Seejungfrau danach trachte, ihre unsterbliche Seele auf eigene Faust zu gewinnen, um im Jenseits mit dem Prinzen vereinigt werden zu können. (*Snow Queen*, S. 146) Als er das schrieb, war Andersen gerade dabei, sich die relative Unsterblichkeit als Künstler zu gewinnen, und heute ist er namentlich mit Edvard Collin vereinigt. Mittelbar ging der verworfene Plan also auf.

34 Vgl. auch Dunsby, 63. Mit Frau von Rinnlingen beginnt allerdings auch die Kette der Dunsbyschen Fehlzuordnungen. Es ist merkwürdig, daß die Andersen-Kennerin nicht schon durch den Namen von ihnen abgehalten wurde. Die dämonische Gerda von Rinnlingen ist mitnichten eine verkleidete Seejungfrau, so wenig wie Gerda Arnoldsen, so wenig wie Clawdia Chauchat (Dunsby, 65). Ganz im Gegenteil.

35 Nach Vettelart sind beide gemein und barbrüstig (V, 1233; vgl. A I, 80), ekeln sich beide nicht vor dem Getier, das zu ihrem Geschäft gehört; brauen beide scharfe Tränke – »damit der Trank scharf wird, wie ein zweischneidig Schwert!«, GA, 272, unterstrichen – »Wo ist das Zweischneidige?«, V, 1234 – und benötigen beide maritime Zauberingredienzen. Es scheint der ägyptischen Region wenig angepaßt, daß auch Tabubu nicht ohne »das Steuer eines gescheiterten Schiffes« auskommt, man glaubt ihr gern, daß sie es »nicht von heut auf morgen« bereitstellen kann. (V, 1230) Im Reich der Meerhexe, dem von Leverkühn gepriesenen Polypenwald, werden nicht nur die Skelette von Ertrunkenen, sondern ausdrücklich auch »Schiffsruder« festgehalten. (A I, 80) Neben dem Vorbild des *Goldenen Esel* (vgl. Heftrich, *Geträumte Taten*, S. 536 f.) wird Tabubu also auch von dem des einschlägigen Märchens zu ihrer zeitraubenden Akquisition genötigt worden sein. – Dunsby erkennt zwar das Motiv der abgeschnittenen Zunge wieder, identifiziert sogar das ganze »schlammige Ägyptenland« mit dem Reich der Meerhexe, übersieht aber deren Reanimation in Tabubu. (Dunsby, 68 f.)

36 »Über die androgynische Idee des Lebens. Von L.S.A.M. v. Römer«. In: Jb V, 711–939. Muth mit Phallus und Geierschmuck ebda., S. 736–738, Abb. 11–13.

37 Das wäre, soweit er im Geschlechtlichen liegt, der Grund der Gründe für seine Keuschheit: nicht daß er wegen latenter Homosexualität den Verkehr mit Mut verweigert, sondern daß er sich ihn trotz ihr nicht gönnen zu dürfen glaubt. Vgl. dagegen Kurzke, »Die Hunde im Souterrain«, S. 126–138. Über Joseph als Anti-Ödipus kommt Kurzke auf Freuds Theorie der Homosexualität als einer frühkindlichen Entwicklungsstörung. »Die latente Homosexualität wäre dann das Geheimnis der Keuschheit Josephs.« (S. 135) So sicher er es sonst immer trifft, in diesem Fall hat Kurzke einmal eine kleine Drehung zu wenig gemacht. In einer späteren Veröffentlichung holt er sie selber nach: »So betrachtet ist Joseph Paul Ehrenberg. Mut-em-enet ist dann Thomas Mann in der Rolle des Begehrenden, den eine nicht zugelassene Leidenschaft zerstört.« (*Mondwanderungen*, S. 65 f.) Thomas Mann spaltet sich auf beide Figuren auf. Als Joseph, in dessen Jünglings-

gestalt der mittlerweile gereifte Mann steckt, wird er von der krypto-männlichen Mut erotisch angezogen, sonst würde er die Gefahr nicht bis zum Schluß herausfordern, unter Vorwänden verfrüht vom Fest der amtlichen Nilschwelle heimkehren und erst im allerletzten Moment in hohen Prachten fliehen. Hätte Kurzke recht mit der These, daß Joseph wegen und nicht trotz seiner latenten Homosexualität vor Mut flieht, wäre schlecht zu erklären, warum Mut männlich konnotiert wird und Joseph das, was zu tun ihm das Gesetz des Vaters verbietet, so gerne täte, daß er den Gilgamesch verstehen kann, der sich das Übel entwurzelnd herausriß. (V, 1202 u.ö.)

38 *À la Recherche du temps perdu*, S. 36f.

39 Vgl. Bergsten, *Quellen*, S. 58 und Voss, *Entstehung*, S. 217f. Erst Doris Runge erkennt den Ort der Tiefe als Heimat der Seejungfrau. Vgl. »Hetaera Esmeralda und die kleine Seejungfrau«, S. 397f.

40 Vgl. Bergsten, *Quellen*, S. 64f.

41 Der »verzauberte« (859) Wald besteht zwar nicht aus Polypen, die im Hochgebirge nicht gut wachsen können, und neben der Institution des widerlichen Waldes ist auch die Topographie und mit ihr ein Teil der Handlung von Dantes *Inferno* vorgegeben. Bei Andersen aber findet sich beides überraschend wieder. Die um Peeperkorn gescharten Ausflügler hören schon das »Brausen« des Wasserfalls, müssen zuvor aber noch den »malerisch eigentümlichen, ja exotischen, doch unheimlichen [...]« Wald durchqueren. (859) Bei Andersen liegen ganz ähnlich die »brausenden Strudel« und »zermalmenden Wirbel« gleich neben dem »seltsamen Walde« (GA, 270, teilweise unterstrichen). Thomas Mann zitiert mit dem Wasserfall jedoch vor Andersen Dante. »Ich folgte ihm, und schon nach wenig Schritten / War uns so nahgerückt des Wassers Rauschen, / Daß kaum man noch ein Wort vernehmen konnte. [...] So hörten wir an einem steilen Hange / Die dunklen Wasser laut hinunterbrausen, / Daß sie in kurzer Zeit das Ohr betäubten.« (*Die Göttliche Komödie*, S. 191ff.) Der Wasserfall stürzt im siebten Höllenkreis herab, am Rand des dritten Streifens. Zumindest Settembrini, der sich Castorp als Virgil andient (vgl. 717f.), müßte erkennen, daß ihr Ausflugsort die Hölle ist. Der merkwürdige Wald, den Dantes und Manns Ausflügler davor passieren müssen, ist der Wald des Dreizehnten Gesangs, der vor dem dritten Streifen liegt: »Noch war nicht drüben Nessus angekommen; / Als wir schon diesseits einen Wald betraten, / In dem man keinen Pfad erkennen konnte. / Nicht grünes Laub, nein, nur von dunkler Farbe, / Nicht glatte Zweige, sondern krumm und knorrig, / Nicht Früchte gab es dort, nur giftige Dornen.« (S. 151) Im *Zauberberg:* »Der Wald war nicht wie andere, er bot einen malerisch eigentümlichen, ja exotischen, doch unheimlichen Anblick. Er strotzte von einer Sorte moosiger Flechten, war damit behangen [...]: man sah fast keine Nadeln, man sah lauter Moosgehänge, - eine schwere, bizarre Entstellung, ein verzauberter und krankhafter Anblick.« (859) Von hier geht es wie im *Inferno* weiter zum Wasserfall. Der Sinn der zitierten Topographie ist dabei nicht nur der, dem näherrückenden weltlichen Inferno des *Zauberbergs* das sakrale zu unterlegen. Der Hintersinn des Zitats ist ein anderer. Bei Dante ist das grause Gestrüpp der Wald der Selbst-

mörder. Die Seelen derer, die sich selbst den Tod gaben, sind in den toten Wald gebannt, den die Ausflugsgruppe zu Peeperkorns letzter Vorstellung durchquert. Ähnlich unüberrascht wie Hans Castorp, der auf das Klopfen an seiner Tür nachts um zwei Uhr unverschlafen und geistesgegenwärtig antwortet, könnte also auch der Leser die Nachricht vom Suizid des Reiseleiters aufnehmen, wenn er den früh von Settembrini angesprochenen Kreisen des *Inferno* gefolgt ist. Für den anderen Fall gibt der Erzähler selbst noch einmal an, wohin er das Picknick verlegt hat: »Eine Wegbiegung gab den Blick auf die überbrückte Wald- und Felsenschlucht frei, in der der Wasserfall niederging; und indem man seiner ansichtig wurde, kam auch die Gehörswirkung auf ihren Gipfel, – es war ein Höllenspektakel.« (860; unspezifisch erkannt auch von Jochen Hörisch, *Gott, Geld und Glück*, S. 228) – Nebenbei bemerkt werde auch, daß der Wasserfall gerade den Höllenstreifen begrenzt, in dem die Sodomiten schmoren. Zumindest wieder Settembrini kennt diesen Höllensektor genau. Von Dante kommt er geraden Wegs auf Brunetto Latini, den Stadtschreiber von Florenz – ob seine Zuhörer je von ihm gehört hätten. (224) Im Lauf des Romans wird an Brunetto Latini noch zwei weitere Male erinnert. (492, 723) Der Erzähler des *Inferno* erkennt ihn in eben dem Höllenstreifen der Sodomiten und spricht ihn zärtlich als seinen Lehrer an; die Stelle ist berühmt und vielgedeutet. Zum bekannten Dante-Einfluß auf den *Zauberberg* vgl. Manfred Beller, »Thomas Mann und die Italienische Literatur«, TMH, 247ff. Unter den dort angegebenen Schriften insbesondere Lea Ritter-Santini, »Das Licht im Rücken«, S. 88f. Vgl. ferner Frizen, »Weltgedichte«, S. 256ff.

42 Vgl. auch Dunsby, 67.

43 Vgl. Heinz Gockel, »Thomas Manns Entweder und Oder«, S. 144.

44 In der gnadentheologischen Bedeutung erkannt von Vaget, »Thomas Mann und James Joyce«, TM Jb 2, 141. Vgl. auch Doris Runge, »Hetaera Esmeralda«, S. 397. Auch Fass bestimmt die Kreuzstruktur (Seelenverlust im Faust-Mythos / Seelengewinn im Seejungfrau-Märchen) ungefähr richtig. (»The little Mermaid«, S. 299) Eine Fehlauslegung ist es nur, Adrians Werbungsgeschichte auf das Muster der Seejungfrau zu beziehen. (Ebda.) Es steckt schon eine Jungfrau dahinter, aber eine andere.

45 Vgl. auch Maar, »Der Teufel in Palestrina«, S. 233.

46 Bergsten weist »Hyphaltiä« in Scheibles Ausgabe der Faustsage nach (*Quellen*, S. 58f.) Vor ihr entdeckte Victor A. Oswald »Hyphialti« als Hexennamen in einer italienischen Schwarte, *Demonomania degli Stregoni*. (»Thomas Mann and the Mermaid«, S. 172ff. Vgl. auch Alfred Hoelzel, »Leverkühn, the Mermaid, and Echo«). Wo immer Thomas Mann es her hat, die Verbindung Pseudohetaera und Hyphialta ist die von Schmetterling und Seejungfrau. – Den symbolischen Zusammenhang Hetaerea – Adrian – Seejungfrau – Echo interpretiert am schlüssigsten Doris Runge. »Opfert die Seejungfrau ihre Stimme um einer menschlichen Seele willen, um als Sterbliche Unsterblichkeit zu erlangen, so gibt Leverkühn seine Seele, um seine Stimme zu finden: die Musik. Beide paktieren mit teuflischen Mächten. Die Meerhexe schneidet dem ›sehnsüchtigen Kind‹ die Zunge

heraus. Esmeralda, Werkzeug des Teufels, löst sie Leverkühn im einmaligen Liebesakt, der fortan als sublimierender Schöpfungsakt zum unvergleichlichen Liebesgeschenk für die Stumme wird: denn er verleiht ihrem sprachlosen Schmerz seine Stimme, gibt ihr den ›leis widerhallenden Klagesang von Nymphen‹ (GW VI, 644) zurück: Echo.« (»Hetaera Esmeralda«, S. 402) Unter diesen Nymphen befand sich auch eine Butterfliege; das fehlende insektische Zwischenglied.

47 In Portmanns *Falterschönheit* konnte Thomas Mann lesen, daß das Insekt Hetaera Esmeralda fliegend einem »wandernden Blumenblatt« gleiche. (Vgl. Bergsten, *Quellen,* S. 63) Wie so oft läßt Thomas Mann zwei Quellen ineinanderfließen. »Ein solcher Schmetterling [...] hieß Hetaera esmeralda. Nur einen dunklen Farbfleck in Violett und Rosa hatte Hetaera auf ihren Flügeln, der sie, da man sonst nichts von ihr sieht, im Flug einem windgeführten Blütenblatt gleichen läßt.« (VI, 23) Es ist ein wörtliches Zitat aus *Falterschönheit,* bis auf einen kleinen Zusatz. Der Wind und der Sinn kamen aus Andersens *Dryade.* Ohne sie hätte sich Thomas Manns Interesse für Falterschönheiten schwerlich bis zur Lektüre der Fachliteratur aufgeschwungen.

48 Zum Hintergrund des Mönchmotivs vgl. Maar, »Der Teufel in Palestrina«, S. 238f.

49 Vgl. Klugsberger, »Meerjungfrauen«, S. 134.

50 Obwohl sie ihm gelegentlich so nahe kam, daß man sich kaum zurückhalten kann, ihr noch nachträglich »warm, wärmer!« zuzurufen, ist das Geheimnis der Herkunft Effis von der Fontane-Forschung noch nicht gelüftet worden. »Der Roman enthält ja viele Anspielungen auf das Wasser und das Meer, zu denen sie [Effi] sich immer hingezogen fühlt.« Zum Meer hingezogen fühlt sie sich deshalb, weil sie eine der »vielen Melusinen« ist, in deren Bann Fontane nach eigenem Bekenntnis ein Leben lang stand, wie der Forschung völlig offen liegt. (Vgl. Wolfgang Paulsen, *Im Banne der Melusine*, S. 152, 232. Zur Sekundärliteratur vgl. auch Silvia Bovenschens ausgezeichneten Aufsatz »Theodor Fontanes Frauen aus dem Meer«, S. 381). Die entscheidende Überlieferung aber blieb ihr bislang unentdeckt, was zu einem Umherirren und Wegschwanken knapp vorm Ziel führt, dem man nur schwer zusehen kann. »Ob es nun eine ›richtige‹ Melusine oder eine ›Tochter der Luft‹ ist, alle Frauengestalten Fontanes haben ihren Zug ins Geheimnisvolle und Rätselhafte [...].« (S. 228) Wie nahe dran und vorbei! Es gibt nicht entweder Melusine oder Tochter der Luft, die dänische Melusine ist beides. Nur wer sie nicht kennt, muß künstliche Fallunterscheidungen vornehmen. Nur wer sie nicht kennt, muß auch immerzu über die Frage hinwegspielen, wie die seelenlose und liebesunfähige Melusine der französischen Sage bei Fontane zu so zarten Elementarwesen wie der Lene, der Stine oder der Christine entarten kann, zu Frauen also, die ganz gegen ihre Lusignan-Natur ihrer Liebe alles opfern, selbst das Leben, wie die Mutter der erwähnten *Zinnsoldat*-Passionierten, die am Ende in das vom Autor nach Dänemark verlegte Wasser geht. Daß dort der Geburtsort der Seejungfrau ist, hat Fontane selbst überliefert, in dem Fragment *Oceane von Parceval.* Die Oceane berichtet hier über ihre Herkunft: »aus einer französisch-englischen Ehe hervorgegangen, wurde sie in Dänemark

geboren [...].« (*Sämtliche Werke XXIV*, S. 285) Wie das Fragment verrät, kennt Fontane die ganze weitläufige Verwandtschaft der literarischen Wassergeister. Nur diese Tatsache, daß es so viele davon gibt und daß der Autor sie alle kannte, hat die Forschung darüber täuschen können, daß ihm eine besonders am Herzen lag. (Vgl. Silvia Bovenschen, »Frauen aus dem Meer«, S. 363: »In dem späteren Märchen von Hans Christian Andersen – das von der alten Fabel in vielen Figurationen abweicht – haben wir es mit einer Variante des Mythos zu tun, die für diesen Zusammenhang erwähnenswert erscheint [...].« Erwähnenswert; mehr nicht.) Mit welcher Finesse Fontane über die Romane verteilt das ganze Ensemble der Andersen-Motive einsetzt – Initiation mit fünfzehn, Rotgold der Abenddämmerung, Wasser, maritimer Ball, Schiffsunglück, Feuerwerk, scheiternde Liebe und finaler Aufstieg in die Luft –, soll an einem andern Ort nachgewiesen werden. Die Fußnote, die dieses Feld durchmessen wollte, müßte Siebenmeilenstiefel anlegen. Ihrem Gegenstand ist aber eher der Schritt angemessen, zu dem Czako, Rex und Woldemar ihren Trab verlangsamen, sowie sie sich der Einflußzone des Plauderkönigs Stechlin nähern. – Ein paar Sätze nur zur *Effi.* Von »Märchen« und »Prinzessin« ist am Anfang des Romans auffällig oft die Rede. (*Sämtliche Werke VII*, S. 188, 191) Eine Seite, nachdem sie ihre Prinzessinnennatur bekannt hat, gerät Effi ohne viel Anlaß ins Schwärmen über ein Schiff, auf dem Feste stattfänden und sogar getanzt werde. (Ebda., 192) Später fällt die »Seejungfrau« wörtlich, in Anführungszeichen. Vorderhand ist es nur eine Robbe. (Ebda., S. 279) Bald nach ihrem Erscheinen glaubt Effi, sie »hätte die Meerfrauen singen hören ...« (Ebda., S. 304) Das sind dann keine Robben mehr, sondern die Schwestern der kleinen Seejungfrau: »Sie sangen so traurig, während sie durch das Wasser schwammen« (A I, 84), sie wollen ihre Schwester zurückgewinnen, die sich ins fremde Element verirrt hat. Effi zieht diese Heimkehr ausdrücklich in Betracht, der drohende Sturz aus dem Schlitten hat keinen Schrecken für sie: »›[...] wenn ich hinausflöge, mir wär es recht, am liebsten gleich in die Brandung. Freilich ein etwas kaltes Bad, aber was tut's ... [...]‹« Es ist ihr Element, das sie nicht fürchten muß. »Übrigens hören Sie nichts?« (*Effi Briest*, S. 304), fragt sie im nächsten Satz, es folgen die zitierten Meerfrauen. Lenkt man dies neugewonnene Licht zurück auf den Anfang, findet man Effis entsagendes, verklärtes Ende schon auf der zweiten Seite angekündigt, wo Effi eben »Tochter der Luft« genannt wird. (Ebda., S. 172) Kurz vor ihrem Tod »flog [sie] durch die Luft« – »›[...] Ach, wie schön es war, und wie mir die Luft wohltat; mir war, als flög ich in den Himmel. Ob ich wohl hineinkomme? Sagen Sie mir's, Freund, Sie müssen es wissen. Bitte, bitte ...‹« Als Tochter der Luft ist ihr die Antwort vorgegeben: »Die Seejungfrau hat keine unsterbliche Seele und kann sie niemals erhalten, wenn sie nicht die Liebe eines Menschen gewinnt, von einer fremden Macht hängt ihr ewiges Dasein ab.« (A I, 89) Die Liebe gerade hat Effi nicht gewonnen, das war der Grund allen Übels, Instetten, so schließt noch ihre Sterberede, war »ohne rechte Liebe«. (*Effi Briest*, S. 425) Damit ist aber, wie wir wissen, anders als bei Melusine noch nicht alles vorbei. »Du hast gelitten und geduldet, hast dich zur Welt der Luftgeister erhoben und kannst dir nun selbst durch gute Werke nach drei Jahrhunderten eine unsterbliche Seele erringen.« (A I, 89) Gelitten hat die arme Effi genug, so daß es ganz im Sinne Andersens ist, wenn Niemeyer ihr antwortet: »Ja, Effi, du wirst.« (*Effi Briest*, S. 414) – Thomas Mann las das sicher alles mit, Seejungfrauenkenner, der er war.

51 Und nur Andersens kleine Seejungfrau vereint diese Charakteristika, nicht Calderóns *hija del aire*, auf die nach Schopenhauer Frizen verweist. (*Zaubertrank*, S. 406) Von der amazonischen Natur der »Männerfressenden« (ebda.) ist die keusche Andromache im übrigen weit entfernt. »Dies war ihre Art, mit dem Mann zu verkehren« heißt ja, daß die Kunst die Liebe vertilgt. *Anstatt* mit dem Mann zu verkehren, macht sie ihre Salti. Zu weiterer Andromache-Ausdeutung vgl. Frizen, modifiziert: »Thomas Manns letztes Wort zu Wagner«.

52 Vgl. auch Kurzke, »›Bruder‹ Hitler. Thomas Mann und das Dritte Reich«. Die Anstößigkeit des Themas ändert nichts am übertragen autobiographischen Charakter des Essays.

53 Unspezifisch erkannt nur wieder von der Andersen-Philologin. Vgl. Dunsby, 66.

54 Die Verwechslung der Eis- mit der Seejungfrau ist kurrent. Es kommt dabei aber zu manchen Härten. Hans Wysling schreibt zum *Doktor Faustus*: »Leichtsinn und Beklemmung des Märchens werden gleichermaßen spürbar, wenn Leverkühn seine Liebe und seine Liebesunfähigkeit als Verlockung durch den Geiger und Pfeifer Schwerdtfeger erfährt (VI, 464) und dabei weiß, daß er so wenig der menschlichen Regung fähig ist wie Andersens Meermädchen (VI, 457).« (*Narzißmus*, S. 185) Das Meermädchen nicht der menschlichen Regung fähig? Das ist streng geurteilt. Auf der genannten Seite spricht Leverkühn von nichts anderem als der sentimentalen Versehntheit der Seejungfrau. Die Passionsgeschichte der Seejungfrau, die ihrer unerfüllten Liebe Leben und Seligkeit opfert, gibt gerade kein gutes Beispiel ab für Liebesunfähigkeit und kaltes Undinentum. Als sehe er so etwas kommen, wird Serenus Zeitblom gegen solche Mißdeutungen prophylaktisch ausfällig: »Man verzeihe mir die gewissermaßen ins Blaue gerichtete Polemik, aber Barbarei, Unmenschlichkeit sehe ich darin, ein solches Verlangen nach Seele – das Verlangen der kleinen Seejungfrau – Seelenlosigkeit zu nennen!« (VI, 501)

VI. Walpurgisnacht. Andersens Zauberberg

1 Leicht abzuleiten ist selbst die Formspannung, die dadurch entsteht, daß diese Erklärung auf französisch vorgetragen wird. Das Amalgam aus Novalis, Wagner, Whitman und Eigenem verhält sich zur Sprache der clarté wie die Schwärze zum Schimmel, gerade deshalb wird sie gewählt. Die Wonnen des Liebestods und der Körpermystik auf französisch ausmalen hieß nicht nur den Paravent des fremden Idioms aufsuchen, um hinter ihm ungenierter Intimitäten tauschen zu können. *Tristan* auf französisch bedeutet Sphärenvermischung, zersetzt die Dualismen zugunsten höherer Ambivalenz und dient damit dem obersten Prinzip des Romans. Thomas Mann selbst deutet dieses Prinzip an, wenn er Bertram wissen

läßt, er schreibe »den Schluß des V. Kapitels in französischem Dialog, was zum Inhalt in sonderbarem Gegensatz steht«. (Br Bertram, 95) Castorps Erguß ist in seiner Wortgewalt übrigens auch dann unrealistisch, wenn man unterstellt, er habe französische Physiologiebücher studiert. Thomas Mann benötigt briefliche Recherchen, um herauszubekommen, was genau »Kniegelenk« heißt (DüD I, 466), sein naiverer, betrunkener Held sprudelt es auf Anhieb hervor. In der Unbekümmertheit, mit der er auf realistische Motivierung verzichtet, gleicht er da einmal dem Autor der *Dämonen,* der auch nichts dabei fand, seinen Ich-Erzähler von geheimsten Träumen anderer berichten zu lassen. Ähnlich berichtet Zeitblom in einem fort Einzelheiten von Leverkühn, die seiner Kenntnis entzogen sind. Es ist eine Frage des guten Willens, ob man sich mit der durch diese Inkonsistenz um so raffinierter angedeuteten geheimen Identität der beiden Hauptfiguren zufrieden gibt. Der Böswillige wird der Tugend die Not noch abmerken, die sie zu verdecken hat. Zur Sekundärliteratur über die Problematik des Ich-Erzählers Zeitblom vgl. Fetzer, *Music, Love, Death,* S. 24 und Anm.

2 »Las Frido den ›Reisekameraden‹«. (Tb, 18. 1. 1949) Ein Frühwerk Thomas Manns, das verschollene Märchenspiel *Der alte König*, könnte direkt vom *Reisekamerad* angeregt worden sein. (Vgl. Wysling, *Narzißmus,* S. 178. Zur Grimmschen Vorlage *Das Meerhäschen* vgl. Klotz, *Kunstmärchen,* S. 250f.) In seinem autobiographischen Roman *Professor Parsifal* beschreibt Thomas Manns Lieblingsenkel Frido die Vorleseabende im Arbeitszimmer, an denen der Großvater im Lichtkegel der Stehlampe Grimms, Andersens oder Hauffs berühmteste Märchen vortrug: »Hier die überraschende und derbe Urkomik, mit der zum Beispiel im ›Feuerzeug‹ immer wieder die riesenäugigen Hunde beschrieben werden, die in der Schatzkammer das Geld bewachen; dort das todtraurige Ende des kleinen Mädchens mit den Schwefelhölzern [...]. Merkwürdig auch die ›roten Schuhe‹, die erbarmungslos ihrer Besitzerin ein unaufhörliches Tanzen bis zum Umfallen aufzwingen. Und dann natürlich das herrlichste und längste Märchen: die sieben Geschichten der Schneekönigin, die innig-zarte Beziehung zwischen den beiden armen Nachbarkindern Kay und Gerda, die Großvater immer und immer wieder vorlesen mußte.« (Frido Mann, *Professor Parsifal*, S. 17f.) Was er Frido immer wieder vorliest, bekamen Jahrzehnte zuvor die eigenen Kinder vorgelesen, so wie der Vorleser selbst es von seiner Mutter gehört hatte. Vgl. Frederic C. und Sally P. Tubach, *Michael Mann*, S. 148–151 und Irmela von der Lühe, *Erika Mann*, S. 19.

3 Frizen erkennt in der *Betrogenen* den Schwan aus *Lohengrin. (Zaubertrank,* S. 421) Schwarz ist aber der Andersens. – Eine »Schwanenjungfrau« und »Hexenschönheit« ist auch Mut-em-enet, auch sie reitet »zu Berge« (V, 1158ff.) und droht ihrem unwilligen Liebhaber den Tod an, den sie als Märchenprinzessin oft genug über die Versager verhängte. Als sie zur Zauberin geht, läßt es sich der Erzähler nicht nehmen, en passant festzustellen, daß »männliche Hexenmeister kaum vorkommen« (V, 1228), was heißt, daß sie vorkommen, wie etwa im *Reisekamerad.* Dies nur im Vorbeifliegen. Zum Märchen im *Joseph* allgemeiner Heftrich, *Geträumte Taten*, S. 89, 99f., 106 und pass.

4 In Andersens zweitem Roman wird der grausame Geliebte der Heldin Naomi in

charakteristischer Geschlechtsvertauschung als ein »männlicher Turandot« bezeichnet. *(Nur ein Spielmann,* S. 202) Andersen war nicht naiv, wie der naive Leser glauben könnte, sondern zitierte, konstruierte und feilte wie Thomas Mann auch. Zu weiterer Geschlechtsvertauschung in Andersens Roman *O.T.* vgl. Lederer, *Snow Queen,* S. 136–138 und Deterings Andersen-Kapitel. Auf das Turandot-Muster verweist auch Klotz, *Kunstmärchen,* S. 251.

5 Der alten Baubo kann Frau Stöhr es darin nicht nachgemacht haben; in Goethes Walpurgisnacht wird auf Besen geritten. Zum Tanzen hat man schöne Hexen.

6 Die phallische Konnotation des so auffallend organisch aus seiner Hülle wachsenden (173) Bleistifts ist bekannt (vgl. auch Hörisch, *Gott, Geld und Glück,* S. 206–214); man kann nicht einmal ausschließen, daß es in klitoraler Anspielung geschieht, wenn von Chauchats Bleistift gesagt wird, im Vergleich zu dem handlich-rechtschaffeneren Hippes sei er ein zu nichts zu gebrauchendes Galanteriesächelchen (464; vgl. Härle, *Gestalt*, S. 120); eine Bemerkung, die Francis Bulhofs eigentlich sehr feine Deutung, Chauchats »silbernes« Crayon sei das echte, das bloß »versilberte« Hippes dagegen vorläufiger Ersatz, in Bedrängnis bringt. (*Transpersonalismus*, S. 41) Wie nun aber die vorletzte Lieferung der Tagebücher verrät, waren die in der hinteren Lade bewahrten Bleistiftschnitzel, an die Hans Castorp sich in »Hippe« erinnert, nicht erfunden oder aufgelesen; autobiographisch demnach die Verleihszene und der ominöse Schnitzelspender selbst (vgl. Tb, 15. 9. 1950). Das sollte Böhm in seinem Ausdeutungseifer nicht blockieren, aber bremsen. Denn wenn es schon bevor man wußte, daß Thomas Mann sich vom wirklichen Timpe einen wirklichen Bleistift lieh, zumindest gewagt war, dieses Ausleihen kurzerhand als »pubertäre gegenseitige Onanie« zu entschlüsseln (vgl. Böhm, *Selbstzucht*, S. 353), so ist es nach diesem Tagebuchvermerk hochriskant bis zur Unzulässigkeit. Nicht daß es dem Selbsterlebten von vornherein versagt bleiben müßte, symbolische Valenzen zu bekommen, von denen es sich nichts träumen ließ (bei der Séancenuntersuchung wird uns ein ähnlicher Fall begegnen), die Verpflichtung aber, glaubwürdige Zeugen im Text zu benennen, ist in diesem Fall noch drückender als sonst.

7 Der Leichenbleiche korrespondiert bei Andersen der rote Blutstropfen, im Dienst der auch farbsymbolischen Vereinigung von Liebe und Tod. Beim ersten Anblick der Prinzessin, die ihm zuvor, wie Hippe dem Hans, im Traum erschien, wird Johannes »so rot im Gesicht wie ein Blutstropfen«. (A I, 57) In der Walpurgisnacht wird erst der Mund einer Nebenfigur »blutig aufgehöht« (454), so daß die Lippen »blutrot« leuchten (468), dann überträgt Thomas Mann das Motiv sakralisierend auf den Helden: »Übrigens mochte Gott wissen, womit er witzig war, da er ja offensichtlich keinen Tropfen Blut im Kopfe hatte«. (464)

VII. Verführung zum Tode: Die Eisjungfrau

1 Vgl. auch Claus Tillmann, *Das Frauenbild bei Thomas Mann*, S. 68–70. Zum Blick-Motiv umfassend Heftrich, *Geträumte Taten*, S. 235–253.

2 Mit verbundenen Augen heraufgeführt, käme man in Schwierigkeiten zu entscheiden, ob man sich auf Manns oder auf Andersens Schweizer Berg befindet, die Atmosphärabilien, der Konnotationendunst, in dem beide stehen, sind sich zum Verwechseln ähnlich. Ein »ausgedehntes Schneemeer« liegt da »mit seinen unbeweglichen Schneewellen«, von denen »der Wind dann und wann eine Flocke wegblies, wie er den Schaum von den Meereswellen bläst.« Das muß der *Zauberberg* sein mit der typischen Identität der metaphysischen Landschaften, dem das Gebirge zum Meer oder zur Wüste werden kann, ist aber Andersen, wie auch das Folgende: »Die Sonne brannte heiß, der Schnee blendete und war wie mit bläulichweißen funkelnden Diamantblitzen übersät. Unzählige Insekten, besonders Schmetterlinge und Bienen, lagen in Massen tot auf dem Schnee, sie hatten sich zu hoch gewagt, oder der Wind hatte sie so hoch getragen, bis sie in der Kälte ihr Leben aushauchten. Um das Wetterhorn hing wie eine feingekämmte schwarze Wollflocke eine drohende Wolke; sie senkte sich herab, zum Bersten gefüllt mit dem, was sie im Innern barg, ein Föhn, furchtbar in seiner Macht, wenn er losbricht.« (Vgl. A II, 202) Ein Donnerschlag, wenn er losbricht am Ende des Romans. – Das Bläulichweiße ist die Farbe der Clawdia Chauchat; mit »Kleinodien, Ordenssternen, Brillantagraffen« (662) vergleicht Hans Castorp den Schnee, der schon bei Andersen die Grenze ist, deren Überschreitung den Tod bringt und zu der man sich trotzdem hinaufwagen kann.

3 Es ist eine versteckte Feinheit der Handlung, daß Castorp sich die entscheidende Erkältung gerade auf seinem Hippe-Ausflug holt, jedenfalls ihr Terrain vorbereitet; eine Feinheit im Dienst der an sich ganz schlichten und mechanischen Ausweichbewegung, die für Homosexualität immer »Krankheit« setzt. (Wenn man »Krankheit« durch einen Austauschbefehl wieder entmetaphorisierte, würden viele Sätze Thomas Manns klarer und sinnvoller.) Hans Castorp zieht an einem kühlen, bedeckten Morgen los, erhitzt sich durch Steigen und Singen, bekommt Zustände, auf der Heimfahrt bricht ihm der kalte Schweiß aus. (166 f.; 175) Daß er sich den bald darauf ausbrechenden Katarrh von dem warm eingepackten Ruhen auf dem Balkon und nicht eben dieser strapaziösen Unternehmung zuzog, widerspricht aller Wahrscheinlichkeit. Noch Victoria de Venosta wird Felix Krull brieflich ermahnen, sich auch in Argentinien durch Flanell zu schützen, er biete beste Gewähr gegen Erkältungen, »die man sich, wie es freilich nicht im Worte liegt, bei Hitze sogar leichter zuzieht als bei Kälte.« (VII, 626) Auch der Erzähler glaubt nicht recht an die Liegekurversion, wie er in Klammern durchblicken läßt: »Das alles nun aber hatte also nicht gehindert, daß der Hospitant und weiche Neuling sich in der Liegekur (oder wie und wo nun immer) tüchtig erkältet hatte.« (232)

4 Der »Hippe«-Abschnitt ist, wie leicht zu erkennen, in seiner Grundform die Vorwegnahme von »Schnee« (vgl. Hatfield, »Notizen zum *Zauberberg*«, S. 390), wie etwas weniger leicht zu erkennen sein sehr genau verkleinertes Spiegelstück. Das sei deshalb demonstriert, weil es eine kompositorische Geschlossenheit beweist, die in der Forschung gelegentlich übersehen wird und die sich nicht nur den alles verzurrenden, abzählbaren Leitmotiven verdankt. Im Sommer macht Castorp seinen ersten Versuch, dem »Bannkreise« (166, vgl. 927) zu entkommen,

im Winter des »Schnee«-Kapitels macht er den letzten. Bei beiden Unternehmungen verläßt Castorp mit Stock das Sanatorium, steigt hoch in die Bergwelt und versinkt in aufschließende Erinnerungsträume, Träume von einer Tiefe beidemal, daß es scheinen könnte, »ein lebloser Körper liege hier oben« (169); als wäre er der Nachtwächter aus Andersens *Galoschen des Glücks*, der leblos auf der Treppe liegt, während seine Seele zum Mond schweift. Beidemal wird das Erwachen selbst kommentiert (»›Dacht' ich's doch, daß das geträumt war‹, faselte er in sich hinein« (683); »›Ich glaube, ich habe geträumt!‹ dachte er«, 174); beidemal folgt der Gedankenertrag, das noch halb traumumfangen gezogene Fazit. Gleichermaßen schwer fällt es in beiden Kapiteln, wieder auf die Beine zu kommen; beidemal gestaltet sich die Heimfahrt glatter als befürchtet. Die Gedankenhandlung setzt in beiden Kapiteln mit Musik ein. Die Pointe des »Hippe«-Kapitels ist, daß es bis auf die Liebes-Lehre, für die Castorp noch nicht reif ist, den Doppeltraum in seiner Sequenz schon enthält. Castorp tritt aus dem Gehölz, da »stand er überrascht vor einer prächtigen Szenerie, die sich ihm öffnete, einer intim geschlossenen Landschaft von friedlich-großartiger Bildmäßigkeit«. (168) Es ist der schöne Ort wie in »Schnee« – dort arkadischer, hier bukolischer und blaublühend romantisch, der spätere Regierungssitz –, dieselbe großartige, von fließendem Wasser beherrschte, bildartig idyllische Szenerie. Castorp sieht sie, wie später den Inselgolf, von oben, dann überschreitet er einen Steg, um eine Ruhebank zu erreichen, die »jenseits des Baches« (168) liegt. In diesem Jenseits folgt, wie in »Schnee«: Blut. Mit hängenden Beinen, schwankend und nickend, so daß ihn nicht viel von einem leblosen Körper unterscheidet, fährt Castorp nach seinem Hippe-Traum mit einem Fuhrmann heim, der »leere Kisten« (175) geladen hat. Blutbesudelt erscheint er bei Krokowski. – Wurde ihm das Nasenbluten sicher auch auf autobiographischem Wege zugestellt, die Folge der Besudelung verdankt sich einem Vortext, der mittlerweile bekannten *Geschichte aus den Dünen*. »Während er [Jorgen] so dahinging, begann seine Nase zu bluten, das war nur eine Kleinigkeit, aber sie kann auch von Bedeutung sein; ein paar große Blutstropfen fielen auf seinen Ärmel; er wusch sie ab, stillte das Blut, und es schien ihm ordentlich, als hätte der Blutverlust ihm Kopf und Sinn leichter gemacht.« (A II, 132) Jorgen denkt sich nichts weiter dabei, fährt mit einem »Fährmann«, wird verfolgt, arrestiert und wegen der Blutstropfen auf dem Hemd zu Unrecht als Mörder verurteilt. (A II, 133) Hans Castorp kommt von seinem Fuhrmann nach Berghof zurück, sein Anzug ist »mit Blut befleckt, so daß er einem von frischer Tat kommenden Mörder glich.« (176) Das Mörder-Motiv – ein etwas beunruhigendes Lebensmotiv, seltsam perennierend, seltsam schwer und tief in das sexuelle verbissen, von Cipollas Erschießung (nach mannmännlichem Kuß) bis zu Muts Drohungen, bis zu Rudis und Hanegiffs Ende - wird später von Naphta und von Wehsal aufgegriffen. (Vgl. 638, 856)

5 Eckhard Heftrich schreibt zu dieser Passage: »Der Tod erscheint da als Bild des Lebens im blühenden Fleische und nicht als Gerippe, und auch nicht als ›Madame Lamort‹. [...] Denn um den Tod muß es sich wohl handeln, wenn einer beim erträumten Kuß nicht nur vor Lust, sondern auch vor Grauen vergeht.«

(»Totentanz«, S. 336) Bei dem Kuß muß es sich demnach um einen Todeskuß handeln. Castorp erträumt ihn sich von der kryptomaskulinen Aufregerin aller seiner Forscherphantasien, die ihre Hände zum Nacken führt, um ihre Flechte zu stützen, und deren kühle Arme er schon so lang bei sich bewegt. – Zum Kryptomaskulinen vgl. Härle, *Gestalt*, S. 100–110, 116–120. Eine reine Frau kann die fleischgetragene Schönheit des Todeskusses nach Böhms Analyse der Briefe und Tagebücher schon deshalb nicht sein, weil es Frauen prinzipiell unmöglich ist, zu den verführerischen Abgrund-Würden zu gelangen. Der angebliche horror feminae bei Thomas Mann und anderen Homosexuellen beruhe auf einem Fehlverständnis. (Vorwegnehmend gegen Kurzke, »Die Hunde im Souterrain«, S. 133) Frauen mögen einmal entzückend sein, nie aber himmlisch-teuflisch wie die maskulinen Verführer. Treten dämonische Frauen auf, handelt es sich um verkappte Männer oder Allegorien der Liebe, die ihren Namen nicht zu nennen wagt. (*Selbstzucht*, S. 169–197) Nicht anders bei dem im Bild des Lebens evozierten leitmotivischen Hermaphrodit, der einen deutlichen Überhang zum Männlichen habe, »auch wenn er auf der Personalebene weiterhin Frau genannt werden muß.« (Ebda., S. 356. Vgl. auch Härle, »Simulationen der Wahrheit«, S. 81) Es wäre im übrigen auch schwer einzusehen, was an der Liebesstunde mit Chauchat so sonderlich »schlimm« (468) sein soll, wenn als schlimm nicht vom Autor die geschlechtlich unklaren Liebesbegegnungen empfunden worden wären, auf die keine Flachlandliedchen passen.

6 Härle erkennt in der weißbläulich milchigen Substanz Sperma (*Gestalt*, S. 101), wie nicht anders zu erwarten war bei einem Autor, der mit Leo Zink aus dem *Doktor Faustus* die Angewohnheit teilt, allem und jedem einen geschlechtlichen Doppelsinn zu unterlegen, passe es oder sei es so abwegig wie leider nur zu oft die Spekulationen des Monothematikers Härle.

7 Als Hans Castorp seinen ersten Moribunden sieht, fällt ihm nichts Besseres ein, als dessen große Augen nachzumachen. Leise darüber lächelnd überholt ihn Madame Chauchat. (151) Die Kombination ist Sterben – Augen – Verführung. Humoristisch verkleinert erscheint es bei Alfreda Schildknecht, einer Angestellten des Schreckenspalastes. Sie verläßt ihren momentanen Moribundus und klammert sich an die Vettern, als die davonstreben wollen, sieht sie ihnen mit »saugenden Blicken nach, als wollte sie sie mit den Augen zu sich zurückziehen«. (153) Da Alfreda nichts Verführerisches hat, muß es bei dem Wunsch bleiben. Auch ihre Herrin, Fräulein von Mylendonk, kümmerlich gewachsen und »ohne Formen« (234), entbehrt des offensichtlichen erotischen Reizes. Wenn ihr Schöpfer trotzdem feststellen kann: »Die Szene mit der Oberin geheimnisvoll obszön« (Tb, 21. 10. 1919), liegt es unter anderem daran, daß die Mylendonk die Kunst der Frau von Rinnlingen und der Schneekönigin, das flackrige Festsehen, so ausdrucksstark weiterentwickelt hat. Sie will Castorp fixieren, schafft es aber nicht nur deshalb nicht, weil sie »unsteten Blicks« ist, sondern weil sie dazu ihren Kopf raubtierhaft in schleifenförmiger Bewegung hin- und herwendet, ohne dadurch in ihren Versuchen, Hans Castorp »durchdringend in die Augen zu blicken«, beirrt zu werden. (235)

8 Frau von Rinnlingen ist kinderlos, raucht, lenkt gleich beim ersten Erscheinen an Kutschers Statt zwei Pferde und entbehrt ausdrücklich »jedes weiblichen Reizes«. (VIII, 84) Zwar hebt und senkt sich später ihr Busen »voll und langsam« (VIII, 88), was er in seiner femininen Fülle nicht hätte tun müssen. Es gehört aber zu der von Böhm am Beispiel Herrn Überbeins demonstrierten Technik Thomas Manns, homosexuelle Motive erst anzureizen, um sie dann offiziell zu dementieren. (Vgl. *Selbstzucht,* S. 296–302; zur *Friedemann*-Deutung ebda., S. 177–180)

9 Böhm, *Selbstzucht,* S. 179.

10 Vgl. Nb 7–14, 94. »Müller« als Signatur der Banalität bei Böhm, *Selbstzucht,* S. 213 f.

11 Das von Adorno akklamierte Detail geht auf eine der frühen *Geliebten*-Notizen zurück (»Das unheimliche elektrische Glühen unter den Rädern der Tram, in der sie ihn tötet«, Nb 7–14, 52). Der Vergleich der beiden Fassungen zeigt, wie Thomas Mann sich im *Doktor Faustus* noch enger und expliziter an die Märchenvorlage hält. Zu dem Glühen nimmt er noch die kalten Flammen dazu, die bei Andersen den Mord umzüngeln. Das Beispiel zeigt auch, wie das Selbsterlebte – die Tramfunken – sofort schon mit dem literarisch Eingeprägten amalgamiert wird. Zum Realvorbild des Trambahnmords vgl. Peter de Mendelssohn, *Nachbemerkungen,* S. 181 f. Wer möchte, kann die Detailübereinstimmungen noch weiter verfolgen. Ins Reich der Eisjungfrau versinkend, sieht Andersens Rudi hinab: »unendliche tiefe Schluchten gähnten ringsum, und das Wasser tropfte klingend wie ein Glockenspiel und leuchtete in weißblauen Flammen [...]. Junge Jäger und junge Mädchen, Männer und Frauen, einst in die Schluchten der Gletscher hinabgesunken, standen hier lebendig mit offenen Augen und lächelndem Mund, und tief unter ihnen ertönte der Glockenklang versunkener Städte«. (A II, 239) Manns Rudi sinkt nach dem Pistolenschuß in den Schoß der neben ihm sitzenden Dame, während der Wagenführer »Gott weiß, warum, in einem fort wie toll auf die Glocke trat, – mag sein, um einen Schutzmann herbeizurufen.« (VI, 596) Erst durch das »Gott weiß, warum« wird der Satz anstößig; die Rechtfertigung der Glocke ist durch die Fortsetzung ja sachlich überflüssig geworden. Bei Andersen klingen die Glocken nach Rudis Tod in das »gerettet!« des *Faust* aus: »Alles war still, die Kirchenglocken hörten auf zu läuten, die letzten Töne schwanden mit dem Glanz der roten Wolken. ›Mein bist du!‹ klang es in der Tiefe. ›Mein bist du!‹ klang es aus der Höhe, aus dem Unendlichen.« (A II, 240) Das Unendliche wird im *Faustus* nicht mehr namentlich bemüht, aber das Schlußwort haben auch hier die Glocken: »Von den Kirchen schlug es Mitternacht«. (VI, 598)

12 Vgl. Maar, »Der Flug der ausgestopften Vögel«, S. 314.

13 Im Volksbuch steht nur, daß Faustus sich verheiraten wolle, was ihm der Teufel aber verbiete. (Vgl. Peter de Mendelssohn, *Nachbemerkungen,* S. 180) »Treibt mit dem Teufel Unzucht (im Weiblichen steckt der Teufel, es ist homosexueller Verkehr). Er ist gezwungen, seinen Ehewunsch gerade dazu zu gebrauchen, den Menschen zu töten, mit dem er Lust gehabt.« Lieselotte Voss erkennt in dieser Arbeitsnotiz Thomas Manns den »Geist« des Volksbuchs; der Mordplan war ihm aber nicht zu entnehmen. (*Entstehung*, S. 110. Vgl. auch Bergsten, *Quellen*, S. 57 f.)

14 Daß sich das Faust-Vorbild nicht nur dem Volksbuch, wie von Thomas Mann behauptet, sondern partiell auch dem Goethes verdankt, daß also auch dieser Pol nicht eine Einheit ist, sondern eine Kappe, unter der weitere Gegensätze stecken, hat – gegen Koopmanns »*Doktor Faustus* als Widerlegung der Weimarer Klassik« – Heinz Gockel nachgewiesen. Vgl. »Faust im Faustus«. Ebenso ist die Seejungfrau »paradoxically Adrian's mirror image as well as his antipode«. (Alfred Hoelzel, *The Paradoxical Quest*, S. 152)

VIII. Schnee

1 »Denn das Wort Gottes ist lebendig und kräftig und schärfer denn kein zweischneidig Schwert, und dringt durch, bis daß es schneidet Seele und Geist, auch Mark und Bein, und ist ein Richter der Gedanken und Sinne des Herzens.« (Hebr, 4,12) Es gehört zur theologischen Schicht des Romans, daß es Hans Castorp immer wieder durch Mark und Bein fährt, es gehört aber auch zu seiner speziellen metaphysischen Erotologie, daß dies immer im Zusammenhang mit Verführung geschieht. Zu seiner humoristischen Variationstechnik schließlich gehört es, daß Behrens das Motiv als »Mark und Pfennig« abwandelt. (810)

2 Die Schneewelt, durch die die Ausflügler zum Schloß Ludwigs II. fahren, wird deshalb auch sehr geschickt semantisiert und anthropomorphisiert: »Es traf sich natürlich und richtig, daß nach Adrians Hinzukommen die Landschaft draußen sich ins Bedeutendere zu heben und, allerdings aus der Ferne noch, verschneite Hochwelt hereinzublicken begann.« (VI, 567) Zu den in der Schneewelt liegenden »Märchenbauten« (VI, 573) – »Königliche Menschenscheu hätte sich keine märchenhaftere Zuflucht finden können« (VI, 570) – fährt man mit dem nach dem Rentier märchenhaftesten Transportmittel, dem Schlitten; Zeitblom »warm verpackt«, wie Ferge und Gerda, Rüdiger im »eisigen Fahrtwind« stehend. (Ebda.) Das Innere des Märchenschlosses ist wie das des Schneeschlosses todessakrale Zone; Ludwigs feierlich erhöhtes, von goldenen Kandelabern flankiertes Paradebett gleicht einem »Aufbahrungslager«. (VI, 571) Mit der Pilatusfrage, dem nach Nietzsche höchsten Wort der Bibel, wird die Debatte über den exzentrischen König von Leverkühn beendet. (VI, 574)

3 Es ist typisch für Thomas Mann, daß er ausgerechnet der Nebenfigur, der alles Höhere fern liegt, diese hochraffinierte Motivballung in den Mund legt. Nicht nur zitiert Ferge Settembrinis Steppenwolflichter und Andersens *Schneekönigin*, auch mit den Augen als Sternen – von Mahlers *Kindertotenliedern* hier ganz abgesehen –, mit der Miniatur ›Glühen im Schnee‹ paust er in aller Unauffälligkeit auch noch das Andersensche Grundmotiv der kalten Flammen ein – vierhundert Seiten später noch einmal, wenn er vom »Vulkanisieren« direkt auf den Polarkreis kommt, den er auch schon besucht habe (822) –, das Grundmotiv, das seine Existenz überhaupt bestimmt, sofern er durchs Schneereich nämlich im Dienste einer Feuerversicherungsgesellschaft fährt.

4 Kafkas letzter Roman beginnt: »Es war spät abend als K. ankam. Das Dorf lag in

tiefem Schnee. Vom Schloßberg war nichts zu sehn, Nebel und Finsternis umgaben ihn, auch nicht der schwächste Lichtschein deutete das große Schloß an.« (*Das Schloß*, S. 7) K. gerät in eine Sphäre, über die ein Schloß im Schnee herrscht. »Die Schloßwelt verschiebt die normalen Koordinaten. Sobald K. die Holzbrücke, die zum Dorf führt, überschreitet, befindet er sich in einer anderen Welt, die sich auch als fiktionale von den herkömmlich zu erwartenden unterscheidet [...]. Das hat die Interpreten, des hermetischen Charakters eingedenk, dazu veranlaßt, den Symbolismus dieser befremdlichen Schneewelt näher zu explizieren, wie etwa Emrich das tut, der ähnlich wie Sebald, Gray von der ›Todessphäre‹ und auch einem ›Totenreich‹ spricht, während J. Winkelmann auf die Vorstellung vom ›Purgatorium‹ hinweist. Demgegenüber begnügen sich Pongs und Politzer mit der Feststellung des Labyrinthischen.« (Peter U. Beicken, *Franz Kafka. Eine kritische Einführung in die Forschung*, S. 331) Warum das befremdliche Totenreich ein Schneereich ist, entzieht sich der kritischen Forschung. Es ist zu einfach und liegt zu nahe, wahrscheinlich konnte man es deshalb so lange übersehen. Obwohl der Märchencharakter zumindest seiner Erzählungen längst erkannt wurde (vgl. Klotz, *Kunstmärchen*, S. 339–355), springen die Register der Kafka-Literatur gleichmütig von Anders, Günther zu Arendt, Hannah oder d'Annunzio, Gabriele. Einzig ein finnischer Zeitungsartikel von 1953 stellt die direkte Beziehung her. (Rafael Koskimies, »Kafka ja Andersen«) Der Autor wundert sich darüber, daß in Kafkas Dichtung etwas von der Atmosphäre des Spätromantikers Andersen zu spüren sei, läßt seiner richtigen Wahrnehmung aber nicht die Parallellektüre folgen, durch die sie erst Verbindlichkeit gewinnen könnte. Koskimies führt *Die Schneekönigin* an, aber nur als Beispiel für Andersens allegorisierende Erzählweise. – Die *Kommentierte Bibliographie der Sekundärliteratur 1955–1980* führt Andersen nicht ein Mal auf. Damit, daß er ihn so wenig gekannt hätte wie etwa Anders oder Arendt, ist es jedenfalls nicht zu erklären. Während Kafkas Amtszeit als Berichterstatter der literarischen Sektion im Sommersemester 1905 organisierte Max Brod in der Prager Lese- und Redehalle Vorlesungen von Andersens Märchen, Kafka muß anwesend gewesen sein. (Vgl. *Kafka-Handbuch*, Band 1, S. 284f.) 1916 kündigt Kafka Felice an, ihr die *Galoschen des Glücks* zu schicken. (*Briefe an Felice*, S. 722, 727) Im Oktober 1921 liest Ludwig Hardt in Anwesenheit Kafkas neben drei Stücken aus dem *Landarzt*-Zyklus den *Standhaften Zinnsoldat.* (Vgl. *Kafka-Handbuch*, Band 2, S. 600) Nicht anders als Hardt der Dichter des *Landarzt* selber. Im Gespräch mit J. P. Hodin erwähnt Dora Dyamant: »oft las Kafka mir laut vor, aus Grimms und Andersens Märchen [...].« (J. P. Hodin, »Erinnerungen an Franz Kafka«, S. 94) Das fällt genau in die Zeit des letzten Romans. Nun gibt es nicht Dutzende von Schlössern, die im Schnee liegen und von unmenschlichen Mächten bewohnt werden, denen man nicht entkommt noch entkommen will und für die man am Ende stirbt. Es gibt außer dem Kafkas das des Märchens mit dem kalten Helden K., Kay, der niemanden hat als die getreue Gerda, ihm ins Schneereich zu folgen. Bei Kafka heißt sie nicht Ger-, sondern Frieda. (In Perutz-Reminiszenz, vgl. Maar, »Gespaltene Würfel und die Welt als Traum«, in: *Die Feuer- und die Wasserprobe.*»Frieda freilich werde ihm, K., folgen, wohin er wolle, in Schnee und Eis, darüber sei natürlich kein weiteres Wort zu verlieren [...].« (148) Leider können auch hier keine weiteren Worte mehr verloren werden. In einem allerletzten sei angemerkt, daß Kafka aus Gründen wie Wilde und Mann ein erhöhtes Interesse für Andersens Verschlüsselungstechnik hätte haben können. Vgl. dazu Günter Mecke, *Franz Kafkas offenbares Geheimnis*; ein ebenso interessantes wie ungenießbares Buch, das auf der Grenzlinie zwischen Tiefenhermeneutik und Beziehungswahn immer wieder zu diesem hinüberschwankt (»Der Mörder heißt *Schmar.* Bereits das charakterisiert ihn als Homosexuellen. Schmar ist der gewissermaßen auf seine eigene Einsilbigkeit zurückgestutzte Schmar-otzer der [...] Tagebucheintragung aus dem Jahr 1910. Das Opfer heißt Wese: ein gewesener Schwimmer – gewesener Heterosexueller [...]«, S. 76; ähnlich überall). Möglicherweise ist Mecke, ein myoper, eingesperrter Argus, in seiner Dunkelheit und Monomanie aber auf ein Goldkorn Wahrheit oder mehrere gestoßen. Vgl. zu dieser zu wenig umstrittenen Frage auch Popp, *Männerliebe,* S. 363–369. Ventiliert wurde sie auch im Hause Mann. »Mit Erika über Kafkas ›Amerika‹, das sie gerade beendet. [...] Sie meint, daß die Hübschheit Karls, sein Unverhältnis zu Frauen, die Eifersucht des Onkels etc. auf Homosexualität deuten. Ich glaube mehr an jüdische Keuschheit.« (Tb, 14. 3. 1952)

5 Überzeugend weist Frizen das Vorbild Aeneas' für die Hadesfahrt nach. (»Weltgedichte«, S. 249) Wie bei Vergil geht es in »Schnee« vom Neapelgolf zur Unterwelt. Zur Schneereise als symbolischer Todesfahrt und als Höhepunkt der Initiation vgl. auch Helmut Koopmann, *Der klassisch-moderne Roman in Deutschland*, S. 49–54.

6 Als wolle er späteren freudianischen Deutern einen Gefallen tun, läßt Andersen der symbolisch beredten Mitteilung vom Verlust des Verlobungsrings noch eine andere folgen, die zwar nicht ganz so energisch zur Sache kommt wie die nautische Angabe, mit der sich der Sohn einer Hansestadt im *Kleiderschrank* entblößt – van der Qualen sieht da einen Kahn, an dessen »Hinterteil ein Mann mit einer langen Stange ruderte« (VIII, 155) –, handlungstechnisch gesehen aber so überflüssig ist, daß man sie in den Verdacht miteinschließt, es komme ihr nicht auf den Vorder-, sondern einen Hintersinn an: »Seine Büchse lag im Schnee neben ihm, er hob sie auf, wollte sie abschießen, sie versagte.« (A II, 233) Leide Rudis Büchse an postkoitaler Erschöpfung, worauf jene Deuter tippen würden, wie man sicher sein darf, sei sie unspezifisches Symbol des Machtverlustes und der Erniedrigung, der sexuelle Charakter der Verführung im Schnee steht außer Frage.

7 Jens Rieckmann, *Der Zauberberg. Eine geistige Autobiographie Thomas Manns*, S. 78.

8 Zweimal, im ersten und im letzten Satz, wird im *Lied von der Erde* die Farbe Blau mit der Ferne und der Ewigkeit assoziiert. Im *Trinklied vom Jammer der Erde*: »Das Firmament blaut ewig«, im *Abschied:* »ewig blauen licht die Fernen«. (Lieder, 88, 91) Im ersten, motivreichsten Abschnitt des Romans zeigen die »entfernteren« Bergkulissen ein »nüchternes Schieferblau«. (18) Kurz darauf fragt Ziemßen Hans Castorp, auf einen Gletscher weisend: »siehst du das Blaue noch?« Nach der Landschaftsbeschreibung folgt Mahlers »Ewig... ewig...«

Schon die Landschaft selbst erinnert dabei an den Sechsten Satz *Abschied.* »Ankunft«, der andere Bergaufstieg, könnte sich gespiegelt schon auf ihn beziehen. »Dunkle Fichten« (13) streben zwischen den Felsblöcken des *Zauberbergs,* bei Bethge-Mahler weht ein feiner Wind »hinter den dunklen Fichten«. Es ist Abend, und es »wehet kühl im Schatten meiner Fichten« (Lieder, 91), wie wiederum im Roman: »Da ein Wind sich aufgemacht hatte, wurde die Abendkühle empfindlich«. (18) Wasser rauschen in die Tiefe (13), der Bach singt durch das Dunkel. (Lieder, 91) Auch an die Vögel, die bei Bethge-Mahler »still in ihren Zweigen hocken« (ebda.), muß Castorp bei seinem Bergaufstieg kurz denken. (14) Das wäre allein noch keineswegs zwingend. Der ewige Schnee der fernen Gebirge und die Farbe Blau werfen dann aber auch auf die Eingangslandschaft ein Licht, so daß sie im Zwielicht steht mit ihren dunklen Fichten, die unter der Abendröte der Selbstgenügsamkeit nur für sich zu stehen schienen. Das *ewig blauen licht die Fernen* wird im Abschnitt des zweiten Bergaufstiegs wieder alludiert, Hippes Augen sind »blaugrau oder graublau« wie die Farbe »etwa eines fernen Gebirges«. (170; vgl. Anm. IV, 25) An »Berg- und Tiefenlicht« (661) erinnert Castorp in »Schnee« das »blaue Licht« der eisjungfräulichen Schneelöcher. Vgl. zur Blau-Symbolik auch Jendreiek, *Der demokratische Roman*, S. 289–294.

9 Die Textvorlage des *Lied von der Erde* war eine Nachdichtung Hans Bethges aus dem Chinesischen. Zum Nachweis der Textübernahmen aus *Von der Jugend* und *Von der Schönheit* vgl. Maar, »Der Teufel in Palestrina«, S. 231 f. Mahlers Teichkiosk wird zum Lustort der mit Augenritzen, unbeweglichem Lächeln und Silberbärtchen an der Kinnunterseite kaum verkleideten Chinesengreise namens Huij und Tuij. Die Szene des ersten Rendezvous zwischen Joseph und Mut zitiert den Schluß des Vierten Satzes: »Und die schönste von den Jungfraun sendet / Lange Blicke ihm der Sehnsucht nach. / Ihre stolze Haltung ist nur Verstellung: / In dem Funkeln ihrer großer Augen, / In dem Dunkel ihres heißen Blicks / Schwingt klagend noch die Erregung ihres Herzens nach.« (Lieder, 90. Vgl. V, 1095–1104) Der Huij- und Tuij-Exposition ist die Szene »Die Kretische Laube« nachgebildet, um die Symmetrie der letzten mit der vorletzten Erhöhung zu stützen. Der Erzähler weist selbst auf die Korrespondenz hin: »Jaakobs Sohn war vom Stehen vor Pharao schon fast so müde, wie er einst gewesen war, als er den Stummen Diener hatte abgeben müssen für die Alten im Lusthäuschen.« (V, 1458) Dementsprechend ist auch die kretische Laube wieder wie der Pavillon aus Mahlers Drittem Satz ausgestattet. Sie ist, mit dem erweiterten Titel des Vierten Satzes, »von seltener Schönheit« (V, 1411), ihre Fenster eröffnen den Blick auf eine »Insel-, Brücken- und Kiosk-Perspektive«, Pavillon und Brücke aus *Von der Jugend.* Der »Bogen« der Brücke kehrt im »Bogenfenster« wieder. (V, 1412) Das ferne »Sommerhäuschen« (»Häuschen« nicht nur bei Andersen, sondern auch bei Bethge-Mahler) blitzt mit »Fayenceziegeln« herüber. Das originale »Porzellan« gab es damals noch nicht. Es ist schon gut, wenn es im alten Ägypten die Mahlerschen »Lotosteiche« (V, 1411) gab. – Als im letzten Band Juda vor Pharaos Zweitem den heimischen Notstand erläutert – so weit fortgeschritten sei er, daß sie »hörten den Vater sagen, nicht viel fehle, so gehe die Lampe ihm aus, und er

müsse im Dunkeln schlafen« (V, 1611) –, erregt sich Joseph über alle Maßen. Es stellt sich dann heraus, daß die Lampe nur bildlich gemeint war und es dem Vater hauptsächlich an Opfersemmeln gebricht. (V, 1612) Die bildlich gemeinte Lampe aber erinnert noch einmal an den Schmerz des Alten aus Mahlers Zweitem Satz *Der Einsame im Herbst*: »Mein Herz ist müde. Meine kleine Lampe / Erlosch mit Knistern, es gemahnt mich an den Schlaf.« (Lieder, 89) Wie der Schmerz mit Mahlers Auferstehungsbotschaft gestillt wird, hat Frizen herausgefunden. Vgl. vorne AUFERSTEHUNGSSYMPHONIE.

10 Vgl. Lieder, 89f. und Michael Mann, »Eine unbekannte ›Quelle‹ zu Thomas Manns *Zauberberg*«, S. 411f. Vgl. auch Anna Giubertoni, »Un ignorato rapporto«, S. 299–302. Die Autorin spekuliert weiter, der »Schnee«-Umschlag ins Dionysische entspreche dem vom Lied der Schönheit zum *Trinklied vom Jammer der Erde*. Ihre Belege – das Metall der Tempeltür und der metallne Klang der Blechinstrumente – sind aber zu dünn, als daß ihr nicht jederzeit besseres Mahler-Material entgegenzuhalten wäre, und sei es nur das in Anm. II, 22 zitierte Wandeln in elysischen Gefilden, dem das plötzliche Versetztwerden ins Reich des Grauens folgt.

11 »Ich brauche nur aufzublicken von meinem Tisch, um mein Auge an der Vision eines feuchten Haines zu laben, durch dessen Halbdunkel die lichte Architektur eines Tempels schimmert.« (XII, 478) Das Bild, Arnold Böcklins *Heiliger Hain,* war sicher auch eine Quelle der Schnee-Vision. (Vgl. Terence J. Reed, *The Uses of Tradition*, S. 243f.) Den Tempel in einer Sonnenlandschaft aber hatte Thomas Mann schon lange vorher in fast unmittelbarer Nähe vor Augen; nicht auf den Bildern Ludwig von Hofmanns, deren visionsanregender Charakter der Forschung bekannt ist, die aber keinen Tempel abbilden, sondern auf dem großen Bilderfries von Thoma im Musiksaal der Schwiegereltern in der Arcisstraße. Der von Marées' Neapel-Fresken beeinflußte Zyklus, den Alfred Pringsheim 1890 bei Hans Thoma in Auftrag gegeben hatte und der heute im Depot der Stuttgarter Staatsgalerie aufbewahrt wird, konnte erst kürzlich identifiziert werden. Mit hoher Wahrscheinlichkeit diente er als eine Bildquelle für den Sonnentraum Hans Castorps. Der Fries »scheint eine Begeisterung geweckt zu haben, die für uns nur schwer nachvollziehbar ist. Einer der emphatischsten Betrachter war der junge Thomas Mann [...].« (Hanno-Walter Kruft, *Alfred Pringsheim, Hans Thoma, Thomas Mann*, S. 15. Dieser Schrift verdanken sich alle Informationen zu Thomas Bildwerk.) Bei seiner Einführung im Hause Pringsheim, von der er Heinrich 1904 brieflich berichtet, sah Thomas Mann den Fries zum erstenmal. Es ist einer der wenigen schwärmenden Briefe, die wir von ihm kennen; an zwei Stellen bricht in ihm die Sprache in das Bekenntnis ihres Versagens aus, anläßlich Katias, die etwas »unbeschreiblich« Seltenes und Kostbares sei, und bei der Schilderung der Bilderwand: »Im Tanzsaal ein unsäglich schöner Fries von Hans Thoma. [...] Nach acht Tagen war ich wieder dort, zum Thee, ›um‹ der Mutter ein Buch wieder zu bringen, das sie mir geliehen. Ich traf sie allein. Sie ... sie rief Katja herunter, und wir plauderten zu dritt eine Stunde. Ich durfte noch einmal den Thoma'schen Fries betrachten.« (Br Heinrich, 49f.) Noch 1918 schreibt er an

Ernst Bertram: »Ich höre, daß Sie mit Bondi bei meinen Schwiegereltern waren. Nichtwahr, die Thomaschen Wandbilder im Musiksaal sind schön!« (Br Bertram, 70) Wie beim Maler der *Quelle* war es wohl schon bei Thoma die »schöne jugendliche Körperlichkeit, namentlich männliche«, die ihn über das kunstkritisch angemessene Maß hinaus entzückte. (Tb, 3. 3. 1919, vgl. auch Kruft, ebda.) Der Fries, der sich über dreizehn Bildtafeln erstreckt, folgt nicht einem erzählenden Programm, war aber an das frühere Thoma-Bild »Das Paradies« angelehnt. Das Oberthema war die Macht der Musik. (Kruft, S. 13 f.) – Sich ins Weite öffnende Felsenlandschaft, See oder Meer im Hintergrund, Liebespaare am Ufer, in heiterem Spiel, unbefangen entblößt, Tiere, Hirten, Flötenbläser, tanzende Mädchen – es sind unverkennbar die Figuren und Motive des Castorpschen Schneetraums. (Vgl. 678 f.) Bei Thoma war nun auch die Aktivität des weiblichen Teils der Sonnenleute dargestellt. Im *Zauberberg:* »An einer wie ein Bergsee die Ufer spiegelnden Bucht, die weit ins Land trat, war Tanz von Mädchen.« (679) Auf dem Fries fand er vor einem bestimmten Hintergrund statt: »Das folgende Feld schildert einen Rundtanz von Mädchen vor einem antikisierenden Tempel (Abb. 30) [...].« (Kruft, S. 13) Da ist Thomas Mann der antike Tempel wohl zum ersten Mal erschienen.

12 Vgl. Br I, 201. Specht scheint den Verehrten mit seiner musikkritischen Produktion versorgt zu haben. (»Eine Reihe Bücher kamen wieder in diesen Tagen: Eine große Strauss-Monographie von Specht [...]«, Tb, 31. 12. 1920) Zu Specht vgl. Vaget, *Kommentar*, S. 165 und Lebrecht, *Gustav Mahler im Spiegel seiner Zeit*, S. 181; ferner Tb, 8. 12. 1919. Das erste Heft der »neuen Wiener illustr. Zeitschrift ›Die moderne Welt‹, für ›Kunst, Literatur und Mode‹«, fand Thomas Mann mit einem Wort: »Ekelhaft.« (Tb, 14. 10. 1918) Das hat ihn nicht daran gehindert, Spechts Artikel, auf den ihn Bruno Walter oder der Verfasser selbst aufmerksam gemacht haben kann, gründlich zu studieren.

13 Richard Specht, »Gustav Mahlers Gegenwart«, S. 1.

14 Ebda., S. 3.

15 Vgl. auch Kapitel X. Mahler und Nietzsche wohnen in Manns Vorstellungswelt als überbürdete Vorläufer, Überwinder der Romantik und sich selbst verzehrende, der Zukunft leuchtende Flammen so nah beieinander – Wagner en face –, daß er vom einen selbstverständlich auf den andern kommt, wie noch der nebensächlichsten Bemerkung anzusehen ist. In einem unveröffentlichten Brief an Eugen Diederichs vom 7. Juni 1927 lehnt Thomas Mann es ab, für die völkische Musikkritik eines Herrn Richard Benz einzutreten. »Max Slevogt schrieb eines Tages einen Brief an die ›Süddeutschen Monatshefte‹, in dem es hieß: ›Ich fürchte, ›deutsch sein‹ soll wieder einmal soviel heißen wie im Leiterwagen fahren, wenn alle Welt im Auto fährt.‹ Ähnliche Befürchtungen und Widerstände haben manche Stellen dieses Buches mir erregt und mir ist auch die Vornehmheit garnicht geheuer, mit der es die Zumutung ablehnt, Mahler ›ernst zu nehmen‹ oder sich gar mit neuester Musik ›auseinanderzusetzen‹. Noch weniger die Ausfälle gegen Nietzsche, z. B. gegen seine Beethoven-Kritik.« (HOM) Mahler und Nietzsche zusammenzustellen, war dabei keine Privatmarotte Thomas Manns. Die Musik-

blätter des *Anbruch* veröffentlichten in ihrer Mahler-Sondernummer 1920 einen Essay Hugo Kauders »Vom Geiste der Mahlerschen Musik«, der seine Betrachtung darauf abstellte, daß Mahler als Geisteserbe der großen Romantiker Novalis und Schelling einem die Sinnenwelt nicht verneinenden Christentum gehuldigt habe und im Ausklang der Neunten wie im Abgesang des *Lied von der Erde* dem scheidenden Zarathustra gleich »zum Erfüller des Nietzsche-Wortes: ›Aus Betenden müssen wir Segnende werden!‹« geworden sei. (S. 65) Dies als ein Beispiel für den Geist der Zeit. Zwei letzte Beispiele noch aus Bauer-Lechners Erinnerungsschrift, aus denen sofort ersichtlich wird, warum Thomas Manns Nietzsche-Roman zugleich einer über Mahler werden konnte. »Warum, fragte es in mir, muß ich das alles leiden, warum dieses furchtbare Martyrium auf mich nehmen? Und nicht nur für mich: für alle, die vor mir an dies Kreuz geschlagen worden sind, weil sie der Welt ihr bestes darbringen wollten, und für alle, die es noch nach mir werden, empfand ich den unermeßlichen Schmerz.« (GM, 35) Das ist fast wörtlich der ans Kreuz des Gedankens geschlagene Nietzsche des Essays, und es ist der mit dem Ecce-Homo-Antlitz endende Held des Romans. (Vgl. VI, 640) Die Christus-Identifikation Mahlers war Bauer-Lechners Erinnerungen auch explizit zu entnehmen. »Heute ist mir, wie einem manchmal durch eigenes Erleben etwas längst Gekanntes aufleuchtet und offenbar wird, plötzlich blitzartig aufgegangen: Christus auf dem Ölberg, der den Leidenskelch bis zur Neige leeren mußte und – wollte. Wem dieser Kelch bestimmt ist, der kann und will ihn nicht zurückweisen, doch muß ihn zu Zeiten eine Todesangst überkommen, wenn er denkt, was ihm noch bevorsteht.« (GM, 44) Zu dem »O Gott! O Gott! Warum hast du mich verlassen?« in den Skizzen der Zehnten wie zu dieser selbst vgl. Maar, »Der Teufel in Palestrina«, S. 244. Alma Mahler schreibt in den *Erinnerungen und Briefen* über das Ende des »heiligmässigen Lebens« (S. 246): »Am nächsten Abend wurde er umgebettet. Zwei Wärter hielten den ganz nackten Körper dieses zu Tode abgemagerten Menschen. Niemand hatte Scham. Christi Grablegung! Alle empfanden wir das gleiche!« (S. 245)

16 »Es gab einige nicht eben bedeutende Kirchenmusik von Mozart, dann die 2. Symphonie von Mahler, ein an Menschlichkeit reiches Werk, das heiterste Sinnlichkeit und ringende Religiosität umfaßt. Physisch sehr angreifend.« (Tb, 1. 11. 1918) Im Dezember 1920 ist ihm die Zweite Symphonie den Eintrag beim Monatsresümee wert. (Tb, 29. 12. 1920) Im Oktober las er »Briefe Mahlers an Walter in Abschriften des Letzteren u. seiner Tochter.« (Tb, 31. 10. 1920)

17 Vgl. Werner Frizen, »›Der Knabe lebt!‹«, S. 490.

18 *Mahler-Lexikon*, S. 240. Eine Deutung der Zweiten Symphonie vom Komponisten selbst war bei Bauer-Lechner zu finden. (GM, 22 ff.)

19 Vgl. Härle, *Gestalt*, S. 130.

20 Wie Lotti Sandt in ihren mythologischen fand Frizen in seinen philosophischen Argumentationsgängen zu dem Ziel, daß der *Zauberberg* nur unter Verwendung des Metempsychose- bzw. Palingenesie-Modells zu interpretieren sei. (*Mythos und Symbolik*, pass., *Zaubertrank*, S. 192, 564 und pass. Vgl. von Frizen ferner »Zeitenwende«, S. 229–245, bes. S. 242. Zur Metempsychose im Zusammenhang

von Manns Mythosrezeption vgl. Dierks, *Studien zu Mythos und Psychologie*, S. 85–103 und pass.)

21 Noch unlängst resümiert eine Dissertation: »Das grösste Problem für die Interpretation des *Zauberberg* als Bildungsroman liegt darin, dass Hans Castorp die Erkenntnis im Abschnitt ›Schnee‹ vergißt«. (Vgl. Beatrice Trummer, *Thomas Manns Selbstkommentare zum Zauberberg*, S. 68) Wenn etwas im Verbleichen begriffen ist, muß es zwar nicht ganz verschwinden; weiß wird das Verblichene nie, Spuren, anamnetische Reste können immer übrig bleiben. Aber Beatrice Trummer kürzt nicht anders ab als Thomas Mann selbst, der in einem Brief schreibt, Castorp hätte seine Einsicht »gleich wieder vergessen«. (Br I, 232) Es wäre also etwas gewaltsam, ihr zu widersprechen. – Nach Bulhof wird durch den letzten Satz das ganze Kapitel aufgehoben. (*Transpersonalismus*, S. 40) Nichts gegen die Möglichkeit einer solchen Komposition, ein anderer Autor könnte sehr wohl Gefallen daran finden, ein Riesenkapitel zu schreiben, das sich mit seinem letzten Satz selber aufhebt. Des Kaufmannssohns Vergnügen an einer so unökonomischen Angelegenheit wäre vermutlich gering gewesen.

22 »Das ›Irgendwie‹ spricht für die Vagheit der Vorstellung«, findet auch Frizen. (»Weltgedichte«, S. 267)

23 Während sein Doppelgänger, der Gidesche Staatsanwalt »Passavant«, in einer Parallelwelt auf ewig damit befaßt ist, das »Scheinproblem des Perpetuum mobile« zu lösen. Vgl. Hans Mayer, *Thomas Mann*, S. 137.

24 Vgl. auch Jendreiek, *Der demokratische Roman*, S. 278.

25 Vgl. dazu auch jüngst sehr bedenkenswert Peter Pütz, »Verwirklichung durch ›lebendige Ungenauigkeit‹«, S. 173–188. Schon Weigand erkannte in der »loving interpenetration of opposites« das Organisationsprinzip des *Magic Mountain*. (Ebda., S. 157) Zum Kontext der Dualismenüberwindung vgl. auch Sommerhage, *Eros und Poesis*, S. 28 ff. und pass. Der biographische Grund für den Gewinn der Ambivalenz mag der sein, daß die persönlich schwankende Disposition nicht mehr wie im *Tod in Venedig* als existentielle Bedrohung aufgefaßt wird, sondern als Schaffensantrieb akzeptiert. Entscheidend ist der künstlerische Gewinn.

26 Im stillen Hinblick auf etwas sein Verhalten einrichten ist aber das Gegenteil der »Verdrängung«, die Kristiansen am Werk sieht. Vgl. *Unform*, S. 277.

27 Hans Castorp findet von ganzem Herzen reizend, was er bei den Sonnenleuten sieht: »gleichmäßig verteilte höfliche Rücksicht« und »leichte und unter Lächeln verborgene Ehrerbietung, die sie einander, unmerklich fast und doch kraft einer deutlich durch alle waltenden Sinnesbindung und eingefleischten Idee, auf Schritt und Tritt erwiesen; eine Würde und Strenge sogar, doch ganz ins Heitere gelöst und einzig als ein unaussprechlicher geistiger Einfluß undüsteren Ernstes, verständiger Frömmigkeit ihr Tun und Lassen bestimmend – wenn auch nicht ohne alles Zeremoniell.« (680 f.) Diese vor allem im Muttergruß sich beweisende Mischung aus »förmlicher Devotion und heiterer Freundschaft«, von der Gegrüßten »mit einem Lächeln« (681) bedankt, durchdringt ihn so mit Entzücken, wie sie vor ihm Gustav von Aschenbach entzückte, in dessen Nachfolge Castorp am Ende des ersten Traumabschnitts einen unerwarteten Moment lang steht. Die von

Aschenbach beobachtete Familie erweist sich bei genauerem Hinsehen als die Urfamilie, von der auch das Sonnenvolk abstammt. Die Haltung der Mutter, »kühl und gemessen«, ist das erste, was Aschenbach auffällt, »Frömmigkeit als Bestandteil der Vornehmheit« zeichnet ihre Kleidung aus. Das Grußzeremoniell nimmt sie »mit einem zurückhaltenden Lächeln« entgegen. (VIII, 471) Sie wird »ehrerbietig« gegrüßt, unter Beobachtung »gebräuchlicher Formen« (VIII, 471 f.), und »auf zeremoniöse Art« (VIII, 501) verabschiedet, das alles, wie Aschenbach schon bei der ersten Begegnung auffällt, »mit einem solchen Akzent von Zucht, Verpflichtung und Selbstachtung« (VIII, 472), daß er »sonderbar ergriffen« ist. – Daß Tadzio den russischen Strandnachbarn mit vom Erzähler stark aufgetragenen Akzenten des Hasses und der Abscheu begegnet, macht ihn Aschenbach überhaupt erst der tieferen Teilnahme wert. (VIII, 476) Der Verführte beginnt damit seine Manöver des Selbstbetrugs und übersieht, daß die Opposition, in die Tadzio gestellt wird, eine nachbarschaftliche ist. Wie fest ihn das andere gleich in den Griff nimmt, zeigt sich daran, daß er nach dem Blick auf Tadzio seinen Liegestuhl »weiter zum Meere hin« zieht. (VIII, 474) Nicht erst im *Faustus* gibt es kaum noch eine erzählte Kleinigkeit, die für sich stünde, ohne mehr als eben sich zu bedeuten. Aschenbach kann nicht näher zum Meer rücken, ohne daß er damit auch dem dionysisch unterströmten Reich des Willens, der Auflösung, des lustvollen Todes näherrückte; das allegorische Koordinatennetz liegt schon über der Novelle so dicht, daß kaum noch ein Detail ihm silbrig entschlüpft. Dem allegorischen Verweiszwang entkommt auch keines der Details, mit denen die russische Familie ausgestattet wird – Bärte, große Zähne, Trägheit, Demut (VIII, 475) –, und nur das letzte Merkmal, die christliche Demut, läßt erahnen, warum den Russen später einmal auch ein Guter Tisch eingeräumt werden wird. Noch sind es Dionysiker, mit deren Sphäre Tadzio schon dadurch Beziehungen unterhält, daß er schadhafte Zähne und gerötete Augen hat. (VIII, 473, 479; zum Rot-Motiv vgl. Gunter Reiss, *Allegorisierung,* S. 242–246) Die Heftigkeit seiner Abwehr wäre auch psychologisch unbegründet, würde er sich nicht durch das Abgewehrte, das er von nahe kennen muß, bedrängt und gefährdet fühlen. Der Überdetermination entkommt die Russenfamilie auch bei ihrem zweiten Auftritt nicht, der sie als Zuhörer der dämonisch-dionysischen Musiktruppe zeigt. Eifrig und »genau im Genuß« läßt sie sich Rohrstühle in den Garten hinabstellen – »hinab« –, »um den Ausübenden näher zu sein« (VIII, 505 f.), analog dem Näher-ans-Meer-Rücken Aschenbachs. »Namentlich die Russen, in ihrem Parterre« (VIII, 506), sind dann auch beglückt über das kecke Hervortreten des Oberdämons. Am Ende sieht man sie »bereitwillig spenden«. (VIII, 508)

28 Es ist der Herdengott mit dem Caduceus und dem gelockten, vom Pilus, dem glockenartigen Hütchen bedeckten Haupt, am göttlich erhöhten Standort. Vgl. auch Frizen, *Zaubertrank,* S. 302.

29 Lederer deutet Gerdas Unterwelterlebnis in der dritten Geschichte nicht ohne Berechtigung mit Persephone- und Hades-Topoi. (*Snow Queen*, S. 174) Die Blumenhexe steht ihm für den organisch zyklischen, die Schneekönigin für den kristallinischen Tod.

30 Ebda., S. 55.

31 In »Schnee« verarbeitete frühkindliche Zerstückelungsängste vermutet Dierks, ohne geradezu darauf bestehen zu wollen. (»Psychische Konstitution«, S. 285 f. Vor ihm Gottfried Fischer und Friedrich A. Kittler, »Zur Zergliederungsphantasie im Schneekapitel des ›Zauberberg‹«. Der Lacan verpflichtete Aufsatz ist lesenswert als Beispiel für eine trichterförmige Theorieapplikatur, deren Benutzer sich um die Eigenart der oben hineingeworfenen Texte schon deshalb nicht zu kümmern brauchen, weil es ohnehin die immer gleichen grauen Würste sind, die sie produziert.) Dierks' Argument, daß erst die Psychologie klären könne, warum es sich bei dem Zerstückelten um ein kleines Kind handelt, wird durch die *Schneekönigin* geschwächt. Gerda ist ein kleines Kind. Es wird zweitens sein Argument geschwächt, auf ein starkes psychisches Eigengewicht der tragenden Grundphantasie deute, daß die Szene »kaum an das Beziehungsnetz des Romans angeschlossen« sei. (S. 285) Sie ist qua Andersen sehr wohl und filigran angeschlossen. Davon abgesehen bleibt richtig, daß eine charakteristische Mischung aus Grauen, Angst und Lust fast allen Mannschen Helden, auch Castorp, eingeflößt wurde. Als ein Lebensbeispiel für viele: »Ein geschlechtlicher Anfall gestern, einige Zeit nach Schlafengehen, hatte sehr schwere nervöse Folgen: Große Erregung, Angst, andauernde Schlaflosigkeit [...]. Das ›die Nerven verlieren‹, nicht als Stimmungsdepression, sondern als physische Verzweiflung und Ratlosigkeit, ist ein furchtbares Gefühl.« (Tb, 16. 5. 1919) – Sommerhage irrt einmal, wenn er schreibt, die Hexe verschlinge »vornehmlich Knaben« (*Eros und Poesis*, S. 104), das kleine Kind kann genauso ein Mädchen wie Gerda sein. Über Rohdes *Psyche* als Vorbild für das Hexenmahl schreibt Peter Pütz: »Bei diesem konnte Thomas Mann erfahren, wie Gorgo, Lamia, Empusa, oder wie die weiblichen Höllengeister und Mittagsgespenster sonst heißen mögen, Kinder aus dem Leben reißen [...], wie sie Opfertiere packen, mit den Zähnen zerreißen und das blutige Fleisch verschlingen.« (»Thomas Mann und Nietzsche«, S. 240) Das lenkt etwas davon ab, daß bei Rohde zwar Tiere geopfert, nicht aber Kinder verzehrt werden.

32 Auch Lederer, der die Verschiebung zu wenig berücksichtigt, die aus dem mannmännlichen nur notgedrungen ein lesbisches Verhältnis macht, gibt dem Räubermädchen »a somewhat masculine cast«, erkennt einen »homoerotic ›crush‹« (*Snow Queen*, S. 99) und gewinnt sogar dem Messer im Bauch sexualsymbolische Valeurs ab. (S. 57) An dieser Stelle etwas eingeengt durch seine These, alles in der *Schneekönigin* sei Adoleszenzgeschichte (vgl. Anm. VIII, 39), versteht er die Episode als letztes Zurückweichen des heranwachsenden Mädchens vor der gefürchteten Sexualität, die auf die gleichgeschlechtlichen Ersatzfreundschaften abstrahle.

33 *Nur ein Spielmann*, S. 161. Die Kußszene S. 190ff., die Peitschenszene S. 204. Die gleichen und viele ergänzende Beobachtungen hat in seiner Nachbarmonade Heinrich Detering gemacht. Vgl. das Andersen-Kapitel in *Das offene Geheimnis*.

34 Vaget, *Kommentar*, S. 136f. Detering verweist im Thomas-Mann-Kapitel seiner Arbeit auf Vorbildtexte Herman Bangs.

35 Die Mallinckrodt mit den goldenen Ohrringen, die sie trägt, weil sie »kokett« und »putzsüchtig« ist, gleicht schon darin dem Räubermädchen, das Gerda mit der bedenkenswerten Begründung: »Sie soll mir ihren Muff, ihr hübsches Kleid geben und in meinem Bett schlafen!« (A I, 276) vor dem Geschlachtetwerden bewahrt. Wie das Räubermädchen hat die Mallinckrodt »schwarze Augen« (vgl. 435) und eine Verführungskraft, die selbst über das »Elend ihres bräunlichen Körpers« triumphiert. (435) Das ist schon ganz die bräunliche »Elende«, die den keuschen Leverkühn verführt. (VI, 204 ff.) Thomas Mann scheint sich bei deren Schilderung nicht nur an das Urbild, sondern auch an die frühere Nebenfigur erinnert zu haben. Dafür spricht eine andere merkwürdige Gewebeverdichtung. Frau von Mallinckrodts Finger sind mit Smaragden bedeckt (436), ihr Gesicht aber und überhaupt ihr Hautorgan von einem Ekzem überzogen. (435 f.) Frau von Tolna, Leverkühns Fürstin-Egeria, die unter anderem auch das Engadin bereist (519), macht Adrian das Huldigungsgeschenk eines Ringes, dessen Stein ein »Prachtexemplar des hellgrünen Ural-Smaragds« ist. (VI, 521) Zeitblom erwägt kurz, ob sie wohl deshalb auf ihrer Unsichtbarkeit bestehe, weil sie von einem Hautleiden entstellt ist. (VI, 522) Wie nun gerade der Ring mit dem Pfeil-Emblem es beweist, ist Frau von Tolna wenn nicht Hetaera Esmeralda selbst, die syphilitische Ex-Prostituierte von delikater Gesundheit (VI, 520), so doch ihr invertiertes Pendant. (Vgl. Viktor A. Oswald, »The Enigma of Frau von Tolna«; Zweifel an der Identitätsthese bei Ignace Feuerlicht, *Thomas Mann und die Grenzen des Ich*, S. 162 f.) Frau von Mallinckrodt, das ehrlose, sündhafte Weibchen (435), trüge so in ihrem moribunden Räubermädchenschoß den Doppelembryo der späteren Hetaera-Tolna-Figur.

36 Vgl. Oskar Seidlin, »Doktor Faustus reist nach Ungarn«. Seidlins richtigen Beobachtungen wäre hinzuzufügen, daß nicht nur Ungarn für Zigeuner und Zigeuner ab dem *Tonio Kröger* fürs Außenseitertum stehen, sondern dieses Außenseitertum auch schon fürs spezielle. Ungarn hat seinen festen Platz auch im homoerotischen Code. (Vgl. das Bang-Kapitel in Deterings *Das offene Geheimnis.*) Es wird also niemanden überraschen, daß auch die Geheimgesellschaft der Freimaurer »von Ungarn aus ins Leben getreten« ist (715), wie Settembrini berichtet.

37 Steffen Steffensen bemerkt Traumvisionen vor drohendem Schneetod auch bei Tolstoi und Selma Lagerlöf. (»Thomas Mann und Dänemark«, S. 270) Frizen bezieht das Im-Buche-Stehen auf eine Bemerkung Schopenhauers: »Der Schlaf ist vom Tode, in welchen er oft, z.B. beim Erfrieren ganz stetig übergeht, für die Gegenwart seiner Dauer gar nicht verschieden.« (*Zaubertrank*, S. 316) Im Buche Andersen steht es aber noch etwas spezifischer.

38 Mit dem Herz aus Eis greift Andersen ein altes Motiv auf. Zu seiner Geschichte vgl. Manfred Frank, *Kaltes Herz. Unendliche Fahrt. Neue Mythologie*, S. 11–49. *Die Schneekönigin* wird auf S. 46 vorgestellt.

39 In enger, aber konziser Lesart entziffert Lederer *Die Schneekönigin* als das Märchen der Pubertät. Der Splitter trifft den Adoleszenten, der sich nicht mehr für Mädchen interessiert, sondern für Technik. Die roten Schuhe, die Gerda in den Fluß des Lebens wirft, symbolisieren die Menarche, und so weiter. Die Verbin-

dung Schneekönigin – Kältetod – Kunst muß Lederer bei dieser Lektüre allerdings entgehen.

40 Das Resümee Lederers vom eigentlichen Inhalt der *Schneekönigin* liest sich deshalb nicht zufällig wie die Kurzangabe der *Königlichen Hoheit*, der »story of the redemption of a lonely, inhibited intellectual by the love of a woman«. (*Snow Queen*, S. 155) Der einzige Unterschied ist, daß die Einsamkeit Klaus Heinrichs formal durchs Amt und nicht die Intellektualität begründet wird. Übrigens hätte Lederers Vergleich der weiten Leere des Eispalastes mit der Leere des Ozeans, den der Fliegende Holländer zu durchmessen hat, um wie Kay von einer reinen liebenden Frau erlöst zu werden (S. 156), seinen Eindruck auf Thomas Mann gewiß nicht verfehlt. Vielleicht zog er ihn aber schon selbst. Wagner spielt jedenfalls auch in die Anagnorisis-Szene hinein, Imma stellt die parsifalsche Mitleidsfrage. Dem Mitleid folgt wie erwähnt jedoch ihr Versuch, den Helden an seine erste Rolle zu erinnern. Im Soldatenrock steht Klaus Heinrich da und muß sich anhören: »Haltung, Prinz. Ich bin der Meinung, daß es nicht erlaubt ist, sich gehenzulassen, sondern daß man unter allen Umständen Haltung bewahren muß.« (II, 285) Das ist die raison d'être seiner Zinnsoldatenexistenz. Weil sein Roman noch als Operette endet, bleibt das vorbestimmte Ende dieser Existenz ihm noch erspart.

IX. Der Gedankentraum

1 Kristiansens Scharfsinn ist dabei ein Naphtascher Rigorismus beigemengt, der Thomas Mann nicht überall gerecht wird. Die angeführte Stelle aus der großen Rede von Moses, die auch Kristiansen interpretiert, diene als ein Beispiel für seine der Strenge selbst den Textsinn opfernde Exegeseart. »Mit diesen Worten, daß der Mensch, der durch sein Gewissen die Idee des Guten besitzt, durch seine Natur dennoch dazu prädestiniert ist, statt des Guten immer wieder nur das Böse zu tun und somit konsequent seine eigentliche Bestimmung und Aufgabe zu verfehlen, hat Thomas Mann die Lehre der Mose-Erzählung ausformuliert und zugleich die Implikationen seiner eigenen Anthropologie bloßgelegt.« (»Freiheit und Macht«, S. 65) Das entscheidende, von Kristiansen hineingeschmuggelte Wort ist das »nur«. Von ihm war bei Thomas Mann nirgends die Rede. Immer und überall wird gegen die Gebote verstoßen werden, deshalb aber lange noch nicht nur das Böse getan. Fast nur, das mag sein, ist sogar hochwahrscheinlich. Zwischen dem nur und einem fast nur klafft aber ein Hiatus. Zehn Gerechte hätten genügt, damit ganz Sodom verschont bleibe. Wenn der Herr des Alten Testaments die Nuance so gering geachtet haben würde wie Kristiansen, wären Abrahams Feilschversuche von vornherein überflüssig gewesen. Für die Nuance, in der die Kunst liegt, hat Kristiansen so wenig Sinn wie für den Humor; die schwache Kraft gilt ihm nichts, den kleinen Rest rechnet er weg. Im Anhang seiner *Gesetz*-Auslegung kommt Kristiansen auch auf den *Doktor Faustus* und dessen Konzeption des Guten zu sprechen. Es handelt sich um eine Kurzdebatte

zwischen Zeitblom und Leverkühn über den Menschen als die Blüte des Bösen. Von der diese Debatte abschließenden Bemerkung Leverkühns sagt Kristiansen, sie sei »eine Umkehrung, die das Machtverhältnis zwischen Geist und Natur zugunsten der bösen Natur entscheidet«. (S. 70) Wieder wäre dadurch etwas entschieden, diesmal nicht durch das Hinein-, sondern das Herausschmuggeln eines Wortes. Leverkühns Fazit über den Menschen lautete nämlich: »Und blühend in Bösheit *zumeist*«. (VI, 365) Als fürchte er, der falschen Versöhnung Götzendienste zu leisten, streicht Kristiansen gerade die kleine Differenz heraus, die Thomas Mann dem eigenen Pessimismus glaubte abhandeln zu können. Wäre Schopenhauer Gott und Thomas Mann Papst, Kristiansen wäre päpstlicher. Aber nur, um desto besser exkommunizieren zu können. Im Schlußwort seiner Verteidigungsschrift gegen die aufgekommene Kritik wird es offenbar, daß Kristiansen dem *Zauberberg*-Verfasser Gottlosigkeit nicht etwa sachlich bescheinigt, sondern zum Vorwurf macht. »Die ›Willens‹-Philosophie nimmt die ›Aufklärung‹ zurück und verwandelt damit die auch im *Zauberberg* unüberhörbar gestellte Frage nach einer sinnhaltigen humanen Lebensform in eine fundamentale Hoffnungs- und Ausweglosigkeit – und diese Aporie zwischen humaner Absicht und metaphysischer Wahrheit, die letztlich für die Struktur des *Zauberbergs* bestimmend ist, dürfte nicht sonderlich zur Aktivierung des idealtypischen Lesers in Richtung auf Humanität beitragen, sondern vielmehr eine Haltung völliger Passivität und Indifferenz fördern.« (»Der Zauberberg: Schopenhauer-Kritik oder Schopenhauer-Affirmation?«, S. 144) Damit ist es heraus – so weit treibt ab, wer zur »im Absoluten des Glaubens verankerten Menschenliebe« (*Unform*, S. 273) nur vorübergehend fand und sein Credo verweigert. Thomas Mann verdirbt die Leser und träufelt ihnen das Gift der Indolenz ein.

2 »Im Kontext des Romans ist Castorps ›Traumgedicht‹ ein transitorisches Bildungserlebnis, das aus inneren strukturellen und kompositorischen Gründen vergessen wird und somit nicht zur Lösung seines Regierungsproblems beiträgt.« (*Unform*, S. 277) Ähnlich, differenzierter, Kurzke. (*Thomas Mann*, S. 210; vgl. *Auf der Suche nach der verlorenen Irrationalität*, S. 177) Auch Wisskirchen bezeichnet die »Schnee«-Synthese als »lediglich behauptete«. (*Zeitgeschichte im Roman*, S. 103) Schließlich Wysling: »Das ›um der Güte und Liebe willen‹ des Moralsatzes enthält einen Begriff der Liebe, der bisher im Roman keine Rolle gespielt hat: Bis jetzt hat Liebe soviel bedeutet wie Lust oder Wollust, eben die Verfallenheit an Eros/Thanatos. Der aufgewertete Begriff stammt aus der humanen Sphäre. Castorp wäre, von da aus gesehen, über die bisherige Spannung von ›Form‹ und ›Unform‹ hinausgewachsen. Aber er vermag die neue Einsicht nicht in die Tat umzusetzen. Sie vermittelt keine Handlungsmaximen, kein politisches Programm.« (TMH, 415) Man meint Mißmut herauszuhören. So schlecht romanhaft es aber gewesen wäre, aus Castorp einen durchs Traumgebot zur prompten Heimreise bewegten Ingenieur zu machen, ganz vergißt er das Vernommene ja nicht, auch wenn er zunehmend gereizt am Ende ins böse Tanzvergnügen stürzt. Der starken Linie, die dem Krieg und der Unform zufällt, hat Thomas Mann eine schwache ansteigende dazukomponiert

(fallen und steigen als romaninterne Wertungen verstanden). In diesem Auseinanderklaffen besteht die Komposition, weshalb es müßig ist zu fragen, welche der beiden Linien am Ende recht behalte. Die Zweilinigkeit ist auch die einzig angemessene Verlaufsform eines durch und durch ambivalent organisierten Romans; daß Kristiansen, als Hauptvertreter der *Unform*-Interpretation, diese zweite Linie nicht wichtig nimmt, zeigt nur, wie undurchsichtig ihm dieses Organisationsprinzip geblieben sein muß. Der Leser wird es dieser Untersuchung im übrigen nicht verargen, daß sie ihm mit der Diskussion der Frage, ob der *Zauberberg* ein Bildungsroman sei oder nicht, auch die Notwendigkeit erspart, zwischen dem Neuen das Füll- und Polstermaterial aus altem und gewendetem Wissensstoff herauszupfen zu müssen.

3 Zur Dante-Herkunft des Kursivsatzes vgl. Lea Ritter-Santini, »Das Licht im Rücken«, S. 96–99.

4 Das »Kindlein, liebet einander...« beschließt die frühe Erzählung. Terence J. Reed schreibt sehr richtig von einem »gemischten Schopenhauer- und Johannes-Evangelium«. (»Einfache Verulkung, Manier, Stil«, S. 64) Zur paraschopenhauerschen Liebe und Güte sowie zum Einfluß von Blühers *Aristie des Jesus von Nazareth* vgl. Frizen, *Zaubertrank*, S. 275–278.

5 »Der Zeugungsakt verhält sich ferner zur Welt, wie das Wort zum Räthsel. Nämlich, die Welt ist weit im Raume und alt in der Zeit und von unerschöpflicher Mannichfaltigkeit der Gestalten. Jedoch ist dies Alles nur die Erscheinung des Willens zum Leben; und die Koncentration, der Brennpunkt dieses Willens, ist der Generationsakt. In diesem Akt also spricht das innere Wesen der Welt sich am deutlichsten aus. Es ist, in dieser Hinsicht, sogar beachtenswerth, daß er selbst auch schlechthin ›der Wille‹ genannt wird, in der sehr bezeichnenden Redensart: ›er verlangte von ihr, sie sollte ihm zu Willen seyn.‹ Als der deutlichste Ausdruck des Willens also ist jener Akt der Kern, das Kompendium, die Quintessenz der Welt. Daher geht uns durch ihn ein Licht auf über ihr Wesen und Treiben: er ist das Wort, zum Räthsel.« (AS II, 663)

6 Hans Castorp selbst paraphrasiert Schopenhauers *Metaphysik der Geschlechtsliebe*: »Mein Gott, das Leben war schön! [...] Versteht sich, es war um eines gewissen Zweckes willen, daß die Frauen sich märchenhaft und beglückend kleiden durften, ohne dadurch gegen die Schicklichkeit zu verstoßen; es handelte sich um die nächste Generation, um die Fortpflanzung des Menschengeschlechts, jawohl.« Es folgt die Inspektion des wunden Punktes: »Aber wie, wenn die Frau nun innerlich krank war, so daß sie gar nicht zur Mutterschaft taugte, – was dann? Hatte es dann einen Sinn, daß sie Gazeärmel trug, um die Männer neugierig auf ihren Körper zu machen, – ihren innerlich kranken Körper? Das hatte offenbar *keinen* Sinn und hätte eigentlich für unschicklich gelten und untersagt werden müssen. Denn daß ein Mann sich für eine kranke Frau interessierte, dabei war doch entschieden nicht mehr Vernunft, als ... nun, als seinerzeit bei Hans Castorps stillem Interesse für Pribislav Hippe gewesen war. Ein dummer Vergleich, eine etwas peinliche Erinnerung.« (182 f.) Der einzig richtige Vergleich natürlich, um seinetwillen die ganze Passage.

7 Frizen zitiert und liest ähnlich, betont aber anders. Manns moralische Qualifikation des gleichgeschlechtlichen Eros setze zwar andere Wertmaßstäbe als die Schopenhauers voraus, stimme aber mit dessen Ergebnissen überein. (*Zaubertrank*, S. 237–248) Das »zwar« – »aber« läßt sich gerade umkehren. Zwar fehlt dem eigenen Eros der Segen der Natur, aber metaphysisch gerichtet ist er darum noch lange nicht, sondern heilig auch er.

8 Vgl. *Tagebücher 1946–1948*, Anhang, S. 882. Durch ein »etwas« abgeschwächt im Roman. (VI, 550)

9 Gauger, »›Der Zauberberg‹ – ein linguistischer Roman«, S. 214.

10 Für Kristiansen kann das Christliche mit der pessimistischen Willens- und Unformmetaphysik, der er das Russische unterordnet, nur kollidieren. Für Thomas Mann gerade nicht. Auf den Unterschied zwischen Joachim Ziemßen und Castorp angesprochen, antwortet er einmal, Castorp sei der viel Interessantere: »Er hält das Experimentieren für das wahre Dienen. Er widersteht nicht dem Bösen.« (Interviews, 76) Dies »Widerstehe nicht dem Bösen!« war Thomas Mann der tiefste Satz der Religion. (Vgl. auch Frizen, *Zaubertrank*, S. 180 und pass. Daß es eigentlich »Ihr sollt dem Übel nicht widerstehen« hieß und anderes damit gemeint war, als Thomas Mann annahm, ist bei Lehnert, *Fiktion, Mythos, Religion*, S. 218 nachzulesen.) Naphta spricht einmal genau das aus, was Thomas Mann denkt: »Es sei viel gewonnen, sagte er, wenn klargestellt sei, daß Religion mit Vernunft und Sittlichkeit überhaupt nichts zu tun habe. Denn, fügte er hinzu, sie habe nichts mit dem Leben zu tun. Das Leben ruhe auf Bedingungen und Grundlagen, die teils der Erkenntnislehre, teils dem moralischen Gebiet angehörten. Die ersteren hießen Zeit, Raum, Kausalität, die letzteren Sittlichkeit und Vernunft. All diese Dinge seien dem religiösen Wesen nicht nur fremd und gleichgültig, sondern sogar feindlich entgegengesetzt; denn sie seien es eben, die das Leben ausmachten, die sogenannte Gesundheit, das heiße: die Erzphilisterei und Urbürgerlichkeit, als deren absolutes, und zwar absolut geniales Gegenteil die religiöse Welt eben zu bestimmen sei.« (639; vgl. auch Jens Rieckmann, *Der Zauberberg als geistige Autobiographie*, S. 87). Die scharfe Scheidung zwischen Ethik und Religiosität ist die – Dostojewskische, Kierkegaardsche, Naphtasche, Chauchatsche, Castorpsche, Mannsche, von Kristiansen mißachtete – Voraussetzung, ohne die man den *Zauberberg* nicht interpretieren kann. Selbst Settembrini ordnet dem tatarischen Komplex das Christentum zu. (337) Das muß man nur nicht-settembrinisch auffassen, dann hat man den Grund dafür, warum das Russische nicht exklusiv fürs Knochenlose steht. Dessen Vertreterin kann darum zugleich eine des religiösen Mitleidsdienstes sein. (Vgl. 829 ff.) Auf Castorps Frage, was sie denn mit ihrem monsieur russe über Moral zu reden habe, antwortet Clawdia dann auch: »Eh bien, il nous semble qu'il faudrait chercher la morale non dans la vertu [...] mais plutôt dans le contraire, je veux dire: dans le péché, en s'abandonnant au danger, à ce qui est nuisible, à ce qui nous consume. [...] Les grands moralistes n'étaient point des vertueux, mais des aventuriers dans le mal, des vicieux, des grands pécheurs qui nous enseignent à nous incliner chrétiennement devant la misère.« (473) Chrétiennement – das Christliche wird mit dem tiefen Moralsatz

gleichgesetzt. Die Stelle ist künstlerisch übrigens nicht nur heikel, sondern mißraten. Behrens zufolge kann Madame Chauchat nicht einmal Französisch schreiben. (491) Zur Vogelschau auf sich selbst ist sie nicht im geringsten prädestiniert, trotzdem muß sie ihr Sprüchlein über die heilige russische Seele aufsagen, wie sie dem Dostojewski-Leser so vorschwebt; ein mit Peinlichkeit bestrafter Verstoß gegen § 50 der Schopenhauerschen Ästhetik. Schon als Sprachfigur ist Frau Chauchat die prekärste des Romans. Einerseits »mähnschlich«, andererseits Gestelztheiten wie: »aber unbedingt besitzest du Verschlagenheit« (830) – »besitzest«, man höre, die radebrechende Russin, die nicht in der Lage sein soll, korrekt zu kondolieren. Die »Freiheit« jedoch muß sie lieben, von wegen der russischen Seele, und selbst noch die Begründung dafür vortragen: »c'est de ma race, peut-être«. (471) Viel Kunst ist nötig, um den Leser über so einen an sich unverzeihlichen Satz hinwegzutrösten.

11 »Wenn Peeperkorn in dem Moment seines Versagens vor dem inneren Telos der dionysischen Existenz dargestellt wird, ist das nicht als Folge seiner Krankheit und seines Leidens kausal zu verstehen, sondern final als pessimistische Charakterisierung der dionysischen Existenz zu begreifen. Peeperkorns Leidensgeschichte widerlegt gerade seine ›theologische Theorie‹ (Z: 837) in ihrem grundlegenden Postulat, die endliche Welt der Erscheinungen sei erfahrbar als Ort der mystischen Vereinigung mit der dionysischen Gottheit.« (*Unform*, S. 282 f.) Bis hierhin ist Kristiansen zu folgen. Er treibt die Teleologie aber unerlaubt weit, wenn er Peeperkorn »im Tode die Schranke zum wahren unbegrenzten ›Leben‹« durchbrechen und so »den Sinn seines Dionysismus« erreichen sieht. (S. 288) Woher kennt Kristiansen den Sinn des Dionysismus? Ende und Ziel sind nicht identisch, zum Ziel wird das Ende erst durch unterstellten Sinn. Es steht aber nirgends, daß Peeperkorn im Tod Schranken zum Wahren durchbricht.

12 Bezeichnenderweise kommt die nichtfiktionale Kritik am Dualismus am klarsten in Thomas Manns Schopenhauer-Essay zu Wort. »Bipolarisch, kontrast- und konflikthaft, qualvoll-heftig erlebt er [Schopenhauer] die Welt als Trieb und Geist, Leidenschaft und Erkenntnis, ›Wille‹ und ›Vorstellung‹. Wie, wenn er ihre Einheit in seinem Künstlertum, seinem Genie gefunden, wenn er verstanden hätte, daß Genie durchaus nicht stillgelegte Sinnlichkeit und ausgehängter Wille, – Kunst nicht spirituelle Objektivität bedeutet, sondern daß sie die produktive und lebenerhöhende Vereinigung und Wechseldurchdringung der beiden Sphären ist, – bezaubernder, als jede für sich, Geschlecht oder Geist, je sein kann? Daß Künstlertum, Schöpfertum, nichts anderes ist und auch in ihm nichts anderes war als vergeistigte Sinnlichkeit und vom Geschlecht her genialisierter Geist?« (IX, 574 f.) Die Frage ist rhetorisch; Schopenhauer hat es nach Auffassung Thomas Manns eben nicht verstanden. Verstanden hat es dagegen, wie er im nächsten Satz erklärt, Goethe, für den man zu diesem Zeitpunkt bei schon weit fortgeschrittener mythischer Identifizierung ohne Umstände ihn selbst setzen darf. Vgl. auch Sommerhage, *Eros und Poesis*, S. 41 f.

13 Thomas Mann war nicht der erste Künstler und wird nicht der letzte gewesen sein, der es wie Leverkühn liebte, Heimlichkeiten formel- und sigelhafter Art in

seinem Werk zu verschließen. (VI, 207) »Ich kann heute beim besten Willen nicht mehr sagen, wie ich eigentlich darauf gekommen bin, den Unglückseligen ausgerechnet zum Mannheimer zu machen, aber schließlich: irgendwoher mußte er ja sein.« (DüD II, 499) Irgendwoher schon. Wer aber des Mannes Sigeltechnik kennt und weiß, daß der so tief in Schwulitäten (857, 858) steckende Wehsal all die Qualen um das unerreichbare Liebesobjekt leidet und ausspricht, die sonst nur dem Notiz- oder Tagebuch anvertraut werden konnten, wird sich nicht über die Unzufälligkeit der Ortswahl täuschen. »*Fiebernacht der Liebe* nach einem unglücklichen Zusammensein: Eine Folge von lauter kurzen Träumen, in denen immer Er da ist u.<nd> sich kalt u.<nd> verdachtvoll zeigt, [fortwährend von Erwachen zerrissen] oder ihr, um die Luft zu reinigen, zu ihrer Pein von seinem Verkehr mit Anderen erzählt. Dazwischen fortwährendes Erwachen, Aufrichten, Lichtmachen: ›Mein Gott, mein Gott, wie ist es möglich! wie ist so viel Qual möglich!‹ ...« (Nb 7–14, 85 f.) Der Kommentar vermerkt: »Fast wörtlich in *Joseph in Ägypten* eingegangen.« Zuvor ging die von Demütigungsträumen beherrschte Fiebernacht aber schon in die große Klagerede des Mannheimers ein: »Castorp, lieber Castorp, lassen Sie mich etwas winseln, denn was habe ich für Nächte! Jede Nacht träume ich von ihr, ach, was träume ich nicht alles von ihr, es brennt mir im Schlunde und in der Magengegend, wenn ich dran denke! Und immer endet es damit, daß sie mir Ohrfeigen gibt, mich ins Gesicht schlägt und manchmal auch anspeit, – mit vor Ekel verzerrtem Seelenangesicht speit sie mich an, und dann wache ich auf, mit Schweiß und Schmach und Lust bedeckt ...« (857) Nein, bei eben dem besten Willen, den er angab, konnte Thomas Mann hier nicht mit der Wahrheit heraus. In diesem Zusammenhang eine Randkorrektur zu einer Randbemerkung Böhms. Die häßliche Dunja Steegemann der frühen Erzählung *Gerächt* gehe möglicherweise auf ein männliches Vorbild zurück, nämlich auf den ebenfalls häßlichen Grautoff, mit dem Thomas Mann eine ähnliche, aus Ekel und Zuneigung gemischte rein geistige Freundschaft verbunden habe. (*Selbstzucht*, S. 191) Böhms Vorschlag, nicht aufs offizielle Geschlecht zu starren, ist eine Idee, und seine Vermutung, daß Grautoff im Spiel sei, läßt sich auch binnenliterarisch bestätigen. Thomas Mann schreibt an Grautoff über ihr früheres Verhältnis: »Wir waren wirklich intim. Wir waren schamlos vor einander, geistig, das war so schön und bequem. [...] Wenn ich mich dieses oder jenes intimen Gespräches mit ihm erinnere, wobei wir uns lediglich durch die komischsten Laute und einzelne Worte, die kein Anderer verstanden hätte, über die heikelsten Intimitäten verständigten, – so lacht mir das Herz im Leibe, noch jetzt!« (Br Grautoff, 37 f.) Genau diese »intime Vertrautheit unserer Geister« bindet den Ich-Erzähler Anselm an Dunja Steegemann. Dunjas Vorurteilslosigkeit ermöglicht »jenen intimen Radikalismus im Austausche von Erlebnissen, Stimmungen und Sensationen [...], der damals meine Leidenschaft war.« (VIII, 163, 165) Böhm übersieht jedoch die entscheidende Eigenart der Sigel-Technik. Wer sich, um unter die Leute zu gehen, unter der halbtransparenten Namensmaske eines Herrn Friedemann, eines Paolo Hofmann oder selbst eines Mannheimers verbirgt, wird nicht auf einmal ein Nicht-Ich Steegemann nennen. Wenn schon persönlich dechiffriert werden soll, dann stünde Mann hinter Steegemann, der häßlichen Figur – daß Thomas Mann sich »garnicht schön« fand, schreibt er einmal an eine Verehrerin (Br III, 130) –, der Dunja also, die eben darum mit »artistischen Instinkten« und der bekannten prominenten Nase ausgestattet wird (VIII, 162), die nach ihr Kilmarnock von Nectanhall erhält. (Vgl. VII, 480) Es ist eine alte Übung autobiographischen Erzählens, die erste und die dritte Person Singular zu vertauschen, Thomas Mann hatte es gerade in der Erzählung *Der Wille zum Glück* erprobt, die einen ichhaltigen Er zum Hoffmann macht.

14 Kristiansen, *Unform*, S. 290f.

15 Andersen hatte wie Schwerdtfeger bei Leverkühn, nur erfolglos, bei Collin dringlich um das Du geworben. Die Episode ist so bekannt, daß sie in Rowohlts Bildmonographie als selbstverständliche »Duzgeschichte mit Edvard Collin« geführt werden kann. (*Hans Christian Andersen*, S. 172; die jüngste und beste Zusammenfassung gibt Detering im Andersen-Kapitel des *Offenen Geheimnis*.) In der Version jenes Hansen: »Natürlich hatte Andersen gleich im Anfange dem heissgeliebten Freunde vorgeschlagen, dass sie sich Du sagen wollten. Man begreift, welchen Eindruck es auf die liebende und so sensible Seele Andersens machte, als der Freund sich weigerte, mit einer Motivierung, die nur allzu deutlich erraten liess, dass Mangel an Sympathie die wahre Ursache war. Andersen war zerschmettert. Diese bittere Kränkung vergass er bis an seinen Todestag nicht.« (Jb III, 22) Noch in dem späten Märchen *Der Schatten*, in den wörtliche Zitate aus Collins Ablehnungsbrief eingeflochten sind, wird das schmerzliche Thema bearbeitet. Thomas Mann kann innerhalb seines weitläufigen Duzen-Siezen-Komplexes am Rande auch hierauf anspielen wollen. Von Andersen abgeleitet ist dieser Komplex sicher nicht, vielmehr autobiographisch. Das erste, was er zu Franz Westermeier bemerkt, einmal erregt: »Es wäre mir sehr natürlich, Du zu ihm zu sagen.« (Tb, 3.7.1950) Er wird aber sich und ein ihm intimes Thema in Andersens Vita und Werk wiedererkannt haben. (Vgl. auch Nb 7–14, 62, zu *Ein Glück*. In den Anmerkungen dort fehlt der Hinweis auf den *Zauberberg*.)

16 Vgl. auch Bulhof, *Transpersonalismus*, S. 172 und Lehnert, »Hans Castorps Vision«, S. 30.

17 Vgl. Kurt Flasch, *Einführung in die Philosophie des Mittelalters*, S. 186. Cusanus' docta ignorantia ist nach Flasch aber sokratischer und Hegels *Logik* ähnlicher als die Bezeichnung »mystisch« suggeriere. (S. 181–195)

18 Vgl. auch Heftrich, »Totentanz«, S. 341.

19 Vgl. Michael Mann, »Schuld und Segen im Werk Thomas Manns«. Bei seiner subtilen und tiefen Ausdeutung der *Freischütz*-Modulation, die Leverkühn auf dem Bordellklavier anschlägt, bedient sich auch Hans Rudolf Vaget dieses von Manns Sohn zwingend eingeführten Schlüsselbegriffs: »Wir stehen hier vor einem Paradox, dem wohl bezeichnendsten dieses Romans. Der Einbruch des Dämonischen koinzidiert mit dem ersten Auftritt des Gnaden-Motivs. Welche Instanz ist es, die bei der ersten Berührung Esmeraldas auch sogleich die Möglichkeit der Gnade signalisiert? Hier rühren wir wohl an den innersten Bereich der theologischen Spekulation Thomas Manns, die um einen letztlich mystischen, dem Ge-

danken der ›felix culpa‹ verpflichteten Kern kreist. Demzufolge trägt jede Sünde die Möglichkeit der Gnade in sich, ja Sünde und Gnade mögen gar identisch sein.« (»Thomas Mann und James Joyce«, S. 144)

20 Ähnlich auch Reinhard Baumgart in seinem sehr bedenkenswerten jüngsten Mann-Essay: »Und wieder wäre kaum schlüssig zu beweisen, was sich als Vermutung doch nicht unterdrücken läßt: daß alle Lust und aller Schrecken angesichts der ›Einheit des Doppelten‹ ihr Erfahrungs- und Inspirationszentrum in der geschlechtlichen Ambivalenz ihres Autors haben. Um *von* dieser Quelle nicht zu reden und doch *aus* nichts anderem als ihr, wird Doppeldeutigkeit und Transparenz als Strukturprinzip über eine ganze Erzählwelt verhängt.« (*Selbstvergessenheit*, S. 276) Vgl. auch *Heimsuchung und süßes Gift* und vor allem wieder *Eros und Poesis* von Claus Sommerhage.

X. Strandspaziergang mit Mahler

1 Im ersten Expositionsabschnitt gehen Hans und Joachim zu Tisch, außer ihnen befindet sich ein weiterer Gast im Restaurant, eine menschenscheue Dame, die immer mit einem Buch esse. »Man wollte wissen, daß sie schon als ganz junges Mädchen in Lungensanatorien eingetreten sei und seitdem nicht mehr in der Welt gelebt habe.« (25) Zum einen läßt sich hier noch schwach Joh 8,23 heraushören: »Und er sprach zu ihnen: Ihr seid von untenher, ich bin von obenher; ihr seid von dieser Welt, ich bin nicht von dieser Welt« – »unten« dann doppelsinnig, auch in dem des Flachlands verstanden. Weiter, hiermit im Zusammenhang, erscheint in diesem Satz das Sanatorium als ein Kloster, in das man sich schon als Mädchen zurückzieht, um der Welt zu entsagen, wie es der später zustoßende Novize Castorp tun wird, den Settembrini dann auch als »junges Nönnlein« bezeichnet. (272) Die scheue Dame ist, von Ziemßen und dem Concierge vorläufig abgesehen, Castorps erste Spiegelfigur. Daß sie beide Vielleser sind, ist sicher noch Zufall. Es wird aber, man fragt sich warum, das Alter der Nonne mit etwa dreißig angegeben. (25) Hans Castorp bringt das Thema gleich auf das Verhältnis ›alte Novizin – junger Anfänger‹. Das darauffolgende Kapitel verrät mit einiger Verzögerung sein eigenes Alter: »Als er die Reise antrat, auf der wir ihn betrafen, stand er im dreiundzwanzigsten Lebensjahr.« (55) Sieben Jahre wird er oben bleiben, dann ist er wie die dreißigjährige Dame der Welt abhanden gekommen. Drittens nämlich wird an dieser Stelle schon auf das später offen benannte Leitmotiv Hans Castorps angespielt. Gleich beim ersten Satz, mit dem sie auftritt, läßt Thomas Mann die Nebenfigur eine kleine Seitendrehung machen, die dem Zuschauer den Blick an der Maske vorbei erlaubt. »Jetzt saß niemand als eine einzelne etwa dreißigjährige Dame darin, die in einem Buche las, aber dabei vor sich hin summte und mit dem Mittelfinger der linken Hand immerfort leicht auf das Tischtuch klopfte.« (25) Summen und Klopfen, das ist Melodie und Rhythmus. Damit hätte man die Musik, die noch fehlte zum Weltabhandenkommen. Die Anspielung ist nun so ätherisch, daß dem, der nichts sehen und hören will, auch nichts bewiesen werden kann.

2 In Bauer-Lechners Erinnerungen konnte Thomas Mann lesen, der Komponist des »Ich bin der Welt abhanden gekommen« habe über die Art dieses Liedes gesagt, es sei Empfindung bis in die Lippen hinauf, die sie aber nicht übertrete. »Auch sagte er: das sei er selbst!« (GM, 166)

3 Die Verehrung Mahlers blieb auch bei Hauptmann nicht ohne literarischen Niederschlag. Die Figur des Donatus Lamprecht in dem Romanfragment *Der Venezianer* ist – zuckend, stampfend, dämonisch, gnomisch, mit steiler Stirn – nach Hauptmanns eigenem Zeugnis von Mahler inspiriert. Vgl. Hans Tramer, »Ungekannte und Umgetaufte«, S. 130 ff. Wenn Thomas Mann von dem 1903 begonnenen Roman Hauptmanns Näheres wußte, was anzunehmen ist, war also schon seine venezianische Novelle ein Konkurrenzunternehmen.

4 In jenem Mahler-Heft der *Modernen Welt* wird aus der 1909 erschienenen Auflage von *Riemanns Musiklexikon* zitiert, in dem sich Mahlers Kompositionen als »der stärkeren Eigenart entbehrende Erzeugnisse eines routinierten Eklektizismus« beschrieben fanden und von den sieben aufgezählten Symphonien nichts weiter gesagt wurde, als daß sie »zum Teil durch übermäßige Längen ermüden«. Mahler war damals, zur Zeit von Castorps Bergaufenthalt, wie diese Einschätzung illustriert, »ausschließlich der Kapellmeister und Theaterdespot«. (A. F. Seligmann, »Silhouetten aus der Mahler-Zeit«, S. 10)

5 Vgl. Sandt, *Mythos und Symbolik*, S. 157 f. Dort auch über *Das Lied von der Erde* in »Schnee«, ohne Erwähnung der Vorarbeit Michael Manns, der Sandt nichts Wesentliches hinzusetzt.

6 Paul Bekker, *Gustav Mahlers Sinfonien*, S. 354.

7 Vgl. Edmond und Jules de Goncourt, *Tagebücher*, S. 182.

8 Zum Spiel der Motiventhüllung vgl. Maar, »Der Teufel in Palestrina«, S. 228 ff. An Agnes Meyer schreibt Thomas Mann: »Würden Sie nach 20 Jahren Ihren Lieblingsbruder wiedererkennen, wenn Sie 8 waren und er 17, als er abhanden kam?« (Br Meyer, 389)

9 45 Jahre später wird der defekthafte Sohn im letzten Interview, das er gibt, seine zwei großen Lebenstabus, die unerfüllte Homosexualität und das Unglück der Kindheit unter TM, mit der Ungeschütztheit benennen, die im Licht der größten Schutzlosigkeit alle Bedeutung verliert. Auch im Tod will er weit weg sein vom Elternhaus. »›Nein‹, sagt er jetzt ganz laut, ›ich lasse mich ganz, ganz getrennt begraben. Ich möchte auf keinen Fall in das Familiengrab.‹« (Korruhns, »Golo Mann. Der ›häßliche‹ Sohn«, S. 74) Sein Leben war nicht glücklich, und er weiß wohl, woran es lag. »Wenn ich als Neugeborenes in der Klinik verwechselt worden wäre und dann vielleicht in einem gesunden Bürgerhaus aufgewachsen, na ja, dann wäre vielleicht was Besseres aus mir geworden.« (S. 75) Die »unvorstellbare Kälte des Vaters« lasse ihn nicht los, sagt seine Schwiegertochter. »Einmal hat er mich morgens um vier gerufen, aus dem Bett geholt, und gefragt: ›Ist noch jemand außer dir im Haus?‹ Ich habe geantwortet: ›Ja, nur Claudia.‹ […] ›Dann ist mir also wieder der TM erschienen.‹« (Ebda.) Zur Kälte vgl. auch Feuerlichts *Grenzen des Ich*, darin vor allem »Das Unbehagen in der Kunst« (S. 121–135), ein noch heute gut zu lesender Überblick. Zu den Erscheinungen vgl. die übernächste Anm.

10 Vgl. Mendelssohn, *Nachbemerkungen*, S. 155.

11 Wieder bietet sich ein Vergleichsblick zu Kafka an, der sich in den letzten Lebensjahren wohl ganz unmetaphorisch von Gespenstern und bösen Geistern verfolgt glaubte. An dem extremen psychischen Druck, unter dem dann auch Wahn- und Teufelsgebilde emanieren, scheinen offenbar mindestens zwei Faktoren beteiligt, eine stark gestörte Vaterbindung und eine starke, schuldhaft erlebte und bekämpfte Inklination zum eigenen Geschlecht. Psychoanalytische Schulen würden den zweiten Faktor noch aus dem ersten hervorgehen lassen, darin muß man ihnen aber nicht folgen. Zum Teufelspakt mit der Kunst, in der allein der Vater zu besiegen ist, kommt es früh dann auch bei Kafka. Zum Zusammenhang des Götter- oder Geisterstimmenhörens und der Dichterpsyche vgl. auch Julian Jaynes' *Der Ursprung des Bewußtseins durch den Zusammenbruch der bikameralen Psyche*, ein Werk, das die Epitheta bahnbrechend und revolutionär möglicherweise einmal verdient.

12 Vgl. de La Grange, *Mahler II*, S. 1142. In ihrer starken Form macht die These nicht nur eine Aussage darüber, was Mahler im nachhinein glaubte, sondern darüber, was er der Zukunft realiter abgelauscht habe. Vgl. Alma Mahler, *Erinnerungen und Briefe*, S. 90. Eines der toten Kinder Rückerts hieß Ernst, wie der 14jährig verstorbene Bruder Gustav Mahlers, was die Mahler-Forschung in ihrer Vermutung stützt, der Junggeselle habe den Zyklus in Erinnerung an den Schmerz seines Vaters über den Tod des Kindes geschrieben. Auch die Leichenspiele der Schwester und die eigene schwere bis zum Scheintod führende Krankheit 1901 sollen zur Stoffwahl beigetragen haben. Vgl. de La Grange, ebda. S. 1142ff.

13 Ebda. Auch de La Grange, der gründlich zurückhaltende Biograph Mahlers, findet es leicht, die Gedanken zu erraten, die diesen nach dem Tod der Tochter bedrängt haben müssen – »le souvenir des *Kindertotenlieder*, commencés avant la naissance de Putzi, mais achevés l'année même où la cadette est venue au monde [...].« (*Mahler III*, S. 82)

14 Alma Mahler, *Erinnerungen und Briefe*, S. 89. Thomas Mann las die Erinnerungen im Mai 1940, fand auch seinen Huldigungsbrief vom September 1910 wieder und vermerkte im Tagebuch, daß er ihn noch Wort für Wort erinnere. (Tb, 9. 5. 1940) – Anders als Behrens hatte Thomas Mann die »Kinder-Totenlieder« in seinem Plattenschatz. (Vgl. Tb, 14. 10. 1949)

15 Vgl. Jean Matter, *Connaissance de Mahler*, S. 341. Auch Brode führt die Stelle an und findet es zum Schluß seiner Entdeckungen »recht wahrscheinlich, daß Leverkühns Teufelsgespräch [...] chronologisch und thematisch auf Mahlers Eintragung in den Skizzen der 10. Sinfonie bezogen ist« (»Musik und Zeitgeschichte«, S. 462 f.); chronologisch deshalb, weil der Teufelspakt ins Todesjahr Mahlers fällt.

16 Die Übereinstimmung des Kindstods – im Alter von fünf Jahren – wurde schon von Brode gesehen. (Ebda., S. 462) Das hier über Mahler vermittelte Thema, Thomas Manns Selbstanklage und die Selbstrechtfertigung durch die Kunst, hat Eckhard Heftrich berechtigt zum leitenden seiner *Faustus*-Deutung in *Vom Verfall zur Apokalypse* gemacht.

17 1904 schreibt er an Heinrich, er habe das Glück nie für etwas Leichtes und Heiteres gehalten, er habe sich ihm unterzogen, »aus einer Art Pflichtgefühl, einer Art von Moral, einem mir eingeborenen Imperativ, den ich, da er ein Zug vom Schreibtische *weg* ist, lange als eine Form von Liederlichkeit fürchtete [...].« (Br Heinrich, 53) Der Schreibtisch steht da schon als Chiffre für die geistige Existenz.

18 Bei Alma Mahler war zu lesen, daß sich Mahler nach dem Tod des Kindes durch Arbeit rettete. »Er plagte sich mit dem ›Lied von der Erde‹ und den Skizzen zur Neunten ab.« (*Erinnerungen und Briefe*, S. 175) Im Finaladagio der Neunten wird der Schluß des vierten Kindertotenlieds »Oft denk ich, sie sind nur ausgegangen« zitiert. (Vgl. de La Grange, *Mahler II*, 1150) Leverkühns Zurücknahme der Beethovenschen Neunten, Gegen-Neunte wie die Mahlers (vgl. Henry A. Lea, »Mahler: Man on the Margin«, S. 303), die Antwort auf das Sterben des Kindes, wie Zeitblom zu verstehen gibt, das Monstre-Werk der Klage, das »soviel Untergang seherisch vorwegnimmt« (VI, 649), auch das ein Topos der Mahler-Literatur, wurde von Adorno sehr weitgehend vorkomponiert, wie Rolf Tiedemann durch Nachlaßmaterial wohl definitiv nachgewiesen hat. (»›Mitdichtende Einfühlung‹. Adornos Beiträge zum *Doktor Faustus* – noch einmal.«) Es lägen also gleich mehrere Unschärfen darin, die Beschreibung dieser Werke mit den in Gestus und Terminologie wiederum von Adorno beeinflußten musikwissenschaftlichen Beschreibungen von Mahler-Werken zu vergleichen. Adorno selbst ließ wissen, Leverkühn habe von Mahler mehr »als bloß das hohe g der Celli vom Ende der ersten Nachtmusik der Siebenten Symphonie«. (*Mahler*, S. 69) Trotzdem hielt er sich für den Teufel (vgl. *Tagebücher 1946–1948*, S. 949) und wußte offenbar nicht alles. Fest steht, daß Leverkühns Spätwerk im Charakter, in Details und in seiner quasireligiösen Aufladung dem Spätwerk Mahlers nachgebildet wurde, von dessen »furchtbarem Ernst« Adorno schon 1930 geschrieben hatte. (Vgl. »Mahler Heute«, S. 89) Allein das erwähnte hohe g ist nicht irgendein Ton, sondern das Licht in der Nacht, mit der Roman und Adrians Werk des Durchbruchs enden. (Vgl. wieder Maar, »Der Teufel in Palestrina«, S. 245 f.) Das Licht in der Nacht beendet einen langen Adagio-Satz (VI, 649), der den Finalsätzen des *Lied von der Erde* und der Neunten, wenn man so sagen darf, wörtlich gleicht. (Früh bemerkt von Richard Engländer, vgl. »Thomas Manns Faustroman«, S. 139). – Phasen, in denen die Musik ziellos in sich zu kreisen scheint, gleichsam ›exterritoriale Felder‹ bildet«, so beschreibt Ruzicka die Scherzi der Zehnten (*Mahler-Lesebuch*, S. 51); als »ziellos in sich kreisende, unaufhaltsame Sätze« beschrieb die späten Adorno (vgl. *Mahler*, S. 14); als »recht eigentlich undynamisch, entwicklungslos, ohne Drama, so, wie konzentrische Kreise, die sich vermöge eines ins Wasser geworfenen Steins, einer um den andern, ins Weite bilden, ohne Drama und immer das gleiche sind« (VI, 645), so hatte zuvor Thomas Mann sie nach seinem Rat beschrieben. Es soll diesen Kreisen hier nicht länger gefolgt werden, zwar ließe sich manches anführen zu Mahlers wie Leverkühns Kompositionstechnik, zum Kontrast des Eisigen mit dem Expressiven, zum Ideal der Polyphonie, zur Art der Themenherausbildung, zur musikalischen Prosa (»›Ich habe‹, sagte Adrian zu mir, ›keine Sonate schreiben wollen, sondern einen

Roman‹«, VI, 605 – »Zum Thee Adornos [...]. Über Mahlers 5. Symphonie und das ›Romanhafte‹ darin«, Tb, 26. 9. 1948), zur Veruneigentlichung durch Einschluß des Trivialen, zur Kunst des ausblutenden Verstummens; aber die Unschärfe bliebe. Mit Adorno ist da ein Star im Auge, den man nicht ausstechen kann.

XI. Fragwürdigstes I

1 In dem ersten der »Drei Berichte über okkultistische Sitzungen«, an denen Thomas Mann im Winter 1922/23 bei Schrenck-Notzing teilgenommen hatte, heißt es dazu: »Der sexuelle Einschlag ist so unverkennbar, daß es mich nicht wunderte, nachträglich zu hören, daß Erektionen und selbst Spermaergüsse, die zuweilen aktiv herbeigeführt werden sollen, die psycho-physische Arbeit und Produktion des jungen Menschen begleiten.« (Essays III, 300) Der junge Mensch bei Schrenck-Notzing war ein Mann, sein spirit eine Frau, was Thomas Mann im Roman vertauscht, um die homosexuelle Tönung abzuschwächen und um die Geburt des Toten von einer Jungfrau als »Höhepunkt der schwarzen Messe« zelebrieren zu können. (Vgl. Heftrich, *Zauberbergmusik,* S. 352) Von Erektionen und Spermaergüssen wird schon auf der nächsten Stufe, im Essay *Okkulte Erlebnisse*, nicht mehr frei heraus geredet. Die einzige Andeutung des unverkennbar sexuellen Einschlags ist der Ausdruck »zeugerisch-kreißende Arbeit«. (Essays III, 340) In ihm tritt auch der im Roman noch versteckter gehaltene Doppelcharakter hervor. Mehr zu seiner Bedeutung im Schlußkapitel.

2 Den Doppelsinn bemerkt auch Koch. Auch er kommt zu dem Schluß, die Szene stelle »a symbolic copulation« dar, bei zwei Männern, Hans und Holger, natürlich eine homosexuelle. »The activity thus enacts both a sexual initiation, as well as a scene of (pro)creation.« (»Magical Enactments«, S. 112)

3 Vgl. auch Bulhof, *Transpersonalismus,* S. 36.

4 Lotti Sandt erinnert das Zusammenrechen »an die letzten Bewegungen des Ikarus, wie er nach dem Sturz mit gebrochenen Flügeln dalag und starb«. (*Mythos und Symbolik*, S. 100) Das ist schon ziemlich vogelfrei assoziiert. Frizen verweist auf *Anna Karenina* (*Zaubertrank*, S. 558). Es handelt sich bei der Sterbebewegung davon abgesehen um eine reale typische Sterbebewegung. Zur Todeswiederholung des in Ellen steckenden Joachim vgl. Charles E. Passage, »Hans Castorp's Musical Incantation«, S. 255 und Henry Hatfield, *Mann's later Masterpieces*, S. 53.

5 Hardenbergs Sophienerlebnis wird am Rand des Kapitels eingewoben; die Schwester Ellys, die ihr sterbend erscheint, heißt Sophie. (916) Zu Novalis vgl. auch Heftrich, *Zauberbergmusik,* S. 127 u. pass.

6 Jeanne d'Arc, die Jungfer in Männerkleidung, ist für Thomas Mann schon in dieser Eigenschaft interessant. Der Nachname Ellys deutet unter anderem Jeannes Ende an. Die Jungfer Brand erweist sich auch in dieser Hinsicht als reduplizierte Chauchat, die in der Walpurgisnacht eine Papiermütze trägt. (456) Eine Papiermütze trug Jeanne d'Arc vor der Hinrichtung, es ist das alte Ketzersymbol.

7 Vgl. Koch, »Magical Enactments«, S. 111. Koch erkennt Elly als Castorps Doppelgänger und sieht die Doppelnaturen Elly – Holger und Hans – Joachim.

8 Die Ableitung ginge dann ungefähr weiter: Helena – Ischtar – Persephone. »In dem Kopf des Abenteurers«, schreibt Thomas Mann über Simon im *Faust*-Vortrag, »ging der Name Helena mit dem der Selene durcheinander, der Mond- und Muttergöttin, der Astarte, der großen Mutter-Buhle, – ein absichtsvoller erotisch-erlöserischer Anklang, dessen populäre Wirkungen wir Heutigen, die wir wieder in eine Epoche mythischer Hochstapelei eingetreten sind, uns viel besser vorstellen können, als zwischenein über die Erde gegangene, vernunftsgebundenere Geschlechter.« (IX, 594) Vgl. auch Margot Berghaus, *Versuchung und Verführung*, S. 90 f.

9 Daß Holgers Gedicht eine genaue Reprise der »Schnee«-Vision ist, ins Nächtige und Nordische transponiert, wurde schon von Lehnert nachgewiesen. (Vgl. Herbert Lehnert, »Hans Castorps Vision«, S. 17f.) Auch Holgers »schöne braune, braune Locken« (930), ausführlich zweimal buchstabiert (920) und vom weiblichen Publikum schon ungesehen gefeiert, entpuppen sich im Licht der »Schnee«-Reprise als Perücke, entwendet dem hermetisch-dionysischen Hirten des Sonnentraums (vgl. 680); von anderen Modellen hier vorläufig abgesehen. Was weiter Holgers Dichtung betrifft, so steckt unter all ihren zu erläuternden magischen Qualitäten auch eine parodistische und rachefrohe. Zum Zusammenhang, dem Streit mit Ponten, vgl. Br Ponten, pass. und Maar, »Der Flug der ausgestopften Vögel«, S 304.

10 Vgl. auch Frederick A. Lubich, »Spukschloß der Großen Mutter«, S. 752. Frizen bezieht Ellens Jungfräulichkeit auf die der somnambulen Sibylle von Cumae, mit deren Hilfe Äneas die Pforten der Unterwelt durchschreitet. Vgl. »Zeitenwende«, S. 241. Dort überhaupt zur Vergil-Schicht des *Zauberbergs.* In Frizens *Zaubertrank* wird Joachim als Vater der Anti-Eva Maria gewürdigt. (S. 191) Zur Frage der dreizehn, vierzehn Mitglieder und der damit ausgedrückten Verkehrung der Peeperkorn-Gelage vgl. auch Heftrich, *Zauberbergmusik,* S. 138. Heftrich deutet die Szene als Travestie der Epiphanie. (S. 139 und Anm.)

11 Vgl. Theodor W. Adorno, »Zu einem Porträt Thomas Manns«, S. 336.

12 Das Thema der in Mode gekommenen poststrukturalistisch lizenzierten französischen Mann-Lektüren wird so knapp wie intelligent von Manfred Dierks in einer Rezension von Lubichs *Die Dialektik von Logos und Eros im Werk von Thomas Mann* abgehandelt. Dort auch über die Aporien einer Deutungsschule, die dem Textsinn genau so lange unendliche Offenheit zubilligt, wie sie ihn nicht selbst durch eine Lesart festlegt. Dann hört der Spaß auf und das freie Spiel der gleichberechtigten Lektüren wird abgebrochen. (TM Jb 5, 206–212) Vgl. auch nach wie vor Umberto Eco, *Die Grenzen der Interpretation.*

13 Zum Verkündigungscharakter der Soldatenkluft vgl. zusammenfassend Alan D. Latta, »The Mystery of Life«, S. 19 und 26. Sandt interpretiert den Weltkriegshelm als »die obere Hälfte des Mondes« und »hutähnliche Mondsichel« (*Mythos und Symbolik*, S. 119), eine weitere der nicht ganz wenigen Abstrusitäten, durch die sie sich und ihrem farbigen, ertragreichen Buch manches verdirbt. Härle sieht

im rückgerufenen Soldaten einen teuflischen Satyr, die »mythologische Repräsentanz des sexuellen Triebes«. (*Männerweiblichkeit*, S. 202) Für ihn gilt das gleiche. Klug wie überall pointiert Terence J. Reed, der Ziemßens Wiederkehr vor allem künstlerisch fragwürdig, lies hier: mißraten findet, daß die Episode ihren Autor weniger als Mystiker verrate denn als zu schwungvollen Allegoriker. (Vgl. *The Uses of Tradition*, S. 266) Reed führt für seine Deutung die briefliche Rechtfertigung Thomas Manns an, die eingangs zitiert wurde.

14 Kurzke, *Mondwanderungen*, S. 125.

15 Ebda., S. 152. Kurzke zitiert aus Thomas Manns im Archiv bewahrtem Mereschkowski-Exemplar.

16 Vgl. Latta, »Mystery«, S. 26 und 31, die Forschung rekapitulierend.

17 Vgl. Joh 1,4 f.; 3,15–21; 8,12; 9,5; 11,9 f.; 12,35 f.; 46.

18 Zur Erklärung der unbewußten Vertauschung vgl. Herman Meyer, *Das Zitat in der Erzählkunst*, S. 226, Heftrich, *Zauberbergmusik*, S. 356 und Charles E. Passage, »Hans Castorp's Musical Incantation«, S. 252–255 und pass. Richtig erkannt wird von Passage die Parallelmotivierung der unversehens erscheinenden Platte mit dem unverhofft auftauchenden Brustporträt Madame Chauchats. Sie dient allerdings eben der Parallelisierung und nicht der Kontrastierung zweier Figuren. Castorps Liebe zu Joachim ist nicht so unschuldig und die zu Clawdia nicht so sündig, wie Passage annimmt.

19 Felix Krulls Musterungsanfall erinnert von ferne an den Beitrag, der dem Herrn Hansens über Andersen im *Jahrbuch für sexuelle Zwischenstufen* unmittelbar vorangeht. Ferdinand Karsch-Haack schreibt dort über »Uranismus / oder / Päderastie und Tribadie bei den Naturvölkern«; eine lange gelehrte Abhandlung, deren entlastender Sinn darin lag, dem Homosexuellen vor Augen zu führen, daß er nicht das Degenerationsprodukt überfeinerter Zivilisationen, sondern Mitglied einer natürlichen, in allen Ländern und allen Kulturstufen verbreiteten, oft verfolgten, oft aber auch sakralisierten Sonderart sei. Wer etwa, war bei Karsch zu lesen, bei den Araukanern oder Moluchen Zauberer werden wollte, mußte schon in jugendlichsten Jahren ein weibliches Betragen äußern. Die männlichen Zauberer werden genötigt, ihr Geschlecht zu verlassen und weibliche Kleidung anzulegen. (Vgl. Jb III, 157 f.) Wie sie sich, einmal Zauberer geworden, anzustellen haben, berichtet der Gelehrte so lebendig, als sei er dabeigewesen: »Bei den Moluchen besteht der Gottesdienst fast lediglich aus auf den bösen Gott Camalasque gerichteten Religionsübungen [...]. Zur Abhaltung des Gottesdienstes versammeln sich die Gläubigen im Zelte des Zauberers, welcher, den Augen des Volkes entzogen, in einem Winkel des Zeltes verborgen sich aufhält. [...] Dann stellt er sich, als wenn er mit dem bösen Gotte, der in ihn gefahren, kämpfte, reisst mit vieler Mühe seine Augen auf, verzerrt seine Gesichtszüge, lässt Schaum auf die Lippen treten, verdreht seine Gelenke und bleibt nach vielen gewaltsam krümmenden Bewegungen, gleich einem mit der fallenden Sucht behafteten Menschen, steif und unbeweglich; erst nach einiger Zeit kommt er wieder, als habe er nun den bösen Geist überwunden [...].« (S. 156 f.) Zur Musterung einbestellt, erinnert sich Felix Krull daran, wie ihn Pater Schimmelpreester einst auf die

Leinwand »zauberte« (VII, 356), tritt in das Sitzungszimmer vor den »einen Winkel des Zimmers« (VII, 357) abschneidenden Tisch und beginnt bald darauf mit seiner Vorstellung. Wie oben stellt er sich, als wenn er mit dem bösen Gott, dem Teufel, der in ihn fuhr, kämpfen müßte. »Mein Gesicht verzerrte sich – aber damit ist wenig gesagt. Es verzerrte sich auf eine meiner Meinung nach völlig neue und schreckenerregende Art, so, wie keine menschliche Leidenschaft, sondern nur teuflischer Einfluß und Antrieb ein Menschenantlitz verzerren kann.« Seine Züge werden auseinandergesprengt, sein Auge wird durch ein Grinsen so unmäßig erweitert, daß er das Herausspringen des Apfels fürchten muß. (VII, 366) In diesem »Hexensabbat« imitiert er Gefühle, die »nicht von dieser Welt« sind, vielmehr einem »infernalischen Reich hätten angehören müssen«; Schultern und Arme scheinen ihm »aus den Gelenken gewunden zu werden«, die Hüften verbiegen sich, die Knie kehren sich gegeneinander, als wäre er »auf eine höllische Folter gespannt.« (VII, 366 f.) – Man kann nicht sagen, daß Krull darum herumkäme, auch die groben und namentlich »wilden« (VII, 358) Mittel spielen zu lassen, die er nur im Notfall anwenden wollte. Wie der Wildenzauberer fingiert Krull die Fallsucht nur, von dämonischen Mächten wie er nur zum Schein besessen. Die Abhandlung bei Hirschfeld kann so oder so nicht das einzige Subsidium des Musterungskapitels sein, Thomas Mann mußte in jedem Fall wie Krull eine Schrift »klinischen Charakters« (VII, 350) zuziehen. Vor den Fachschriften zur Epilepsie hätte die Hirschfeld-Quelle aber den einen großen Vorzug, daß sie das Motiv der Fallsucht gleich in der richtigen Unterströmung hervorbringt. In ihr wie später im *Krull* erscheint der epileptische Anfall als religiös-satanische Homosexuellensimulation, auf die das Publikum in leichtgläubigem Schauder hereinfällt. Zum homosexuellen Untergrund der Epilepsie im *Zauberberg* vgl. auch Wolfgang Popp, *Männerliebe*, S. 390 ff.

20 Lubich kommentiert zu dieser Stelle: »Castorps Rückforderung des Schlüssels ist eine letzte Referenz auf Goethes klassische Walpurgisnacht, in der sich Mephisto mit einem Schlüssel den Zutritt zum ›Reich der Mütter‹ verschafft hatte, jenem Reich, in welchem Sexualität und Dämonie eine magische Einheit bilden [...].« (»Spukschloß der Großen Mutter«, S. 754) Davon abgesehen, daß es Faust ist, der sich mit Hilfe von Mephistos witterndem Schlüssel Zutritt zu den Müttern schafft, und nicht Mephisto selbst (Vs 6258–6306): er verschafft sich Zutritt zu ihnen, Castorp müßte also ein umgekehrter Mephisto, sprich Faust sein, der den Schlüssel braucht, um das Reich der Mütter zu fliehen. Braucht er ihn aber? Lubich muß sich im übrigen, wenn er die »Kontrast-Komplementarität der Liebes- und Geisternachtkapitel« auch im »Betreten und Verlassen des Frauen-Zimmers« gespiegelt sieht (ebda.), die Fragen gefallen lassen, warum das Zimmer Krokowskis, in dem die Geisternacht stattfindet, ein Frauenzimmer ist; wo überhaupt in einem Sanatorium anders als innerhalb eines Zimmers egal welche Handlung stattfinden soll; und was die Handelnden anderes tun können, als es zu betreten und wieder zu verlassen. Durch die Lüfte erreicht es nur ein Mephisto oder der schwarzbärtige Zauberer. Auf seiner Suche nach »uterinen Fluchtlinien« (S. 731), bedeutungsvollen Silbentrennungen (»klit-orale«, »kon-gen-iale«,

»kon-text-reiche«, S. 747, 753, 762) und Leerstellen, denen sich Matriarchats-Matrizes einbeschreiben lassen, verschwimmt Lubichs vom Grundtext abschweifender Blick ein ums andere Mal.

21 Schon die frühen Notizen zeigen Thomas Manns Beschäftigung mit der Offenbarung. (Vgl. Nb 1–6, 218) Er hat bis ins hohe Alter darin gelesen und in der *Entstehung des Doktor Faustus* seine Rührung gerade über Apk 3,8 bekundet. (Vgl. XI, 244 f.) Im Tagebuch, aus dem er hier zu zitieren vorgibt, steht allerdings unter dem angegebenen Datum, dem 27. Dezember 1945, kein Wort von Johannes. Er hat aber nicht gelogen, sondern nur unter Mißachtung der Chronologie gerafft, um das Kapitel mit Aplomb enden zu lassen. Zwei Wochen vorher steht es da: »Las abends die Apokalypse und war ergriffen von dem Wort: ›Du hast eine kleine Kraft und hast mein Wort behalten und hast meinen Namen nicht verleugnet.‹« (Tb, 12. 12. 1945) Vgl. auch XIII, 201 f. und Br Meyer, 650. Dort folgt dem Zitat der Seufzer: »Wohl dem, der das als Epitaph verdient!« Hans Castorp hat es verdient, wenn wir nicht irren.

22 Vgl. Walter Weiss, *Thomas Manns Kunst der sprachlichen und thematischen Integration*, S. 26.

23 Von dem »den Himmel mit Götterdämmerungsröte entzündenden Untergang« Deutschlands wird noch Zeitblom reden (VI, 232), womit er nicht nur den *Zauberberg*-Schluß kommentiert, sondern auch die These des Verfassers stützt, der bei Gelegenheit einer von Inge Jens zur Crux erklärten Tagebuchstelle die »Götterdämmerung« als im Hause Mann verbreitete Chiffre für den Zusammenbruch Nazideutschlands deutete. Vgl. Maar, »Der Flug der ausgestopften Vögel«, S. 314 ff.

24 Vgl. dagegen Anna Giubertoni, »Un ignorato rapporto«, S. 305 f. Die Autorin erklärt, im Zinkgeschmetter und dem schleuniger treibenden Trommeltakt des Romanfinales würden die Blasinstrumente und Trommeln des *Lied von der Erde* verzerrt und verdreht.

25 *Revelge* wurde 1905 uraufgeführt und nach Mahlers Tod in die *Sieben Lieder aus letzter Zeit* aufgenommen, zusammen mit den fünf späten Rückertliedern. Vgl. das (nicht immer zuverlässige) *Mahler-Lexikon*, S. 203.

26 Mahlers Bearbeitung weicht leicht vom *Wunderhorn*-Original ab; die Varianten sind hier nicht von Bedeutung.

27 Nach freundlicher Mitteilung des Militärgeschichtlichen Forschungsamtes in Freiburg/Breisgau galt zwar im Ersten Weltkrieg offiziell noch das *Exerzier-Reglement für die Infanterie / Vom 29. Mai 1906,* nach dem zum Sturm von Tambouren geschlagen wird (»Die Tamboure schlagen unausgesetzt den Sturmmarsch im Zeitmaß des Laufschritts«, S. 46, also jedenfalls nicht »schleuniger und schleuniger«, 990, wie im Roman, sondern gleichmäßig). Daß dieses Ins-Feld-Trommeln aber auch praktiziert wurde, ist unwahrscheinlich, »Gefechtsberichte über Schlachten und Kämpfe des Ersten Weltkriegs [sprechen] nicht davon«. (Briefliche Auskunft vom 18. 8. 1992) Wie militärhistorischen Fachschriften zu entnehmen ist, gehört die Anfeuerung der Kämpfenden durch Horn und Trommel ganz ins neunzehnte Jahrhundert. »Bekannt ist der Einsatz eines vereinigten

Musikkorps unter dem Stabshoboisten Piefke 1864 beim Sturm auf die Düppeler Schanzen. Ein Bericht von 1870/71 schilderte ein Durcheinander mit beginnender Panik in bewaldetem Gelände. ›Nun erschien General von Bose auf der Waldlichtung und ließ durch einen Hornisten ... das Signal ›Das Ganze avancieren!‹ geben. Dieses Signal wirkte wie ein Zaubermittel, alle in der Nähe befindlichen Hornisten nahmen es auf, und nun ging es wieder vorwärts ... mit schlagenden Tambours ... An die Stelle einer kurzen Panik trat ein voller Sieg.‹« (Zit. nach Hans-Peter Stein, *Symbole und Zeremoniell in deutschen Streitkräften*, S. 259) Seit dem Exerzierreglement von 1888 ist jedoch der Einsatz von Signalen eingeschränkt: »Im Gefecht sind die Signale verboten mit Ausnahme ›Rasch vorwärts!‹, ›Seitengewehr pflanzt auf!‹ und ›Achtung!‹« (Ebda.) Thomas Mann setzt also einen Anachronismus ein, der in seinem Quellzusammenhang 1865 noch keiner war. Andersens Märchen ist realitätsnäher als der Zeitroman. Natürlich ist der Anachronismus nicht auf ein Versehen zurückzuführen, sondern dient der mit allen Mitteln betriebenen Ent- oder Überhistorisierung des Kriegs als Weltfest des Todes.

28 Vgl. Frizen, »Weltgedichte«. Frizen sieht *Äneis*, die *Genesis, La Divina Commedia* und *Also sprach Zarathustra* als eine Art Apocalipsis cum figuris im Zitathintergrund des *Zauberbergs*. (S. 245)

29 Vgl. vor allem und immer noch Lehnert, *Fiktion, Mythos, Religion*, S. 140–223.

XII. Fragwürdigstes II

1 »Immer habe ich eine Vorliebe gehabt für Andersens Märchen vom ›Standhaften Zinnsoldaten‹. Es ist im Grunde das Symbol meines Lebens.« (Br III, 375, wieder in Br Meyer, 796 f.) Vgl. auch Br Meyer, 552: »Ueberhaupt kann ich mich nicht beklagen und komme mir oft vor wie der standhafte Zinnsoldat angesichts all der Zusammenbrüche rechts und links«; ähnlich Br Autoren, 305. Als Symbol seines Lebens ist ihm das Märchen auch im privatesten Gebrauch selbstverständlich: »Habe schlecht und recht standgehalten«. (Tb, 4.8.1949) Wenn er über Felix Krull schreibt: »im Grunde ist er ein Militarist, wie übrigens alle meine Helden« (Br Amann, 61), hätte er ebensogut gleich den Zinnsoldaten nennen können; alle seine Helden sind der eine.

2 Vgl. Interviews, 76. In seiner Untersuchung der Fragmente zur Fürsten-Novelle schreibt Wysling: »Im Roman wird er, im Gegensatz zum Novellenfragment, das Wunder lediglich dadurch wahrscheinlicher machen, daß er Klaus Heinrich dort nicht mehr in der gleichen scharfzügigen Geistigkeit leben läßt wie Tonio, sondern ihn eher in der Rolle von Andersens standhaftem Zinnsoldaten (XI 575): als schlichten Helden, zeichnet, so daß er zum aristokratischen Vorgänger Joachim Ziemßens und Hans Castorps wird.« (Studien, 96) Die naheliegende Folgerung, dann auch Castorp und Ziemßen auf Zinnsoldatenmerkmale zu untersuchen, scheint niemand gezogen zu haben.

3 Sylvia Wallinger sieht in der verkürzten linken Hand »nicht nur ein Kastrations-

symbol (Klaus Heinrich ist ein zweitgeborener Sohn!) [...], sondern auch einen Verweis auf schlecht definierte Geschlechtsidentität«. (»Gesundete Männlichkeit«, S. 252) Sommerhage schreibt, ab 1920 fänden sich in Thomas Manns fiktionalen Texten keine Gestalten mehr, deren defekte Männlichkeit ins Physiologische verlegt wurde (*Eros und Poesis*, S. 117), und irrt darin. Thomas Mann trägt nur sparsamer auf, aber noch Rudi Schwerdtfeger fehlt obligat eine Niere.

4 »›Was hatte er denn?‹ fragte Hans Castorp und Joachim antwortete: ›Na, Gott, wie du fragst. Was wir Alle hier haben. Tuberkeln.‹ ›Pfui Teufel‹, sagte Hans Castorp. ›Ach so, pardon... Du wirst mir aber doch nicht weismachen wollen, daß du noch so etwas hast? [...]‹« (Yale, 18)

5 Der Kobold spukt durch Thomas Manns Werk herum; es wäre nicht erstaunlich, wenn er von diesem frühesten herkäme. »P.[aul] ist mein erster und einziger menschlicher Freund. Bislang habe ich nur [F] unter Dämonen, Kobolden, [...] d.h. unter Litteraten Freunde gehabt...« (Nb 7-14, 72) Dann ist es aber doch wieder der nach Paul Ehrenberg modellierte Rudi Schwerdtfeger, der Leverkühn durch »koboldhafte Naivität« (VI, 467) und »koboldhafterweise« (VI, 551) herumkriegt. Der Kobold ist homosexuell konnotiert, weshalb auch Friedrich zu einem erklärt wird. (X, 134) Thomas Mann schreibt aber auch vom »Kobold des Hervorbringens«, der ihm immer im Nacken sitze (XI, 265), so ist er auch wieder ästhetizistisch, und der göttlichen Behörde in Kafkas *Schloß* attestiert er »koboldhafte Unlogik« (X, 778), so spielt auch das Transzendente hinein, und alles klingt sphärisch zusammen.

6 Zum obszönen Untersinn des Herrenreiters vgl. Popp, im Kafka-Kontext, *Männerliebe*, S. 365.

7 Der Zinnsoldatensinn dieses Satzes ist nur der eine. Sein anderer Sinn ist durch eine Unachtsamkeit Thomas Manns unnötig verdunkelt worden. Figurenperspektivisch argumentiert denkt Hans Castorp an den »hinkenden Concierge und jene Dame [...], die sich die ganze Woche ihr Ohr gehalten und dennoch durchaus beruhigt hatte sein können« (729), aus dem einfachen Grund, weil diese beiden Fälle ihn daran erinnern, daß Tuberkeln nicht an die Lunge gebunden sind, sondern sich in anderen Organen und Körperteilen ansiedeln können: im Ohr – sonst hätte Behrens nicht Entwarnung geben müssen –, in der Kniescheibe des Concierge, und also leider wohl auch im Kehlkopf, von dessen Spiegelung Joachim ihm soeben berichtet hat. Nur ahnt der Leser nicht, daß es Tuberkeln waren, die zur Herausnahme jener Kniescheibe zwangen. Daß es in den »Kniekehlen« zur »tuberkulösen Lymphgefäßverstopfung« kommen kann, hatte ihm und Castorp Hofrat Behrens gelegentlich angedeutet (370), mehr aber auch nicht. Thomas Mann hat zum vorgerückten Zeitpunkt offenbar vergessen, daß der Satz, mit dem Ziemßen die Hinkerklärung gibt, einem Strich zum Opfer gefallen war, oder er hat den Strich erst später vorgenommen und dann die Anpassung vergessen. So kommt es, daß nur der Leser des Yale-Manuskripts Castorps Gedankenbahn richtig verfolgen kann, die ja aber nur die eine, oberflächliche hätte sein sollen und bloß wegen des vergessenen Strichs kryptischer wird als die eigentlich kryptisch intendierte, nämlich die

vom Autor, nicht von Castorp angelegte Assoziation des tressentragenden Hinkenden mit Ziemßen einer- und dem Zinnsoldaten andererseits.

8 Die Auffassung Beatrice Trummers, Joachim verkörpere den Lebenswillen (*Selbstkommentare*, S. 78), wird gerade durch diese wilde Abreise widerlegt. Wollte er wirklich leben, bliebe er bis zur Auskurierung oben.

9 Obwohl man ihn mit Blick auf *Tobias Mindernickel* fast als vollwertig hätte mitzählen dürfen. Der Zinnsoldat ist zu kurz gekommen, aber gerade aus ihm wird etwas Besonderes. Tobias Mindernickel ist ebenfalls zu kurz gekommen, er aber rächt sich dafür an den nicht zu kurz Gekommenen. Der Zinnsoldat ist einbeinig, Mindernickel dreibeinig, er geht am Stock. Mindernickel ist der verkehrte, mindere Zinnsoldat, der es nicht versteht, durch Überkompensation etwas aus seinem Stigma zu machen. Mindernickel ist minderes Metall.

10 Die vorausdeutende Absicht des Scherzes wurde schon erkannt. Vgl. Karthaus, »›Der Zauberberg‹ – ein Zeitroman«, S. 298 und Passage, »Musical Incantation«, S. 251. Passage sieht auch einige der Parallelmotive Castorp – Ziemßen. (S. 253)

11 Auch Heftrich zitiert die Stelle, vgl. »Totentanz«, S. 342 f.

12 Vgl. Heftrich, *Zauberbergmusik,* S. 360.

13 »Ließ die Arie des José 3mal spielen, indem ich den Text nachlas. Die Empfindung darin sehr stark. Die Beziehung zu H. C. fesselt mich. Vorsatz, Carmen wieder zu hören.« (Tb, 4. 5. 1921)

14 Auch ohne wie beim *Zauberberg* durch eine Vorrede eigens darauf aufmerksam gemacht worden zu sein, hat die gattungstypologisch zwar vorwiegend an der korrekten Scheidung des Schelmen- vom Bildungsroman interessierte Forschung nicht übersehen, daß die Geschichte von Felix Krull ihrer inneren Natur nach das eine oder andere mit dem Märchen zu schaffen hat. (Vgl. vor allem Wysling, *Narzißmus,* S. 180, ferner Kurzke, *Thomas Mann*, S. 291 f.) Märchen ähneln sich in ihrer nahen oder weitläufigeren Urverwandtschaft so sehr, daß man glaubt, sich die genauere Bestimmung schenken zu können. Der Glaube ist verständlich, bewirkt aber, daß einem auch beim *Felix Krull* Details und Handlungslinien entgehen, die sich nicht vage dem Märchen als Topoifundus, sondern distinkt einzelnen Kunstmärchen Hans Christian Andersens verdanken, als etwa der *kleinen Seejungfrau*, der *Schneekönigin* und dem Märchen vom Glückssoldaten mit den riesenäugigen Hunden, die sich dem Enkel Frido so unvergeßlich einprägten wie dem Großvater. Der läßt seinen letzten Helden noch im Kuckuckschen Museum ein Äffchen mit »Augen wie Teetassen« entdecken (VII, 577), als wäre es der schatzhütende Hund mit den Augen, »so groß wie ein Paar Teetassen«. (A I, 6) Andersens Glückssoldat, der Hüter der Hunde, wird in einer bei Wysling abgedruckten Arbeitsnotiz ungenannt auch zur Rechtfertigung von Krulls Egoismus herangezogen. Soziale Skrupel, heißt es da, mache auch Aladdin sich nicht, wenn er sich durch den Geist der Lampe ungeheure Schätze bringen lasse, »oder der Soldat, der sich unter der Erde Taschen und Stiefel mit Gold füllte«. (*Narzißmus*, S. 180) Der Soldat ist der Andersens: »Nun warf der Soldat alle Silberschillinge fort, mit denen er seine Tasche und seinen Tornister gefüllt hatte, und nahm dafür Gold; ja, alle Taschen, der Tornister, die Mütze und die Stiefel wurden gefüllt, so

daß er kaum gehen konnte.« (A I, 7) Thomas Mann kennt das Märchen so genau, daß er weiß, erst beim Gold werden auch die Stiefel gefüllt, beim Silber davor reichten Tasche und Tornister aus. Die Art, wie er im *Felix Krull* aus dem Märchen zitiert, ist deshalb besonders aufschlußreich, weil sie zeigt, wie er im Unterschied zur Arbeitsnotiz kompiliert und verschlüsselt. Im Buch bedient sich Krull in einem Delikatessenladen: »Märchenhafte Vorstellungen, die Erinnerung an das Schlaraffenland, an gewisse unterirdische Schatzkammern, in denen Sonntagskinder sich ungescheut die Taschen und Stiefel mit Edelsteinen gefüllt hatten, umfingen meinen Sinn. Ja, das war ein Märchen oder ein Traum!« (VII, 308) Aladdin und Andersen werden durchmischt, die Taschen und Stiefel kommen aus dem *Feuerzeug*, das Gold wird durch die Edelsteine ersetzt. Das Mischverfahren scheint die Forschung zu bestätigen, die in solchem Synkretismus einen Zauberstab rotieren sieht, der mit den einzelnen Bestandteilen auch nachträgliche Unterscheidung überflüssig macht. Sie bedenkt zu wenig, daß eine Funktion des Synkretismus auch der Schutz des Distinkten sein kann. Mischung ist Tarnung. Auf zu Tarnendes kommt Thomas Mann mit Andersen auch im *Felix Krull* sehr bald, wie das rotbemützte Hurenmädchen erwies. Andersens Soldat dient ihm aber auch ganz unverkappt zum Vorbild. Wie Felix Krull, der ebenfalls Soldat sein will, wenn auch nur figürlich (VII, 372), erwirbt sich der Glückssoldat auf zweifelhafte Art ein Vermögen. Als die Hexe ihn um des Feuerzeugs willen mit einem Schatz abfinden will, sagt er »Schnickschnack« (A I, 8), jenes scheußliche Wort, und schlägt ihr den Kopf ab, so hat er beides, Schatz und Feuerzeug. Krull geht mit seinem Diebesgut sorgsamer um als der Soldat, wie mit Blick auf den mahnenden Fall des schnell wieder Verarmten fürchtet er die baldige »Erschöpfung seines Schatzes.« (VII, 452) Er ist sparsamer als sein Vorbild, hat aber genau dessen Ausgabegewohnheiten. Andersens Soldat kauft als erstes »Stiefel, mit denen er sich sehen lassen konnte«, dann gibt er »den Armen viel Geld«. (A I, 8) Das erste Ziel, dem Felix Krull nach dem Verkauf des Houpfléschen Schmucks zustrebt, ist ein Schuhgeschäft, in dem er sich »ein Paar hübsche, zugleich solide und schmiegsame Knöpfstiefel« anpassen läßt. (VII, 430) Dann besucht er ein Straßencafé und verteilt Geld an Arme. (VII, 431) Zwar verfügt er nicht über das Wunderfeuerzeug, mit dessen Hilfe der wiederverarmte Soldat sein Leben zuerst riskiert, um es am Ende samt Prinzessin und Königreich zu gewinnen. Der Marquis de Venosta schenkt ihm aber ein Goldkettchen, das zum Tragen unter anderem eines »Feuerzeugs« bestimmt ist (vgl. VII, 525); und anstatt an den der Prinzessin Zouzou gelangt er am Ende sogar an den »königlichen Busen« Maria Pias. (VII, 661)

15 Zur Reprise des »Tous-les-Deux« in dem »tous deux« des Walpurgisnachtmonologs vgl. auch Heftrich, »Totentanz«, S. 342 f.

16 Auf Vs 1966 f. – »Denn, was man schwarz auf weiß besitzt, / Kann man getrost nach Hause tragen« – spielt auch der *Doktor Faustus* an: »Wir schrieben das in unsere Wachstuchhefte, damit wir es mehr oder weniger getrost nach Hause trügen.« (VI, 139; vgl. auch Gockel, »Faust im Faustus«, S. 142) Dieses Textindiz spricht sehr dafür, Holgers Poem als *Faust*-Parodie und nicht, wie Lehnert, als geraffte Inhaltsangabe des *Heinrich von Ofterdingen* zu lesen. (Vgl. »Vision«, S. 18.

Dort auf S. 35 auch der plausiblere Hinweis auf Dürers Radierungen *Hieronymus im Gehäuse* und *Melencolia I* als Vorbilder. Der *Faust*-Kontext schließt sich dadurch nur noch dichter zusammen, das magische Quadrat hängt ja nicht ohne Grund überm Schreibtisch Leverkühns. Vgl. dazu Rosemarie Puschmann, *Magisches Quadrat und Melancholie in Thomas Manns Doktor Faustus*).

17 Vgl. Gockel, *Mythos und Poesie*, S. 3.

18 Die Durchleuchtungsszene, in der Hans Castorp zum erstenmal begreift, daß er sterben werde, bereitet die der Wiedererstehung minuziös vor, deshalb auch hier schon die Anspielungen auf die Kunstschöpfung. Schon in der Dunkelkammer sieht man, was man nicht sehen soll. Im Rotlicht (302) erscheint »Joachims Grabesgestalt«. (305) Alle Details sind präpariert: das finale Wiederanschalten des Deckenlichts (307), die »Spukhaftigkeit« (307) – »Jetzt fängt die Beschwörung an« (303) –, Joachims liberales »Bitte, bitte«, auf das sich Hans Castorp bei seinem Entschluß, ihn wiederzusehen, innerlich beruft. (931) Wie er damals in seines Vetters Innern »spähte« (304), schaut der Wiedergerufene »spähend« (946) dann auf ihn. Vgl. auch Heftrich, »Totentanz«, S. 348 und Jill Anne Kowalik, »›Sympathy with Death‹«, S. 47. Übrigens stehen auch ein »Schustersessel« (301) und ein »Schusterschemel« (304) in der Hexenoffizin ...

19 Siegmar Tyroff fallen zu Holger Danske »dänische Volksballaden des 15. und 16. Jahrhunderts« ein. (Vgl. *Namen bei Thomas Mann*, S. 184) So weit mußte Thomas Mann nicht zurückgehen. Daß er schon bei Rohde von der Reihe der Holger Danske einschließenden ungestorbenen Könige lesen konnte, bemerkt Heftrich in einer Fußnote der *Zauberbergmusik*. (S. 359)

20 Plard macht eine Fußnote des Inhalts, mit Odense habe der *Zauberberg*-Autor »sans doute«, also wahrscheinlich, eine Hommage an Andersen machen wollen. (»Souvenirs d'Andersen«, S. 132)

21 Vgl. Doris Rümmele, *Mikrokosmos im Wort*, S. 79 f. Lubich erklärt, in dem von ihm aufgestellten Zusammenhang gebe sich der Name Castorp als »verschlüsseltes Anagramm zu ›corpus castigatus‹ zu erkennen«. (»Spukschloß der Großen Mutter«, S. 742) Mit nicht viel weniger Recht könnte man »Lubich« als kryptisches Anagramm von »Schreibe luzider« entschlüsseln. Geisteswissenschaftler neigen dazu, zu wenig auf die Falsifizierbarkeit ihrer Thesen zu achten.

22 Vgl. Manns *Ansprache in Kopenhagen*: »[...] nicht zu vergessen den teuren Namen Ihres Hans Christian Andersen, zu dem uns Deutschen Liebe ins Herz gepflanzt wird, schon wenn wir Kinder sind.« (Essays III, 483)

23 Die gründlichste Ausdeutung der Jaakobschen Nachschöpfungsphantasie auch in ihren Faust-Homunculus-Allusionen gibt Heftrich, *Geträumte Taten*, S. 378–387. Heftrich weist als Quelle des Kapitels Hans Ludwig Helds *Das Gespenst des Golem. Eine Studie aus der hebräischen Mystik mit einem Exkurs über das Wesen des Doppelgängers* (München 1927) nach. Dort wird der »geheimnisvolle Prozeß der Golemwerdung« ausdrücklich mit dem Okkultismus und dem Spiritismus zusammengeführt. (*Geträumte Taten*, S. 379) Auch andere Partien der Heldschen Schrift gehören ins Einzugsgebiet Krokowskis, wie Heftrich anmerkt. Daß Jaakobs Golem-Wahn den »ältesten gemeinsamen Wurzelgrund von

Kunst und Magie berührt« – womit die »Fragwürdigstes«-Deutung logisch in nuce vorliegt –, erwähnt Heftrich im Kapitel »Das potenzierte Spiel mit der Kunst«. Die dort angeführten Beispiele für versteckte Kunstreflexionen stützen das oben genannte. (S. 387–401, bes. 388) Auch Koch kommt vor seiner Deutung des Revenants als symbolisiertes unconscious des seine homosexuelle Inklination nicht zugeben könnenden und darum therapieresistenten Hans Castorp auf den großen Konnex Magie und Kunst, und damit ganz in die Nähe des Geheimnisses. »Applying the terminology of the séance to the work of art, the latter can be explained as also conveying the inner thoughts, emotions and desires of one person (the artist) to another (the recipient) through a medium: words, color, form or sound. [...] In its capacity to create illusion, art stands close to magic.« (»Magical Enactments«, S. 108 f. Es fehlte nur noch der Umkehrschluß.) Gut und substantiell angepaßt ist auch Kochs Hinweis auf das Wort Freuds in *Totem und Tabu* über den Zauber der Kunst und den Künstler als Zauberer.

24 Das ist die nicht überall untriftige These von Lubichs »Spukschloß der Großen Mutter«. Vgl. dort auch S. 753: »Was spiritistische Seance und eleusinische Mysterien gemeinsam haben, ist das Gesetz von Schöpfung und Zerstörung. So wie der antike Myste sich rituell mit der archaischen Mutter vereint, um durch sie zu sterben und neugeboren zu werden, so erzeugt auch Castorp in einem übersinnlichen Liebesakt mit dem Medium die Wiedergeburt seines toten Freundes. Was beide Ritual-Umarmungen wesentlich charakterisiert, ist die ›rite de passage‹ durch die Große Mutter, den verborgenen Scheideweg zwischen Leben und Tod.« Weitere Detailkritik an Lubichs Aufsatz muß hier unterbleiben, es ginge ihr wie dem Nil zur Zeit der Schwemme. Nur gleich seiner Eingangsbehauptung, in Castorps Davos-Anreise durch Gebirge und dunkle Tunnel sei »sexuelle Penetrationssymbolik mitchiffriert« (S. 732), müßte sie Bedenken wie in Anm. XI, 20 entgegenstellen; und so ausufernd weiter.

25 Die Präferenz überträgt sich naturgemäß auf die Figuren. Joseph glaubt nicht, daß aus blutigen Erdklumpen die Lebewesen entstanden, wie die Chaldäer es wahrhaben wollten. »Was er glaubte, war, daß der Geist Gottes [...] über den Chaoswassern gebrütet und durch das Wort die Welt erschaffen hatte. Er dachte: Man denke! Durch das Wort, das freie und auswärtige Wort war die Welt entstanden, und selbst heute noch – mochte ein Ding auch vorhanden sein, so war es in Wahrheit doch eigentlich erst vorhanden, wenn ihm der Mensch im Worte Dasein verliehen und es benannt hatte.« (IV, 412; vgl. auch IV, 893 und Heftrich, *Geträumte Taten*, S. 160 f.) Die Grundidee des *Erwählten*, daß sich der Geist der Erzählung als Geist über den Sprachen zusammenzieht und im Mönch Clemens Fleisch wird, der die Geschichte schöpft, indem er sie nachzuerzählen scheint, ist ohne ästhetisch umgemünzte Johannes-Theologie nicht zu denken. Clemens vollzieht diese Ummünzung in dem Satz: »Gott ist Geist, und über den Sprachen ist die Sprache.« (VII, 14)

26 Vgl. Heftrich, *Vom Verfall zur Apokalypse*, S. 171 und Frizen, »Weltgedichte«, S. 254.

27 Vgl. dazu ausführlich Sommerhage, *Eros und Poesis*, S. 78–81, 140–149 und pass.

28 Auf ganz anderen, erzähltheoretischen, von Jakobson und Genette vorbeschrittenen Wegen nähert sich diesem Befund auch das gescheite und eigenwillige Buch *Die Raumstruktur des narrativen Textes* von Ursula Reidel-Schrewe. Es entgeht der Autorin nicht, daß die Thomas-Mann-Literatur mit »Fragwürdigstes« bislang nicht viel hat anfangen können. (S. 162) Sie fängt nun mit den Details der Ziemßen-Erweckung auch nicht viel an (die auch nicht ihr Thema ist), kommt aber mit ihrem Generalschlüssel – der räumlich sowie poetologisch verstandenen Kategorisierung nach Systole und Diastole – zu dem Ergebnis, in dem Abschnitt werde ein enigmatischer Sachverhalt eingekreist, »in dessen Zentrum der sexuelle und der künstlerische Akt steht«. (S. 162) So entschieden man ihr darin recht gibt, so zweifelnd wird man das »müssen« in ihrer folgenden Analyse des Holgerschen Poems von Sanduhr, Buch und Schädel betrachten: »Die Zeichen des Todes aber, die stets den kreativen Akt begleiten, müssen als eine Absage an den Glauben kreativer Innovation gedeutet werden.« (S. 165) Thomas Mann schreibt nicht einen *Zauberberg*, um darin der Möglichkeit abzusagen, einen innovativen Roman zu schreiben. Er ist nicht Holger und nicht Castorp (dessen schöpferisches Unvermögen die Autorin überbetont). Wie eng ihm Kunstschöpfung und Tod zusammenhängen, zeigt sich aber noch an einer Einzelheit wie der von der Autorin sehr fein bemerkten, daß Madame Chauchats Röntgenplättchen metonymisch zu einem Werk der bildenden Kunst erklärt wird. (Ebda., S. 159. Auch schon die Herstellung der Dias war »ästhetisch«, vgl. vorne den Abschnitt ZIEMSSEN AM SCHREIBTISCH.) Daß es dadurch zu einem *»Ersatz für das Kunstwerk«* (ebda.) werden muß, kann man wieder anfechten. – Auf die »Einheit von Schreibakt und Liebesakt« kommt bei seiner Untersuchung des *Tod in Venedig* auch – auf wieder ganz anderen Wegen – Lubich (vgl. *Die Dialektik von Logos und Eros im Werk von Thomas Mann*, S. 37) und vor ihm Vaget (*Goethe – Der Mann von 60 Jahren.* Vgl. S. 5 f., 168–173 und pass.)

29 Unter dieser gelehrten Literatur könnte sich neben Schrencks *Materialisations-Phänomenen*, der wichtigsten Quelle, auch die *Einführung in den Okkultismus und Spiritismus* von Rudolf Tischner (München und Wiesbaden 1921) befunden haben. Thomas Mann war bei Schrenck mit dem Ophthalmologen Tischner zusammengetroffen (vgl. Heinz Sauereßig, *Die Entstehung des Romans »Der Zauberberg«*, S. 21). Vermutlich gab es bei Schrenck nicht gleich zwei Ophthalmologen, so daß es Tischner sein wird, den Thomas Mann als gesuchten Münchner Augenarzt mit dem »hübschen Wort« zitiert, er, der Arzt, sei durch das bei Schrenck Gesehene »in der Skepsis sehr vorsichtig geworden«. (Essays III, 328) Tischner gibt an, der erste zu sein, der seinen Untersuchungsgegenstand »von einem positiven, wesentliche Teile anerkennenden Standpunkt aus in systematischer Weise« behandelt habe. (*Einführung in den Okkultismus*, VII) Seinem Wohlwollen gegenüber den okkultistischen Phänomenen steht wie bei Thomas Mann jene moderate Spiritismus-Skepsis zur Seite. Bei Tischner war auch eine schon in der Terminologie leicht an Platon und Schopenhauer anzuschließende, vorgeblich empirisch gesicherte Weltseelenlehre zu finden. »Alles das scheint darauf hinzudeuten, daß die menschliche Seele mit einem seelischen Bereich in

Verbindung steht, das keinem menschlichen Einzelindividuum angehört, und das man ganz allgemein als ein ›überindividuell Seelisches‹ bezeichnen kann. Unter gewissen Umständen scheint es nun möglich zu sein, daß das Individuum aus seiner seelischen Vereinzelung – philosophisch ein schweres Problem – heraustreten und mit diesem überindividuellen Seelischen und durch seine Vermittlung auch mit anderen Individuen in Verbindung treten kann.« (S. 89) Das eben ist die Lage Hans Castorps im Schnee: »Man träumt nicht nur aus eigener Seele, möcht' ich sagen, man träumt anonym und gemeinsam, wenn auch auf eigene Art. Die große Seele, von der du nur ein Teilchen, träumt wohl mal durch dich, auf deine Art [...].« (684) »Lichtlose Seelenschichten der Allgemeinheit« (vgl. 918) mischen auch bei der Letternwahl des spirits mit. Diese Deutung macht wie bei Tischner die Hypostasierung eitler Jenseitsgeister überflüssig: »Und auch die Fälle von Doppelpersönlichkeiten zwangen nicht zu der Annahme, daß wirklich ein Geist von dem Menschen Besitz ergriffen hat, desgl. konnte uns der Inhalt dieser Botschaften [...] nicht davon überzeugen, daß die Welt des Jenseits in unsere Welt hineinragt und wir Botschaften von dorther bekommen. Indem wir die Fähigkeiten des Unterbewußtseins kennen lernten, sahen wir, daß dort unendlich viel verborgen liegt, wovon der bewußte Mensch keine Ahnung hat [...].« (S. 119) – Eine Privatséance bei Schrenck-Notzing, der Thomas Mann nicht selbst beigewohnt haben kann, wird von Tischner so beschrieben, daß man die zur Freude Krokowskis leicht gekleidete Elly wiederzuerkennen meint: »Das Medium betritt nackt, nur mit einem Schlafrock angetan, das Zimmer, wo sie auch diesen auszieht und ein Trikotkleid anzieht, das aus einem Stück besteht und dem Körper ganz eng anliegt [...].« (S. 101) Und hört man nach Materialisation der Phänomene – kein Toter hier, nur ein feuchter weißer Finger –, nicht wörtlich unseren Doktor reden: »Die Nachkontrolle des Mediums [...], des Kostüms und des Kabinetts negativ« (S. 101 f.)? Im Sitzungs»kostüm« tritt auch die von Krokowski der Vor- und Nachkontrolle unterzogene Elly auf.

30 In seiner *Preisschrift über die Freiheit des Willens* geht Schopenhauer so weit, von den in »unzähligen Zeugnissen, von glaubwürdigster Seite« überlieferten Anticipationen der Zukunft im Somnambulismus und im zweiten Gesicht auf den strengen Determinismus zu schließen, ohne den die Zukunftseinblicke nicht möglich wären. (Vgl. AS III, 419 f.) Das Begründungsverhältnis ist damit originell vertauscht.

31. Vgl. jüngst wieder Kurzke, *Mondwanderungen,* S. 122 f.

Literatur

Siglenverzeichnis

A I–II	Hans Christian Andersen: *Sämtliche Märchen und Geschichten.* Mit einem Essay hg. von Leopold Magon, neu durchgesehen und ergänzt von Gisela Perlet, 2 Bände, Leipzig und Weimar 1990.
AS I–V	Arthur Schopenhauer: *Werke in fünf Bänden.* Nach den Ausgaben letzter Hand hg. von Ludger Lütkehaus, Zürich 1988.
Brandes	Georg Brandes: *Hans Christian Andersen.* In: Ders.: *Skandinavische Persönlichkeiten*, Gesammelte Schriften III, 2. Deutsche Originalausgabe, München 1902, S. 104–126. (TMA 38/2:3)
Br I–III	Thomas Mann: *Briefe (I) 1889–1936, (II) 1937–1947, (III) 1948–1955 und Nachlese*, hg. von Erika Mann, Frankfurt am Main 1961–1965.
Br Amann	Thomas Mann: *Briefe an Paul Amann 1915–1952*, hg. von Herbert Wegener (Veröffentlichung der Stadtbibliothek Lübeck, Neue Reihe, Band 3), Lübeck 1959.
Br Autoren	Thomas Mann: *Briefwechsel mit Autoren. Rudolf Georg Binding, Bertolt Brecht, Hermann Broch, Max Brod, Elias Canetti, Hans Carossa, Richard Dehmel, Alfred Döblin, Sigmund Freud, Hugo von Hofmannsthal, Hermann Graf Keyserling, Annette Kolb, Else Lasker-Schüler, Oskar Loerke, Walter von Molo, Börries Freiherr von Münchhausen, Robert Musil, Reinhold Schneider, Ernst Toller, Fritz von Unruh, Jakob Wassermann, Ernst Weiß, Franz Werfel, Karl Wolfskehl*, hg. von Hans Wysling, Frankfurt am Main 1988.
Br Bertram	*Thomas Mann an Ernst Bertram. Briefe aus den Jahren 1910–1955*, hg. von Inge Jens, Pfullingen 1960.
Br Grautoff	Thomas Mann: *Briefe an Otto Grautoff 1894–1901 und Ida Boy-Ed 1903–1928*, hg. von Peter de Mendelssohn, Frankfurt am Main 1975.
Br Heinrich	*Thomas Mann – Heinrich Mann, Briefwechsel 1900–1949*, hg. von Hans Wysling. Erweiterte Neuausgabe, Frankfurt am Main 1984.
Br Martens I–II	*Briefwechsel Thomas Mann – Kurt Martens I und II*, hg. von Hans Wysling und Thomas Sprecher. In: Thomas Mann Jahrbuch 3 (1990), S. 175–247 und Thomas Mann Jahrbuch 4 (1991), S. 185–260.
Br Meyer	*Thomas Mann – Agnes E. Meyer. Briefwechsel 1937–1955*, hg. von Hans Rudolf Vaget, Frankfurt am Main 1992.

Br Ponten	*Dichter oder Schriftsteller. Der Briefwechsel zwischen Thomas Mann und Josef Ponten 1919–1930*, hg. von Hans Wysling unter Mitwirkung von Werner Pfister (Thomas-Mann-Studien VIII), Bern 1988.
Br Schickele	*Jahre des Unmuts. Thomas Manns Briefwechsel mit René Schickele 1930–1940*, hg. von Hans Wysling und Cornelia Bernini (Thomas-Mann-Studien X), Frankfurt am Main 1992.
DüD I–III	*Dichter über ihre Dichtungen*, hg. von Rudolf Hirsch und Werner Vordtriede. Band 14/I–III *Thomas Mann*, hg. von Hans Wysling unter Mitwirkung von Marianne Fischer, München, Frankfurt am Main 1975–1981.
Dunsby	Maren Dunsby: »*... ob sie nun mit dem Fischschwanz kam, oder mit Beinen*«. In: Anderseniana 3 (1978/1979), S. 61–75.
Essays I–III	Thomas Mann: *Aufsätze, Reden, Essays, (I) 1893–1913, (II) 1914–1918, (III) 1919–1925*, hg. und mit Anmerkungen versehen von Harry Matter, Berlin und Weimar 1983–1986.
GA	*Andersens Märchen*. Gesamt-Ausgabe. Halle a. d. S. Verlag von Otto Hendel, 1887–1888, zusammengebunden mit: *Andersens Märchen*, Ergänzungsband (TMA 3383).
GM	Natalie Bauer-Lechner: *Erinnerungen an Gustav Mahler*, Leipzig, Wien, Zürich 1923.
HOM	Thomas Mann Sammlung Dr. Hans-Otto Mayer, Düsseldorf.
Insel I–II	*Andersens Märchen*. Mit einer Einführung von Sophus Bauditz, 2 Bände, Frankfurt am Main: Insel 1921.
Interviews	*Frage und Antwort. Interviews mit Thomas Mann 1909–1955*, hg. von Volkmar Hansen und Gert Heine, Hamburg 1983.
Jb I–V	*Jahrbuch für sexuelle Zwischenstufen. Unter besonderer Berücksichtigung der Homosexualität*, hg. unter Mitwirkung namhafter Autoren im Namen des wissenschaftlich-humanitären Comités von Dr. med. Magnus Hirschfeld, Leipzig 1899–1903.
Lieder	Dietrich Fischer-Dieskau: *Texte deutscher Lieder*. Ein Handbuch, München 1986.
Nb 1–6, 7–14	Thomas Mann: *Notizbücher*. Edition in zwei Bänden: *Notizbücher 1–6, Notizbücher 7–14*, hg. von Hans Wysling und Yvonne Schmidlin, Frankfurt am Main 1992.
Reg I–V	*Die Briefe Thomas Manns. Regesten und Register, Band I–III* bearbeitet und hg. unter Mitarbeit von Yvonne Schmidlin (Thomas Mann-Archiv Zürich) von Hans Bürgin und Hans-Otto Mayer, *Band IV und V* bearbeitet und hg. von Hans Bürgin und Hans-Otto Mayer, überarbeitet und ergänzt von Gert Heine und Yvonne Schmidlin, Frankfurt am Main 1976–1987.
Studien	Paul Scherrer und Hans Wysling: *Quellenkritische Studien zum Werk Thomas Manns* (Thomas-Mann-Studien I), Bern, München 1967.

Tb	Thomas Mann: *Tagebücher 1918–1921, 1933–1934, 1935–1936, 1937–1939, 1940–1943* (hg. von Peter de Mendelssohn, Frankfurt am Main 1977–1982), *1944–1946, 1946–1948, 1949–1950, 1951–1952, 1953–1955* (hg. von Inge Jens, Frankfurt am Main 1986–1995).
Tb KM	Klaus Mann: *Tagebücher, 6 Bände, 1931–1949*, hg. von Joachim Heimannsberg, Peter Laemmle und Wilfried F. Schoeller, München 1989–1991.
TMA	Thomas Mann-Archiv der Eidgenössischen Technischen Hochschule, Zürich.
TMH	*Thomas-Mann-Handbuch*, hg. von Helmut Koopmann, Stuttgart 1990.
TM Jb 1–6	Thomas Mann Jahrbuch Band 1–6, hg. von Eckhard Heftrich und Hans Wysling, Frankfurt am Main 1988–1993.
Yale	*The Yale Zauberberg-Manuscript. Rejected Sheets Once Part of Thomas Mann's Novel*, hg. von James F. White (Thomas-Mann-Studien IV), Bern 1980.

Quellen und Werke

Hans Christian Andersen: *Meines Lebens Märchen*, Leipzig und Weimar 1989.

Hans Christian Andersen: *Nur ein Spielmann*. Mit Vorwort und Kommentar von Käte Hamburger (Stuttgarter Nachdrucke zur Literatur des 19. und 20. Jahrhunderts), Stuttgart 1982.

Sophus Bauditz: *Hans Christian Andersen*. Einleitung zu Hans Christian Andersens Märchen, Band 1, Leipzig 1921, S. VII–XXII.

Paul Bekker: *Gustav Mahlers Sinfonien* (Reprint der Ausgabe von 1921), Tutzing 1969.

Michael Georg Conrad: *Jahrbuch für sexuelle Zwischenstufen* (Rezension). In: Die Gesellschaft. Münchener Monatsschrift, Januar 1901, S. 64.

Dante Alighieri: *Die Göttliche Komödie*. Italienisch und deutsch, übersetzt und kommentiert von Hermann Gmelin, München 1988.

»Der stärkste Eindruck«. In: Die losen Blätter. Gratis-Beilage der »Dame«, Heft 1, 1928/29, S. 15f.

Exerzier-Reglement für die Infanterie. Vom 29. Mai 1906. Neuabdruck mit Einfügung der bis April 1913 ergangenen Änderungen, Königliche Hofbuchhandlung, Berlin 1913.

Theodor Fontane: *Sämtliche Werke in 24 Bänden*, München 1959–1975.

Johann Wolfgang von Goethe: *Werke*. Hamburger Ausgabe in 14 Bänden, textkritisch durchgesehen und kommentiert von Erich Trunz, München 1988.

Edmond und Jules de Goncourt: *Tagebücher*, Frankfurt am Main 1983.

Albert Hansen: *H. C. Andersen. Beweis seiner Homosexualität*. In: Jahrbuch für sexuelle Zwischenstufen III (1901), S. 203–230.

Franz Kafka: *Briefe an Felice und andere Korrespondenz aus der Verlobungszeit*, hg. von Erich Heller und Jürgen Born, Frankfurt am Main 1976.

Franz Kafka: *Das Schloß*, hg. von Malcolm Pasley, Frankfurt am Main 1983.

F[erdinand] Karsch[-Haack]: *Uranismus oder Päderastie und Tribadie bei den Naturvölkern*. In: Jahrbuch für sexuelle Zwischenstufen III (1901), S. 72–201.

Alma Mahler: *Gustav Mahler. Erinnerungen und Briefe*, Amsterdam 1940.

Frido Mann: *Professor Parsifal. Autobiographischer Roman*, München 1989.

Golo Mann: *Erinnerungen und Gedanken*, Frankfurt am Main 1986.

Katia Mann: *Meine ungeschriebenen Memoiren*, hg. von Elisabeth Plessen und Michael Mann, Frankfurt am Main 1974.

Klaus Mann: *Der Wendepunkt. Ein Lebensbericht*, München 1989.

Thomas Mann: *Gesammelte Werke in zwölf (dreizehn) Bänden*, Frankfurt am Main 1960 (1974).

Thomas Mann: *Brief an Eugen Diederichs vom 7. Juni 1927* (HOM).

Vladimir Nabokov: *Pnin* (Gesammelte Werke IX, hg. von Dieter E. Zimmer), Reinbek bei Hamburg 1994.

Vladimir Nabokov: *Die Kunst des Lesens. Meisterwerke der europäischen Literatur. Jane Austen – Charles Dickens – Gustave Flaubert – Robert Louis Stevenson – Marcel Proust – Franz Kafka – James Joyce*, hg. von Fredson Bowers, mit einem Vorwort von John Updike, Frankfurt am Main 1991.

Vladimir Nabokov: *Deutliche Worte. Interviews – Leserbriefe – Aufsätze* (Gesammelte Werke XX, hg. von Dieter E. Zimmer), Reinbek bei Hamburg 1993.

Friedrich Nietzsche: *Sämtliche Briefe*. Kritische Studienausgabe in 8 Bänden, hg. von Giorgio Colli und Mazzino Montinari, München, Berlin, New York 1986.

Marcel Proust: *À la recherche du temps perdu*. Édition publiée sous la direction de Jean-Ives Tadié (Bibliothèque de la Pléiade I–IV), Paris 1987–1989.

Albert Freiherr von Schrenck-Notzing: *Materialisations-Phänomene*, München 1914.

William Shakespeare: *Theatralische Werke in 21 Einzelbänden*, übersetzt von Christoph Martin Wieland, neu hg. von Hans und Johanna Radspieler, Zürich 1993–1995.

Richard Specht: *Gustav Mahlers Gegenwart*. In: Moderne Welt 3, Gustav-Mahler-Heft (1921–1922), Nr. 7, S. 1–3.

Rudolf Tischner: *Einführung in den Okkultismus und Spiritismus*, München und Wiesbaden 1921.

Bruno Walter: *Gustav Mahler. Ein Portrait*, mit einem Nachwort und einer Diskographie neu hg. von Ekkehart Kroher, Wilhelmshaven 1981.

Walt Whitman: *Das Werk*. Ausgewählt, übertragen und eingeleitet von Hans Reisiger, Hamburg 1956.

Sekundärliteratur

Wiesengrund-Adorno, Theodor: *Mahler Heute*. In: Anbruch 12, Gustav-Mahler-Heft (März 1930), S. 86–92.

Adorno, Theodor W.: *Mahler. Eine musikalische Physiognomik*, Frankfurt am Main 1960.

Adorno, Theodor W.: *Zu einem Porträt Thomas Manns*. In: Ders.: *Noten zur Literatur*, hg. von Rolf Tiedemann, Frankfurt am Main 1981, S. 335–344.

Bal, Mieke: *Narratology*, Toronto 1985.

Baumgart, Reinhard: *Selbstvergessenheit. Drei Wege zum Werk: Thomas Mann, Franz Kafka, Bertolt Brecht*, Frankfurt am Main 1993.

Beicken, Peter U.: *Franz Kafka. Eine kritische Einführung in die Forschung*, Frankfurt am Main 1974.

Beller, Manfred: *Thomas Mann und die Italienische Literatur*. In: TMH, S. 243–258.

Berendsohn, Walter A.: *Phantasie und Wirklichkeit in den »Märchen und Geschichten« Hans Christian Andersens*, Walluf bei Wiesbaden 1973.

Berghaus, Margot: *Versuchung und Verführung im Werk Thomas Manns*, Diss., Hamburg 1971.

Bergsten, Gunilla: *Thomas Manns »Doktor Faustus«. Untersuchungen zu den Quellen und zur Struktur des Romans*, Lund 1963.

Binder, Hartmut (Hg.): *Kafka-Handbuch in zwei Bänden*, Stuttgart 1979.

Blaukopf, Herta: *Rivalität und Freundschaft. Die persönlichen Beziehungen zwischen Gustav Mahler und Richard Strauss*. In: *Gustav Mahler / Richard Strauss. Briefwechsel 1888–1911*, München, Zürich 1988, S. 129–220.

Böhm, Karl Werner: *Zwischen Selbstzucht und Verlangen. Thomas Mann und das Stigma Homosexualität. Untersuchungen zu Frühwerk und Jugend*, Würzburg 1991.

Bovenschen, Silvia: *Theodor Fontanes Frauen aus dem Meer. Auch ein Mythos der Weiblichkeit*. In: *Macht des Mythos – Ohnmacht der Vernunft?*, hg. von Peter Kemper, Frankfurt am Main 1989, S. 359–383.

Bredsdorff, Elias: *Hans Christian Andersen. Eine Biographie*, Reinbek bei Hamburg 1993.

Brode, Hanspeter: *Musik und Zeitgeschichte im Roman. Thomas Manns »Doktor Faustus«*. In: Jahrbuch der Deutschen Schillergesellschaft 17 (1973), S. 455–472.

Bulhof, Francis: *Transpersonalismus und Synchronizität. Wiederholung als Strukturelement in Thomas Manns »Zauberberg«*, Groningen 1966.

Busch, Frank: *August Graf von Platen – Thomas Mann: Zeichen und Gefühle*, München 1987.

Caputo-Mayr, Maria Luise und Julius M. Herz: *Franz Kafka. Kommentierte Bibliographie der Sekundärliteratur 1955–1980, mit einem Nachtrag 1985*, Bern, Stuttgart 1987.

Dahlhaus, Carl: *Fiktive Zwölftonmusik. Thomas Mann und Theodor W. Adorno*. In: Jahrbuch der Deutschen Akademie für Sprache und Dichtung (1982), S. 33–50.

de La Grange, Henry-Louis: *Gustav Mahler. Chronique d'une vie. (I) Vers la gloire. 1860–1900, (II) L'âge d'or de Vienne. 1900–1907, (III) Le génie foudroyé. 1907–1911* (La Musique chez Fayard), Paris 1979–1984.

Detering, Heinrich: *»Der Litterat als Abenteurer.« Tonio Kröger zwischen Dorian*

Gray und Der Tod in Venedig. In: Forum Homosexualität und Literatur 14 (1992), S. 5–22.

Detering, Heinrich: *Das offene Geheimnis. Zur literarischen Produktivität eines Tabus*, Göttingen 1994.

Dierks, Manfred: *Studien zu Mythos und Psychologie bei Thomas Mann. An seinem Nachlaß orientierte Untersuchung zum Tod in Venedig, zum Zauberberg und zur Joseph-Tetralogie* (Thomas-Mann-Studien II), Bern, München 1972.

Dierks, Manfred: *Über einige Beziehungen zwischen psychischer Konstitution und »Sprachwerk« bei Thomas Mann.* In: *Internationales Thomas-Mann-Kolloquium 1986 in Lübeck*, hg. von Eckhard Heftrich und Hans Wysling (Thomas-Mann-Studien VII), Bern 1987, S. 273–290.

Dierks, Manfred: *Frederick Alfred Lubichs Die Dialektik von Logos und Eros im Werk von Thomas Mann* (Rezension). In: TM Jb 5, S. 206–212.

Ebel, Uwe: *Rezeption und Integration skandinavischer Literatur in Thomas Manns »Buddenbrooks«*, Neumünster 1974.

Eco, Umberto: *Die Grenzen der Interpretation*, München, Wien 1992.

Engländer, Richard: *Thomas Manns Faustroman.* In: Musikrevy. Nordisk tidskrift för musik och grammofo 10 (1955), S. 133–139.

Fass, Barbara F.: *The little Mermaid and the Artist's Quest for a Soul.* In: Comparative Literature Studies 9 (1972), S. 291–302.

Feuerlicht, Ignace: *Thomas Mann und die Grenzen des Ich*, Heidelberg 1966.

Fetzer, John Francis: *Music, Love, Death and Mann's Doctor Faustus* (Studies in German Literature, Linguistics, and Culture, Band 45), Columbia 1990.

Fischer, Gottfried und Friedrich A. Kittler: *Zur Zergliederungsphantasie im Schneekapitel des »Zauberberg«.* In: *Perspektiven psychoanalytischer Literaturkritik*, hg. von Sebastian Goeppert, Freiburg i. Br. 1978, S. 23–41.

Flasch, Kurt: *Einführung in die Philosophie des Mittelalters*, Darmstadt 1989.

Frank, Manfred: *Kaltes Herz. Unendliche Fahrt. Neue Mythologie. Motiv-Untersuchungen zur Pathogenese der Moderne*, Frankfurt am Main 1989.

Frizen, Werner: *Zaubertrank der Metaphysik. Quellenkritische Überlegungen im Umkreis der Schopenhauer-Rezeption Thomas Manns*, Frankfurt am Main, Bern, Circensester 1980.

Frizen, Werner: *»Der Knabe lebt!« Über Christus-Imitationen bei Wagner, Nietzsche und Thomas Mann.* In: Deutsche Vierteljahresschrift für Literaturwissenschaft und Geistesgeschichte 55 (1981), S. 476–494.

Frizen, Werner: *Zeitenwende. Über theo-politische Grundmotive in Thomas Manns »Zauberberg«.* In: *Internationales Thomas-Mann-Kolloquium 1986 in Lübeck*, hg. von Eckhard Heftrich und Hans Wysling (Thomas-Mann-Studien VII), Bern 1987, S. 229–245.

Frizen, Werner: *Thomas Manns »Zauberberg« und die »Weltgedichte« der Zeitenwende.* In: Arcadia 22 (1987), S. 244–269.

Frizen, Werner: *Die »Bekenntnisse des Hochstaplers Felix Krull«: Thomas Manns letztes Wort zu Wagner.* In: Jahrbuch der Deutschen Schillergesellschaft 32 (1988), S. 291–313.

Gauger, Hans-Martin: *»Der Zauberberg« – ein linguistischer Roman*. In: Ders.: *Der Autor und sein Stil. Zwölf Essays*, Stuttgart 1988, S. 170–214.

Genette, Gérard: *Palimpseste. Die Literatur auf zweiter Stufe*, Frankfurt am Main 1993.

Giubertoni, Anna: *Un ignorato rapporto di Thomas Mann con la cultura austriaca: il »Lied von der Erde« di Gustav Mahler come Traumwort nello »Zauberberg«*. In: Nuova corrente 79/80 (1979), S. 289–308.

Gockel, Heinz: *Mythos und Poesie. Zum Mythosbegriff in Aufklärung und Frühromantik*, Frankfurt am Main 1981.

Gockel, Heinz: *Faust im Faustus*. In: TM Jb 1, S. 133–148.

Gockel, Heinz: *Thomas Manns Entweder und Oder*. In: *Thomas Manns Doktor Faustus und die Wirkung*, hg. von Rudolf Wolff (Sammlung Profile, Band 5), Bonn 1983, S. 134–150.

le Grand, Guillaume: *Materialisations-Phänomene*. In: Magie. Zeitschrift des Magischen Zirkels von Deutschland e. V. 71 (1991), Heft 5, S. 174.

Gregor-Dellin, Martin: *Richard Wagner. Sein Leben. Sein Werk. Sein Jahrhundert*, München 1983.

Härle, Gerhard: *Die Gestalt des Schönen. Zur Homosexualitätsthematik in Thomas Manns Roman »Der Zauberberg«*, Königsstein/Taunus 1986.

Härle, Gerhard (Hg.): *»Heimsuchung und süßes Gift«. Erotik und Poetik bei Thomas Mann*, Frankfurt am Main 1992.

Härle, Gerhard: *Simulationen der Wahrheit. Körpersprache und sexuelle Identität im »Zauberberg«*. In: *»Heimsuchung und süßes Gift«. Erotik und Poetik bei Thomas Mann*, hg. von Gerhard Härle, Frankfurt am Main 1992, S. 63–86.

Härle, Gerhard: *Männerweiblichkeit. Zur Homosexualität bei Klaus und Thomas Mann*, Frankfurt am Main 1993.

Hatfield, Henry: *Notizen zum »Zauberberg«*. In: Sinn und Form, Sonderheft Thomas Mann (1965), S. 387–391.

Hatfield, Henry: *From The Magic Mountain. Mann's later Masterpieces*, Ithaca, London 1979.

Heftrich, Eckhard: *Über Thomas Mann. Band I: Zauberbergmusik*, Frankfurt am Main 1975.

Heftrich, Eckhard: *Über Thomas Mann. Band II: Vom Verfall zur Apokalypse*, Frankfurt am Main 1982.

Heftrich, Eckhard: *Über Thomas Mann. Band III: Geträumte Taten*, Frankfurt am Main 1993.

Heftrich, Eckhard: *Der Totentanz in Thomas Manns Roman Der Zauberberg*. In: *Tanz und Tod in Kunst und Literatur*, hg. von Franz Link (Schriften zur Literaturwissenschaft Band 8), Berlin 1993, S. 335–350.

Helweg, Hjalmar: *H. C. Andersen und die Behauptung seiner Homosexualität*. In: Zeitschrift für die gesamte Neurologie und Psychiatrie 118 (1928), S. 777–788.

Hodin, Joseph P.: *Erinnerungen an Franz Kafka*. In: Der Monat 1 (1949), Nr. 8/9, S. 89–96.

Hoelzel, Alfred: *Leverkühn, the Mermaid, and Echo: A Tale of Faustian Incest*. In: Symposium 42 (1988), S. 3–16.

Hoelzel, Alfred: *The Paradoxical Quest. A Study of Faustian Vicissitudes*, New York, Bern, Frankfurt am Main, Paris 1988.

Hörisch, Jochen: *Gott, Geld und Glück. Zur Logik der Liebe in den Bildungsromanen Goethes, Kellers und Thomas Manns*, Frankfurt am Main 1983.

Jaynes, Julian: *Der Ursprung des Bewußtseins durch den Zusammenbruch der bikameralen Psyche*, Reinbek bei Hamburg 1988.

Jendreiek, Helmut: *Thomas Mann. Der demokratische Roman*, Düsseldorf 1977.

Joseph, Eddie (deutsche Bearbeitung Siegfried E. Weiss): *Ihr guten Geister – erscheinet (5)*. In: Magische Welt. Zeitschrift für angewandte Tricktechnik und Wahrnehmungstäuschung 26 (1977), Heft 3, S. 131–133.

Karthaus, Ulrich: *»Der Zauberberg« – ein Zeitroman. (Zeit, Geschichte, Mythos)*. In: Deutsche Vierteljahresschrift für Literaturwissenschaft und Geistesgeschichte 44 (1970), S. 269–305.

Kauder, Hugo: *Vom Geiste der Mahlerschen Musik*. In: Anbruch 2, Gustav-Mahler-Heft (April 1920), S. 262–265.

Keller, Luzius: *Proust lesen*, Frankfurt am Main 1991.

Klotz, Volker: *Das europäische Kunstmärchen. Fünfundzwanzig Kapitel seiner Geschichte von der Renaissance bis zur Moderne*, Stuttgart 1985.

Klugsberger, Theresia: *Verfahren im Text. Meerjungfrauen in literarischen Versionen und mythischen Konstruktionen von H. C. Andersen, H. C. Artmann, K. Bayer, C. M. Wieland, O. Wilde*, Stuttgart 1989.

Koch, Richard: *Magical Enactments: Reflections on »Highly Questionable« Matters in Der Zauberberg*. In: The Germanic Review 68 (1993), Nr. 3, S. 108–117.

Kohl, Norbert: *Oscar Wilde: das literarische Werk zwischen Provokation und Anpassung*, Heidelberg 1980.

Koopmann, Helmut: *Der klassisch-moderne Roman in Deutschland. Thomas Mann – Döblin – Broch*, Stuttgart, Berlin, Köln, Mainz 1983.

Koopmann, Helmut: *»Doktor Faustus« als Widerlegung der Weimarer Klassik*. In: *Internationales Thomas-Mann-Kolloquium 1986 in Lübeck*, hg. von Eckhard Heftrich und Hans Wysling (Thomas-Mann-Studien VII), Bern 1987, S. 92–109.

Korruhns, Wolfgang: *Golo Mann. Der »häßliche« Sohn*. In: Stern, 16, 1994.

Koskimies, Rafael: *Kafka ja Andersen*. In: Uusi Suomi, 12. 4. 1953.

Kowalik, Jill Anne: *»Sympathy with Death«: Hans Castorp's Nietzschean Resentment*. In: German Quarterly 58 (1985), Nr. 1, S. 27–48.

Kristiansen, Børge: *Unform – Form – Überform. Thomas Manns Zauberberg und Schopenhauers Metaphysik*, Kopenhagen 1978.

Kristiansen, Børge: *Der Zauberberg: Schopenhauer-Kritik oder Schopenhauer-Affirmation?* In: *Stationen der Thomas-Mann-Forschung. Beiträge seit 1970*, hg. von Hermann Kurzke, Würzburg 1985, S. 135–144.

Kristiansen, Børge: *Freiheit und Macht. Totalitäre Strukturen im Werk Thomas Manns. Überlegungen zum »Gesetz« im Umkreis der politischen Schriften*. In: *In-*

ternationales Thomas-Mann-Kolloquium 1986 in Lübeck, hg. von Eckhard Heftrich und Hans Wysling (Thomas-Mann-Studien VII), Bern 1987, S. 53–72.

Kruft, Hanno-Walter: *Alfred Pringsheim, Hans Thoma, Thomas Mann. Eine Münchner Konstellation*, Bayerische Akademie der Wissenschaften, München 1993.

Krüll, Marianne: *Im Netz der Zauberer. Eine andere Geschichte der Familie Mann*, Frankfurt am Main 1991.

Kühn, Hellmut und Georg Quander (Hg.): *Gustav Mahler. Ein Lesebuch mit Bildern*, Zürich 1982.

Kurzke, Hermann: *Auf der Suche nach der verlorenen Irrationalität. Thomas Mann und der Konservatismus*, Würzburg 1980.

Kurzke, Hermann: *Thomas Mann: Epoche – Werk – Wirkung*, München 1985.

Kurzke, Hermann: *»Bruder« Hitler. Thomas Mann und das Dritte Reich*. In: Schopenhauer-Jahrbuch 71 (1990), S. 125–135.

Kurzke, Hermann: *Die Hunde im Souterrain. Die Philosophie der Erotik in Thomas Manns Roman Joseph und seine Brüder*. In: *»Heimsuchung und süßes Gift«. Erotik und Poetik bei Thomas Mann*, hg. von Gerhard Härle, Frankfurt am Main 1992, S. 126–138.

Kurzke, Hermann: *Mondwanderungen. Wegweiser durch Thomas Manns Joseph-Roman*, Frankfurt am Main 1993.

Latta, Alan D.: *The Mystery of Life: A Theme in »Der Zauberberg«*. In: Monatshefte 66 (1974), S. 19–32.

Lea, Henry A.: *Mahler: Man on the Margin*. In: *Views and Reviews of Modern German Literature. Festschrift for Adolf D. Klarmann*, hg. von Karl S. Weimar, München 1974, S. 92–104.

Lebrecht, Norman: *Gustav Mahler im Spiegel seiner Zeit. Portraitiert von Zeitgenossen*, Zürich, St. Gallen 1990.

Lederer, Wolfgang: *The Kiss of the Snow Queen. Hans Christian Andersen and Man's Redemption by Woman*, Berkeley, Los Angeles 1986.

Lehnert, Herbert: *Thomas Mann. Fiktion – Mythos – Religion*, Stuttgart 1965.

Lehnert, Herbert: *Hans Castorps Vision: Eine Studie zum Aufbau von Thomas Manns Roman »Der Zauberberg«*. In: The Rice Institute Pamphlet 47 (1960), Nr. 1, S. 1–37.

Lehnert, Herbert: *Weibliches, Männliches und Väterliches als Ausdruck des Bruderzwistes*. In: TM Jb 5, S. 25–41.

Link, Manfred: *Namen im Werk Thomas Manns: Deutung, Bedeutung, Funktion*, Tokio 1966.

Lubich, Frederick Alfred: *Die Dialektik von Logos und Eros im Werk von Thomas Mann*, Heidelberg 1986.

Lubich, Frederick Alfred: *Thomas Manns Der Zauberberg. Spukschloß der Großen Mutter oder Die Männerdämmerung des Abendlandes*. In: Deutsche Vierteljahresschrift für Literaturwissenschaft und Geistesgeschichte 67 (1993), S. 729–763.

von der Lühe, Irmela: *Erika Mann. Eine Biographie*, Frankfurt am Main, New York 1994.

Maar, Michael: *Der Teufel in Palestrina.* In: Literaturwissenschaftliches Jahrbuch im Auftrage der Görres-Gesellschaft 30 (1989), S. 211–247.

Maar, Michael: *Der Flug der ausgestopften Vögel. Thomas Manns Notizen, Briefe, Quellen und Tagebücher.* In: Literaturwissenschaftliches Jahrbuch im Auftrage der Görres-Gesellschaft 33 (1992), S. 299–317.

Maar, Michael: *Die Feuer- und die Wasserprobe. Essays zur Literatur*, Frankfurt am Main 1997.

Mann, Michael: *Über Thomas Manns »Doktor Faustus«.* In: Schweizerische Musikzeitung – Revue musicale Suisse 88 (1948), Nr. 1, S. 4–8.

Mann, Michael: *Eine unbekannte ›Quelle‹ zu Thomas Manns Zauberberg.* In: Germanisch-Romanische Monatsschrift, Neue Folge 15 (1965), S. 409–413.

Mann, Michael: *Schuld und Segen im Werk Thomas Manns.* (Festvortrag, gehalten am 6. Juni 1975), Lübeck 1975.

Marx, Leonie: *Thomas Mann und die skandinavischen Literaturen.* In: TMH, S. 164–199.

Matter, Jean: *Connaissance de Mahler.* (Documents, analyses et synthèses), Lausanne 1974.

Mayer, Hans: *Thomas Mann. Werk und Entwicklung*, Berlin 1950.

Mayer, Hans: *Außenseiter*, Frankfurt am Main 1975.

Mayer, Hans: *Thomas Mann*, Frankfurt am Main 1984.

Mecke, Günter: *Franz Kafkas offenbares Geheimnis. Eine Psychopathographie*, München 1982.

Mendelssohn, Peter de: *Der Zauberer. Das Leben des deutschen Schriftstellers Thomas Mann. Erster Teil: 1875–1918*, Frankfurt am Main 1975.

Mendelssohn, Peter de: *Nachbemerkungen zu Thomas Mann 1. »Buddenbrooks«, »Der Zauberberg«, »Doktor Faustus«, »Der Erwählte«*, Frankfurt/Main 1982.

Meyer, Herman: *Das Zitat in der Erzählkunst. Zur Geschichte und Poetik des europäischen Romans*, Stuttgart 1967.

Moulden, Ken und Gero von Wilpert (Hg.): *Buddenbrooks-Handbuch*, Stuttgart 1988.

Nielsen, Erling: *Hans Christian Andersen*, Reinbek bei Hamburg 1988 (Rowohlt Bildmonographien 5).

Oswald, Viktor A.: *Thomas Manns Doktor Faustus: The Enigma of Frau von Tolna.* In: The Germanic Review 23 (1948), S. 249–253.

Oswald, Victor A.: *Thomas Mann and the Mermaid: A Note on Constructivistic Music.* In: Modern Language Notes 65 (1950), S. 171–175.

Passage, Charles E.: *Hans Castorp's Musical Incantation.* In: The Germanic Review 38 (1963), Nr. 1, S. 238–256.

Paulsen, Wolfgang: *Im Banne der Melusine. Theodor Fontane und sein Werk*, Bern, Frankfurt am Main, New York, Paris 1988.

Plard, Henri: *Souvenirs d'Andersen chez Thomas Mann.* In: Orbis Litterarum 22 (1967), S. 129–139.

Politzer, Heinz: *Der neue Faust.* In: Der Turm 3 (1948), Nr. 1, S. 41–43.

Popp, Wolfgang: *Männerliebe. Homosexualität und Literatur*, Stuttgart 1992.

Pringsheim, Klaus: *Der Tonsetzer Adrian Leverkühn*. In: Der Monat 1 (1949), Nr. 4, S. 84–91.

Puschmann, Rosemarie: *Magisches Quadrat und Melancholie in Thomas Manns Doktor Faustus. Von der musikalischen Struktur zum semantischen Beziehungsnetz*, Bielefeld 1983.

Pütz, Peter: *Thomas Mann und Nietzsche*. In: *Thomas Mann und die Tradition*, hg. von Peter Pütz, Frankfurt am Main 1971, S. 225–249.

Pütz, Peter: *Verwirklichung durch »lebendige Ungenauigkeit«. Joseph von den Quellen zum Roman*. In: *Thomas Mann und seine Quellen. Festschrift für Hans Wysling*, hg. von Eckhard Heftrich und Helmut Koopmann, Frankfurt am Main 1991, S. 173–188.

Reed, Terence James: *Thomas Mann. The Uses of Tradition*, London 1974.

Reed, Terence James: *Einfache Verulkung, Manier, Stil*. In: *Thomas Mann und seine Quellen. Festschrift für Hans Wysling*, hg. von Eckhard Heftrich und Helmut Koopmann, Frankfurt am Main 1991, S. 48–65.

Reidel-Schrewe, Ursula: *Die Raumstruktur des narrativen Textes. Thomas Mann, »Der Zauberberg«*, Würzburg 1992.

Reiss, Gunter: *»Allegorisierung« und moderne Erzählkunst. Eine Studie zum Werk Thomas Manns*, München 1970.

Renner, Rolf Günter: *Lebens-Werk. Zum inneren Zusammenhang der Texte von Thomas Mann*, München 1985.

Rieckmann, Jens: *Der Zauberberg. Eine geistige Autobiographie Thomas Manns*, Stuttgart 1977.

Ritter-Santini, Lea: *Das Licht im Rücken. Dante, ein Vorbild für Thomas Mann*. In: Dies.: *Lesebilder. Essays zur europäischen Literatur*, Stuttgart 1978, S. 86–111, 274–292.

Rölleke, Heinz: *Märchen*. In: Walther Killy (Hg.): *Literaturlexikon. Begriffe, Realien, Methoden*, Band 14, hg. von Volker Meid, Gütersloh, München 1993.

Rümmele, Doris: *Mikrokosmos im Wort. Zur Ästhetik der Namensgebung bei Thomas Mann*, Bamberg 1969.

Runge, Doris: *Hetaera Esmeralda und die kleine Seejungfrau*. In: *Wagner – Nietzsche – Thomas Mann. Festschrift für Eckhard Heftrich*, hg. von Heinz Gockel und Ruprecht Wimmer, Frankfurt am Main 1993, S. 391–403.

Ruzicka, Peter: *Mahlers Unvollendete. Eine Dokumentation zur 10. Symphonie*. In: *Gustav Mahler. Ein Lesebuch mit Bildern*, hg. von Hellmut Kühn und Georg Quander, Zürich 1982, S. 146–152.

Sandberg, Hans Joachim: *Suggestibilität und Widerspruch – Thomas Manns Auseinandersetzung mit Brandes*. In: Nerthus. Nordisch-deutsche Beiträge 3 (1972), S. 119–163.

Sandt, Lotti: *Mythos und Symbolik im »Zauberberg« von Thomas Mann*, Bern 1979.

Sauereßig, Heinz: *Die Entstehung des Romans »Der Zauberberg«. Zwei Essays und eine Dokumentation*, Biberach an der Riss 1965.

Sauerland, Karol: *»Er wußte noch mehr...« Zum Konzeptionsbruch in Thomas*

Manns Doktor Faustus unter dem Einfluß Adornos. In: Orbis Litterarum 34 (1979), S. 130–145.

Scher, Steven Paul: *Kreativität als Selbstüberwindung: Thomas Manns permanente »Wagner-Krise«.* In: *Rezeption der deutschen Gegenwartsliteratur im Ausland. Internationale Forschungen zur neueren deutschen Literatur.* Tagungsbeiträge eines Symposiums der Alexander von Humboldt-Stiftung, hg. von Dietrich Papenfuss und Jürgen Söring, Stuttgart, Berlin, Köln, Mainz 1976, S. 263–274.

Schmidt, Christoph: *»Gejagte Vorgänge voll Pracht und Nacktheit«. Eine unbekannte kinematographische Quelle zu Thomas Manns Roman »Der Zauberberg«.* In: Wirkendes Wort 38 (1988), S. 1–5.

Schulz-Buschhaus, Ulrich: *Françoise oder die Poetik eines »bon dîner«.* In: *Marcel Proust. Geschmack und Neigung*, hg. von Volker Kapp, Tübingen 1989, S. 143–159.

Seidlin, Oskar: *Doktor Faustus reist nach Ungarn. Notiz zu Thomas Manns Altersroman.* In: Heinrich Mann-Jahrbuch 1 (1983), S. 187–204.

Seligmann, A. F.: *Silhouetten aus der Mahler-Zeit.* In: Moderne Welt 3, Gustav-Mahler-Heft (1921–1922), Nr. 7, S. 10–12.

Silbermann, Alphons: *Lübbes Mahler-Lexikon*, Bergisch Gladbach 1986.

Sommerhage, Claus: *Eros und Poesis. Über das Erotische im Werk Thomas Manns.* (Bonner Arbeiten zur deutschen Literatur, Band 40), Bonn 1983.

Sprecher, Thomas: *Thomas Mann in Zürich*, München 1992.

Steffensen, Steffen: *Thomas Mann und Dänemark.* In: *Thomas-Mann-Gedenkschrift 1875–1975*, hg. von Rolf Wiecker, Kopenhagen 1975, S. 223–275.

Stein, Hans-Peter, mit einem Beitrag von Hans-Martin Ottmer: *Symbole und Zeremoniell in deutschen Streitkräften vom 18. bis zum 20. Jahrhundert*, Herford und Bonn 1984.

Thomson, Virgil: *The Musical Scene*, New York 1945 (TMA 4974 Z / 3).

Tiedemann, Rolf: *»Mitdichtende Einfühlung«. Adornos Beiträge zum Doktor Faustus – noch einmal.* In: Frankfurter Adorno-Blätter 1 (1992), S. 9–33.

Tillmann, Claus: *Das Frauenbild bei Thomas Mann: Der Wille zum strengen Glück*, Wuppertal 1992.

Tubach, Frederic C. und Sally P. (Hg.): *Michael Mann. Fragmente eines Lebens. Lebensbericht und Auswahl seiner Schriften*, München 1983.

Tramer, Hans: *Ungekannte und Umgetaufte. Gustav Mahler und seine Zeit.* In: Bulletin of the Leo Baeck-Institute 3 (Juli 1960), Nr. 10, S. 130–150.

Trummer, Beatrice: *Thomas Manns Selbstkommentare zum »Zauberberg«*, Konstanz 1992.

Tyroff, Siegmar: *Namen bei Thomas Mann in den Erzählungen und den Romanen Buddenbrooks, Königliche Hoheit, Der Zauberberg*, Frankfurt am Main 1975.

Vaget, Hans Rudolf: *Goethe – Der Mann von 60 Jahren. Mit einem Anhang über Thomas Mann*, Königstein/Taunus 1982.

Vaget, Hans Rudolf: *Thomas Mann – Kommentar zu sämtlichen Erzählungen*, München 1984.

Vaget, Hans Rudolf: *Thomas Mann und James Joyce. Zur Frage des Modernismus im Doktor Faustus.* In: TM Jb 2, S. 121–150.

Vaget, Hans Rudolf: *Präludium in München. Bruno Walter und die Vertreibung Thomas Manns*. In: Frankfurter Allgemeine, 14. 5. 1994.

Vordtriede, Werner: *Richard Wagners »Tod in Venedig«*. In: Euphorion 52 (1958), S. 278–296.

Voss, Lieselotte: *Die Entstehung von Thomas Manns Roman »Doktor Faustus«. Dargestellt anhand von unveröffentlichten Vorarbeiten*, Tübingen 1975.

Wallinger, Sylvia: *»Und es war kalt in dem silbernen Kerzensaal, wie in dem der Schneekönigin, wo die Herzen der Kinder erstarren«. Gesundete Männlichkeit – gezähmte Weiblichkeit in Thomas Manns Königliche Hoheit und Wälsungenblut*. In: *Der Widerspenstigen Zähmung. Studien zur bezwungenen Weiblichkeit in der Literatur vom Mittelalter bis zur Gegenwart*, hg. von Sylvia Wallinger und Monika Jonas, Innsbruck 1986, S. 235–257.

Weigand, Hermann: *The Magic Mountain: Thomas Mann's Novel Der Zauberberg*, Chapel Hill 1964 (Reprint 1979).

Weiss, Walter: *Thomas Manns Kunst der sprachlichen und thematischen Integration* (Beihefte zur Zeitschrift Wirkendes Wort 13), Düsseldorf 1964.

Weiss, Walter: *Thomas Manns Metaphorik. Zwischenergebnisse eines Forschungsprojekts*. In: *Internationales Thomas-Mann-Kolloquium 1986 in Lübeck*, hg. von Eckhard Heftrich und Hans Wysling (Thomas-Mann-Studien VII), Bern 1987, S. 311–326.

Wessling, Berndt W.: *Gustav Mahler. Prophet der neuen Musik*, München 1985.

Wimmer, Ruprecht: *Der Herr Facis et (non) Dicis. Thomas Manns Übernahmen aus Grimmelshausen*. In: TM Jb 3, S. 14–49.

Wimmer, Ruprecht: *»Ah, ça c'est bien allemand, par exemple!« Richard Wagner in Thomas Manns Doktor Faustus*. In: *Wagner – Nietzsche – Thomas Mann. Festschrift für Eckhard Heftrich*, hg. von Heinz Gockel und Ruprecht Wimmer, Frankfurt am Main 1993, S. 49–68.

Winston, Richard: *Thomas Mann. Das Werden eines Künstlers. 1875–1911*, München und Hamburg 1985.

Wisskirchen, Hans: *Zeitgeschichte im Roman. Zu Thomas Manns Zauberberg und Doktor Faustus* (Thomas-Mann-Studien VI), Bern 1986.

Wisskirchen, Hans: *Republikanischer Eros*. In: *»Heimsuchung und süßes Gift«. Erotik und Poetik bei Thomas Mann*, hg. von Gerhard Härle, Frankfurt am Main 1992, S. 17–40.

Wysling, Hans und Yvonne Schmidlin (Hg.): *Bild und Text bei Thomas Mann. Eine Dokumentation*, München 1975.

Wysling, Hans: *Narzißmus und illusionäre Existenzform. Zu den Bekenntnissen des Hochstaplers Felix Krull* (Thomas-Mann-Studien V), Bern, München 1982.

Wysling, Hans: *»Der Zauberberg«*. In: TMH, S. 397–421.

Wysling, Hans: *Unzulänglichkeiten in obern Rängen. Der Briefwechsel zwischen Thomas Mann und Gerhart Hauptmann, Teil I: Einführung und Briefe 1912–1924*, hg. von Hans Wysling und Cornelia Bernini. In: TM Jb 6, S. 247–267.

Zmegac, Viktor: *Die Musik im Schaffen Thomas Manns*, Zagreb 1959.

REGISTER

Werke Thomas Manns

Ansprache in Kopenhagen 337
August von Platen 92
Betrachtungen eines Unpolitischen 121, 168, 240, *271*, *282*, *310*
Briefe aus Deutschland 157
Briefwechsel mit Bonn 107
Bruder Hitler 119
Buddenbrooks 27, 41, 45–54, 64, 76–79, 123, 140, 145, 147, 179f., 200, 202, 208, 212f., 222, 227, 231f., 235–237, 240f., *266*, *273–275*, *294*
Das Gesetz 184f., *317f.*
Das Yale-Manuskript des Zauberberg 232, *334*
Der alte König 300
Der Bajazzo 79
Der Erwählte 102, 123, 211, 253f., *292f.*, *303*, *338*
Der Kleiderschrank 21–26, 30, 33, 41, 46, 77, 86, 106, 173f., 255f., *264*, *267*, *308*
Der kleine Herr Friedemann 98, 105f., 123, 139f., *294*, *305*, *322*
Der Tod 163
Der Tod in Venedig 27, 30, 35, 39, 85, 87f., 101f., 105f., 108, 123, 151f., 158, 165, 168f., 187, 207f., 214f., 224, 243, 255, *267*, *271*, *276*, *280*, *286*, *288f.*, *313f.*, *325*
Der Wille zum Glück 323
Die Bekenntnisse des Hochstaplers Felix Krull 41, 75, 79, 102, 107, 116–118, 121, 123, 126, 175f., 208, 220, *251*, *286*, *292*, *299*, *302*, *322*, *330f.*, *333*, *335*
Die Betrogene 107, 199, *300*
Die Entstehung des Doktor Faustus 28, *267*, *332*
Die geistigen Tendenzen des heutigen Deutschlands 168
Die Geliebten 304
Die Schule des Zauberbergs 238
Doktor Faustus 16, 21, 26–39, 41–43, 50, 56f., 60–62, 65–68, 79, 81, 84f., 88f., 100–102, 106–116, 119–123, 126, 140–144, 146–148, 174–176, 179f., 187f., 190, 198, 200–206, 208, 219, 223, 226f., 234, 243, 251, 258f., *264f.*, *267–271*, *273*, *278*, *281*, *284*, *288–290*, *292–297*, *299f.*, *304–306*, *312*, *314*, *316f.*, *321–323*, *327*, *332–334*, *336f.*
Dostojewski – mit Maßen 271
Drei Berichte über okkultistische Sitzungen 328
Ein Glück 174f., *292*, *323*
Fragmente zur Fürsten-Novelle 333
Gefallen 284
Gerächt 322
Gesang vom Kindchen 200, 203
Goethe und Tolstoi 263
Herr und Hund 94, 98, 202f., 205
Joseph und seine Brüder 48, 79, 105f., 123, 161, 190, 192–194, 199, 208, 216f., 226, 251–254, 259, *264*, *268*, *283*, *287*, *294f.*, 300, 303, *309f.*, *321*, *324*, *337f.*
Königliche Hoheit 24, 41, 79, 102f., 149, 174, 181f., 208, 229–232, *278*, *290–292*, *304*, *317*, *333*
Lebensabriß 63
Leiden und Größe Richard Wagners 103f., 187
Lotte in Weimar 108, 120, 122f., 200f., 208, *268*, *270*, *283*, *288f.*

Luischen 284
Mario und der Zauberer 107, *303*
Nietzsches Philosophie im Lichte unserer Erfahrung *311 f.*
Okkulte Erlebnisse 214, 246, *256 f.*, *276*, *328*
Rede über das Theater 23
Schopenhauer 257 f., *321*
Schwere Stunde 208
Tobias Mindernickel *335*
Tonio Kröger 55, 79, 83–92, 98–101, 105, 108, 110, 113, 118, 120f., 182, 208, 228, *270*, *284–286*, *316*, *333*
Tristan 24, *208*
Über die Ehe 194
Über Goethe's ›Faust‹ *329*
Von Deutscher Republik 157
Vorwort zu einer Bildermappe 35, *288*
Weihnacht *79*

Werke Hans Christian Andersens

Der Improvisator 98, *285*
Meines Lebens Märchen 41, 119, *275*, *285 f.*, *288*
Nur ein Spielmann 173, *285*, *301*, *315*
O. T. *301*

Märchen und Geschichten

Am äußersten Meer *266*
Am letzten Tag 163–165
Anne Lisbeth *280*
Däumelinchen *265*
Das alte Haus 234
Das Bilderbuch des Paten *274*
Das Feuerzeug 241, *300*, *336*
Das häßliche junge Entlein 50, 102, 119, *291*, *293*
Das kleine Mädchen mit den Schwefelhölzern *279*
Das Metallschwein *283*
Der Bischof von Börglum und seine Sippe *280*
Der Engel 71–74, 163
Der kleine Klaus und der große Klaus *293*
Der letzte Traum der alten Eiche *279*
Der Paradiesgarten *279*
Der Reisekamerad 87, 124–135, 159, 166, 171 f., 175, 211, 241, *293*, *300 f.*
Der Rosenelf *279*
Der Schatten *323*
Der Schweinehirt 102, *292*
Der standhafte Zinnsoldat 41, 46, 100, 102, 125, 229–237, 240–242, 253, *266*, *273*, *279*, *287*, *291 f.*, *296*, *308*, *317*, *333–335*
Der Tannenbaum *272*, *293*
Der Turmwächter Ole 126–128
Der Wind erzählt von Waldemar Daae *279*
Die Dryade 112 f., 143, *297*
Die Eisjungfrau 102, 113, 125, 135–143, 148, 152–155, 163, 178, 201 f., 228, *266*, *280*, *296*, *299*, *302*, *305*, *308*
Die Galoschen des Glücks 22 f., 25, 41, 46, 71, 75–78, 81, 163, 172, *279*, *303*, *307*
Die Geschichte einer Mutter 71–74
Die Glockentiefe *293*
Die Hirtin und der Schornsteinfeger *286*
Die Irrlichter sind in der Stadt, sagte die Moorfrau *293*
Die kleine Seejungfrau 33, 37, 41, 57,

61, 81–92, 98–125, 139, 142f., 179, 228, *255*, *265f.*, *268*, *272*, *282*, *284*, *287*, *289–299*, *306*, *335*
Die Nachbarfamilien *279*
Die Nachtmütze des Hagestolzen 46f., 50, 53–55, 66–71, 176, 178, 188, *275*, *279*
Die roten Schuhe 55–60, 71, 77, 108, 118, 225, *275*, *279*, *300*
Die Schneekönigin 41, 46–50, 102, 124, 135f., 139f., 145–150, 152–154, 159, 170–176, 178–183, 195, 201, 217, 251, 255, *266*, *273*, *275*, *279*, *292*, *300*, *304–307*, *314–317*, *335f.*
Die Störche *279*
Die wilden Schwäne *282*, *292*
Eine Geschichte aus den Dünen 46, 49–54, *266*, *272–275*, *280*, *303*
›Etwas‹ *279*
Goldschatz 225–227, *333*
Holger Danske 245–249
Ib und Christinchen *279*
Kinderschnack 85, *266*
Ole Luköie 23–26, 108, *266*, *279*
›Sie taugte nichts‹ *279*
Tante Zahnweh 25f., 28–34, 47, 102, 108, 115, 121, 135, 156, 255, *267*
Tölpel-Hans 119, *249*, *282*, *295*
Unter dem Weidenbaum 177f., 182, *279*

Personen und Werke

Adler, Guido 203
Adorno, Theodor W. 38f., 215, *269*, *271*, *305*, *327–329*
Amann, Paul 168
Anders, Günther *307*
Andersen, Hans *275*
Andersen, Anne Marie (geb. Andersdatter) *275*
Annunzio, Gabriele d' *307*
Apokalypse 221–224, *332*
Apuleius, Lucius
  Der goldene Esel *294*
Arendt, Hannah *307*
Aristoteles 255
Augustinus, Aurelius *275*, *283*

Bab, Julius *264*
Bachofen, Johann Jakob *287*
  Urreligion und antike Symbole *287*
Bal, Mieke *263*
Bang, Herman *291*, *315f.*
Bauditz, Sophus *265*
Bauer, Felice *307*
Bauer-Lechner, Natalie 37, 39, 196, *269*, *312*, *325*
  Erinnerungen an Gustav Mahler 37, 39, 196, *269*, *312*, *325*
Baumgart, Reinhard *324*
Beck-Mann, Claudia *325*
Beck-Mann, Ingrid *325*
Beethoven, Ludwig van 39, *311*
  Neunte Symphonie 205, *327*
Beicken, Peter U. *307*
Bekker, Paul 198, *325*
  Gustav Mahlers Sinfonien 198, *325*
Beller, Manfred *296*
Benedikt, Ernst *270*
Benz, Richard *311*
Berendsohn, Walter A. *279f.*
Berghaus, Margot *329*
Bergsten, Gunilla *278*, *295–297*, *305*
Bertram, Ernst *299f.*, *311*
Bethge, Hans *309*
Bizet, Georges 241
  Carmen 241, *335*
Blaukopf, Herta *270*
Blüher, Hans 185, *285*, *319*
  Die Aristie des Jesus von Nazareth *319*

Böcklin, Arnold *310*
Heiliger Hain 310
Böhm, Karl Werner 92, 139, *283f., 286, 291, 301, 304f., 322*
Bondi, Georg *311*
Bovenschen, Silvia *294, 297f.*
Brandes, Georg 246–249, *273*
Skandinavische Persönlichkeiten 246–249, *273*
Brecht, Bertolt 40, *272*
Bredsdorff, Elias *282*
Brentano, Clemens 204, *269*
Des Knaben Wunderhorn 332
Brod, Max *307*
Brode, Hanspeter *270, 281, 326*
Bulhof, Francis 238, *301, 313, 323, 328*
Busch, Frank *285*

C., Eva *277f.*
Calderón de la Barca, Pedro *299*
La hija del aire 299
Chamisso, Adelbert von
Peter Schlemihls wundersame Geschichte 121
Claudius, Matthias *280*
Collin, Edvard 97, *285, 294, 323*
Conrad, Michael Georg 93
Cusanus (Nikolaus von Kues) 193, *323*

Dahlhaus, Carl *271*
Dante, Alighieri 109, *295, 319*
Die göttliche Komödie 44, 109, *295, 333*
Das Volksbuch von Doktor Faust (Johann Scheible 1847) 109, 142, *278, 296, 305*
Debussy, Claude 37, 198, *269*
La Mer 37
Prélude à l'Après-midi d'un faune 198
de La Grange, Henry-Louis *289, 326f.*
Detering, Heinrich *272, 282–285, 287, 291, 301, 315f., 323*
Diamant, Dora *307*
Diederichs, Eugen *311*
Dierks, Manfred *267, 286, 313, 315, 329*
Dostojewski, Fjodor 28, 214, *267, 271, 300, 321*
Die Brüder Karamasow 28
Die Dämonen 300
Die Hauswirtin 267
Schuld und Sühne 214
Dunsby, Maren 41, *282, 287, 292, 294, 296, 299*
Dürer, Albrecht *337*

Ebel, Uwe *273f.*
Eco, Umberto *329*
Ehrenberg, Paul 61, 97, 180, *286, 294, 334*
Eichendorff, Joseph, Freiherr von *282*
Der Taugenichts 282, 291
Eisler, Hanns 16
Ellis, Henry Havelock 92
Emrich, Wilhelm *307*
Engländer, Richard *327*
Eulenburg, Philipp, Fürst zu E. und Hertefeld 93
Exerzier-Reglement für die Infanterie 332

Fass, Barbara F. *290, 293, 296*
Fetzer, John Francis *272, 282, 300*
Feuerlicht, Ignace *316, 325*
Fischer, Gottfried *315*
Flasch, Kurt *324*
Flaubert, Gustave 198
Fontane, Theodor 117, *279, 286, 291, 297f.*
Der Stechlin 279, 287, 298
Effi Briest 117, *286, 297f.*
Grete Minde 286
Irrungen, Wirrungen 297
Oceane von Parceval 297
Stine 297
Unwiederbringlich 287, 297
Fouqué, Friedrich de la Motte 103, 122
Undine 103, 121f.

Frank, Bruno *293*
Die Fürstin *293*
Frank, Manfred *316*
Freud, Sigmund *266, 285, 287, 289, 294, 308, 338*
Totem und Tabu *338*
Friedrich I. (Barbarossa) 246
Friedrich II. von Preußen 233, 240, *334*
Frizen, Werner 161, 185, *266, 272, 278, 285f., 293, 296, 298–300, 308, 310, 312–314, 316, 319f., 328f., 333, 338*

Gauger, Hans-Martin 188, *320*
Genette, Gérard *263, 339*
George, Stefan *291*
Gibo, Arthur 63
Gide, André *263, 313*
Les Faux-Monnayeurs *313*
Gilgamesch-Epos *295*
Giubertoni, Anna *310, 332*
Gockel, Heinz *296, 306, 337*
Goethe, Cornelia *276*
Goethe, Johann Wolfgang von 31, 114, 122, 127, 129–131, 151, 176, 201, 243, *273, 281, 286, 301, 306, 321*
Die Leiden des jungen Werther 202
Faust 126f., 129–131, 143, 160f., 183, 222, 243, 258, *300, 305, 331, 336f.*
Wilhelm Meister 126, 173–176
Ein Gleiches 151
Goncourt de, Edmond und Jules *325*
Gounod, Charles 211, 214, 219
Margarethe 211, 214f., 219
Grautoff, Otto 93f., *284, 322*
Gray, Ronald *307*
Gregor-Dellin, Martin *278*
Grimm, Jacob und Wilhelm 45, *274, 300, 307*
Kinder- und Hausmärchen 45f., 171f., *274, 300, 307*
Deutsches Wörterbuch 111f.
Grimmelshausen, Hans Jakob Christoffel 56
Der abenteuerliche Simplicissimus Teutsch *275*
Gropius, Walter *289*
Gulat-Wellenburg, Walter von *277*
Gulbransson, Olaf *265*

Hansen, Albert 99, 101, 247, *286, 323, 330*
Harden, Maximilian 93
Hardt, Ludwig *307*
Härle, Gerhard *284, 301, 304, 312, 330*
Hatfield, Henry *302, 328*
Hauff, Wilhelm *301*
Hauptmann, Gerhart 65, 70, 196, *273, 278, 325*
Der Venezianer *325*
Heine, Heinrich 95
Heftrich, Eckhard 59, *272, 276, 278, 280, 287, 294, 300, 303, 323, 326–330, 335–338*
Hegel, Georg Wilhelm Friedrich *274, 323*
Heinrich III. *283*
Held, Hans Ludwig *337*
Helweg, Hjalmar *282*
Henscheid, Eckhard 16
Heuze, Paul *277*
Hirschfeld, Georg 93
Hirschfeld, Magnus 92–94, 98, 103, 106, *284f., 286f., 331*
Jahrbuch für sexuelle Zwischenstufen 92–98, 106, 247f., *284, 287f., 294, 330f.*
Hitler, Adolf 119
Hodin, Joseph P. *307*
Hoelzel, Alfred *296, 306*
Hoffmann, Ernst Theodor Amadeus *267*
Don Juan *267*
Hofmann von, Ludwig *310*
Hörisch, Jochen *296, 301*

Jakobson, Roman Ossipowitsch *339*
Jaynes, Julian *326*
Jeanne d'Arc 210, *328*

Jendreiek, Helmut *290, 309, 313*
Jens, Inge *332*
Johannes-Evangelium 74, 167, 185, 212–219, 243 f., 254, 256, 258, *319, 324, 330, 338*
Joseph, Eddie *277*
Jung, Carl Gustav *287*

Kafka, Franz 13, 146, 174, 291, *306f., 326, 334*
Amerika (Der Verschollene) 307
Das Schloß 307, 334
Ein Landarzt 307
Kant, Immanuel 24, 43
Karsch-Haack, Ferdinand *330f.*
Karthaus, Ulrich *263, 335*
Kauder, Hugo *312*
Keller, Luzius *263*
Kerényi, Karl *287*
Kielland, Alexander Lange *274*
Kierkegaard, Søren *320*
Killy, Walter *265*
Kittler, Friedrich A. *315*
Klotz, Volker *274, 291, 300, 307*
Klugsberger, Theresia *293, 297*
Koch, Richard *264, 328f., 338*
Kohl, Norbert *291f.*
Koopmann, Helmut *306, 308*
Korruhns, Wolfgang *325*
Koskimies, Rafael *307*
Kowalik, Jill Anne *337*
Krafft-Ebing, Richard von 92
Kretzschmar, Hermann *269*
Kristiansen, Børge 184, 188–192, *313, 317–323*
Kruft, Hanno-Walter *310*
Krüll, Marianne *276*
Kurzke, Hermann *294f., 299, 304, 318, 330, 335, 340*

Lacan, Jacques Marie *315*
Lagerlöf, Selma *316*
Latini, Brunetto *296*
Latta, Alan D. *329*
Lea, Henry A. *327*
Lebrecht, Norman *268f., 289, 311*
Lederer, Wolfgang *275f., 283f., 294, 300, 314–317*
le Grand, Guillaume (Wilhelm Wittstamm) *278*
Lehnert, Herbert *278, 320, 324, 329, 333, 336*
Leoncavallo, Ruggiero 98
Der Bajazzo 98
Lie, Jonas *274*
Ein Mahlstrom 274
Link, Manfred *273*
Lubich, Frederick A. *329, 331f., 337–339*
Lubitsch, Ernst 59, *276*
Sumurun 276
Ludwig II. 146, *306*
Lühe, Irmela von der *300*
Lusignan (frz. Adelsgeschlecht) *290, 297*

Maar, Michael *267–269, 271, 275, 281, 288, 296f., 305, 308f., 312, 325, 327, 329, 332*
Mahler, Alma Maria 35, 203, *269, 289, 312, 326f.*
Erinnerungen und Briefe 203, *269, 312, 326f.*
Mahler, Bernhard *326*
Mahler, Ernst *326*
Mahler, Gustav 35–39, 42–44, 56, 67, 79, 156–162, 181, 196–207, 219f., 222–226, *268–271, 275, 278, 280f., 288f., 306, 309–312, 324–328, 332*
Zweite Symphonie 161–163, 165, *269, 310, 312*
Dritte Symphonie 35
Vierte Symphonie 269
Fünfte Symphonie 328
Sechste Symphonie 35, 203, *269*
Siebte Symphonie 327
Achte Symphonie 35, 160, *289*
Neunte Symphonie 205 f., *312, 327*

Zehnte Symphonie 204–206, *275, 312, 327*
Das Lied von der Erde 79, 156f., 159, 181, 197–199, 206f., 223, *269, 280, 309, 312, 325, 327, 332*
Ich bin der Welt abhanden gekommen (Rückert-Lieder) 196–200, *324*
Kindertotenlieder 39, 56, 156, 200, 203–207, *306, 326f.*
Lieder eines fahrenden Gesellen 278
Revelge (Sieben Lieder aus letzter Zeit) 224f., *332*
Rückert-Lieder 332
Sieben Lieder aus letzter Zeit 332
Wunderhornlieder 204, 224f., *269*
Mahler, Justine *326*
Mahler, Maria Anna (Putzi) 203, *326*
Mahler, Anna Justina 203
Mann, Carla 61–65, 70, 228, 256, *276*
Mann, Elisabeth (Medi) 200, 203, *300*
Mann, Erika 201, *268, 300, 308*
Mann, Frido 206, *300, 335*
Mann, Golo 201, *276, 300, 326*
Mann, Heinrich 65, 93, 180, 192, 258, *272, 276, 278, 282, 310, 327*
Abdankung 278
Die Schauspielerin 276
Mann, Julia (geb. da Silva-Bruhns) 62, *265, 273f., 300, 311*
Mann, Julia (Lula) 60–62, 210f., *276*
Mann, Katia 93, 201, *263, 268, 272, 292, 310*
Meine ungeschriebenen Memoiren 268
Mann, Klaus 61, 122, 201, *276, 300*
Der Wendepunkt 61, *276*
Mann, Maria Elisabeth *274*
Mann, Mathilde *265*
Mann, Michael 156, 201, *269, 300, 310, 323*
Mann, Thomas Johann Heinrich 135, *273*
Manolescu, Georges *293*
Marées, Hans von *310*
Fresken der Zoologischen Station in Neapel 310
Marschner, August Heinrich
Hans Heiling 121
Martens, Kurt 94, *284, 286*
Roman aus der Décadence 94, *284*
Marx, Leonie 41, *272, 282*
Matter, Jean *289, 326*
Mayer, Hans *274, 290, 313*
Mecke, Günter *308*
Mendelssohn, Peter de 202, *264, 273, 279, 305, 326*
Mereschkowski, Dimitri Sergejewitsch 217, *330*
Die Geheimnisse des Ostens 217, *330*
Meyer, Agnes E. *272, 325*
Meyer, Herman *330*
Michelangelo Buonarroti *283*
Moll, Albert 93, *284*
Mozart, Wolfgang Amadeus 76, *312*
Die Zauberflöte 76f.
Müller, Johann von *283*
Musil, Robert *274*

Nabokov, Vladimir 13, 79, *266, 280*
Deutliche Worte 266
Die Gabe 13
Die Kunst des Lesens 266
Pnin 79, *280*
Nicklas, Hans W. 39
Nietzsche, Friedrich 40, 45, 70, 122, 142, 159, 161, 167, 185, 194, 198, 206, 222, 254, *275, 291f.,* 307, *311f.*
Also sprach Zarathustra 312, 333
Novalis (Friedrich Leopold Freiherr von Hardenberg) 209, *268, 273, 280, 299, 312, 328*
Heinrich von Ofterdingen 273, 336

Orton, Joe *291*
Oswald, Victor A. *296, 316*
Overbeck, Franz *275*

Paulsen, Wolfgang *297*

Paracelsus (Theophrastus von Hohenheim) 103, *294*
Passage, Charles E. *328, 330, 335*
Perutz, Leo *307*
Das Gasthaus zur Kartätsche *307*
Pfitzner, Hans 42, 161, *293*
Palestrina *293*
Plard, Henri 41, *337*
Platen-Hallermünde, August Graf von 92, 96, *270, 283*
Platon 155, 254, 257–259, *285, 339*
Poe, Edgar Allan *268*
Politzer, Heinz *270, 307*
Pollak, Robert *285*
Pongs, Hermann *307*
Ponten, Josef 19, *273, 276, 329*
Popp, Wolfgang *283, 293, 308, 331, 334*
Portmann, Adolf *297*
Falterschönheit *297*
Pringsheim, Alfred 35, 157, *289, 310*
Pringsheim, Erik *293*
Pringsheim, Heinz *293*
Pringsheim, Klaus 35, *270, 289*
Pringsheim, Peter *293*
Proust, Marcel 13, 107, *270, 291*
À la recherche du temps perdu 107, *295*
Puccini, Giacomo
La Bohème 44
Puschmann, Rosemarie *271, 337*
Pütz, Peter *313, 315*

Reed, Terence J. *310, 319, 330*
Reidel-Schrewe, Ursula *339*
Reiss, Gunter *263, 314*
Renner, Rolf Günter *289f.*
Rieckmann, Jens *308, 320*
Ritter-Santini, Lea *296, 319*
Rohde, Erwin *315, 337*
Psyche *315, 337*
Rölleke, Heinz *265*
Römer, L.S.A.M. *294*
Roosevelt, Franklin Delano 226
Rosenvinge, Karen Marie (Andersens Halbschwester) *275*
Rückert, Ernst 205, *326*
Rückert, Friedrich 112, 196, 200, 203, 205, 207
Kindertodtenlieder 203
Rümmele, Doris *279, 337*
Runge, Doris *295–297*
Ruzicka, Peter *327*

Sandberg, Hans Joachim *273*
Sandt, Lotti *281, 312, 325, 328, 330*
Sauereßig, Heinz *340*
Sauerland, Karol *271*
Schelling, Friedrich Wilhelm Joseph *312*
Scher, Steven Paul *272*
Schickele, René 36, *264*
Schlegel, Friedrich *273*
Lucinde 44, *273*
Schmiedt, Christoph *276*
Schneider, Willi *258, 276*
Schopenhauer, Arthur 40, 45, 77, 90, 107, 147f., 185–190, 201, 236, 254, 257, *267, 292, 298, 316, 318–321, 339f.*
Die Welt als Wille und Vorstellung 40, *320*
Metaphysik der Geschlechtsliebe 186f., *319*
Parerga und Paralipomena 236
Preisschrift über die Freiheit des Willens *340*
Versuch über das Geistersehn 257
Von der Bejahung des Willens zum Leben 187, *319*
Schönberg, Arnold 16, 44, *280*
Schrenck-Notzing, Albert Freiherr von 63, 212, 214f., 255–258, *276, 328, 339*
Schubert, Franz 67, 222, 225
Der Lindenbaum 222, 225, *278*
Schulz-Buschhaus, Ulrich *263*
Schumann, Robert 88
Sebald, Winfried G. *307*
Seghers, Anna *282*
Seidlin, Oskar *316*
Seligmann, A. F. *325*

Shaftesbury, Anthony Ashley Cooper 242
Shakespeare, William *290*
The Tempest 205
Titus Andronicus *290*
Slevogt, Max *311*
Sommerhage, Claus *267, 273, 285, 313, 315, 321, 324, 334, 338*
Specht, Richard 157f., 171, 181, 220, *311*
Spengler, Oswald 157
Sprecher, Thomas *282*
Steffensen, Steffen *316*
Stein, Hans-Peter *333*
Stendhal (Henri Beyle) 194
Stifter, Adalbert 145
Storm, Theodor 120
Hyazinthen 120
Strauss, Richard *311*
Strobel, Heinrich *268*

Thoma, Hans *310f.*
Thomson, Virgil *269*
Thorvaldsen, Bertel 85
Tiedemann, Rolf *327*
Tillmann, Claus *301*
Timpe, Williram (Willri) *301*
Tischner, Rudolf *339f.*
Tolstoi, Lew Nikolajewitsch *273f., 316*
Albert (Gesammelte Novellen) *274*
Anna Karenina *328*
Tramer, Hans *325*
Trummer, Beatrice *313, 335*
Tubach, Frederic C. und Sally P. *300*
Tyroff, Sigmar *279, 337*

Vaget, Hans Rudolf 83, 98, 174, *264, 268, 285, 296, 311, 315, 323, 339*
Verdi, Giuseppe
Aida 44, 198
Vergil (Publius Vergilius Maro) *295, 329, 333*
Aeneis *308*
Verlaine, Paul *290*
Visconti, Luchino *289*
Vordtriede, Werner *286*
Voss, Lieselotte *289, 295, 305*

Wagner, Richard 16, 27, 34f., 43f., 66–68, 72, 103, 122, 223, 233, *271–273, 278, 299, 311, 317*
Der fliegende Holländer 103, 121, *317*
Der Ring des Nibelungen 66, 223
Lohengrin 300
Tannhäuser 66, *278*
Tristan und Isolde 43f., 67, 185, 233, *278, 299*
Parsifal 16, 34, *317*
Wallinger, Sylvia *273, 292, 333*
Walter, Bruno 34–36, *268, 280, 311f.*
Gustav Mahler *268*
Walter, Lotte *312*
Weber, Carl Maria von 65, *323*
Der Freischütz 65, *323*
Weber, Carl Maria 93
Weigand, Hermann *263, 313*
Weiss, Walter *332*
Wessling, Berndt W. *290*
Westermeier, Franz *288, 324*
Westphal, Carl Friedrich Otto *284*
Whitman, Walt *288, 299*
Calamus-Zyklus (Leaves of grass) 288
Wilde, Oscar 92, *283, 291, 308*
Dorian Gray 291
The Fisherman and his Soul 291
The Devoted Friend 291
Wilhelm II. 229
Wimmer, Ruprecht *273, 275*
Winckelmann, Johann Joachim *289*
Winkelmann, John *307*
Winston, Richard *265, 267*
Wisskirchen, Hans *285, 318*
Wolf, Hugo 88, 187, *289*
Der Corregidor 187, *289*
Wysling, Hans 41, 44, *271f., 274, 279f., 283, 299f., 318, 333, 335*

Ziemßen, Hugo von *264*
Zmegac, Viktor *271*

Kultur & Medien

Doris Bachmann-Medick (Hg.)
Kultur als Text
Die anthropologische Wende in der Literaturwissenschaft
Band 12781

Herausgegeben von Wilfried Barner/ Christoph König
Zeitenwechsel
Germanistische Literaturwissenschaft vor und nach 1945
Band 12963

Peter Burke
Die Renaissance
Band 12289
Städtische Kultur in Italien zwischen Hochrenaissance und Barock
Eine historische Anthropologie
Band 10331

Jerome Charyn
Movieland
Hollywood und die große amerikanische Traumkultur
Band 12637

Michael Diers
Schlagbilder
Zur politischen Ikonographie der Bundesrepublik Deutschland
Band 13218

W. Stefan Elfenbein
The New York Times
Macht und Mythos eines Mediums
Band 13219

Vilém Flusser
Medienkultur
Herausgegeben von Stefan Bollmann
Band 13386

Vilém Flusser
Nachgeschichte
Eine korrigierte Geschichtsschreibung
Herausgegeben von Stefan Bollmann/ Edith Flusser
Band 13387

Horst Günther
»Der Geist ist ein Wühler« Über Jacob Burckhardt
Band 13670

Herausgegeben von Frithjof Hager/ Hermann Schwengel
Wer inszeniert das Leben?
Modelle zukünftiger Vergesellschaftung
Band 12958

Fischer Taschenbuch Verlag

fi 1713 / 5 a

Kultur & Medien

Kai-Uwe Hellmann/
Arne Klein (Hg.)
»Unendliche Weiten...«
STAR TREK zwischen Unterhaltung und Utopie?
Band 13579

Hans Werner Henze
Wie die Englische Katze entstand
Ein Arbeitsjournal
Band 13478

Bruno Hillebrand
Theorie des Romans
Erzählstrategien der Neuzeit
Band 13300

Ursula Keller
Böser Dinge hübsche Formel
Das Wien Arthur Schnitzlers
Band 13432

Maria Kniesburges
Die Schönredner
Politischer Journalismus in der Bundesrepublik
Band 13286

Paul Michael Lützeler (Hg.)
Schreiben zwischen den Kulturen
Beiträge zur deutschsprachigen Gegenwartsliteratur
Band 12962

Michael Maar
Geister und Kunst
Neuigkeiten aus dem Zauberberg
Band 13374

Bettina Pohle
Kunstwerk Frau
Inszenierungen von Weiblichkeit in der Moderne
Band 13296

M. Reich-Ranicki
Martin Walser
Aufsätze
Band 13000

Paul Virilio
Die Eroberung des Körpers
Vom Übermenschen zum überreizten Menschen
Band 12994
Rasender Stillstand
Essay. Band 13414

Sigrid Weigel
Entstellte Ähnlichkeit
Walter Benjamins theoretischer Stil
Band 12964

U. Wittstock (Hg.)
Die Erfindung der Welt
Zum Werk von Christoph Ransmayr
Band 13433

Fischer Taschenbuch Verlag

fi 1713 / 4 b